Google Cloud Platform

구글 클라우드
플랫폼 뽀개기

인프라, 데이터베이스, 머신러닝 개발을 위한 최적 솔루션

Google Cloud Platform

구글 클라우드 플랫폼 뽀개기

박정운 지음

BJ
BJPUBLIC

서 문

필자는 이제 5년차 안드로이드 앱 개발자입니다. 3년 전쯤 구글 캠퍼스에서 진행했던 파이어베이스 관련 세미나를 갔다가 파이어베이스 내부가 구글 클라우드로 되어있다는 걸 알게 되었고, 이를 계기로 빅쿼리 관련 세미나를 듣고 관심을 가지게 되어서 이렇게 구글 클라우드 관련 책까지 쓰게 되었습니다.

처음에는 단순히 빅쿼리에 대한 관심으로 빅쿼리 스터디를 시작했었는데, 써보면서 기존 구글 제품끼리의 연동이나 평소 신경 써야 하던 여러 부분을 더 이상 신경을 쓰지 않아도 된다는 점에서 구글 클라우드의 매력을 느끼게 되었고 구글 클라우드가 더 좋아지기 시작했습니다. 그래서 구글 클라우드 관련 세미나도 준비하고 Google Cloud Platform Korea User Group(https://www.facebook.com/groups/googlecloudkorea/)에서 활동도 하다가 18년 하반기부터 구글의 커뮤니티 지원 프로그램인 GDG Cloud Korea에서 운영진으로 활동을 시작하였고, 19년에는 커뮤니티 파트너로써 구글의 지원을 받아 미국 샌프란시스코에서 열렸던 Google Cloud Next'19 행사에도 다녀오게 되었습니다.

필자가 처음으로 구글 클라우드에 대한 공부를 시작했을 때는 AWS에 비해서 구글 클라우드 관련 자료가 많이 부족하였고 공부할 수 있는 서적도 거의 없었습니다. 해외 블로그 사이트와 구글 문서에 의존하다가 구글 클라우드 관련 공부를 하면서 삽질했던 내용들을 제 개인 블로그에 올리기 시작하였고 이를 통해 이렇게 책을 써볼 수 있는 기회를 얻게 되었습니다.

구글의 클라우드 서비스는 Amazon이나 Microsoft에 비해서 늦게 시작됐지만 뒤늦게 추격하는 대신 AWS나 Azure보다 좀 더 직관적이고 사용하기 쉬운 서비스가 많습니다. 또 생각보다 많은 글로벌 기업들이 구글 클라우드를 사용하고 있고, 무엇보다 지메일이나 유튜브 등 구글에서 제공하는 서비스와 동일한 인프라를 제공한다는 점에서 큰 매력을 느끼게 되었습니다.

2020년에는 드디어 한국에도 구글 클라우드 데이터 센터가 생기고, 최근에 다른 회사들의 클라우드 장애 사태 등으로 멀티 클라우드 환경의 중요성에 관심이 많아지면서 구글 클라우드도 많은 분들이 관심을 가지게 될 것으로 예상됩니다.

이 책을 집필하면서 필자는, 구글 클라우드를 처음 접하는 개발자분들에게 조금이나마 도움을 드리고자 노력했습니다. 최대한 글보다는 이미지를 통해서 쉽게 따라 할 수 있도록 구성하려고 노력했고, 이런 저의 노력이 많은 독자 여러분들에게 도움이 되었으면 하는 바람입니다. 감사합니다.

저자 소개

박 정 운

닐슨 코리아에서 안드로이드 개발자로 일하고 있다. Firebase와 BigQuery를 계기로 구글 클라우드를 접해 현재는 구글의 커뮤니티 프로그램인 GDG(Google Developer Group) Cloud Korea의 운영진으로 활동하고 있으며, 개인 블로그(https://jungwoon.github.io)에도 관련 내용을 정리하고 있다.

◆차 례◆

*1*장 Google Cloud Platform

*2*장 기본 개념 살펴보기

*3*장 준비

7장 Cloud Load Balancing & Auto Scaling

8장 GCS(Google Cloud Storage)

9장 Cloud SQL

1장

Google Cloud Platform

1.1 Google Cloud Platform

 Google Cloud Platform(이하 GCP)은 2011년 10월 6일에 발표한 구글의 퍼블릭 클라우드 서비스입니다. 먼저 2008년 4월에 웹 애플리케이션(Web Application)을 개발한 다음, 호스팅을 위한 플랫폼인 앱 엔진(App Engine)을 발표했습니다. 이후 2011년 11월, 현재의 Google Cloud Platform, GCP가 공개되었습니다.

GCP는 우리가 많이 사용하는 구글의 서비스들인 구글 서치(Google Search), 유튜브(YouTube), 지메일(Gmail), 구글 지도(Google Maps)와 같은 글로벌 서비스들과 동일한 구글의 인프라를 제공합니다. 이는 언제든 GCP를 통해 구글의 글로벌 단위 서비스를 만들 수 있음을 의미합니다. 현재(2019년 5월 기준) GCP는 20개의 리전(Region)과 61개의 존(Zone), 134개의 네트워크 에지 로케이션(Network Edge Location)과 200개국 이상의 나라에서 서비스를 제공하며, 지금도 그 숫자는 증가하고 있습니다. 비슷한 타사의 퍼블릭 클라우드 서비스로는 아마존의 AWS, 마이크로소프트의 애저(Azure) 등이 있습니다.

GCP의 대표적인 서비스로는 앱 엔진(App Engine), Compute Engine, BigQuery 등이 있습니다. 구글은 매년 '구글 클라우드 넥스트(Google Cloud Next)'라는 행사에서 클라우드와 관련한 다양한 서비스 및 기술들을 발표하는데, 최근에는 AI 제품에 주력하는 인상입니다.

이 책에서는 처음 접하시는 분들을 위해서 GCP에 어떤 서비스들이 있고, 이러한 서비스들을 어떻게 사용해야 하는지 하나하나 실습을 통해 알아보도록 하겠습니다. 또한 서비스들의 역할이 무엇이고, 어떻게 사용하는지에 대한 이해를 목표로 합니다.

1.2 클라우드 서비스란?

GCP가 구글의 클라우드 서비스라고 이야기했습니다. 그렇다면 클라우드 서비스는 무엇일까요? 클라우드 서비스는 간단히 말하자면 서버나 스토리지 같은 자원이 필요할 때 이를 구글이나 아마존, 마이크로소프트와 같은 벤더로부터 빌려서 사용하고, 사용한 만큼의 비용을 지불하는 서비스입니다.

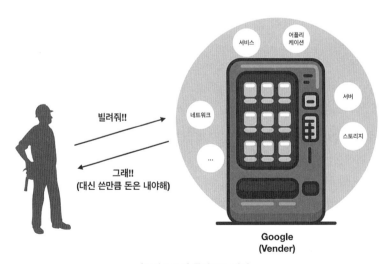

[그림 1-2-1] 클라우드 개념

클라우드가 아닌 기존의 방식에서 서버를 운영한다면, 서버를 직접 구입 및 임대하여 데이터 센터(IDC)에 입주시키는 방식을 사용해야 했습니다. 이렇게 되면 서비스를 위한 서버가 IDC 내부에 설치되기 때문에 초기에 서버 구입 및 임대에 큰 비용이 발생하고, 설치 및 세팅을 위한 시간도 발생합니다.

만약 장애가 발생하여 서버 접속이 되지 않으면 직접 IDC를 방문해서 처리해야 했습니다. 서비스 규모가 커져서 업그레이드를 하기 위해서도 추가 서버나 스토리지를 구매하여 직접 IDC에 방문해 물리적으로 업그레이드를 해야 했던 것입니다. 또한 구매한 서버를 더 이상 필요로 하지 않게 되었을 경우 이는 부채로 남게 됩니다.

그러나 클라우드 서비스를 이용하면, 서버가 필요할 경우 클라우드 콘솔에 접속해서 바로 VM 인스턴스를 생성해서 사용하면 됩니다. 만약 서비스가 커져서 업그레이드가 필요한 경우에도 콘솔 내에서 바로 업그레이드를 할 수 있으며, 심지어 서비스를 종료하지 않고도 가능합니다. 추후에 더 이상 해당 서버가 필요 없어질 경우에는 바로 인스턴스를 종료하거나 삭제하면 됩니다.

위에서 설명한 이점 외에도 요즘은 서버 없이 벤더의 서비스(예를 들면 머신 러닝)들을 사용할 수 있기 때문에 필요한 기술이 있다면, 일일이 개발할 필요 없이 클라우드의 서비스를 이용하여 개발 시간을 아낄 수 있습니다.

클라우드는 크게 제공하는 서비스 범위에 따라서 'IaaS'(Infrastructure as a Service), 'PaaS' (Platform as a Service), 'SaaS'(Software as a Service)로 나뉩니다. 개인적으로, GCP는 이 중에서 'SaaS' 서비스에 큰 강점을 가지고 있다고 여깁니다.

IaaS는 컴퓨팅, 네트워킹, 스토리지 및 기타 인프라 자원을 빌려서 사용할 수 있기 때문에 개발자는 자기 입맛대로 서비스를 구축하여 사용할 수 있습니다. (예를 들면 Compute Engine, Cloud Virtual Network, Cloud DNS 등)

PaaS는 서비스 개발 시 필요로 하는 플랫폼을 제공하기 때문에 개발자는 이러한 플랫폼을 이용하여 미들웨어나 프레임워크를 설치하지 않고도 보다 쉽게 서비스를 구축할 수 있습니다. (예를 들면 App Engine, Cloud SQL 등)

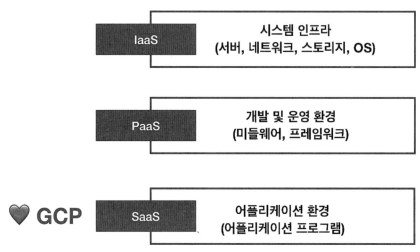

[그림 1-2-2] 클라우드 종류

마지막으로 SaaS는 클라우드 환경에서 운영되는 소프트웨어를 의미합니다. 모든 소프트웨어가 클라우드 내에서 이뤄지기 때문에 별도의 소프트웨어를 설치하거나 개발할 필요가 없습니다. GCP는 특히 이 부분에서 큰 강점을 가지고 있습니다. 이미 잘 만들어진 서비스들을 구글에서 제공하기 때문에 다른 부분에 크게 신경 쓸 필요 없이 서비스에 집중할 수 있습니다 (예를 들면 BigQuery, AutoML 등).

1.3 GCP vs AWS vs Azure 서비스 비교

타사의 클라우드를 먼저 접하고 GCP에 관심이 생긴 독자들을 위해 대표적인 3사(구글, 아마존, 마이크로 소프트)의 클라우드 서비스 내 제품들을 비교하여 살펴보도록 하겠습니다.

아래 표를 통해 자신에게 익숙하고 알고 있는 서비스가 GCP에는 어떤 이름으로 불리는지 확인할 수 있습니다.

Service	GCP	AWS	Azure
Compute	Google Compute Engine(GCE)	EC2 Lightsail Batch	Virtual Machines VMSS Batch
Containers	Google Kubernetes Engine(GKE) Knative	EKS ECS Fargate ECR	AKS Container Instances Web App for Container
Serverless	Google Cloud Functions(GCF)	Lambda	Functions
App Hosting	App Engine	Elastic Beanstalk	App Service Service Fabric Cloud Services
Object Storage	Google Cloud Storage(GCS)	S3	Blob Storage Data Lake Storage
Block storage	Persistent Disk	EBS	Page Blob/Disk Storage
File storage	Cloud Filestore	EFS FSx for Lustre, Windows File Server	File Storage Azure NetApp Files
Data Transfer	Transfer Applicance Data Transfer Cloud Storage Transfer Service	Snowball Snowball Edge Snowmobile DataSync Transfer for SFTP	Data Box File Sync
Realational Database	Cloud SQL Cloud Spanner	RDS Oracle MySQL MariaDB SQL Server PostgreSQL Aurora MySQL Aurora PostgreSQL	SQL Database Database for MySQL Database for PostgreSQL
NoSQL Database	Cloud Bigtable Cloud Datastore Cloud Firestore	DynamoDB DocumentDB ElastiCache Elastisearch servive CloudSearch Neptune	CosmosDB Table Storage
In-Memory Database	Cloud MemoryStore	ElasticCache Memcached, Redis	Redis Cache
Archive / Backup	Cloud Storage	Glacier Backup	Archive (Storage) Backup

Service	GCP	AWS	Azure
Machine Learning	Cloud ML Engine	SageMaker	Machine Learning
	Cloud AutoML	Ground Truth	Azure Databricks
	Cloud TPU	AML	
		Apache MXNet on AWS	
		Tensorflow on AWS	
		Personalize	
		Forecast	
		Elastic Inference	
		DeepRacer	
Cognitive Services	Cloud Natural Language	Comprehend	Cognitive Services
	Cloud Speech-toText	Lex	
	Cloud Text-toSpeech	Polly	
	Cloud Vision	Rekognition	
	Cloud Translation	Translate	
	Cloud Video Intelligence	Transcribe	
		DeepLens	
		Textract	
IoT	Cloud IoT Core Edge	IoT Core	IoT Hub
	TPU	Amazon FreeRTOS	IoT Edge
	Cloud IoT Edge	IoT 1-Click	IoT solution Accelerator
		IoT Analytics	IoT Central
		IoT Device Defender	Stream Analytics
		IoT Device Management	Time Series Insights
		IoT Events	Azure Sphere
		IoT Greengrass	
		IoT SiteWise	
		IoT Things Graph	
Networking	VPC	VPC	ExpressRoute
	Cloud Armor	PrivateLink	Virtual Network
	Cloud Interconnect	API Gateway	Local/Global Peering with
	Cloud Telemetry	Direct Connect	Gateway Transit
		Transit Gateway	Virtual WAN
			Virtual Network Gateway
Load Balancer	Cloud Load	Elastic Load Balancing	Load Balancer (L4)
	Loadbalancing	Application Load Balancing	Application Gateway (L7)
		Network Load Balancing	Traffic Manager (DNS)
DNS	Cloud DNS	Route53	DNS
Content Delivery	Cloud CDN	CloudFront	CDN
		Global Accelerator	Azure Front Door (ADN)

Service	GCP	AWS	Azure
Big Data Analytics	Cloud Dataflow Cloud Dataproc Cloud Dataprep BigQuery	Redshift Athena EMR Kinesis Data Stream Kinesis Firehorse Kinesis Analytics Glue Data pipeline Lake Formation QuickSight	HDInsight Stream Analytics Data Lake Analytics Analysis Services Azure Data Explorer
Queue	Cloud Pub/Sub	SQS SNS MQ Step Functions Managed Streaming For Kafka	Storage Queue Service Bus Queue
Authentification and Access Management	Cloud IAM Cloud Key Management Service Cloud Identity-Aware Proxy Security Key Enforcement	IAM Cloud Directory Cognito Organizations Single Sign-On Directory Service	Azure Active Directory AAD Domain Services AAD B2C Multi-Factor Authentication Azure Information Protection
Security	Cloud IAP Cloud DLP Cloud Security Scanner	KMS CloudHSM Secrets Manager Certificate Manager GuardDuty Macie Inspector Artifact Shield WAF Firewall Manager Security hub	Security Center Sentinel
Cloud Monitoring	Stackdriver	CloudWatch Cloudtrail Config SystemManager	Monitor Log Analytics
Virtual Private Cloud	Virtual Private Cloud	VPC	Virtual network

Service	GCP	AWS	Azure
Cloud Launcher	Cloud Launcher	Marketplace	Marketplace
VPN	Cloud VPN	VPN Cloud Hub Site-to-Site VPN Client VPN	

[표 1-2-1] GCP vs AWS vs Azure 서비스 비교

 ## 1.4 GCP 내 대표적인 서비스 소개

구글 클라우드 내 대표적인 서비스들을 간략하게 소개를 해보려고 합니다. 이 외에도 더 다양하고 좋은 서비스들이 있는데, 보다 자세한 내용은 https://cloud.google.com/products/에서 확인할 수 있습니다.

서비스 명	설명
Compu Engine	확장 가능한 고성능 VM 인스턴스
App Engine	웹 애플리케이션 배포 및 웹 호스팅
Cloud Storage	글로벌 에지 캐싱을 제공하는 객체 Repository
Cloud SQL	MySQL과 PostgreSQL
BigQuery	머신 러닝이 내장되어 있으며 확장성이 우수한 완전 관리형 데이터 웨어 하우스
Cloud Dataproc	관리형 하둡(Hadoop)과 스파크(Spark) 서비스
Cloud PubSub	메시지 큐잉 서비스
Kubernetes Engine	쿠버네티스(Kubernetes)를 사용한 컨테이너 기반 서비스 구축
Cloud Dataflow	실시간 배치 처리 및 스트림 데이터 처리
Cloud Functions	이벤트 기반 서버리스 컴퓨팅 플랫폼
Stackdriver	통합 모니터링 서비스
Cloud Source Repositories	관리형 버전 관리 서비스
Cloud Dataprep	분석을 위해 데이터를 탐색, 정리, 준비해주는 클라우드 데이터 서비스
Cloud Composer	아파치 에어플로(Apache Airflow)를 기반으로 하는 관리형 워크플로 서비스
Cloud AutoML	고품질의 커스텀 머신 러닝 모델을 간편하게 학습시켜주는 서비스

서비스 명	설명
Cloud ML Engine	머신 러닝 서비스
Cloud Natural Language	자연어 분석 서비스
Cloud Speech-to-Text	음성을 텍스트로 변환해주는 서비스
Cloud Text-to-Speech	텍스트를 음성으로 변환해주는 서비스
Cloud Translation	구글의 대표적인 서비스인 구글 번역기와 동일한 서비스
Cloud Vision	이미지 분석 서비스
Cloud IAM	ID 및 액세스 관리 서비스
Persistent Disk	VM 인스턴스용 블록 Repository
Knative	서버리스로 빌드, 배포, 관리할 수 있는 Kubernetes 서비스
Cloud Bigtable	NoSQL 데이터베이스
Cloud Memorystore	Redis 기반의 인-메모리 DB 서비스
Google Data Studio	데이터 시각화 서비스

[표 1-2-2] GCP 내 대표적 서비스

1.5 구글 클라우드 활용 사례

GCP는 스타트업뿐만 아니라, 국내 및 해외 대기업과 연구 기관 등 많은 분야에서 활용되고 있습니다. 이번에는 GCP 활용 사례들을 조금 소개해보고자 합니다. 이 외의 더 다양한 사례를 알고 싶으시다면 https://cloud.google.com/customers/ 를 통해서 확인할 수 있습니다.

1.5.1 위메프

국내 대표 쇼핑몰 중 하나인 위메프는 Google BigQuery를 통해서 지속적으로 로그 데이터를 보관하고 업데이트하는 데이터 센터 확장의 필요성을 느꼈습니다. 지속적으로 도입해야 할 장비 규모 예측 및 인프라 관리에 대한 부담으로 GCP의 BigQuery를 로그를 쌓아 두는 데이터 웨어하우스로 활용하고, 구글 애널리틱스 360(Google Analytics 360)을 이용하여 BigQuery에 저장된 로그를 분석했습니다. 또한 이렇게 쌓인 BigQuery의 로그는 클라우드 머신 러닝을 통해 데이터를 학습하고 이용자와 상품의 프로파일을 만드는 데 활용하고 있습니다.

결과적으로 GCP 도입으로 효율적인 로그 데이터 보관이 가능해졌고, 구글 애널리틱스 360의 데이터 분석을 도입하여 상위 노출 상품의 클릭률을 2배 증가시켰습니다.

1.5.2 BEST BUY

베스트바이(Best Buy)는 미국, 캐나다, 유럽, 중국 등에서 가전 제품, 홈 오피스 제품 등을 판매하는 다국적 소매업체로, 플랫폼 설계 문제 때문에 기존에는 관리자가 수동으로 애플리케이션을 수정할 수밖에 없었습니다. 그렇지만 앱 엔진(App Engine)을 도입하여 기존의 절반 수준인 4.5명의 개발 인력만으로 이전에 소요된 시간의 25% 수준인 11주만에 새로운 GifTag를 개발할 수 있었습니다.

1.5.3 Philips

필립스(Philips)는 네덜란드의 다국적 전자 제품 생산 기업으로, 소비자가 스마트폰을 통해서 조명을 제어할 수 있는 필립스 휴(Philips Hue)를 개발하면서 시스템에 앱이 안전하게 액세스 하고, 제어 및 모니터링을 할 수 있는 플랫폼의 필요성으로 GCP를 이용하여 백엔드를 구축했습니다. 쿠버네티스 엔진(Kubernetes Engine)과 쿠버네티스 API(Kubernetes API)를 이용하여 2,500만 건의 원격 조명 명령을 포함하여 매일 2억 건의 트랜잭션을 처리할 수 있게 되었으며, 1/10의 인력으로 다른 유사 프로젝트에 비해 10배나 큰 규모의 플랫폼을 운영할 수 있게 되었습니다.

1.5.4 skyscanner

스카이스캐너(Skyscanner)는 전 세계의 항공편, 호텔, 렌터카를 검색할 수 있는 다국적 기업으로 시간의 변화에 따라 고객과 소통하는 과정을 파악할 수 있는 코호트 분석 방식의 확립이 필요했습니다. 전체적인 전환율뿐만 아니라, 웹 사이트의 특정 기능과 상호 작용하는 사용자와 그렇지 않은 사용자의 전환율을 비교한 결과 도출이 필요했습니다. GCP의 구글 애널리틱스 360과 구글 BigQuery를 도입하여 세부적인 분석 시스템을 구축하기 시작하였고, 효율적인 분석 및 모니터링을 위해 태블로(Tableau)와 같은 BI 툴을 구글 BigQuery와 통합했습니다. 이를 통해 편리하고 쉽게 단발성 분석 및 일간 대시보드를 볼 수 있게 되었습니다.

1.5.5 vimeo

비메오(vimeo)는 다국적 동영상 공유 플랫폼으로 6,000만 명이 고화질 동영상을 제작, 관리, 판매하고 있습니다. 비메오는 업로드용으로 사용하고 있는 자체 서버를 없애고 싶었고, 증가하는 동영상 스트리밍 수요에 대해 즉시 확장할 수 있는 플랫폼이 필요했습니다. 이에 게시자용 동영상 업로드 서버를 Google Cloud Storage로 교체하여 지연 시간을 줄이고, 높은 처리량을 보장할 수 있게 되었으며, 구글 컴퓨트(Google Compute)을 통해 저장된 동영상에 대한 자동 확장성을 확보할 수 있게 되었습니다.

2장

기본 개념 살펴보기

2.1 GCP 리소스(데이터 센터)

GCP는 전 세계 곳곳의 구글 데이터 센터(https://www.google.com/about/datacenters/)에 위치한 컴퓨터와 하드 디스크 같은 물리적 자산과 가상 머신과 같은 가상 리소스로 구성됩니다. 각 데이터 센터는 전 세계 곳곳에 있습니다. 큰 대륙 규모를 리전(Region)이라 하는데, 리전에는 미국, 유럽, 아시아 등이 포함됩니다. 리전 내부에도 물리적으로 지역이 나뉘는데, 이를 존(Zone)이라고 합니다.

각 영역은 'Region' - 'Detail Region' - 'Zone'으로 구성되며, 예를 들어 동아시아에 있는 'a' Zone은 'asia-east1-a'로 표기됩니다. 이러한 리소스 분포를 통해 장애 대비, 지연 감소 등의 이점을 얻을 수 있습니다.

[그림 2-1-1] GCP 데이터 센터 위치
(출처: https://cloud.google.com/about/locations/#regions-tab)

2.2 서비스 및 제품

서버에 해당하는 'Compute Engine', 저장 장소에 해당하는 '클라우드 스토리지(Cloud Storage)' 등 과거에 소프트웨어 및 하드웨어 제품이라고 생각했던 요소들이 클라우드 컴퓨팅에서는 '서비스 및 제품'이 됩니다. GCP 에서는 다양한 서비스 및 제품을 가지고 있고, 이러한 서비스 및 제품들을 이용하여 전 세계 있는 GCP 리소스(데이터 센터)에 접근할 수 있습니다.

2.3 Global, Region, Zone 리소스

여러 리전과 존에 접근이 가능한 리소스도 있지만, 같은 지역에 위치한 리소스에서만 접근을 할 수도 있습니다. 예를 들어 크게 '고정 외부 IP 주소'가 포함이 되면, 같은 Zone에 위치한 리소스에서만 접근할 수 있습니다. 이러한 제약이 있는 서비스나 제품을 이용할 때에는 리전이나 존에 대해서도 고민을 하고 구성을 해야 합니다. 리전과 존별로 제공하는 리소스에 대한 자세한 내용은 https://cloud.google.com/about/locations/에서 확인할 수 있습니다.

2.4 프로젝트

기본적으로 GCP를 이용할 때는 구글 계정(Gmail 계정)이 있어야 하며, 프로젝트를 만들고 해당 프로젝트 내에서 리소스를 이용합니다. 모든 GCP 리소스는 하나의 프로젝트에 속해야 합니다.

프로젝트는 네임 스페이스 역할을 하기 때문에 각 프로젝트 내의 모든 리소스는 고유한 이름을 가져야 합니다. 그러나 별개의 프로젝트일 경우에는 일반적으로 리소스 이름을 다시 사용할 수 있습니다. 이때, 리소스 이름은 리전에서 고유해야 합니다.

결제가 설정된 경우에는 하나의 결제 계정과 프로젝트는 연결됩니다. 하나의 계정으로 여러 프로젝트를 만들 수 있고, 각각의 프로젝트는 독립적인 환경으로 운영됩니다.

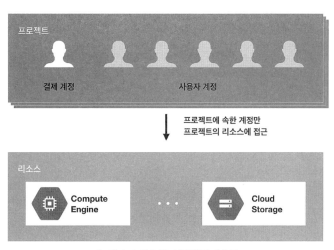

[그림 2-4-1] GCP 프로젝트 계층도

각 프로젝트에는 이를 구분하기 위한 식별자들이 있는데, 다음과 같이 구성됩니다.

[그림 2-4-2] 프로젝트 정보

프로젝트 이름	고유 하지 않음 (임의로 지정 가능)	직접 선택	변할 수 있음
프로젝트 ID	GCP 전체에서 고유	직접 선택 (동일한 프로젝트 ID가 GCP 내에 있으면 자동으로 할당)	변하지 않음
프로젝트 번호	GCP 전체에서 고유	GCP에서 직접 할당	변하지 않음

[표 2-4-1] 프로젝트 식별자

2.5 GCP 클라우드 콘솔

GCP 클라우드 콘솔은 GCP 프로젝트 및 리소스를 관리하는 데 사용할 수 있는 웹 기반의 GUI 환경을 제공합니다. 웹 기반의 GUI를 지원하기 때문에 별다른 명령어를 모르더라도, 직관적으로 GCP 리소스를 사용할 수 있다는 장점을 가지고 있습니다.

GCP 클라우드 콘솔을 보면 기본적으로 여러 정보를 볼 수 있는 '카드 뷰' 형태의 대시보드를 볼 수 있고, 이러한 대시보드를 이용하여 한눈에 다양한 정보를 얻을 수 있습니다.

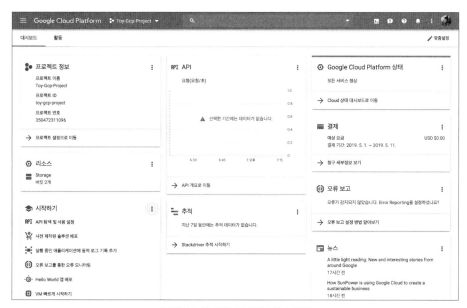

[그림 2-5-1] GCP 클라우드 콘솔 화면

좌측 상단에 메뉴를 통해서 GCP 내의 다양한 리소스에 접근할 수 있습니다.

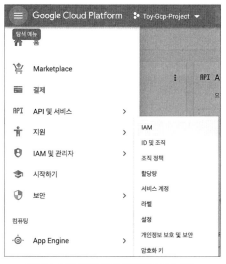

[그림 2-5-2] GCP 구글 클라우드 콘솔 메뉴

찾고자 하는 리소스가 있을 때에는 상단의 '검색창'을 통해서 언제든 찾아서 사용할 수 있습니다.

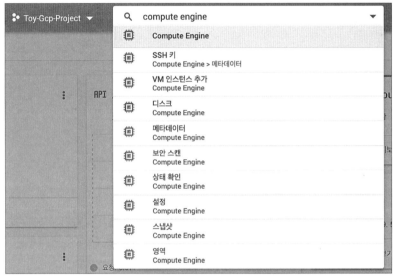

[그림 2-5-3] GCP 구글 클라우드 콘솔 검색창

우측 상단에 보면 클라우드 쉘(Cloud Shell)이라고 해서, GCP용 브라우저 기반 대화형 쉘 (Shell) 환경을 제공합니다. 클라우드 쉘은 바쉬(BASH), 빔(Vim), Python(Python), 자바 (Java), 고(Go), 도커(docker), 클라우드 SDK(Cloud SDK(gcloud))와 같은 자주 사용하는 도 구 및 언어들이 미리 설치되어 있기 때문에 별도의 설치 없이 CLI 명령어를 통해 GCP 내의 리 소스에 명령을 내릴 수 있습니다.

[그림 2-5-4] 클라우드 쉘

클라우드 쉘이 제공하는 기능은 다음과 같습니다.

- 웹 브라우저에서 인스턴스에 명령줄로 액세스
- 기본 제공 코드 편집기(Vim, 이맥스(Emacs))
- 5GB의 영구 디스크 Repository
- 사전 설치된 구글 클라우드SDK 및 기타 도구
- Java, Go, Python, Node.js, PHP, Ruby, .NET 같은 언어 지원
- 웹 미리보기 기능
- GCP 콘솔 프로젝트 및 리소스 액세스를 위한 자체 승인 기능

우측 상단의 '벨 모양' 아이콘을 통해서 다양한 알림을 확인할 수 있습니다.

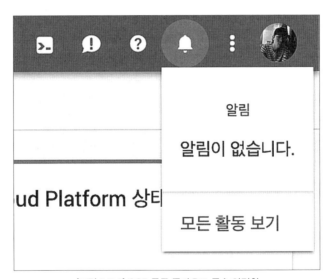

[그림 2-5-5] GCP 구글 클라우드 콘솔 알림창

2.6 클라우드 SDK(gcloud)

GCP는 웹 기반의 GUI 환경인 GCP 클라우드 콘솔 이외에도 터미널에서 명령을 통해 GCP에 액세스 할 수 있는 gcloud 라는 CLI 도구를 지원합니다. 직접 로컬에 설치하여 사용할 수도 있고 위에서 잠깐 설명했던 클라우드 쉘처럼 gcloud가 미리 설정이 되어 있는 경우는 이를 통해서도 이용할 수 있습니다. gcloud를 이용하면 명령어로 GCP 내의 모든 리소스를 사용할 수 있습니다.

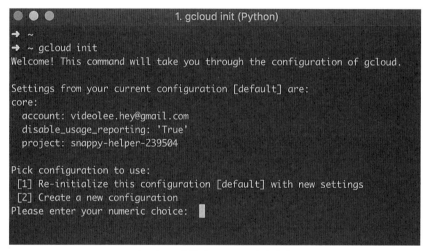

[그림 2-6-1] 클라우드 SDK 설정 화면

2.7 클라이언트 라이브러리

구글 클라우드 클라이언트(Google Cloud Client) 라이브러리는 구글 클라우드 API를 호출하기 위한 클라이언트 라이브러리입니다. 지원되는 각 언어의 고유한 규칙과 스타일을 사용하여 최적화된 개발이 가능합니다.

로컬에서 개발을 하기 위해서는 '서비스 계정 키 설정' 및 'gcloud 설정' 등의 사전 작업이 이루어져야 합니다. 자세한 내용은 3장 '준비'를 통해서 확인할 수 있습니다. 지원하는 언어 및 예제 샘플은 아래 표를 통해서 자세히 확인할 수 있습니다.

지원언어	설치 및 레퍼런스
Go	Github Repository: https://github.com/GoogleCloudPlatform/google-cloud-go Library Reference: http://googleapis.github.io/google-cloud-go/#/
Java	Github Repository: https://github.com/GoogleCloudPlatform/google-cloud-java Library Reference: https://googleapis.github.io/google-cloud-java/google-cloud-clients/index.html
Node.js	Github Repository: https://github.com/GoogleCloudPlatform/google-cloud-node Library Reference: https://cloud.google.com/nodejs/docs/reference/libraries
Python	Github Repository: https://github.com/GoogleCloudPlatform/google-cloud-python Library Reference: https://googleapis.github.io/google-cloud-python/
Ruby	Github Repository: https://github.com/GoogleCloudPlatform/google-cloud-ruby Library Reference: http://googleapis.github.io/google-cloud-ruby/
PHP	Github Repository: https://github.com/GoogleCloudPlatform/google-cloud-php Library Reference: http://googleapis.github.io/google-cloud-php/#/
.NET	Github Repository: https://github.com/GoogleCloudPlatform/google-cloud-dotnet Library Reference: http://googleapis.github.io/google-cloud-dotnet/

[표 2-7-1] 구글 클라이언트 라이브러리

3장

준 비

3.1 계정 생성

이번 실습에서는 구글 클라우드를 이용하기 위한 계정 생성 및 1년간 300달러의 리소스를 사용할 수 있는 무료 크레딧 신청 방법에 대해 알아보도록 하겠습니다.

1. 우선 계정을 생성하기 위해 http://cloud.google.com 에 접속합니다. 그러면 다음과 같은 화면을 보실 수 있습니다. 우측 상단의 '무료로 사용해 보기'를 누릅니다.

[그림 3-1-1] 구글 클라우드 - 계정 생성

2. [그림 3-1-2] 같은 화면이 나오면, '국가'를 선택하고 '서비스 약관'에 체크한 다음, '동의 및 계속하기'를 눌러주세요.

[그림 3-1-2] 구글 클라우드 - 계정 생성

3. 개인 정보 부분을 채워 넣고, 해외 결제가 가능한 비자나 마스터 카드를 등록하고, 다음 단계로 넘어갑니다(다음 단계로 넘어가면 1달러 정도 해외 결제가 되는데, 곧 결제가 취소되기 때문에 걱정하지 않으셔도 됩니다).

[그림 3-1-3] 구글 클라우드 - 계정 생성

4. [그림 3-1-4] 같은 대화상자가 나타나는데, 설문에 간단히 응답하고 '시작하기'를 누릅니다.

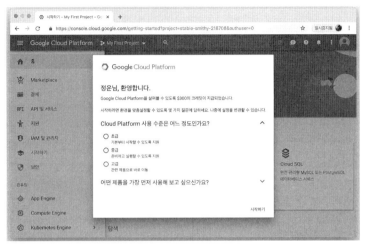

[그림 3-1-4] 구글 클라우드 - 계정 생성

5. 최종적으로 계정 생성하기가 끝나면 [그림 3-5-5] 같은 화면을 보실 수 있습니다.

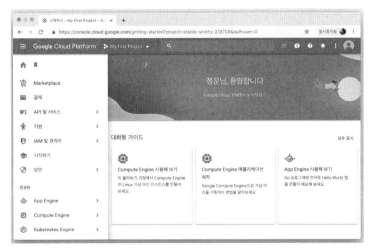

[그림 3-5-5] 구글 클라우드 - 계정 생성

6. 가끔 상단에 [그림 3-1-6] 같은 바가 나타나는데, 이때 '업그레이드'를 누르지 않도록 주의하세요.

[그림 3-1-6] 구글 클라우드 - 계정 생성

7. 업그레이드 버튼을 누르면 다음과 같이 나오는데, 이때 한번 더 '업그레이드'를 누르면 크레딧을 다 쓰면 가입 시 등록했던 카드로 사용한 만큼의 금액이 차감됩니다(업그레이드를 하지 않으면 무료 제공 크레딧을 다 써도 결제가 되지 않습니다).

[그림 3-1-7] 구글 클라우드 - 계정 생성

3.2 프로젝트 생성

이번 실습에서는 GCP를 이용하기 위해 프로젝트를 생성해보겠습니다. 기본적으로 GCP에 가입을 하고 처음 들어가면 'My First Project'라는 프로젝트가 자동 생성되어 이용할 수 있지만, 이번에는 나만의 프로젝트를 생성해보도록 하겠습니다.

1. 새로운 프로젝트 생성을 위해 상단에 'My First Project'를 클릭합니다.

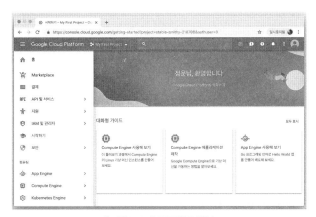

[그림 3-2-1] 프로젝트 생성

2. 그러면 다음과 같이 새로운 대화상자가 나타나는데, 우측 상단의 '새 프로젝트'를 누릅니다.

[그림 3-2-2] 프로젝트 생성

3. 새로운 '프로젝트 이름'을 입력하고 '만들기'를 누릅니다.

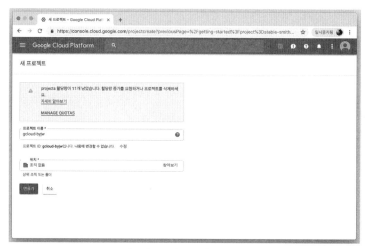

[그림 3-2-3] 프로젝트 생성

4. 프로젝트가 생성되면 우측 상단에 알림이 나타납니다.

[그림 3-2-4] 프로젝트 생성

5. 다시 프로젝트 이름을 누르면, 새로 만들어진 프로젝트를 선택할 수 있습니다. 이번에는 새 프로젝트(여기서는 gcloud-byjw)를 선택해보겠습니다.

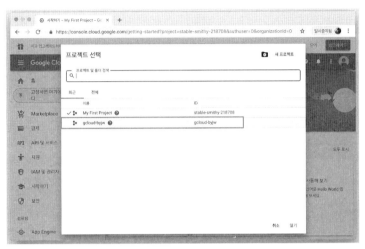

[그림 3-2-5] 프로젝트 생성

6. 프로젝트가 바뀌면 상단에 바뀐 프로젝트명(gcloud-byjw)을 확인할 수 있습니다.

[그림 3-2-6] 프로젝트 생성

3.3 클라우드 SDK(gcloud) 설치

이번에는 클라우드 SDK(Cloud SDK)를 설치하여 로컬 터미널에서 gcloud 명령을 사용해서, GCP에 명령을 줄 수 있도록 설정해보도록 하겠습니다.

1. 먼저 클라우드 SDK를 설치하기 위해 https://cloud.google.com/SDK 에 접속합니다. 그러면 다음과 같은 화면이 나타납니다.

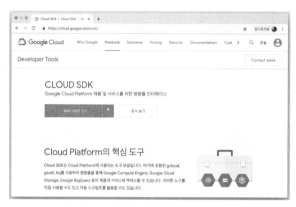

[그림 3-3-1] 클라우드 SDK(gcloud) 설치

2. [그림 3-3-2]에 표시된 버튼을 누르면 OS별 설치 가능한 메뉴가 나옵니다. 여기서는 맥 OS(MAC OS)용으로 설치를 진행해보도록 하겠습니다.

[그림 3-3-2] 클라우드 SDK(gcloud) 설치

3. 다음과 같이 64비트나 32비트 중에 하나를 다운로드할 수 있는데, 64비트를 선택하면 됩니다(요즘 나오는 OS는 대부분이 64비트입니다).

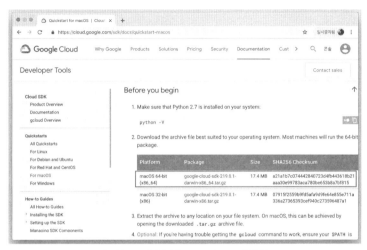

[그림 3-3-3] 클라우드 SDK(gcloud) 설치

4. 다운로드가 완료되면 다음과 같은 파일이 보입니다. 이제 저 다운로드 받은 파일의 압축을 풉니다.

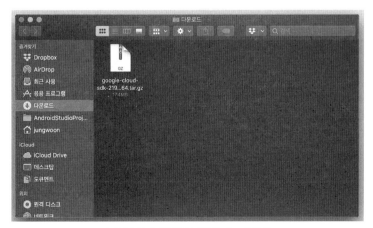

[그림 3-3-4] 클라우드 SDK(gcloud) 설치

5. [그림 3-3-5]와 같이 'google-cloud- sdk'라는 이름의 디렉터리가 생성됩니다. 이제 이 디렉터리를 원하는 위치에 넣는데, 홈 디렉터리(jungwoon)에 넣도록 하겠습니다.

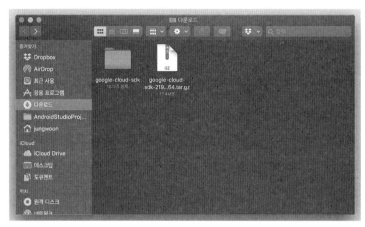

[그림 3-3-5] 클라우드 SDK(gcloud) 설치

6. 기본 홈 경로인 '/Users/본인 초기 설정 이름'에 조금 전 압축을 해제하고 생긴 'google-cloud-SDK' 디렉터리를 옮기도록 하겠습니다. 그러면 'google-cloud-sdk'의 경로는 '/Users/[본인이 설정한 이름]/google-cloud-sdk'에 위치하게 됩니다.

[그림 3-3-6] 클라우드 SDK(gcloud) 설치

7. 이제 SDK의 경로 설정을 위해 터미널을 엽니다. 그리고 명령어('$ python -V')를 입력해서, Python이 설치되어 있는지를 확인합니다. 설치가 잘 됐다면 아래 'Python'의 버전 정보가 나타납니다.

[그림 3-3-7] 클라우드 SDK(gcloud) 설치

8. 그 다음 본인이 사용하고 있는 쉘을 확인합니다. 명령어('$ echo $SHELL')를 입력합니다(별다른 설정을 하지 않았다면 보통은 Bash를 사용하지만, 필자는 zsh를 사용하기 때문에 '/usr/local/bin/zsh'가 출력되었습니다).

[그림 3-3-8] 클라우드 SDK(gcloud) 설치

9. 그 다음 gcloud의 경로를 지정하기 위해 명령어('$ vi ~/.zshrc(bash라면 vi ~/.bashrc)')를
입력합니다(필자는 zsh를 사용하기 때문에 여기서 '~/.zshrc'를 열었지만, 보통은 '~/.bashrc'
입니다).

[그림 3-3-9] 클라우드 SDK(gcloud) 설치

10. 앞서 6에서 다운받아 옮겨 놓은 경로를 설정합니다. 주의할 점은 'GOOGLE_CLOUD_
SDK_PATH'라는 이름으로 지정해야 합니다. 설정이 끝나면 ':wq'를 하고, 저장합니다.

export GOOGLE_CLOUD_SDK_PATH=/Users/본인이 설정한 이름/google-cloud-SDK
export PATH=$PATH:$GOOGLE_CLOUD_SDK_PATH/bin

```
109 # Google Cloud
110 export GOOGLE_CLOUD_SDK_PATH=/Users/jungwoon/google-cloud-sdk
111 export PATH=$PATH:$GOOGLE_CLOUD_SDK_PATH/bin
112
```

[그림 3-3-10] 클라우드 SDK(gcloud) 설치

11. 변경 내용을 적용하기 위해 명령어를 입력합니다('$ source ~/.zshrc(쉘이 bash라면 source
~/.bashrc)').

[그림 3-3-11] 클라우드 SDK(gcloud) 설치

12. 설정이 마무리되면 명령어('$ gcloud -version')를 입력하여 gcloud 명령어가 잘 작동하는
지 확인합니다. 아래 그림 같은 창이 뜬다면 정상적으로 설정된 것입니다.

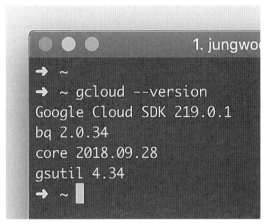

[그림 3-3-12] 클라우드 SDK(gcloud) 설치

13. 이제 설치된 gcloud 명령어와 자신의 구글 계정을 연결하기 위해 명령어('$ gcloud –init')
를 통해서 초기화시킵니다. 그러면 [그림 3-3-13] 같은 화면이 나타나는데, 우리는 첫 세팅
이니까 '1'을 누르고 엔터를 누릅니다.

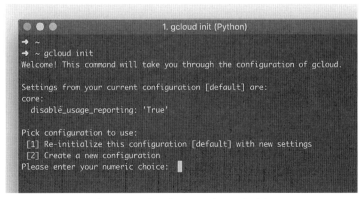

[그림 3-3-13] 클라우드 SDK(gcloud) 설치

14. 그 다음 [그림 3-3-14] 같은 화면이 나타나고, 새로운 계정을 로그인 하기 위해서 '2'를 누르고 엔터를 입력합니다.

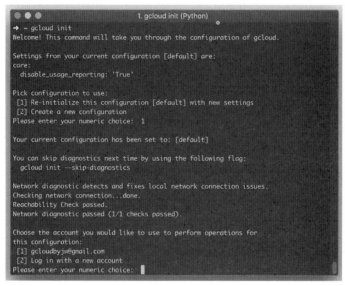

[그림 3-3-14] 클라우드 SDK(gcloud) 설치

15. 웹 브라우저가 열리면서 다음과 같이 구글 계정 로그인 화면이 나타납니다. 클라우드 SDK와 연결하려는 계정을 선택합니다.

[그림 3-3-15] 클라우드 SDK(gcloud) 설치

16. 동의 여부를 묻는 화면이 나타납니다. '허용'을 누릅니다.

[그림 3-3-16] 클라우드 SDK(gcloud) 설치

17. [그림 3-3-17] 같은 화면이 나타나면서 해당 계정에 있는 여러 가지 프로젝트 중 어떤 프로젝트하고 연결할 것인지 물어봅니다. 원하는 프로젝트 이름의 번호를 선택하고 엔터를 누릅니다.

[그림 3-3-17] 클라우드 SDK(gcloud) 설치

18. 여기서 물어보는 프로젝트는 아까 구글 클라우드 콘솔에서 만들었던 프로젝트명을 의미합니다.

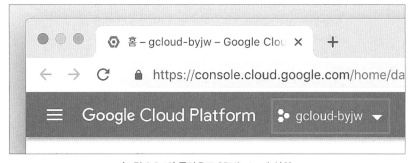

[그림 3-3-18] 클라우드 SDK(gcloud) 설치

19. 완료가 되면 [그림 3-3-19] 같은 화면이 나타납니다. 이제부터 원하는 계정에 연결된 gcloud 명령어를 사용할 수 있습니다.

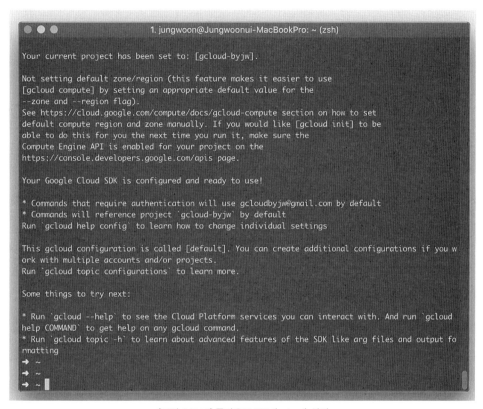

[그림 3-3-19] 클라우드 SDK(gcloud) 설치

 3.4 **서비스 계정 키 설정**

GCP 내부 서비스들의 클라이언트 라이브러리를 사용해서 개발을 하기 위해서는 서비스 계정 키를 만들어 설정을 해주어야 합니다. 지금부터 서비스 계정 키를 만들어 설정하는 방법에 대해 알아보도록 하겠습니다.

1. 우선 GCP 콘솔로 갑니다.

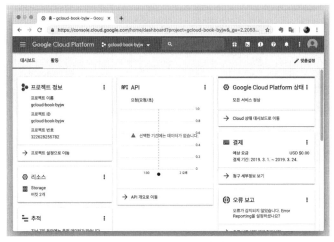

[그림 3-4-1] 서비스 계정 키 설정

2. '메뉴-IAM 및 관리자-서비스 계정'으로 들어갑니다.

[그림 3-4-2] 서비스 계정 키 설정

3. [그림 3-4-3] 같은 화면이 나타나는데 상단의 '+ 서비스 계정 만들기'를 누릅니다.

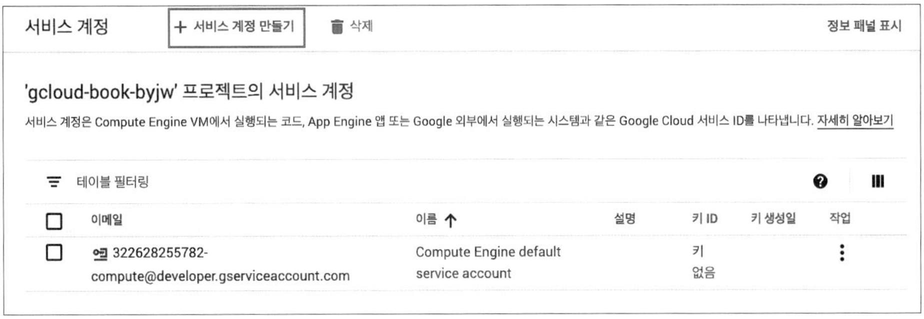

서비스 계정
+ 서비스 계정 만들기
삭제
정보 패널 표시
'gcloud-book-byjw' 프로젝트의 서비스 계정
서비스 계정은 Compute Engine VM에서 실행되는 코드, App Engine 앱 또는 Google 외부에서 실행되는 시스템과 같은 Google Cloud 서비스 ID를 나타냅니다. 자세히 알아보기
테이블 필터링
이메일
이름
설명
키 ID
키 생성일
작업
322628255782-compute@developer.gserviceaccount.com
Compute Engine default service account
키 없음

[그림 3-4-3] 서비스 계정 키 설정

4. '서비스 계정 이름'과 '서비스 계정 설명'을 추가하고 하단에 '만들기'를 누릅니다.

서비스 계정 만들기 – IAM 및 관리자
https://console.cloud.google.com/iam-admin/serviceaccounts/create?authuser=4&proj
Google Cloud Platform
gcloud-book-byjw
서비스 계정 만들기
1 서비스 계정 세부정보 — 2 이 서비스 계정에 프로젝트에 대한 액세스 권한 부여 (선택사항) —
3 사용자에게 이 서비스 계정에 대한 액세스 권한 부여 (선택사항)
서비스 계정 세부정보
서비스 계정 이름
my-service-account
이 서비스 계정의 표시 이름입니다.
서비스 계정 ID
my-service-account
@gcloud-book-byjw.iam.gserviceaccount.com
서비스 계정 설명
API 사용 서비스 계정
이 서비스 계정에서 수행할 작업을 설명하세요.
만들기
취소

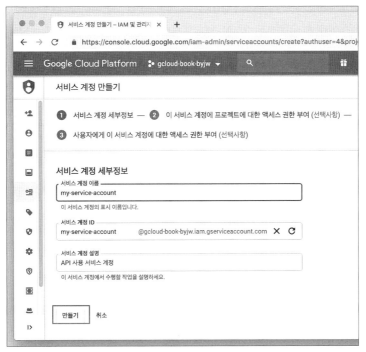

[그림 3-4-4] 서비스 계정 키 설정

5. [그림 3-4-5] 같이 나타나는데, 권한을 주기 위해서 '역할 선택'을 누릅니다.

[그림 3-4-5] 서비스 계정 키 설정

6. '프로젝트-소유자'를 선택합니다. 원래는 목적별로 개별 서비스 계정을 만들어야 하지만, 매번 만들기 귀찮으니 여기서는 모든 리스소 권한을 가진 '소유자'로 설정합니다.

[그림 3-4-6] 서비스 계정 키 설정

7. [그림 3-4-7] 같이 역할에 '소유자'를 선택합니다. '계속' 버튼을 눌러서 진행합니다.

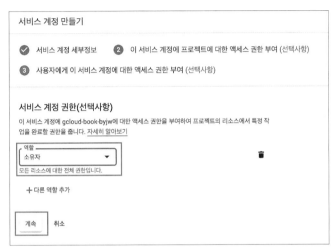

[그림 3-4-7] 서비스 계정 키 설정

8. 그 다음으로, 하단의 '키 만들기' 버튼을 클릭합니다.

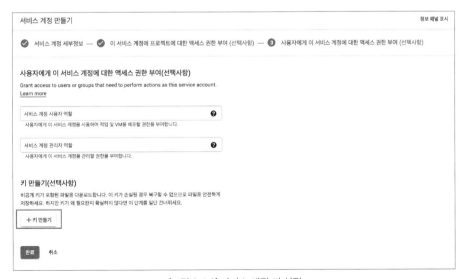

[그림 3-4-8] 서비스 계정 키 설정

9. [그림 3-4-9]와 같이 창이 뜨면 키 유형을 JSON으로 선택하고 '만들기'를 누릅니다(P12로 받아
  도 상관없지만, 권장은 JSON 형태입니다).

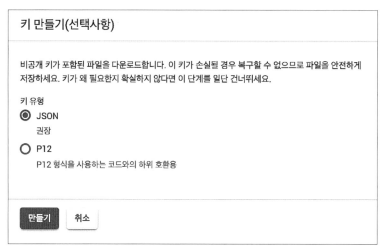

[그림 3-4-9] 서비스 계정 키 설정

10. 이제, 다운로드가 됩니다. 원하는 위치에 저장을 하고, 저장한 위치는 잘 기억합니다.

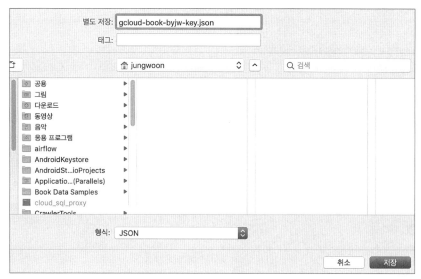

[그림 3-4-10] 서비스 계정 키 설정

11. 다운로드가 완료가 되면 [그림 3-4-11] 같이 창이 나타납니다.

[그림 3-4-11] 서비스 계정 키 설정

12. 그 다음 원래 화면으로 돌아오면서 [그림 3-4-12] 같이 '키' 부분에 새로운 '키 ID'가 생성된 것을 확인할 수 있습니다. '완료'를 누릅니다.

[그림 3-4-12] 서비스 계정 키 설정

구글 클라우드 플랫폼 뽀개기

13. [그림 3-4-13] 같이 새로운 '서비스 계정'이 생긴 것을 알 수 있습니다.

[그림 3-4-13] 서비스 계정 키 설정

14. 아까 다운받은 키를 설정하기 위해 터미널을 열고 명령어('$ vi ~/.bashrc')로 들어갑니다 (만약 다른 쉘을 사용한다면 거기에 맞는 프로파일을 열면 됩니다).

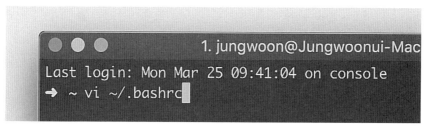

[그림 3-4-14] 서비스 계정 키 설정

15. [그림 3-4-15]의 '118 export'와 같이 아까 다운받은 경로를 'GOOGLE_APPLICATION_ CREDENTIALS'라는 이름으로 export합니다.

export GOOGLE_APPLICATION_CREDENTIALS='경로'

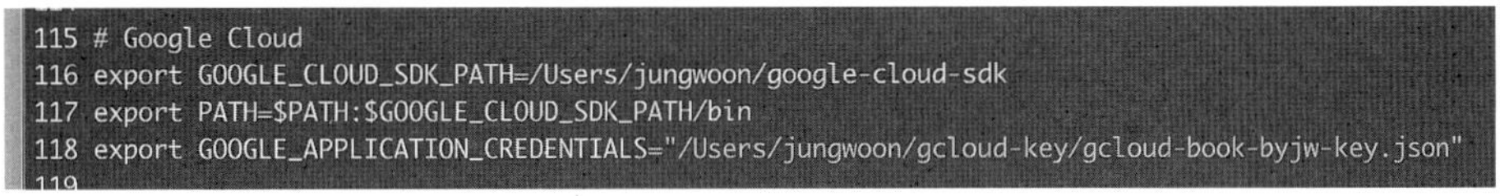

```
115 # Google Cloud
116 export GOOGLE_CLOUD_SDK_PATH=/Users/jungwoon/google-cloud-sdk
117 export PATH=$PATH:$GOOGLE_CLOUD_SDK_PATH/bin
118 export GOOGLE_APPLICATION_CREDENTIALS="/Users/jungwoon/gcloud-key/gcloud-book-byjw-key.json"
119
```

[그림 3-4-15] 서비스 계정 키 설정

16. 그 다음, 다시 인증을 위해서 터미널에 명령어('$ gcloud auth application-default login')를 입력합니다.

[그림 3-4-16] 서비스 계정 키 설정

17. [그림 3-4-17] 같이 나타나는데, 'Y'를 입력하고 엔터를 누릅니다.

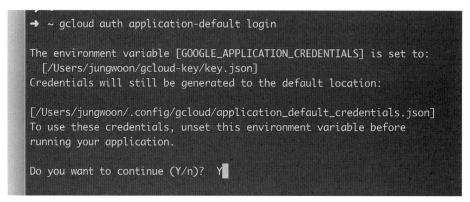

```
→ ~ gcloud auth application-default login

The environment variable [GOOGLE_APPLICATION_CREDENTIALS] is set to:
  [/Users/jungwoon/gcloud-key/key.json]
Credentials will still be generated to the default location:

[/Users/jungwoon/.config/gcloud/application_default_credentials.json]
To use these credentials, unset this environment variable before
running your application.

Do you want to continue (Y/n)?  Y
```

[그림 3-4-17] 서비스 계정 키 설정

18. [그림 3-4-18] 같이 브라우저가 열리는데, 해당 구글 계정으로 로그인을 합니다.

[그림 3-4-18] 서비스 계정 키 설정

19. 액세스에 대한 내용이 나타나는데, '허용'을 누릅니다.

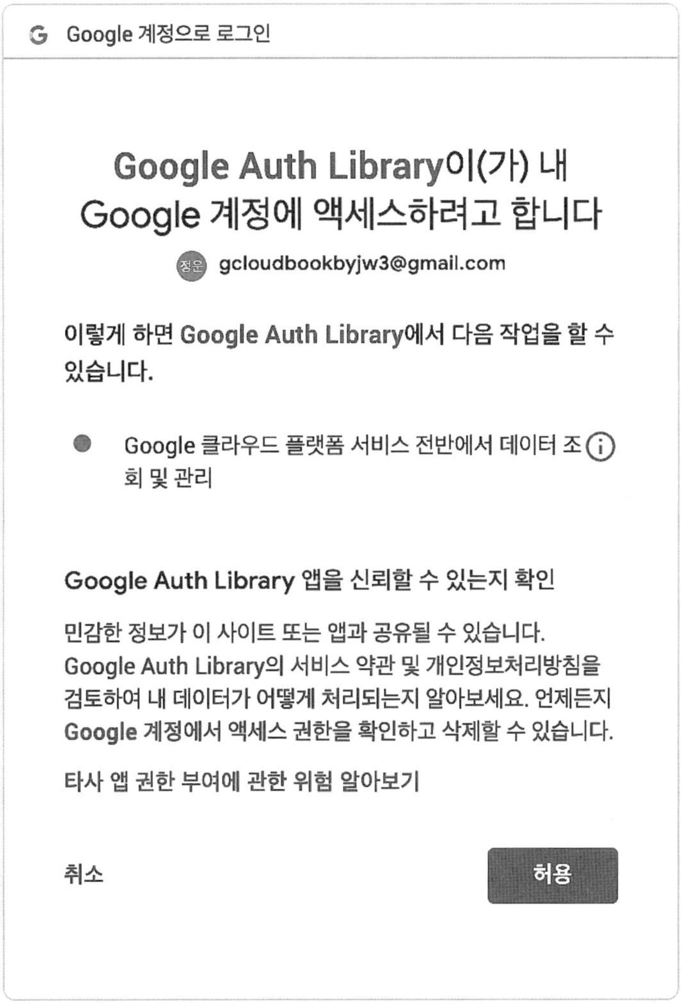

G Google 계정으로 로그인

Google Auth Library이(가) 내 Google 계정에 액세스하려고 합니다

정문 gcloudbookbyjw3@gmail.com

이렇게 하면 Google Auth Library에서 다음 작업을 할 수 있습니다.

- Google 클라우드 플랫폼 서비스 전반에서 데이터 조 ⓘ 회 및 관리

Google Auth Library 앱을 신뢰할 수 있는지 확인

민감한 정보가 이 사이트 또는 앱과 공유될 수 있습니다. Google Auth Library의 서비스 약관 및 개인정보처리방침을 검토하여 내 데이터가 어떻게 처리되는지 알아보세요. 언제든지 Google 계정에서 액세스 권한을 확인하고 삭제할 수 있습니다.

타사 앱 권한 부여에 관한 위험 알아보기

취소   허용

[그림 3-4-19] 서비스 계정 키 설정

20. [그림 3-4-20] 같이 인증되었다는 화면이 나타납니다.

[그림 3-4-20] 서비스 계정 키 설정

21. 터미널에서도 [그림 3-4-21] 같이 완료 화면이 나타납니다.

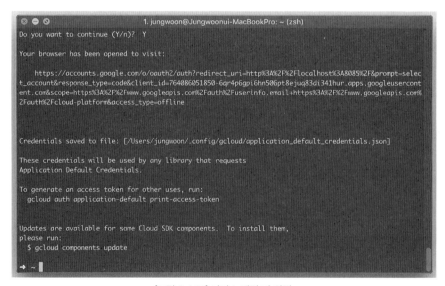

[그림 3-4-21] 서비스 계정 키 설정

4장

Cloud IAM

4.1 Cloud IAM이란?

Cloud IAM(Identity and Access Management)은 구글 클라우드 서비스의 'ID 및 액세스 관리'를 할 수 있도록 제공해주는 서비스로, 누가(ID) 어떤 리소스(GCP Service)에 대한 어떤 액세스 권한(Role)을 갖는지 제어할 수 있게 합니다.

구글 Cloud IAM을 사용하면 관리자는 누가, 언제, 어떤 리소스에 접근하여 이용하는지에 대한 제어를 할 수 있어서 클라우드 리소스를 중앙에서 쉽게 관리할 수 있습니다. 또한 복잡한 조직 구조, 많은 작업 그룹과 프로젝트를 지닌 기업에서도 조직 전체에 적용되는 통합 보기를 제공하고, 규정 준수 프로세스를 간편하게 돕는 감사 기능이 내장되어 있습니다.

Cloud IAM에서 정책을 만들면 IAM에서 사용하는 ID별로 역할을 줄 수 있는데, 이는 GCP 내의 리소스 별로 개별 설정할 수 있습니다.

구글 클라우드 플랫폼 뽀개기

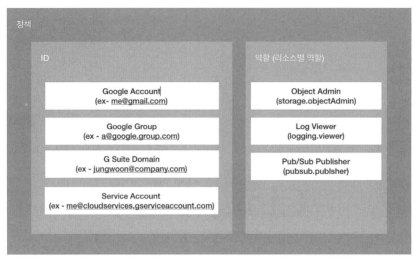

[그림 4-1-1] Cloud IAM 정책 예시

 Cloud IAM에서 사용하는 ID

| Google 계정 | 서비스 계정 | G Suite 도메인 | Google Group |

[그림 4-2-1] Cloud IAM에서 사용하는 ID

4.2.1 구글 계정

구글 계정은 개별 사용자 계정으로, 이와 관련된 모든 이메일 주소는 ID가 될 수 있으며, gmail.com 및 기타 도메인을 사용할 수 있습니다.

4.2.2 서비스 계정

서비스 계정은 개별 사용자가 아니라, 애플리케이션에 속한 계정입니다. GCP에서 호스팅 되는 코드를 실행할 때는 코드를 실행하는 계정을 지정하게 됩니다.

4.2.3 구글 그룹

구글 그룹은 여러 구글 계정과 서비스 계정을 모은 그룹입니다. 모든 그룹에는 그룹과 연결된 고유 이메일 주소가 있습니다. 구글 그룹스를 사용하면 각 사용자나 서비스 계정에 일일이 액세스 제어를 부여하거나 변경하는 대신, 전체 그룹에 동시에 액세스 제어를 부여하거나 변경할 수 있습니다.

4.2.4 G Suite

지 수트(G Suite) 도메인은 조직의 지 수트 계정(보통 회사 도메인)에서 생성된 모든 구글 계정으로 구성된 가상 그룹을 나타냅니다.

4.3 액세스 관리와 관련 개념

사용자가 GCP 리소스에 대한 요청을 시도할 때 해당 구성원에게 리소스 작업이 허용되었는지에 대해서 확인을 합니다. 또한 권한을 가지고 있으면 해당 요청에 대한 응답을 하고, 권한을 가지지 않았으면 인증 관련 정보가 없다는 메시지를 전달합니다.

역할 (Role) - compute.instanceAdmin

권한 (Permissions)

compute.instances.get

compute.instances.stop

compute.instances.list

compute.instances.start

[그림 4-3-1] Cloud IAM 역할 예시

4.3.1 리소스

GCP 리소스에 대한 액세스 권한을 부여할 수 있습니다(GCP 리소스: 프로젝트, Compute Engine 인스턴스, GCS 버킷 등).

4.3.2 권한

리소스에 어떤 작업을 허용할지를 결정합니다. Cloud IAM에서 권한은 〈service〉, 〈resource〉, 〈verb〉 형태로 나타납니다.
예: pubsub.subscriptions.consume

4.3.3 역할

역할은 권한의 모음입니다. 사용자에게 직접 권한을 배정할 수 없습니다. 사용자에게 역할을 배정하면 역할에 포함된 모든 권한이 부여됩니다.

4.4 IAM 정책(IAM Policy)

Cloud IAM 정책은 사용자에게 부여되는 액세스 권한의 유형을 가지고 있는 리스트입니다. 정책은 역할(Role)별 해당 역할에 대한 권한을 가진 멤버 리스트(Members)로 구성되며, 사용자가 리소스에 액세스할 때 정책을 통해 액세스 제어를 합니다.

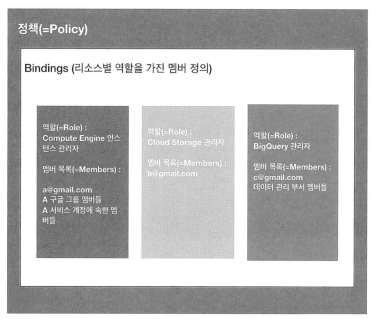

[그림 4-4-1] Cloud IAM 정책 예시

정책은 'IAM Policy' 객체로 나타내며 IAM Policy 객체는 다음과 같은 json 형태의 목록으로 구성됩니다.

- **bindings:** members의 목록을 role에 연결합니다.
- **role:** 구성원에게 배정하려는 역할로, 예를 들어 GCS의 객체 관리자, 객체 생성자, 객체 뷰어 등의 역할을 가집니다.
- **members:** 해당 권한에 배정될 멤버 리스트로, 이곳에 들어갈 수 있는 구성원 유형은 4가지로 괄호 안에 있는 키를 사용하여 설정할 수 있습니다.

- 구글 계정(user:)
- 서비스 어카운트(serviceAccount:)
- 구글 그룹(group:)
- G Suite or Cloud ID 도메인(domain:)

```
{
  "bindings": [
    {
      "role": "roles/storage.objectAdmin", // 구성원에게 배정하려는 역할
      "members": [
        "user:jungwoon@example.com", // Google 계정
        "serviceAccount:my-service@appspot.gserviceaccount.com", // 서비스 계정 키
        "group:admins@example.com", // Google 그룹
        "domain:google.com" // G Suite 또는 Cloud ID 도메인
      ]
    },
    {
      "role": "roles/storage.objectViewer",
      "members": ["user:boboke@example.com"]
    }
  ]
}
```

[그림 4-4-2] IAM Policy 객체

4.5 정책 계층 구조

GCP의 리소스는 계층적으로 정리가 되어있습니다. 조직(Organization) 노드는 계층 구조의 루트 노드이고, 프로젝트는 조직의 하위 항목이며, 기타 리소스는 프로젝트의 하위 항목입니다. 각 리소스는 단 하나의 상위 항목만을 가집니다.

Cloud IAM 정책은 조직, 폴더, 프로젝트, 리소스 등 리소스 계층 구조의 모든 수준에 설정할 수 있습니다. 리소스는 기본적으로 상위 리소스의 정책을 상속하기 때문에 상속된 계층은 상

위 계층의 정책을 상속받게 됩니다.

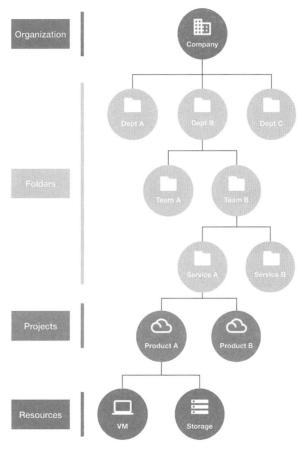

[그림 4-5-1] GCP 정책 계층 구조

정책 상속은 하위 수준으로 내려갑니다. 즉 리소스는 프로젝트에서 정책을 상속하고, 프로젝트는 폴더에서 정책을 상속하며, 폴더는 조직에서 정책을 상속합니다.

Cloud IAM 정책 계층 구조는 GCP 리소스 계층 구조와 동일한 경로를 따릅니다. 리소스 계층 구조를 변경하면 정책 계층 구조도 변경됩니다. 예를 들어, 프로젝트를 조직으로 옮기면 프로젝트의 Cloud IAM 정책이 해당 조직의 Cloud IAM 정책을 상속하도록 업데이트됩니다.

하위 정책은 상위 수준에서 허용된 액세스 권한을 제한할 수 없습니다.

4.6 Cloud IAM의 역할

4.6.1 기본 역할

소유자, 편집자, 뷰어로 소유자 역할에는 편집자 역할의 권한이 포함되며, 편집자 역할에는 뷰어 권한이 포함됩니다.

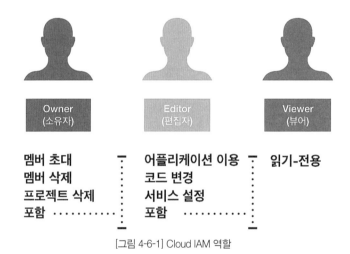

[그림 4-6-1] Cloud IAM 역할

역할 이름	역할 칭호	권한
roles/owner	소유자	프로젝트 및 프로젝트 내의 모든 리소스에 대한 역할 및 관리 프로젝트에 대한 결제 설정
roles/editor	편집자	뷰어 권한에 리소스 변경과 같이 상태 변경 작업까지 포함이 됩니다.
roles/viewer	뷰어	읽기 전용 작업에 대한 권한이 부여됩니다. 기존 리소스 또는 데이터의 조회가 여기에 해당됩니다.

4.6.2 사전 정의된 역할

기본 역할보다 더욱 세부적인 액세스 제어를 부여하는 역할로, 구글에서 만들고 유지 및 관리를 합니다. 예를 들어, 앱 엔진 관리자, BigQuery 사용자 등이 해당되며, 해당 역할의 권한은

GCP에 새로운 기능이나 서비스가 추가될 때와 같이 필요한 경우 자동으로 업데이트됩니다. 사전 정의된 역할에 대한 자세한 내용을 알고 싶다면 https://cloud.google.com/iam/docs/understanding-roles?hl=ko#predefined_roles에서 확인이 가능합니다.

4.6.3 커스텀 역할

사정 정의된 역할 이상의 세부적인 관리가 필요할 때 사용합니다. 사용자가 직접 정의하며 하나 이상의 역할을 결합할 수 있습니다. 커스텀 역할을 만들기 위해서는 'iam.roles.create' 권한이 필요하기 때문에 소유자가 아닌 사용자에게는 '조직 역할 관리자' 역할(roles/iam.organizationRoleAdmin) 또는 'IAM 역할 관리자' 역할(roles/iam.roleAdmin)이 할당되어야 합니다(조직 수준 및 프로젝트 수준에서는 커스텀 역할을 만들 수 있지만, 폴더 수준에서는 커스텀 역할을 만들 수 없습니다).

 ## 4.7 서비스 계정

서비스 계정은 사용자가 아닌 애플리케이션 또는 가상 머신에 속한 계정으로 애플리케이션은 사용자 계정이 아닌 서비스 계정을 이용하여 GCP API에 접근하게 됩니다. 서비스 계정은 계정 고유의 이메일 주소로 식별이 됩니다.

서비스 계정의 주요 특징은 서비스 계정을 리소스이자, ID로 사용할 수 있다는 점입니다.

- **ID로 사용:** 서비스 계정에 역할을 부여하여 프로젝트와 같은 리소스에 액세스되게 할 수 있습니다.
- **리소스로 사용:** 사용자에게 해당 서비스 계정에 액세스할 권한을 부여할 수 있습니다.

예를 들어, Compute Engine 인스턴스를 서비스 계정으로 실행하거나 접근할 수 있으며, 리소스에 대한 권한을 부여할 수 있습니다. 서비스 계정은 서비스의 ID가 되며, 이는 서비스가 액세스할 수 있는 리소스를 제어합니다.

4.7.1 서비스 계정 키

**Service
Account
Key**

**IAM
인증**

**App
Engine
(GCP 리소스)**

[그림 4-7-1] 서비스 계정 키

각 서비스의 계정은 서비스 계정 키 쌍과 연결이 되며, 이러한 서비스 계정 키에는 크게 2가지
유형이 있습니다.

- **GCP 관리:** GCP에서 서비스 간 인증에 사용됩니다. 각 키의 순환 주기는 약 일주일 정도
  입니다.
- **사용자 관리:** 새로운 키를 만들면 비공개 키(구글에서 보관하지 않기 때문에 다시 다운로
  드 불가)를 다운로드하게 됩니다. 서비스 계정 당 최대 10개의 서비스 계정 키를 만들 수
  있으며, 10년이 지나면 자동으로 만료됩니다.

실습

4.1 다른 계정에 권한 주기

이번 실습에서는 Cloud IAM을 통해서 내 계정이 아닌 다른 계정에 권한을 주는 방법을 알아보겠습니다.

1. https://console.cloud.google.com에서 좌측 상단의 '메뉴-IAM'을 선택합니다.

[그림 4-1-1] 다른 계정에 권한 주기

2. [그림 4-1-2] 화면을 볼 수 있는데, 상단에 '추가'를 누릅니다.

[그림 4-1-2] 다른 계정에 권한 주기

3. [그림 4-1-3] 같은 화면이 나타나면 새 구성원에 추가하고 싶은 구성원의 "Google 메일 주소, Google Groups, 서비스 계정, G Suite 도메인"중 하나를 입력합니다.

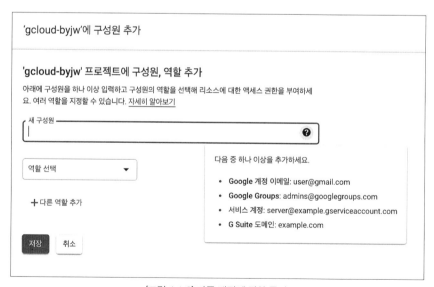

[그림 4-1-3] 다른 계정에 권한 주기

4. 여기서 개인 'gmail 계정'을 넣어보겠습니다.

[그림 4-1-4] 다른 계정에 권한 주기

5. 그런 다음, 아래 역할 선택 필드를 선택하면 다음과 같이 여러 가지 역할들을 선택할 수 있습니다. 여기서는 '프로젝트-소유자' 권한을 주겠습니다.

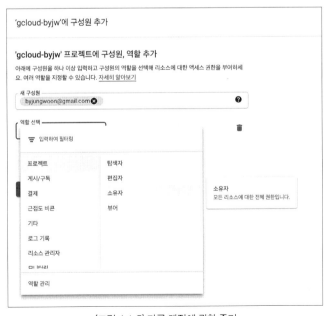

[그림 4-1-5] 다른 계정에 권한 주기

6. 여기까지 잘 따라오셨으면, 다음과 같은 화면이 나타납니다. '저장'을 누릅니다.

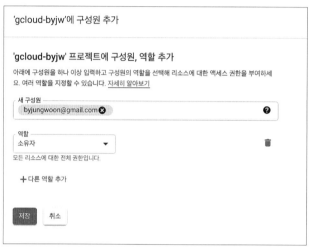

[그림 4-1-6] 다른 계정에 권한 주기

7. 다음과 같이 추가한 구성원에 대한 내용이 나타나게 됩니다. 그러나 아직 권한을 받은 사람이 '허용'을 하지 않아서 경고가 뜹니다.

[그림 4-1-7] 다른 계정에 권한 주기

8. 해당 권한을 받은 byjungwoon@gmail.com의 메일로 가보면 다음과 같은 메일을 받은 걸 확인할 수 있습니다. '허용'을 위해서 아래 링크를 클릭합니다.

[그림 4-1-8] 다른 계정에 권한 주기

9. 다음과 같은 메시지가 뜨고 '초대 수락'을 누르면 해당 계정으로 권한을 얻게 됩니다.

[그림 4-1-9] 다른 계정에 권한 주기

10. 다시 IAM으로 가보면 경고 모양의 아이콘이 사라진 것을 확인할 수 있습니다. 이것으로 IAM으로 특정 사용자에게 권한 주기를 완료했습니다.

[그림 4-1-10] 다른 계정에 권한 주기

4.2 권한 수정 및 삭제

이번에는 기존에 주었던 권한을 수정하고 삭제하는 방법을 알아보도록 하겠습니다.

1. IAM 메뉴로 가서 권한을 변경하고자 하는 계정에 있는 '펜 모양'의 아이콘을 클릭합니다.

[그림 4-2-1] 권한 수정 및 삭제

2. 다음과 같은 화면이 나타납니다. 역할을 수정하기 위해서 '역할'을 클릭합니다.

[그림 4-2-2] 권한 수정 및 삭제

3. 여기서 '바꾸고자 하는 권한을 선택'하여 '저장'을 하면 변경 부분이 적용됩니다.

[그림 4-2-3] 권한 수정 및 삭제

4. 추가로 다른 역할을 추가하고 싶다면 '+ 다른 역할 추가'를 누르고 동일하게 추가하고 싶은
   역할을 선택합니다.

[그림 4-2-4] 권한 수정 및 삭제

5. 주어진 권한을 삭제하고 싶으면 개별 역할의 오른쪽에 있는 쓰레기통 아이콘을 클릭하고
   '저장'을 눌러서 변경사항을 저장합니다.

[그림 4-2-5] 권한 수정 및 삭제

6. 그런 다음, IAM 대시보드를 보면 바뀐 부분에 대하여 적용이 된 것을 확인할 수 있습니다.

[그림 4-2-6] 권한 수정 및 삭제

4.3 커스텀 역할 만들기

Cloud IAM에서 역할이란 권한들의 모음입니다. 이러한 역할을 사용자가 임의로 만들 수 있는데, 이를 '커스텀 역할'이라고 부릅니다. 이번 실습에서는 '커스텀 역할'을 직접 만들어보도록 하겠습니다.

1. 커스텀 역할을 만들기 위해서 '메뉴-IAM 및 관리자-역할'로 들어갑니다.

[그림 4-3-1] 커스텀 역할 만들기

2. 다음과 같은 화면을 볼 수 있습니다. 이미 만들어져 있는 커스텀 역할을 확인할 수 있습니다. 새로운 역할을 만들기 위해 상단에 '+ 역할 만들기'를 클릭합니다.

[그림 4-3-2] 커스텀 역할 만들기

3. 그러면 다음과 같은 화면을 볼 수 있습니다. 여기서 원하는 역할의 이름을 정하고, 원하는 권한들을 추가하기 위해 아래 '+ 권한 추가'를 누릅니다.

[그림 4-3-3] 커스텀 역할 만들기

4. 이제 다양한 권한들을 확인할 수 있는데, 여기서는 BigQuery에 create, delete, get 권한을
추가하도록 하겠습니다. 선택을 하고 '추가'를 누릅니다.

[그림 4-3-4] 커스텀 역할 만들기

5. 다음과 같이 새로 추가한 권한들이 추가된 것을 확인할 수 있습니다. 이제 '만들기'를 누릅니다.

[그림 4-3-5] 커스텀 역할 만들기

6. 새로운 역할(My Custome Role)이 추가된 것을 확인할 수 있습니다.

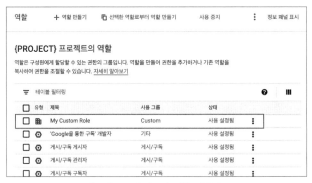

[그림 4-3-6] 커스텀 역할 만들기

4.4 커스텀 역할 중지

이번 실습에서는 [실습 4-3]에서 만들었던 커스텀 역할을 중지해보겠습니다.

1. 현재 사용하고 있는 역할을 중지하기 위해 이에 관한 권한을 선택합니다. 여기서는 'My
Custom Role'을 선택하도록 하겠습니다.

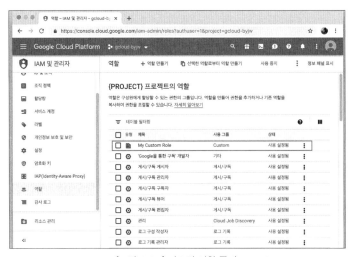

[그림 4-4-1] 커스텀 역할 중지

2. 다음과 같이 선택한 커스텀 역할에 대한 정보를 확인을 할 수 있습니다. 사용 중지를 위해
   상단의 '사용 중지'를 선택합니다.

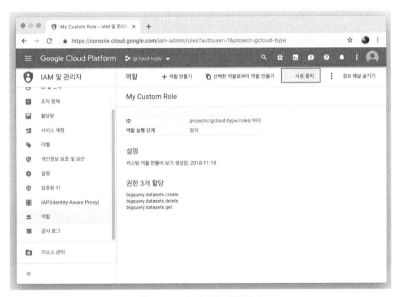

[그림 4-4-2] 커스텀 역할 중지

3. 대시보드에서 해당 역할이 사용이 중지된 것을 확인할 수 있습니다.

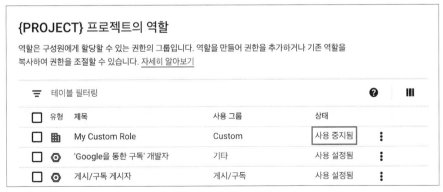

[그림 4-4-3] 커스텀 역할 중지

4.5 gcloud 명령어로 권한 수정

이번 실습에서는 클라우드 SDK(=gcloud 명령어)를 이용해서 IAM의 권한을 수정할 수 있습니다.

1. 다음 명령어를 입력하여 기존의 iam 설정 정책을 json 형태로 가져오도록 하겠습니다(클라우드 SDK 설정이 완료되어 있어야 합니다. gcloud 설정은 '3장 CloudSDK(=gcloud) 설치하기'를 확인하시기 바랍니다).

$ gcloud projects get-iam-policy [자신의 프로젝트 ID] --format json > iam.json

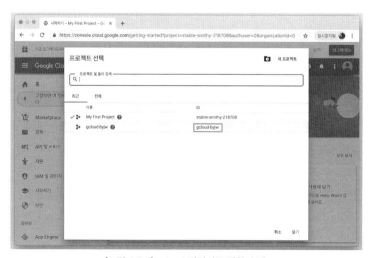

[그림 4-5-1] gcloud 명령어로 권한 수정

2. 자신의 프로젝트 ID는 GCP 콘솔 대시보드에서 확인 가능합니다.

[그림 4-5-2] gcloud 명령어로 권한 수정

3. 위 명령어로 다운로드 받은 내용을 보면 다음과 같이 기존에 설정되어 있는 IAM 정책이 JSON 형태로 되어 있는 것을 확인할 수 있습니다. 이 파일을 수정하여 IAM 정책을 바꿀 수 있습니다.

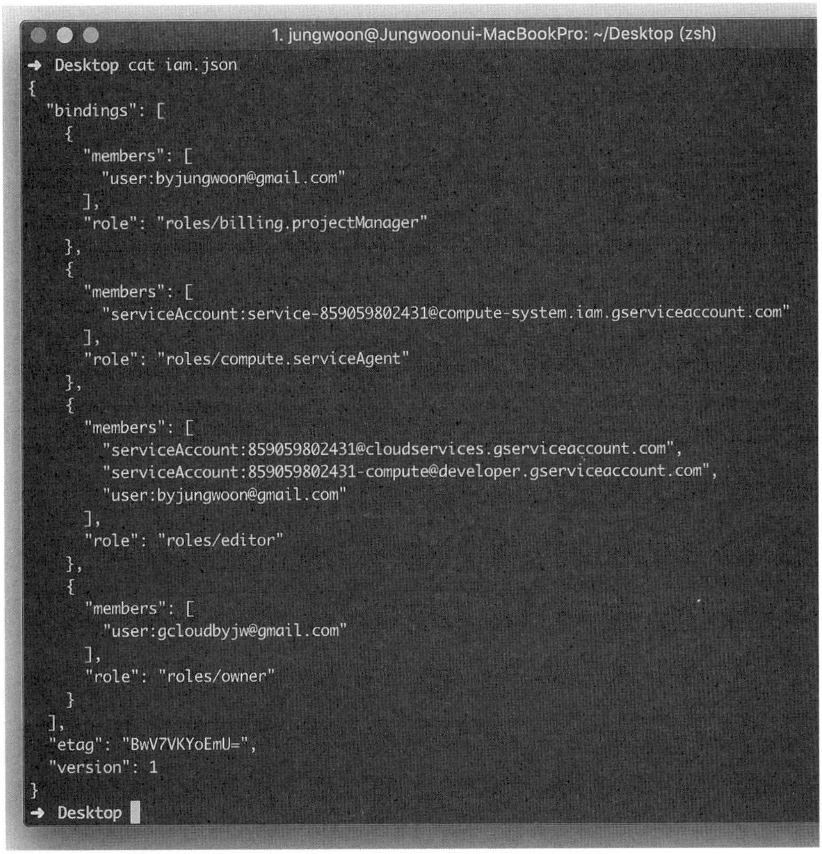

```
1. jungwoon@Jungwoonui-MacBookPro: ~/Desktop (zsh)
→ Desktop cat iam.json
{
  "bindings": [
    {
      "members": [
        "user:byjungwoon@gmail.com"
      ],
      "role": "roles/billing.projectManager"
    },
    {
      "members": [
        "serviceAccount:service-859059802431@compute-system.iam.gserviceaccount.com"
      ],
      "role": "roles/compute.serviceAgent"
    },
    {
      "members": [
        "serviceAccount:859059802431@cloudservices.gserviceaccount.com",
        "serviceAccount:859059802431-compute@developer.gserviceaccount.com",
        "user:byjungwoon@gmail.com"
      ],
      "role": "roles/editor"
    },
    {
      "members": [
        "user:gcloudbyjw@gmail.com"
      ],
      "role": "roles/owner"
    }
  ],
  "etag": "BwV7VKYoEmU=",
  "version": 1
}
→ Desktop 
```

[그림 4-5-3] gcloud 명령어로 권한 수정

4. 다음과 같이 bindings 부분에 새로운 member인 infobyjw@gmail.com에 viewer 권한을 줘
  보겠습니다(여기서는 vim 편집기를 이용하여 수정했습니다).

```
1. vi iam.json (vim)
1
2    "bindings": [
3      {
4        "members": [
5          "user:infobyjw@gmail.com"
6        ],
7        "role": "roles/viewer"
8      },
9      {
10       "members": [
11         "user:byjungwoon@gmail.com"
12       ],
13       "role": "roles/billing.projectManager"
14     },
15     {
16       "members": [
17         "serviceAccount:service-859059802431@compute-system.iam.gserviceaccount.com"
18       ],
19       "role": "roles/compute.serviceAgent"
20     },
21     {
22       "members": [
23         "serviceAccount:859059802431@cloudservices.gserviceaccount.com",
24         "serviceAccount:859059802431-compute@developer.gserviceaccount.com",
25         "user:byjungwoon@gmail.com"
26       ],
27       "role": "roles/editor"
28     },
29     {
30       "members": [
31         "user:gcloudbyjw@gmail.com"
```

[그림 4-5-4] gcloud 명령어로 권한 수정

5. 명령어('$ gcloud projects set-iam-policy [자신의 프로젝트 ID] iam.json')로 변경된 iam.json
  을 실제 GCP에 적용줍니다.

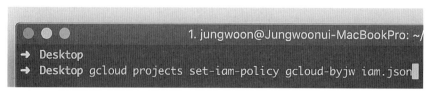

[그림 4-5-5] gcloud 명령어로 권한 수정

6. 명령이 성공하면 다음과 같은 메시지를 확인할 수 있습니다.

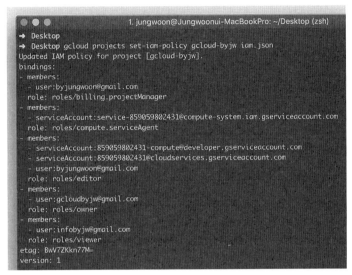

[그림 4-5-6] gcloud 명령어로 권한 수정

7. GCP 콘솔의 IAM 부분에 들어가면 다음과 같이 적용된 infobyjw@gmail.com 구성원이 뷰어 권한을 가진 걸 확인할 수 있습니다.

[그림 4-5-7] gcloud 명령어로 권한 수정

5장

Compute Engine

 5.1 Compute Engine이란?

 Compute Engine(Compute Engine)은 GCP에서 제공하는 가상 머신 서비스로, AWS의 EC2에 해당하는 서비스입니다. Google Cloud Platform 에서 가장 기본적이면서 많이 쓰이는 인프라로 네트워크에 연결된 가상 서버를 제공해주며, 전 세계에 위치한 데이터 센터들은 광섬유 네트워크로 연결이 되어 있기 때문에 단일 인스턴스에서 글로벌 부하 분산 클라우드 컴퓨팅으로 확장할 수도 있습니다.

Compute Engine은 다양한 인스턴스 구성 및 이미지를 제공합니다. 마이크로에서부터 vCPU 160개 또는 3.75TB 메모리를 제공하는 인스턴스까지, 사전에 정의된 다양한 사양의 인스턴스를 제공합니다. 이 이외에도 임의로 인스턴스의 시스템 구성을 설정할 수 있는 커스텀 머신 유형도 제공하기 때문에 자신의 요구사항에 맞춘, 나만의 머신 유형을 설정하여 저렴하게 이용할 수 있습니다. 또한 최대 64TB의 영구 디스크 Repository를 HDD 또는 SSD 형태로 제공하기 때문에 목적에 맞는 영구 디스크 Repository를 선택하여 이용할 수 있으며, 다양한 OS

이미지를 제공합니다. 지원하는 OS이미지로는 데비안(Debian), CentOS, 우분투(Ubuntu), 수세(SUSE), 레드햇(Red Hat), 윈도우 서버(Windows Server) 등이 있습니다.

Compute Engine은 소프트웨어 또는 업데이트와 같은 호스트 시스템 이벤트가 발생하더라도, VM 인스턴스가 계속 실행될 수 있게 해주는 라이브 이전 기능을 제공합니다. 이를 이용하여 사용자는 VM을 재부팅할 필요 없이 동일 영역에서 실행 중인 인스턴스를 또 다른 호스트로 라이브 이전할 수 있습니다.

Compute Engine에 있는 선점형 VM은 GCP에 있는 유휴 자원을 활용하여 매우 저렴한 가격으로 컴퓨팅 리소스를 이용할 수 있습니다. 이러한 기능은 대규모 컴퓨팅 및 일괄 작업이 필요할 경우 합리적인 가격으로 해당 리소스를 얻을 수 있습니다. 기존의 VM과 동일한 옵션을 제공하지만, 최대 24시간까지만 유지됩니다.

Compute Engine은 상대적으로 저렴한 비용으로 이용할 수 있습니다. 타 벤더사들의 서비스들과 다르게 초 단위로 비용을 청구하고 등록 수수료나 선불 약정 없이 장기 실행 작업에 대해서 자동으로 할인 가격을 제공합니다. 만약 약정 사용 할인을 사용하면 인스턴스 유형 변경의 제한 없이 최대 57%까지 비용 절감을 할 수 있습니다.

Compute Engine은 구글 쿠버네티스 엔진(Google Kubernetes Engine)을 통해서 Compute Engine VM에서 도커 컨테이너를 실행 및 관리, 조정할 수 있습니다.

5.2 VM 인스턴스

Compute Engine 인스턴스에서는 리눅스 및 윈도우 서버용 공개 이미지뿐만 아니라, 사용자가 만들거나 사용자의 기존 시스템에서 가져올 수 있는 비공개 커스텀 이미지도 실행할 수 있습니다. 각각의 인스턴스는 GCP 프로젝트에 속하며, 하나의 프로젝트는 여러 개의 인스턴스를 가질 수 있습니다. 프로젝트에서 인스턴스를 만들 때 해당 인스턴스의 영역 운영체제 및 머신 유형 등을 지정할 수 있으며, 자세한 머신 유형은 아래에서 좀 더 자세히 알아보도록 하겠습니다. 인스턴스는 프로젝트에 포함이 되어 있기 때문에 프로젝트를 삭제하면 여기에 속한 인스턴스도 함께 삭제됩니다. 기본적으로 인스턴스는 운영체제가 포함된 작은 부팅 영구 디스크를 가지고 있으며, 만약 더 많은 저장공간이 필요한 경우에는 Repository 옵션을 통해서 저장공간을 추가할 수 있습니다. 프로젝트에는 최대 5개의 VPC 네트워크를 가질 수 있으며, Compute Engine 인스턴스는 하나의 VPC 네트워크에 속하게 됩니다. 동일한 네트워크 안에 위치한 인스턴스들은 로컬 영역 네트워크 프로토콜로 서로 통신할 수 있습니다.

또한 Compute Engine은 인스턴스를 만들 때 컨테이너를 사용하여 만들 수 있는 옵션을 지원하기 때문에 VM 또는 인스턴스 템플릿을 만들 때 도커 이미지로 시작할 수 있습니다. VM 관리를 위해 GCP에서 제공하는 도구는 웹에서 사용할 수 있는 Google Cloud Platform과 gcloud 명령줄 도구 및 REST API및 모바일 애플리케이션 등을 이용할 수 있습니다. 이러한 도구를 사용하면 인스턴스를 만들고 삭제하는 등의 관리를 할 수 있습니다.

5.3 머신 유형

머신 유형은 메모리, vCPU, 디스크 등을 포함하여 인스턴스에 제공할 수 있는 가상화된 하드웨어 리소스 모음을 지정합니다. 이렇게 되면 머신 유형의 조합을 통해서 나에게 맞는 최적의 머신을 만들 수 있습니다.

5.3.1 사전 정의된 머신 유형

Compute Engine에서는 사전에 정의한 머신 유형이 있는데, 자세한 내용은 다음 표와 같습니다. 자신의 목적에 맞는 머신 유형을 선택하면 되고, 생성된 이후에도 언제든 머신 유형은 변경할 수 있습니다.

이름	설명	vCPU 개수	메모리 (GB)	디스크 개수	최대 디스크 크기 (TB)
n1-standard-1	표준형	1	3.75	16 (베타는 32)	64
n1-standard-2	표준형	2	7.50	16 (베타는 64)	64
n1-standard-4	표준형	4	15	16 (베타는 64)	64
n1-standard-8	표준형	8	30	16 (베타는 128)	64
n1-standard-16	표준형	16	60	16 (베타는 128)	64
n1-standard-32	표준형	32	120	16 (베타는 128)	64
n1-standard-64	표준형	64	240	16 (베타는 128)	64
n1-standard-96	표준형	96	360	16 (베타는 128)	64
n1-highmem-2	고성능 메모리형	2	13	16 (베타는 64)	64
n1-highmem-4	고성능 메모리형	4	26	16 (베타는 64)	64
n1-highmem-8	고성능 메모리형	8	52	16 (베타는 128)	64
n1-highmem-16	고성능 메모리형	16	104	16 (베타는 128)	64
n1-highmem-32	고성능 메모리형	32	208	16 (베타는 128)	64
n1-highmem-64	고성능 메모리형	64	416	16 (베타는 128)	64
n1-highmem-96	고성능 메모리형	96	624	16 (베타는 128)	64
n1-highcpu-2	고성능 CPU형	2	1.80	16 (베타는 64)	64
n1-highcpu-4	고성능 CPU형	4	3.60	16 (베타는 64)	64
n1-highcpu-8	고성능 CPU형	8	7.20	16 (베타는 128)	64
n1-highcpu-16	고성능 CPU형	16	14.4	16 (베타는 128)	64
n1-highcpu-32	고성능 CPU형	32	28.8	16 (베타는 128)	64
n1-highcpu-64	고성능 CPU형	64	57.6	16 (베타는 128)	64
n1-highcpu-96	고성능 CPU형	96	86.4	16 (베타는 128)	64

[표 5-4-1] 사전 정의된 머신 유형

5.3.2 커스텀 머신 유형

사전 정의된 머신 유형이 맞지 않을 경우, 인스턴스 생성 시 사용할 vCPU 수와 메모리 용량 등 머신 유형을 설정할 수 있습니다. 대신, 사전 정의된 머신 유형보다 비용이 약간 추가되며 선택 가능한 메모리 및 vCPU에 일부 제한이 있을 수 있습니다.

5.3.3 CPU 플랫폼

Compute Engine에서 VM 인스턴스가 사용할 수 있는 CPU 플랫폼 중 하나를 사용하게 됩니다. CPU 플랫폼을 직접 지정하지 않으면, 기본적으로 설정되어 있는 기본 플랫폼을 사용합니다. 사용할 수 있는 CPU 목록은 다음과 같습니다.

- 2.0GHz Intel Xeon 확장 가능 프로세서(Skylake)
- 2.2GHz Intel Xeon E7(Broadwell E7)
- 2.2GHz Intel Xeon E5 v4(Broadwell E5)
- 2.3GHz Intel Xeon E5 v3(Haswell)
- 2.5GHz Intel Xeon E5 v2(Ivy Bridge)
- 2.6GHz Intel Xeon E5(Sandy Bridge)

5.3.4 Compute Engine의 GPU

Compute Engine에서는 VM에 추가할 수 있는 GPU를 제공합니다. 이러한 GPU를 사용하면 머신 러닝 및 데이터 처리와 같은 특정 부하 작업에 효율을 가져올 수 있습니다. 또 3D 시각화 및 3D 렌더링 같은 그래픽 집약적인 부하가 있는 경우에 NVIDIA GRID기술을 사용하는 가상 워크스테이션을 만들 수도 있습니다. Compute Engine에서 컴퓨팅 작업 부하를 위한 GPU 목록은 다음과 같습니다(2019. 06. 03. 기준).

GPU 모델	GPU 개수	GPU 메모리	vCPU 최대 개수	사용 가능한 최대 메모리	사용 가능한 영역
NVIDIA Tesla T4	1	GDDR6 16GB	24 개	156GB	asia-northeast1-a asia-south1-b asia-southeast1-b europe-west4-b europ-west4-c southamerica-east1-c us-central1-a us-central1-b us-east1-c us-east1-d (예정) us-west1-a us-west1-b
	2	GDDR6 32GB	48 개	312GB	
	4	GDDR6 64GB	96개	624GB	

GPU 모델	GPU 개수	GPU 메모리	vCPU 최대 개수	사용 가능한 최대 메모리	사용 가능한 영역
NVIDIA Tesla P4	1	GDDR5 8GB	24개	156GB	us-west2-c us-west2-b us-central1-a us-central1-c us-east4-a us-east4-b us-east4-c northamerica-northeast1-a northamerica-northeast1-b northamerica-northeast1-c europe-west4-b europe-west4-c australia-southeast1-a australia-southeast1-b asia-southeast1-b asia-southeast1-c
	2	GDDR5 16GB	48개	312GB	
	4	GDDR5 32GB	96개	624GB	
NVIDIA Tesla V100	1	HRM2 16GB	12개	78GB	us-west1-a us-west1-b us-central1-a us-central1-f europe-west4-1 asia-east1-c
	8	HRM2 32GB	96개	624GB	
NVIDIA Tesla P100	1	HRM2 16GB	16개	104GB	us-west1-b us-central1-c us-central1-f us-east1-b us-east1-c europe-west1-b europe-west1-d asia-east1-a asia-east1-c europe-west4-1
	2	HRM2 32GB	32개	208GB	
	4	HRM2 64GB	64개 (us-east1-c, europe-west1-d, europe-west1-b)	208GB (us-east1-c, europe-west1-d, europe-west1-b)	
			96개 (다른 모든 영역)	624GB (다른 모든 영역)	
NVIDIA Tesla K80	1	HRM2 12GB	8개	52GB	us-west1-b us-central1-c us-east1-c us-east1-d europe-west1-b europe-west1-d asia-east1-a asia-east1-b
	2	HRM2 24GB	16개	104GB	
	4	HRM2 48GB	32개	208GB	
	8	HRM2 96GB	64개	416GB (asia-east1-a, us-east1-d) 208GB	

[표 5-4-4-1] 컴퓨팅 작업 부하를 위한 GPU 목록

또한 그래픽 작업 부하를 위한 GPU 모델은 다음과 같습니다(2019. 06. 03. 기준).

GPU 모델	GPU 개수	GPU 메모리	vCPU 최대 개수	사용 가능한 최대 메모리	사용 가능한 영역
NVIDIA Tesla T4 Virtual Workstation	1	GDDR6 16GB	24 개	156GB	asia-northeast1-a asia-south1-b
	2	GDDR6 32GB	48 개	312GB	asia-southeast1-b europe-west4-b
	4	GDDR6 64GB	96개	624GB	europ-west4-c southamerica-east1-c us-central1-a us-central1-b us-east1-c us-east1-d (예정) us-west1-a us-west1-b
NVIDIA Tesla P4 Virtual Workstation	1	GDDR5 8GB	16개	192GB	us-west2-c us-west2-b
	2	GDDR5 16GB	48개	312GB	us-central1-a us-central1-c
	4	GDDR5 32GB	96개	624GB	us-east4-a us-east4-b us-east4-c northamerica-northeast1-a northamerica-northeast1-b northamerica-northeast1-c europe-west4-b europe-west4-c australia-southeast1-a australia-southeast1-b asia-southeast1-b asia-southeast1-c
NVIDIA Tesla P100 Virtual Workstation	1	HRM2 16GB	16개	104GB	us-west1-b us-central1-c
	2	HRM2 32GB	32개	208GB	us-central1-f us-east1-b us-east1-c europe-west1-b europe-west1-d asia-east1-a asia-east1-c europe-west4-a
	4	HRM2 64GB	64개 (us-east-c, europe-west1-d, europe-west1-b)	208GB (us-east-c, europe-west1-d, europe-west1-b)	
			96개 (다른 모든 영역)	624GB (다른 모든 영역)	

[표 5-4-4-2] 그래픽 작업 부하를 위한 GPU 모델

5.3.5 이미지

Compute Engine에서는 구글에서 제공하는 운영체제 이미지를 사용하여 인스턴스의 부팅 디스크를 만들 수 있고, 공개 이미지와 커스텀 이미지가 있습니다. 공개 이미지는 구글, 오픈소스 커뮤니티, 제3자 공급업체에서 제공하고 관리합니다. 기본적으로 모든 프로젝트에서 공개 이미지로 인스턴스를 만들 수 있습니다. 커스텀 이미지는 사용자의 프로젝트에서만 사용할 수 있는 이미지로 부팅 디스크 및 다른 이미지에서 커스텀 이미지를 생성한 다음에 해당 이미지를 이용하여 인스턴스를 만들 수 있습니다.

대부분의 공개 이미지는 추가 비용이 없지만, 프리미엄 이미지의 경우 인스턴스에 추가 비용이 발생합니다. 또한 커스텀 이미지를 사용하는 경우 인스턴스에 추가 비용이 발생하지 않지만, 프로젝트에 커스텀 이미지를 유지하기 위한 이미지 저장 비용이 발생합니다. GCP에서 제공하는 공개 이미지 리스트는 아래 표와 같습니다(2019. 06. 03. 기준).

운영체제	지원 채널	이미지 계열	참고사항
CentOS	Compute Engine	centos-7 centos-6	
Google의 컨테이너 최적화 OS	Compute Engine	cos-69-lts cos-stable cos-beta cos-dev	
CoreOS	CoreOS 지원	coreos-stable coreos-beta coreos-alpha	
Debian	Compute Engine	debian-9	
RHEL (Red Hat Enterprise Linux)	Compute Engine	rhel-7 rhel-6	프리미엄 이미지
RHEL for SAP	Compute Engine	rhel-7-6-sap-ha rhel-7-4-sap	프리미엄 이미지
SLES (SUSE Linux Enterprise Server)	Compute Engine	sles-15 sles-12	프리미엄 이미지
SLES for SAP	Compute Engine	sles-15-sap sles-12-sp4-sap sles-12-sp3-sap sles-12-sp2-sap	프리미엄 이미지

운영체제	지원 채널	이미지 계열	참고사항
Ubuntu	Compute Engine	ubuntu-1804-lts ubuntu-minimal-1804-lts ubuntu-1604-lts ubuntu-minimal-1604-lts ubuntu-1404-lts ubuntu-1810	
Windows Server	Compute Engine	windows-2019 windows-2019-for-container windows-2019-core windows-2019-core-for-container windows-1809-core windows-1809-core-for-container windows-1803-core windows-1803-core-for-container windows-1709-core windows-1709-core-for-containers windows-2016 windows-2016-core windows-2012-r2 windows-2012-r2-core windows-2008-r2	프리미엄 이미지
Windows Server의 SQL Server	Compute Engine	sql-ent-2017-win-2016 sql-ent-2016-win-2016 sql-ent-2016-win-2012-r2 sql-ent-2014-win-2012-r2 sql-ent-2014-win-2016 sql-ent-2012-win-2012-r2 sql-std-2017-win-2016 sql-std-2016-win-2016 sql-std-2016-win-2012-r2 sql-std-2014-win-2012-r2 sql-std-2012-win-2012-r2 sql-web-2017-win-2016 sql-web-2016-win-2016 sql-web-2016-win-2012-r2 sql-web-2014-win-2012-r2 sql-web-2012-win-2012-r2 sql-exp-2017-win-2016 sql-exp-2017-win-2012-r2	프리미엄 이미지

[표 5-4-6] GCP 제공 공개 이미지 리스트

5.4 실시간 이전(Live Migration)

Compute Engine은 소프트웨어 또는 하드웨어 업데이트와 같은 호스트 시스템 이벤트가 발생하더라도 인스턴스를 종료 및 재부팅할 필요 없이 계속 실행시키는 실시간 이전이라는 기능을 제공합니다. Compute Engine은 사용자가 VM을 재부팅할 필요 없이 동일 영역에서 실행 중인 인스턴스를 또 다른 호스트로 라이브 이전합니다. 이를 통해서 사용자의 VM에 영향을 주지 않으면서도 인프라를 보호하고 안정적인 상태로 유지하는 데 반드시 필요한 유지관리를 할 수 있습니다. 라이브 이전은 다음과 같은 작업들에서 실행 중인 상태로 유지합니다. 일반적인 인프라 유지 관리 및 업그레이드, 호스트 OS 및 BIOS 업그레이드, 즉각적인 대응이 필요한 보안 관련 업그레이드, 호스트 이미지 및 패키지의 저장 용량에 대해 호스트 루트 파티션의 크기 변경을 포함한 시스템 구성 변경, 데이터 센터의 네트워크 및 전력 망 유지관리, 메모리, CPI, 네트워크 인터페이스 카드, 디스크, 전원 등의 하드웨어 오류가 발생하는 경우 대신 이 경우에는 최선의 방식으로 수행이 되는데, 하드웨어가 완전히 고장나거나 하는 이유로 실시간 이전이 불가능한 경우에는 VM이 다운된 후 자동으로 다시 시작되고 호스트 에러(hostError)가 로깅됩니다.

실시간 이전은 VM 자체의 어떠한 속성도 변경하지 않습니다. 실행 중인 VM을 하나의 호스트 머신에서 동일 영역에 있는 다른 호스트 머신으로 단순히 전송합니다. 이때 내부 및 외부 IP주소, 인스턴스 메타 데이터, 블록 Repository 데이터 및 볼륨, OS 및 애플리케이션 상태, 네트워크 설정, 네트워크 연결 등을 포함하여 모든 VM 속성 및 특성이 변경되지 않은 상태로 유지됩니다.

5.5 선점형 VM 인스턴스(Preemptible VM Instances)

선점형 VM 인스턴스(Preemptible VM Instances)는 GCP 내에서 아무도 사용하고 있지 않은 리소스를 사용함으로써 일반 인스턴스보다 훨씬 저렴한 가격으로 만들고, 실행할 수 있는 인스턴스입니다. 하지만 다음과 같은 제약 사항을 가지고 있습니다.

- Compute Engine은 시스템 이벤트가 발생하면 언제든 선점형 인스턴스를 종료할 수 있습니다.
- Compute Engine은 언제나 선점형 인스턴스를 24시간 동안 실행한 후 종료합니다.
- 선점형 인스턴스는 한정된 Compute Engine은 리소스이므로 사용하지 못할 수도 있습니다.
- 선점형 인스턴스는 유지관리 이벤트 발생 시 'Live Migration'을 지원하지 않습니다.
- 이러한 제한사항 때문에 'Google Compute Engine SLA'에서 제외됩니다.

이러한 제약 사항들을 견딜 수 있으면, 선점형 인스턴스를 통해 Compute Engine의 비용을 크게 절감할 수 있습니다. 예를 들어, 일괄 처리 작업을 선점형 인스턴스에서 실행할 수 있는데 처리 과정에서 일부 선점형 인스턴스가 종료되더라도 속도는 느려지지만 완전히 중단되지는 않습니다.

5.6 인스턴스 템플릿

인스턴스 템플릿은 VM 인스턴스 및 인스턴스 그룹을 만드는 데 사용할 수 있는 리소스입니다. 인스턴스 템플릿은 머신 유형, 부팅 디스크 이미지 또는 컨테이너 이미지, 영역, 라벨, 그 외의 속성 등을 이용하여 템플릿을 만들고, 이를 통해서 관리형 인스턴스 그룹이나 개별 VM 인스턴스를 만들 수 있습니다. 인스턴스 템플릿의 가장 큰 목적은 동일한 구성의 인스턴스를 여러 개 만들기 위해서입니다. 따라서 기존 인스턴스 템플릿을 변경할 수는 없습니다. 만약 너무 오래되어서 구성을 변경해야 한다면, 새로운 인스턴스 템플릿을 만들어야 합니다. 인스턴스 템플릿은 지역이나 영역에 영향을 받지 않는 글로벌 리소스이지만, 인스턴스 템플릿 옵션 중 '영역 리소스'를 지정한다면 해당 리소스가 있는 영역으로 템플릿 사용을 제한할 수 있습니다.

5.7 인스턴스 그룹

프로젝트의 각 인스턴스를 개별적으로 제어할 필요가 없도록 VM 인스턴스 그룹을 만들고 관리할 수 있습니다. 크게 관리형 인스턴스 그룹과 비관리형 인스턴스 그룹이라는, 2가지 인스턴스 그룹 유형을 사용할 수 있습니다.

5.7.1 관리형 인스턴스 그룹

관리형 인스턴스 그룹은 인스턴스 템플릿을 사용하여 동일한 인스턴스 그룹을 만들 수 있습니다. 단일 항목으로 인스턴스 그룹을 제어해서 관리형 인스턴스 그룹에 속한 인스턴스를 변경할 경우 전체 인스턴스 그룹을 변경해야 합니다. 관리형 인스턴스 그룹은 다양한 장점을 가지는데, 그 중 하나가 별다른 설정 없이도 자동으로 오토 스케일링을 지원한다는 것입니다. 애플리케이션에서 추가적으로 컴퓨팅 리소스가 필요한 경우에는 별도의 설정이 필요 없이 자동으로 인스턴스의 수를 확장할 수 있습니다. 만약 컴퓨팅 리소스 요구가 줄어든다면 자동으로 인스턴스의 수를 축소시켜서 비용 절감을 할 수 있습니다.

또 애플리케이션 기반의 상태 확인을 이용하는 자동 복구 정책을 설정할 수 있어서 애플리케이션이 관리형 인스턴스 그룹에 제대로 응답을 하는지 주기적으로 확인하고, 만약 특정 인스턴스에서 문제가 발생하여 정상적으로 응답하지 않으면 인스턴스가 자동으로 다시 생성됩니다. 그리고 관리형 인스턴스 그룹을 사용하면 부하 분산 서비스인 로드 밸런서(Load Balancer)를 붙여서 그룹의 모든 인스턴스에 트래픽을 분산할 수 있습니다. 새로운 버전의 소프트웨어를 관리형 인스턴스 그룹의 인스턴스에 쉽게 배포할 수 있습니다. 이를 이용하면 롤링 업데이트, 카나리아 업데이트와 같은 유연한 롤아웃 시나리오를 지원하고, 배포 속도와 범위는 물론 서비스 중단 수준을 제어할 수 있습니다.

관리형 인스턴스 그룹은 크게 2가지 유형으로 구성할 수 있는데, 하나는 단일 영역에 인스턴스를 배포하는 영역 관리형 인스턴스 그룹과 동일 리전 내 여러 영역에 배포하는 리전 관리형 인스턴스 그룹이 있습니다. 리전 관리형 인스턴스 그룹은 애플리케이션의 부하를 여러 영역에 분산시켜 보다 높은 가용성을 제공합니다. 이를 통해서 자연 재해 등의 문제로 특정 영역에서 문제가 발생하더라도 높은 가용성을 유지할 수 있습니다.

기본적으로 관리형 인스턴스 그룹의 인스턴스들은 디폴트 네트워크에 배치가 되며 리전 범위에서 임의의 IP 주소가 할당됩니다. 만약 더 작은 IP 범위를 사용하고자 한다면, 커스텀 모드 VPC 네트워크와 서브넷을 만든 다음 인스턴스 템플릿에 지정하여 그룹의 IP 범위를 제한할 수 있습니다.

또 관리형 인스턴스 그룹은 컨테이너를 이용하여 애플리케이션의 배포를 간소화할 수 있습니다. 인스턴스 템플릿에 컨테이너 이미지를 지정한 다음 이 템플릿을 사용하여 관리형 인스턴스 그룹을 만들면 도커가 포함된 컨테이너 최적화 OS로 각 인스턴스가 생성되고, 그룹의 각 인스턴스에서 컨테이너가 자동으로 시작됩니다.

만약 높은 속도보다 비용이 중요한 작업의 경우, 인스턴스 그룹에서 선점형 VM 인스턴스를 사용하여 작업 부하 비용을 절감할 수 있습니다. 선점형 인스턴스는 최대 24시간 동안 지속되며, 정상적으로 선점됩니다. 선점형 인스턴스는 언제든 삭제될 수 있지만 선점 가능한 용량을 다시 사용할 수 있게 되면 자동 복구를 통해 인스턴스가 복구됩니다.

5.7.2 비관리형 인스턴스 그룹

비관리형 인스턴스 그룹은 관리형 인스턴스 그룹과 다르게 임의로 다른 구성을 가진 인스턴스를 추가하거나 제거할 수 있습니다. 대신에 오토 스케일링, 자동 복구, 롤링 업데이트 지원, 인스턴스 템플릿 사용은 제공하지 않습니다. 이러한 이유로 비관리형 인스턴스 그룹은 가용성이 높고 확장 가능한 작업 부하를 배포하는 데는 적합하지 않습니다.

5.8 전역(Global), 영역(Region)과 지역(Zone)

GCP 리소스는 전 세계 여러 위치에서 호스팅이 됩니다. 이러한 위치는 전역(Global)과 지역 (Region), 그 지역에 있는 여러 영역(Zone)으로 구성됩니다. 모든 Compute Engine 리소스는 전역, 지역, 영역 리소스입니다. 예를 들어, 이미지는 전역 리소스이지만 영구 디스크는 지역 또는 영역 리소스일 경우, 리소스의 범위에 따라 다른 리소스에서 해당 리소스에 액세스할 수 있는 범위가 결정됩니다. 이를테면, 전역 리소스는 모든 지역 또는 영역의 리소스에서 액세스할 수 있어서 서로 다른 영역의 VM 인스턴스가 동일한 전역 이미지를 사용할 수 있습니다. 하지만 지역 리소스는 동일한 지역 내의 리소스에서만 액세스할 수 있습니다. 지역 고정 외부 IP 주소는 동일한 지역 내의 리소스에서만 액세스 할 수 있는 식입니다. 이를 고려하여 시스템 설계 시 사용하고자 하는 리소스가 어떤 범위의 리소스인지 고려한다면, 좀 더 나은 시스템 설계를 하는 데 도움이 됩니다.

5.8.1 전역 리소스(Global resources)

전역 리소스는 동일한 프로젝트 내의 모든 영역에 있는 모든 리소스가 액세스할 수 있습니다. 전역 리소스를 만들 때는 범위 사양을 지정하지 않아도 됩니다. 전역 리소스는 다음과 같습니다.

- **주소(Address)**: 전역 정적 외부 IP 주소는 전역 리소스이며 HTTP(S), SSL Proxy, TCP Proxy와 같은 전역 부하 분산 장치에 사용할 수 있습니다.
- **이미지(Images)**: 이미지는 모든 인스턴스 또는 디스크 리소스에서 사용할 수 있습니다.
- **스냅샷(Snapshots)**: 영구 디스크 스냅샷은 스냅샷과 동일한 프로젝트 내의 모든 디스크에서 사용할 수 있습니다.
- **인스턴스 템플릿(Instance templates)**: 인스턴스 템플릿은 전역 리소스이지만, 인스턴스 템플릿에서 영역 리소스를 지정할 수 있으며, 이 경우 영역 리소스가 있는 영역으로 템플릿 사용이 제한됩니다.
- **VPC 네트워크(VPC network)**: VPC 네트워크는 전역 리소스이지만, 개별 서브넷은 지역 리소스입니다.

- **방화벽(Firewalls):** 방화벽은 단일 VPC 네트워크에 적용되지만, 패킷이 다른 네트워크에서 방화벽에 도달할 수 있기 때문에 전역 리소스로 간주됩니다.
- **경로(Routes):** 경로는 이용하면 라우터가 로컬 영역 네트워크 내에서 트래픽을 전달하는 방식과 유사하게 특정 IP 범위로 향하는 트래픽 경로를 지정할 수 있습니다. 경로는 GCP 프로젝트 내의 VPC 네트워크에 적용되며 전역 리소스로 간주됩니다.
- **전역 작업(Global operations):** 전역 리소스에서 작업을 이행하는 경우 전역 작업으로 간주됩니다.

5.8.2 지역 리소스(Region resources)

지역 리소스는 동일한 지역 내의 모든 리소스가 액세스할 수 있습니다. 지역 리소스는 다음과 같습니다.

- **주소(Addresses):** 지역 고정 외부 IP 주소는 지역 리소스이며 주소와 동일한 지역에 있는 인스턴스에서만 사용할 수 있습니다.
- **서브넷(Subnets):** 서브넷은 지역적으로 네트워크를 서브넷으로 구분하고 인스턴스의 내부 IP 주소가 할당되는 서브넷을 제어합니다.
- **지역 관리형 인스턴스 그룹(Regional managed instance groups):** 지역 관리형 인스턴스 그룹은 여러 영역에 걸쳐 있는 동종 인스턴스의 모음입니다.
- **지역 영구 디스크(Regional persistent disks):** 동일한 지역 내의 두 영역 간에 데이터를 영구 저장하고 복제할 수 있습니다.
- **지역 작업(Regional operations):** 지역 내에 있는 리소스에서 작업을 이행하는 경우 해당 작업이 지역별 작업으로 간주됩니다.

5.8.3 영역 리소스(Zone resources)

영역 리소스는 영역에서 호스팅 되는 리소스를 뜻합니다. 영역별 리소스는 해당 영역에서 고유하며 동일한 영역의 다른 리소스에서만 사용할 수 있습니다.

- **인스턴스(Instances):** 가상 머신 인스턴스는 영역 내에 상주해야 하며, 같은 영역 내의 리소스 또는 전역 리소스에 액세스할 수 있습니다.
- **영구 디스크(Persistent disks):** 영구 디스크는 같은 영역 내의 다른 인스턴스에서 액세스합니다. 디스크와 동일한 영역에 있는 인스턴스에만 디스크를 연결할 수 있습니다.
- **머신 유형(Machine types):** 머신 유형은 영역별 리소스로, 인스턴스와 디스크는 동일한 영역에 있는 머신 유형만 사용할 수 있습니다.
- **영역 관리형 인스턴스 그룹(Zonal managed instance groups):** 영역 관리형 인스턴스 그룹에서는 인스턴스 템플릿을 사용하여 단일 영역 내에 동일한 인스턴스 그룹을 만듭니다.
- **영역별 작업(Per-zone operations):** 영역 내에 있는 리소스에서 작업을 이행하는 경우 해당 작업이 영역별 작업으로 간주됩니다.

5.1 Compute Engine 인스턴스 생성

우선 가장 먼저 Compute Engine에서 가장 기본이라고 할 수 있는 VM 인스턴스를 만들어보겠습니다.

1. '메뉴-Compute Engine-VM 인스턴스'를 클릭합니다.

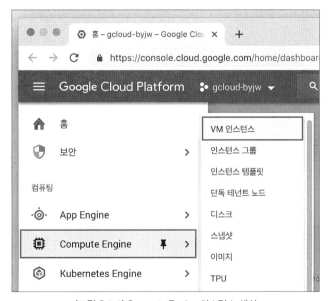

[그림 5-1-1] Compute Engine 인스턴스 생성

2. 다음과 같은 화면을 볼 수 있습니다. '만들기'를 누릅니다.

[그림 5-1-2] Compute Engine 인스턴스 생성

3. [그림 5-1-3] 같은 화면이 나타나면서, 인스턴스를 만들 수 있습니다. 여기서 지역(Region)과 영역(Zone) 및 그 외의 다양한 설정이 가능합니다. 이름은 디폴트로 들어 있는 'instance-1'로 두고, 머신 유형에서 드롭 다운 메뉴('vCPU 1개'라고 쓰여진 부분)를 선택합니다.

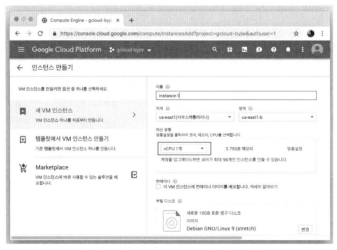

[그림 5-1-3] Compute Engine 인스턴스 생성

4. 사전 정의된 머신 유형을 볼 수 있습니다. 이를 통해 다양한 형태의 인스턴스 머신을 선택할 수 있습니다. 여기서는 디폴트인 n1-standard-1('vCPU1개, 3.75GB 메모리')을 선택하겠습니다.

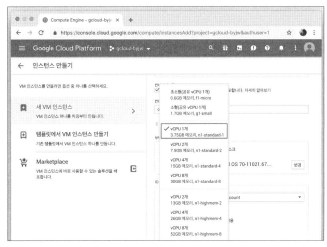

[그림 5-1-4] Compute Engine 인스턴스 생성

5. 기본으로 컨테이너 부분이 체크가 되어 있는데, 여기서는 컨테이너 이미지가 아닌 일반 이미지를 사용하기 위해서 체크를 해지하도록 하겠습니다. 그 다음 '부팅 디스크'를 변경하기 위해 '변경' 버튼을 누릅니다.

[그림 5-1-5] Compute Engine 인스턴스 생성

6. 선택 가능한 여러 'OS 이미지'를 확인할 수 있습니다. 여기서 'Ubuntu 14.04 LTS'를 체크하고, 아래 '선택' 버튼을 누릅니다.

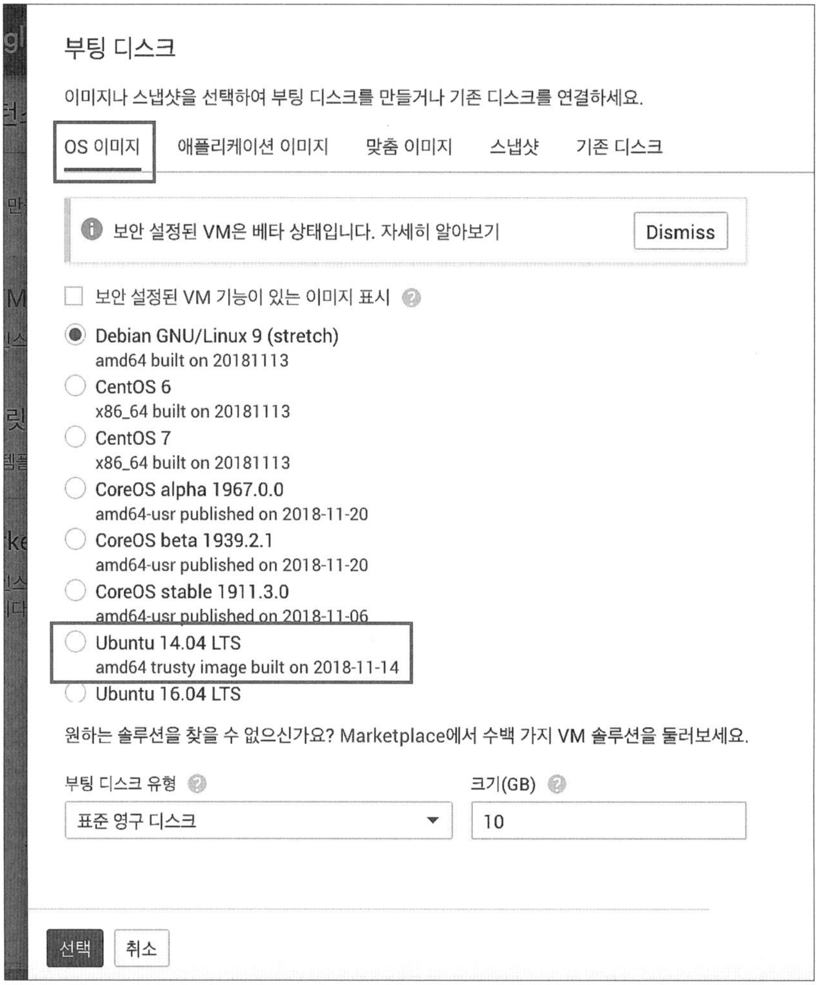

부팅 디스크

이미지나 스냅샷을 선택하여 부팅 디스크를 만들거나 기존 디스크를 연결하세요.

OS 이미지	애플리케이션 이미지	맞춤 이미지	스냅샷	기존 디스크

> ℹ️ 보안 설정된 VM은 베타 상태입니다. 자세히 알아보기　　[Dismiss]

☐ 보안 설정된 VM 기능이 있는 이미지 표시 ❓

◉ **Debian GNU/Linux 9 (stretch)**
　amd64 built on 20181113
○ **CentOS 6**
　x86_64 built on 20181113
○ **CentOS 7**
　x86_64 built on 20181113
○ **CoreOS alpha 1967.0.0**
　amd64-usr published on 2018-11-20
○ **CoreOS beta 1939.2.1**
　amd64-usr published on 2018-11-20
○ **CoreOS stable 1911.3.0**
　amd64-usr published on 2018-11-06
○ **Ubuntu 14.04 LTS**
　amd64 trusty image built on 2018-11-14
○ **Ubuntu 16.04 LTS**

원하는 솔루션을 찾을 수 없으신가요? Marketplace에서 수백 가지 VM 솔루션을 둘러보세요.

부팅 디스크 유형 ❓　　　　　　　　　크기(GB) ❓

표준 영구 디스크 ▾	10

[선택]　[취소]

[그림 5-1-6] Compute Engine 인스턴스 생성

7. 기본적으로는 보안 때문에 권한이나 네트워크 제한이 걸려있는데, 이를 해지하기 위해서
   다음과 같이 설정합니다.

   • **액세스 범위:** '모든 Cloud API에 대한 전체 액세스 허용'
   • **방화벽:** 'HTTP 트래픽 허용', 'HTTPS 트래픽 허용'

   '만들기'를 선택합니다.

[그림 5-1-7] Compute Engine 인스턴스 생성

8. 다음과 같이 새로운 인스턴스가 생성된 것을 확인할 수 있습니다. 여기서 '연결' 메뉴 밑에
있는 'SSH' 버튼을 눌러줍니다.

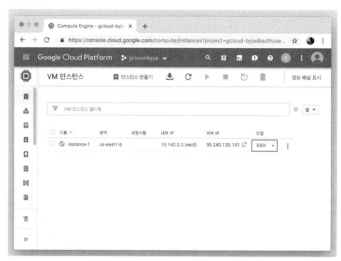

[그림 5-1-8] Compute Engine 인스턴스 생성

9. 만들어놓은 인스턴스에 연결을 기다리면, [그림 5-1-9]와 같은 화면이 나타납니다.

[그림 5-1-9] Compute Engine 인스턴스 생성

10. 연결이 완료되면 다음과 같이 터미널 환경이 나타납니다. 일반 터미널과 동일하게 명령을 내릴 수 있습니다.

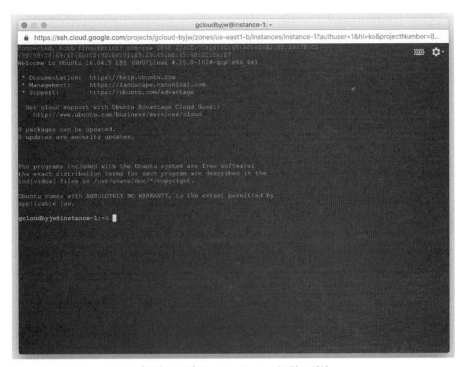

[그림 5-1-10] Compute Engine 인스턴스 생성

5.2 SSH로 VM에 접속하기

이번에는 로컬 터미널에서 SSH명령어로 Compute Engine의 VM에 접속하는 방법에 대해서 실습하겠습니다.

1. 먼저 터미널을 열어서 아래 명령어로 RSA 키를 만듭니다(처음 입력 항목은 키가 저장될 위치로, 여기선 기본 위치인 '홈 디렉터리/.ssh/' 밑에 만들었습니다).

$ ssh-keygen -t rsa -C "구글 계정"

```
1. jungwoon@Jungwoonui-MacBookPro: ~ (zsh)
→ ~
→ ~ ssh-keygen -t rsa -C "gcloudbyjw@gmail.com"
Generating public/private rsa key pair.
Enter file in which to save the key (/Users/jungwoon/.ssh/id_rsa): /Users/jungwoon/.ssh/id_rsa_gcloudbyjw
Enter passphrase (empty for no passphrase):
Enter same passphrase again:
Your identification has been saved in /Users/jungwoon/.ssh/id_rsa_gcloudbyjw.
Your public key has been saved in /Users/jungwoon/.ssh/id_rsa_gcloudbyjw.pub.
The key fingerprint is:
SHA256:4fYmQ5ISMSmtitM1v/KjHkE6TY4Ipi1WUHNOj8HVirs gcloudbyjw@gmail.com
The key's randomart image is:
+---[RSA 2048]----+
| ..++=...        |
|  o B++ .        |
|.. ++o..o        |
|+ooBoo + .       |
|=+=.=o+ S        |
|=... +.+ .       |
|.   ..o o o      |
|    .Eo  +        |
|    .o+..         |
+----[SHA256]-----+
→ ~
```

[그림 5-2-1] SSH로 VM에 접속하기

2. 그 다음 키가 저장된 위치(여기서는 ~/.ssh)로 이동해서 방금 만들어진 키의 공개키(이름 뒤에 .pub이 붙어 있음)를 cat 명령어로 읽습니다. 그러면 다음과 같이 키 값이 출력되는데, 이를 복사합니다.

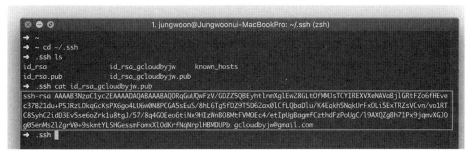

[그림 5-2-2] SSH로 VM에 접속하기

3. '메뉴-Compute Engine-메타데이터'로 들어갑니다.

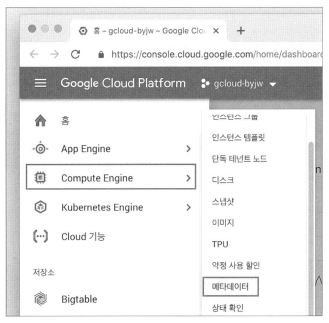

[그림 5-2-3] SSH로 VM에 접속하기

4. [그림 5-2-4] 같이 나오면 상단 메뉴의 'SSH 키' 메뉴를 누릅니다.

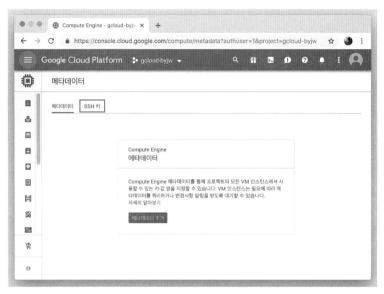

[그림 5-2-4] SSH로 VM에 접속하기

5. 다음과 같은 화면이 나오면 '수정' 버튼을 누릅니다.

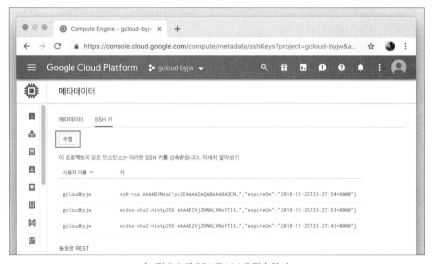

[그림 5-2-5] SSH로 VM에 접속하기

6. 하단의 '+ 항목 추가'를 누르고 아까 복사했던 공개키를 붙여넣기 한 다음, '저장'을 선택합
   니다.

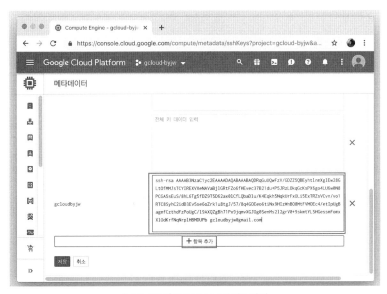

[그림 5-2-6] SSH로 VM에 접속하기

7. 다음과 같이 새로 등록된 'SSH 키'를 확인할 수 있습니다.

[그림 5-2-7] SSH로 VM에 접속하기

8. 이제 SSH를 이용하여 접속하기 위하여 '메뉴-Compute Engine-VM 인스턴스'를 눌러서 대시보드에 있는 '외부 IP 주소'를 복사합니다.

[그림 5-2-8] SSH로 VM에 접속하기

9. 터미널을 열고 아래 명령어를 입력하여 접속을 시도합니다.

$ ssh -i [개인키 위치(.pub이 달리지 않은 파일)] [등록했던 구글 계정 아이디]@[외부 IP]

[그림 5-2-9] SSH로 VM에 접속하기

10. 그러면 맨 처음 접속 시에는 다음과 같은 메시지가 나오는데, 여기서 'yes'를 누르고 엔터를 입력합니다.

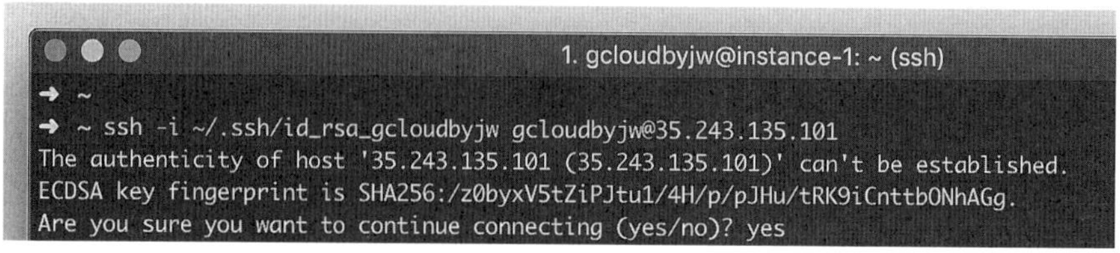

[그림 5-2-10] SSH로 VM에 접속하기

11. [그림 5-2-11] 같이 인스턴스와 연결된 모습을 보실 수 있습니다.

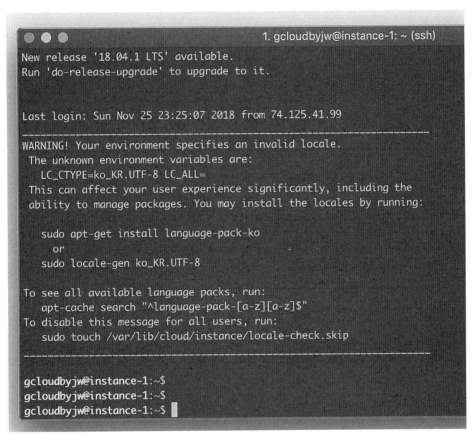

[그림 5-2-11] SSH로 VM에 접속하기

5.3 선점형 인스턴스 만들기(Preemptible Instance)

이번에는 선점형 인스턴스를 만드는 방법에 대해서 실습하겠습니다. 선점형 인스턴스는 일
반 인스턴스보다 훨씬 더 저렴하게 이용할 수 있는 인스턴스입니다. 대신, GCP에서 리소스가
필요한 경우 임의로 종료될 수 있습니다. 그리고 선점형 인스턴스는 항상 24시간 후에 종료
가 되기 때문에 별도의 처리를 필요로 합니다.

1. 먼저 '메뉴-Compute Engine-VM 인스턴스'에 들어갑니다.

[그림 5-3-1] 선점형 인스턴스 만들기

2. 다음과 같은 화면이 나타나는데, 상단에 '인스턴스 만들기' 버튼을 누릅니다.

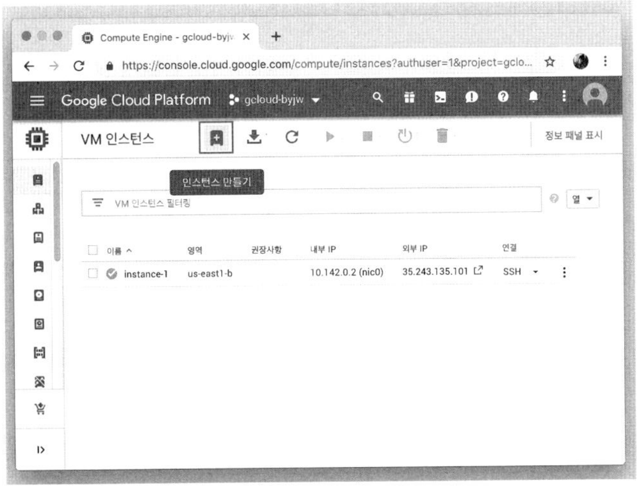

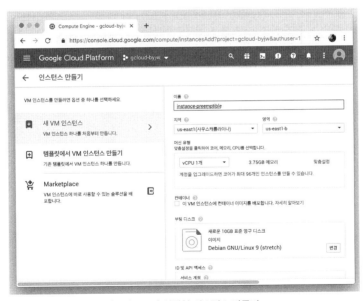

[그림 5-3-2] 선점형 인스턴스 만들기

3. 아직까지는 일반 인스턴스 만드는 방법과 동일한 화면이 나타납니다. 필요한 설정들을 하고 스크롤을 내립니다.

[그림 5-3-3] 선점형 인스턴스 만들기

4. 맨 아래에서 바로 위에 '관리, 보안, 디스크, 네트워크 단독 임대'란 메뉴가 보이는데, 이를
   클릭합니다.

[그림 5-3-4] 선점형 인스턴스 만들기

5. 선점형 인스턴스는 유휴한 리소스를 사용하기 때문에 저렴한 대신에 '24시간이 지나면 강
   제로 종료'가 될 수 있습니다. 그렇기 때문에 서비스를 하다가 예상치 못하게 종료될 때를
   대비해서 '종료 스크립트'라는 것을 제공을 합니다. 종료 스크립트는 다음과 같은 과정을 통
   해서 실행됩니다.

   • 스크립트 파일을 인스턴스로 복사합니다.
   • 스크립트 파일에 권한을 설정하여 실행 가능하게 만듭니다.
   • 인스턴스가 종료되면 스크립트 파일을 실행합니다.

   실습을 위해 '메타데이터'를 찾아서 다음과 같이 설정합니다.

   • **key:** shutdown-script
   • **value:** 넣고자 하는 스크립트(쉘 스크립트도, Python 스크립트도 모두 지원합니다.)

다음부터는 테스트를 위해 다운되기 전에 아파치(apache)를 종료하는 스크립트를 넣었습니다. 상시 진행해야 할 웹 서비스를 선점형 인스턴스에 띄워 놓으면 안됩니다.

[그림 5.3.5] 선점형 인스턴스 만들기

6. 추가 메뉴가 펼쳐지는데, 스크롤을 맨 밑까지 내립니다. 그러면 다음과 같이 '가용성 정책' 메뉴가 보입니다. 여기서 '선점 가능성' 부분을 설정해야 합니다.

[그림 5-3-6] 선점형 인스턴스 만들기

7. '선점 가능성'을 누르고, 다음과 같이 '사용'으로 설정을 한 다음 맨 아래의 '만들기'를 누릅니다.

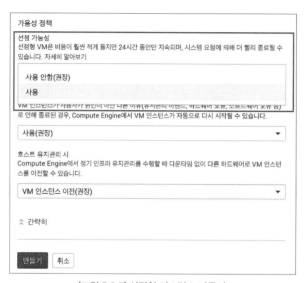

[그림 5-3-7] 선점형 인스턴스 만들기

8. 일반 인스턴스 생성과 똑같이 '선점형 인스턴스'도 생성됩니다.

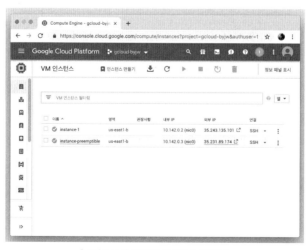

[그림 5-3-8] 선점형 인스턴스 만들기

5.4 인스턴스 스냅샷 만들기

이번에는 인스턴스 스냅샷을 만들어보도록 하겠습니다. 스냅샷은 만들어진 인스턴스의 '특정 시점에 백업'을 할 수 있습니다. 추후에 문제가 생길 시 스냅샷을 이용하여 백업 시점으로 복구할 수도 있습니다. 또한 스냅샷을 이용하여 커스텀 이미지를 생성할 수도 있습니다.

1. 먼저 '메뉴-Compute Engine-스냅샷'에 들어가겠습니다.

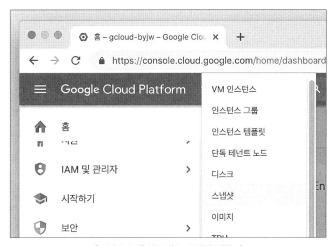

[그림 5-4-1] 인스턴스 스냅샷 만들기

2. [그림 5-4-2] 같은 화면이 나타나면 '스냅샷 만들기'를 클릭합니다.

[그림 5-4-2] 인스턴스 스냅샷 만들기

3. 여기서 스냅샷을 하기 위해 '소스 디스크'를 선택합니다.

[그림 5-4-3] 인스턴스 스냅샷 만들기

4. 미리 만들어 놓은 VM 인스턴스들이 보이는데, 여기서는 'instance-1'을 선택하고 '만들기' 버튼을 눌러서 '스냅샷'을 만들도록 하겠습니다.

[그림 5-4-4] 인스턴스 스냅샷 만들기

5. 완성이 되면 다음과 같이 해당 인스턴스로부터 스냅샷이 만들어집니다.

[그림 5-4-5] 인스턴스 스냅샷 만들기

5.5 스냅샷으로 인스턴스 만들기

이번에는 '실습 5.4'에서 만들어본 스냅샷을 이용하여 새로운 인스턴스를 만들어보도록 하겠습니다.

1. '메뉴-Compute Engine-VM 인스턴스'로 들어갑니다.

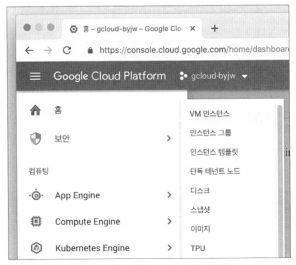

[그림 5-5-1] 스냅샷으로 인스턴스 만들기

2. [그림 5-5-2] 같은 화면이 나타나는데, 여기서 상단에 '인스턴스 만들기'를 누릅니다.

[그림 5-5-2] 스냅샷으로 인스턴스 만들기

3. 원하는 이름을 부여한 다음, 스냅샷을 선택하기 위해서 '부팅 디스크' 부분의 '변경'을 누릅니다.

[그림 5-5-3] 스냅샷으로 인스턴스 만들기

4. 상단의 '스냅샷'을 누르면 '실습 5.4'에서 만들었던 스냅샷이 보입니다. 스냅샷을 선택하고 '선택' 버튼을 누릅니다(인스턴스 생성 시 다양한 옵션들이 존재합니다).

[그림 5-5-4] 스냅샷으로 인스턴스 만들기

5. '부팅 디스크' 부분의 이미지가 '스냅샷'으로 바뀐 것을 확인할 수 있습니다. 이제 스크롤을 내려서 그 외의 설정들을 해줍니다.

[그림 5-5-5] 스냅샷으로 인스턴스 만들기

6. 설정이 다 끝났으면 하단의 '만들기' 버튼을 누릅니다.

[그림 5-5-6] 스냅샷으로 인스턴스 만들기

7. 인스턴스가 생성되면 다음과 같이 나타나게 되고, 스냅샷에서 설정한 동일한 이미지로 인스턴스가 생성됩니다.

[그림 5-5-7] 스냅샷으로 인스턴스 만들기

5.6 Marketplace에서 인스턴스 만들기

GCP 마켓플레이스(GCP Marketplace)에는 바로 사용할 수 있는 솔루션이 설정되어 있는 이미지들을 바로 이용할 수 있습니다. 예를 들어, 아파치 서버를 만들어야 한다면 기존에는 새로운 인스턴스를 생성하고 아파치를 설치하고 설정해야 하는데, 이미 설정까지 끝난 이미지를 마켓플레이스(Marketplace)에서 바로 생성하여 사용할 수 있습니다.

1. '메뉴-Marketplace'를 선택합니다.

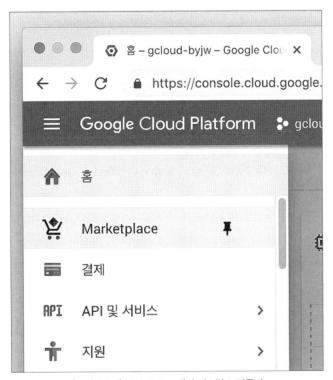

[그림 5-6-1] Marketplace에서 인스턴스 만들기

2. [그림5-6-2] 같은 화면이 나타나면, 여기서 '솔루션 검색' 부분에 'nginx'를 검색해보겠습니다.

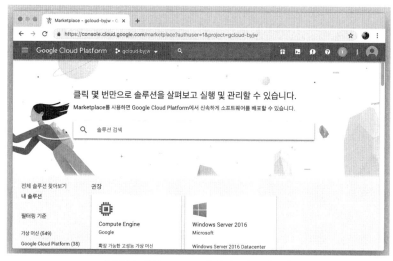

[그림5-6-2] Marketplace에서 인스턴스 만들기

3. 여러 검색결과가 나오는데, 'NGINX Open Source Certified by Bitnami'를 선택하겠습니다.

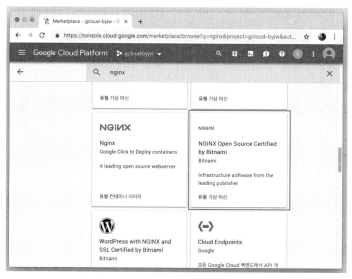

[그림 5-6-3] Marketplace에서 인스턴스 만들기

4. [그림 5-6-4] 같은 화면이 나타나는데, 여기서 'COMPUTE ENGINE에서 실행'을 선택합니다.

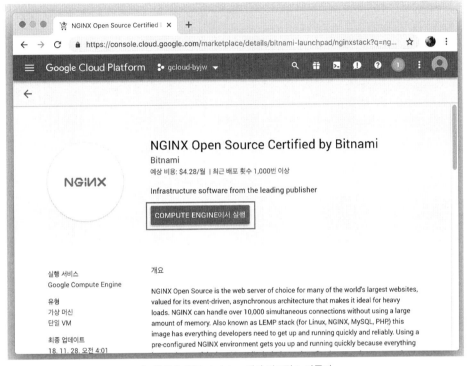

[그림 5-6-4] Marketplace에서 인스턴스 만들기

5. 기존의 VM 인스턴스 생성과 거의 동일한 화면인데, 여기서 필요한 설정을 합니다(여기서 는 디폴트 값으로 설정하도록 하겠습니다).

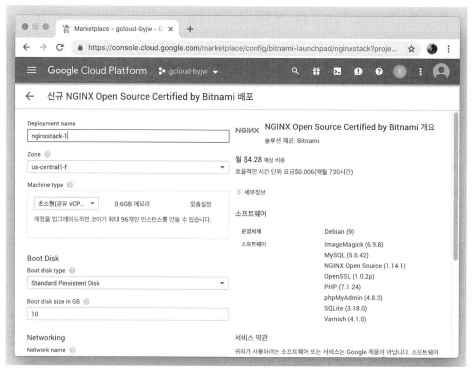

[그림 5-6-5] Marketplace에서 인스턴스 만들기

6. 하단에 'GCP Marketplace 서비스 약관에 동의합니다' 부분을 체크하고, '배포' 버튼을 누릅니다.

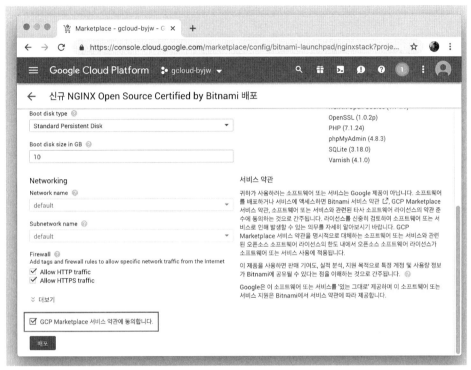

[그림 5-6-6] Marketplace에서 인스턴스 만들기

7. 기존 VM 인스턴스와 다르게 배포를 위한 설정 화면을 확인할 수 있습니다.

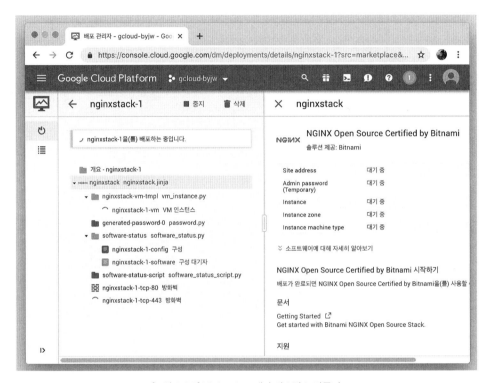

[그림 5-6-7] Marketplace에서 인스턴스 만들기

8. 배포가 완료되면 다음과 같은 화면을 볼 수 있습니다. 여기서 우측 하단에 'Visit the site' 버튼을 눌러보겠습니다.

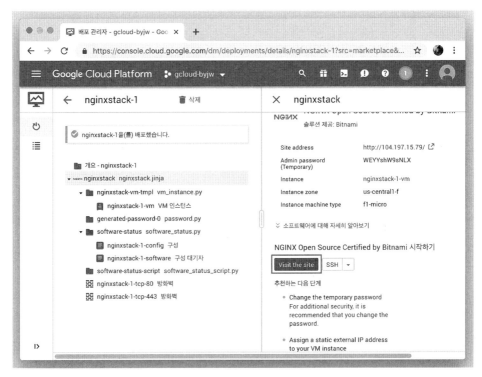

[그림 5-6-8] Marketplace에서 인스턴스 만들기

9. 바로 'nginx' 서비스가 떠서 웹 사이트에 접속이 되는 것을 확인할 수 있습니다.

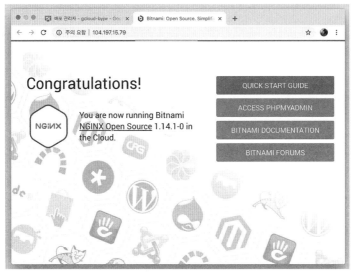

[그림 5-6-9] Marketplace에서 인스턴스 만들기

10. 만들어진 인스턴스는 동일하게 'VM 인스턴스 대시보드'에서 확인할 수 있습니다.

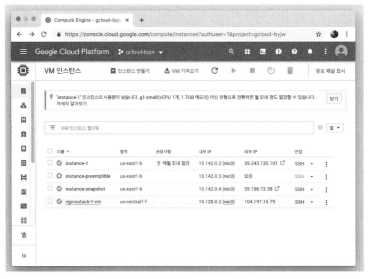

[그림 5-6-10] Marketplace에서 인스턴스 만들기

5.7 맞춤 이미지 만들기(스냅샷)

이번에는 '실습 5.4'에서 만들었던 스냅샷으로 맞춤 이미지를 만들어보도록 하겠습니다.

1. 먼저 '메뉴-Compute Engine-이미지'에 들어갑니다.

[그림 5-7-1] 맞춤 이미지 만들기 - 스냅샷

2. 상단의 '[+] 이미지 만들기' 버튼을 누릅니다.

[그림 5-7-2] 맞춤 이미지 만들기 - 스냅샷

3. 다음과 같은 화면이 나타나면, 적당한 이름을 주고 하단에 '소스' 메뉴로 갑니다.

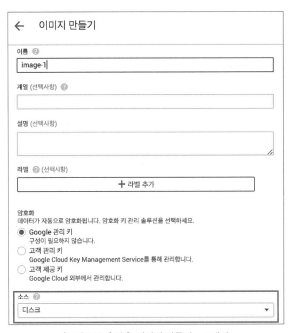

[그림 5-7-3] 맞춤 이미지 만들기 - 스냅샷

4. '소스'에서 '스냅샷'을 선택하고, 먼저 만들어 두었던 'snapshot-1'을 선택한 다음 '만들기' 버튼을 누릅니다.

[그림 5-7-4] 맞춤 이미지 만들기 - 스냅샷

5. 만들기가 끝나면 다음과 같이 생성이 된 것을 확인할 수 있습니다. 이렇게 맞춤 이미지를 만들어 놓으면 추후에 해당 스냅샷 상태의 맞춤 이미지로 '인스턴스'나 '인스턴스 템플릿'을 설정할 수 있습니다.

[그림 5-7-5] 맞춤 이미지 만들기 - 스냅샷

5.8 인스턴스 템플릿 만들기

이번에는 '실습 5.7 맞춤 이미지 만들기'를 통해 만들었던 이미지로 인스턴스 템플릿을 만들어보겠습니다.

1. '메뉴-Compute Engine-인스턴스 템플릿'을 누릅니다.

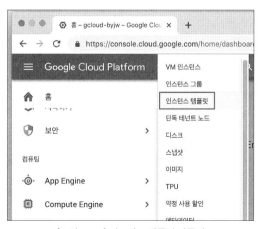

[그림 5-8-1] 인스턴스 템플릿 만들기

2. '인스턴스 템플릿 만들기'를 선택합니다.

[그림 5-8-2] 인스턴스 템플릿 만들기

3. 적당한 이름을 준 다음에 '부팅 디스크'의 '변경' 버튼을 누릅니다.

[그림 5-8-3] 인스턴스 템플릿 만들기

4. 빈 이미지로도 만들 수 있지만, '실습 5.7'에서 만들었던 '맞춤 이미지'를 이용하도록 하겠습니다. 미리 설정해놓았던 세팅이 다 되어 있는 이미지를 이용할 수 있습니다. 만들어놓은 이미지를 선택한 다음 아래 '선택' 버튼을 누릅니다.

[그림 5-8-4] 인스턴스 템플릿 만들기

5. 이미지를 선택하고 적당한 설정을 한 다음, '만들기'를 누릅니다.

[그림 5-8-5] 인스턴스 템플릿 만들기

6. 작업이 완료가 되면 다음과 같이 새로운 템플릿이 생긴 것을 확인할 수 있습니다. 이를 이
   용하여 인스턴스와 인스턴스 그룹을 선택할 수 있습니다.

[그림 5-8-6] 인스턴스 템플릿 만들기

5.9 인스턴스 그룹 만들기(오토 스케일링 적용하기)

이번에는 인스턴스 그룹을 만들어보겠습니다. GCP에서는 인스턴스 그룹을 만들면 자동으
로 오토 스케일링이 지원되기 때문에 (임의로 설정을 해지하지 않는 이상) 오토 스케일링을
위한 별도의 설정을 할 필요가 없습니다. 자세한 실습과 내용은 '7장 Cloud Load Balancing &
Auto Scailing'에서 다루도록 하겠습니다.

1. '메뉴-Compute Engine-인스턴스 그룹'을 선택합니다.

[그림 5-9-1] 인스턴스 그룹 만들기(오토 스케일링 적용하기)

2. '인스턴스 그룹 만들기'를 누릅니다.

[그림 5-9-2] 인스턴스 그룹 만들기(오토 스케일링 적용하기)

3. 설정 화면이 뜨고 인스턴스 이름에 '적당한 이름'을 입력한 뒤, 스크롤을 내립니다.

[그림 5-9-3] 인스턴스 그룹 만들기(오토 스케일링 적용하기)

4. 우선, 여기서는 다음과 같이 설정하겠습니다.

- **위치:** 단일 영역
- **그룹 유형:** 관리형 인스턴스 그룹
- **인스턴스 템플릿:** instance-template-1(5.8에서 만들었던 템플릿)

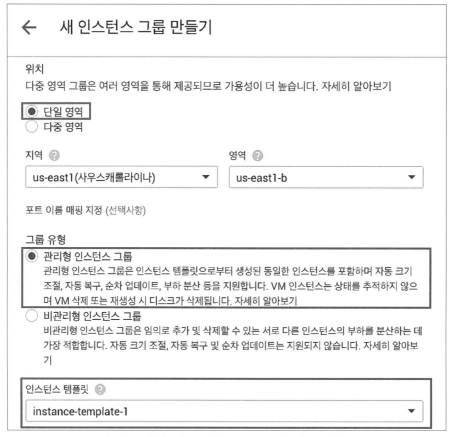

[그림 5-9-4] 인스턴스 그룹 만들기(오토 스케일링 적용하기)

이론 부분에서 설명했지만, 다시 한 번 간단히 요약한다면 다음과 같은 특징을 가집니다.

- **단일 영역:** 인스턴스들이 한 영역(Zone)에 생성이 되기 때문에 지연 시간이 조금이라도 늘어나는 것을 방지할 수 있습니다.

- **다중 영역**: 인스턴스가 다양한 영역(Zone)에 생성이 되기 때문에 특정 영역 전체에서 오작동이 발생할 경우 작업이 실패하는 것을 방지할 수 있습니다.

- **관리형 인스턴스 그룹**: 동일한 구성의 인스턴스 그룹(오토 스케일링 지원)
- **비관리형 인스턴스 그룹**: 서로 다른 구성의 인스턴스 그룹(오토 스케일링 미지원)

5. 다음은 오토 스케일링에 대한 설정 부분으로 기본값이 '켜기' 이기 때문에 이 부분은 설정할 필요가 없습니다. 최대 혹은 최소 인스턴스 개수를 선택하면 해당 범위 내에서 오토 스케일링이 됩니다.

[그림 5-9-5] 인스턴스 그룹 만들기(오토 스케일링 적용하기)

6. 설정이 끝났으면 스크롤을 내려서 '만들기'를 선택합니다.

새 인스턴스 그룹 만들기

| 1 |

인스턴스의 최대 개수 ❓

| 10 |

대기 기간 ❓

| 60 | 초 |

자동 복구 ❓

> ℹ️ 자동 복구를 사용하려면 방화벽 규칙을 구성하세요. 그러면 상태 확인에서 그룹의
> VM 인스턴스에 연결할 수 있습니다.
> 방화벽 규칙을 구성하려면 어떻게 해야 하나요? ⬀

상태 확인

| 상태 확인 없음 | ▼ |

초기 지연 ❓

| 300 | 초 |

≫ 고급 만들기 옵션

[만들기] [취소]

동등한 REST 또는 명령줄

[그림 5-9-6] 인스턴스 그룹 만들기(오토 스케일링 적용하기)

7. 작업이 끝나면 다음과 같은 화면이 나타납니다.

[그림 5-9-7] 인스턴스 그룹 만들기(오토 스케일링 적용하기)

8. 설정이 완료되면 다음과 같이 'instance-group-1-n6c6' 하나만 떠 있는 것을 볼 수 있는데, 부하가 늘어나면 자동으로 인스턴스 수가 늘어나는 것을 확인할 수 있습니다.

[그림 5-9-8] 인스턴스 그룹 만들기(오토 스케일링 적용하기)

6장

VPC
(Virtual Private Cloud)

6.1 VPC란?

VPC(Virtual Private Cloud)는 GCP 리소스를 위한 관리형 네트워킹 기능을 제공합니다. VPC는 크게 네트워크와 인터페이스 및 IP 주소, VPC 공유 및 피어링, 하이브리드 클라우드, 부하 분산 등의 기능을 제공합니다.

VPC 네트워크는 Google Cloud Platform 내에서 가상화된다는 점을 제외하면 실제 네트워크와 거의 동일한 방식으로 작동합니다. VPC 네트워크는 데이터 센터의 지역 가상 서브넷으로 구성되며, 글로벌 광역 네트워크로 연결된 글로벌 리소스입니다.

VPC는 가상화된 여러 네트워크 인터페이스를 지원하며, IP 주소 및 별칭 IP 범위를 지정할 수 있습니다. 또한 VPN이나 인터커넥트(interconnect)를 사용하여 온프레미스 및 다른 벤더의 클라우드 서비스와 연결할 수 있는 하이브리드 클라우드 기능도 제공합니다. 부하 분산은 GCP 내의 트래픽 및 작업 부하를 여러 VM 인스턴스에 분산시키기 위해 사용하는데, VPC는 HTTP(S) 부하 분산, SSL 프록시, TCP 프록시 등의 기능을 제공합니다.

VPC를 이용하면 공개 인터넷을 통하지 않아도 Google VPC를 통해 여러 리전으로 확장할 수 있습니다. 그리고 조직 전체에 하나의 VPC만을 사용해 프로젝트로 팀을 분리할 수 있습니다.

VPC는 서비스에 공개 IP주소를 지정할 필요 없이 구글 서비스(Repository, 데이터베이스 등)에 비공개로 액세스할 수 있으며 거의 실시간으로 기록되는 VPC 흐름 로그를 사용하여 모니터링할 수 있습니다.

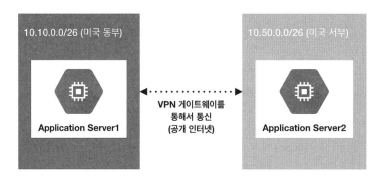

전통적인 VPC

[그림 6-1-1] 전통적인 VPC

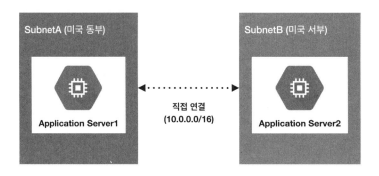

Google Cloud VPC

[그림 6-1-2] Google Cloud VPC

6.2 VPC 네트워크

이번에는 VPC 네트워크에 대해서 좀 더 자세히 알아보도록 하겠습니다. VPC 네트워크는 우리가 일반적으로 말하는 '네트워크'의 가상화 버전이라고 생각하면 이해가 쉽습니다. GCP 내의 여러 리소스에 네트워크 기능을 제공하며 프로젝트에서 별도로 네트워크 설정을 하지 않으면 새로운 프로젝트를 생성 시 각 리전에 하나의 서브넷이 있는 'default 네트워크'로 시작됩니다.

6.2.1 VPC 네트워크의 특징

VPC 네트워크는 다음과 같은 특징들을 가지고 있습니다.

- VPC 네트워크는 연결된 라우터와 방화벽 규칙을 포함한 전역 리소스입니다.
- 서브넷은 지역 리소스로, 각 서브넷은 CIDR을 이용하여 IP 주소 범위를 정의합니다.
- 인스턴스에서 송수신되는 트래픽은 방화벽 규칙으로 제어할 수 있습니다.
- 내부 IP 주소가 있는 인스턴스는 Google API 및 서비스와 통신할 수 있습니다.
- 네트워크 관리는 IAM을 사용하여 관리할 수 있습니다.
- 공유 VPC를 사용하면, VPC 네트워크를 공용 호스트 프로젝트에 유지할 수 있습니다.
- VPC 네트워크 피어링으로 VPC 네트워크를 다른 프로젝트 또는 조직의 다른 VPC 네트워크에 연결할 수 있습니다.
- Cloud VPN이나 Cloud interconnect를 사용하면 온프레미스 환경이나 타 벤더의 클라우드 서비스를 연결할 수 있는 하이브리드 환경을 지원하게 됩니다.
- VPC 네트워크는 IPv4 유니 캐스트 트래픽만 지원합니다. 네트워크 내의 브로드 캐스트, 멀티캐스트 또는 IPv6 트래픽은 지원하지 않습니다.
- 각 프로젝트는 사전 정의된 default 네트워크로 시작을 하며, 커스텀을 통한 네트워크를 선택할 수도 있습니다.

6.2.2 네트워크와 서브넷

개별 VPC 네트워크는 하나 이상의 서브넷을 가지게 됩니다. 기본적으로 VPC 네트워크에는 IP 주소 범위가 자동으로 연결이 되지 않고 서브넷에 의해 정의되기 때문에 네트워크를 사용하려면 VPC 네트워크에 1개 이상의 서브넷이 반드시 있어야 합니다. Google VPC에서 서브넷은 크게 2가지 모드로 생성이 됩니다.

- **자동 모드:** 네트워크가 생성될 때 각 지역마다 서브넷이 하나씩 자동 생성됩니다. 자동 생성되는 서브넷은 10.128.0.0/9 CIDR 블록에 속하는 '사전 정의된 IP 범위 집합'을 사용합니다. 사전 정의된 IP 범위에 대해서 자세히 알고 싶으면 '6.2.4 자동 모드 IP 범위'를 참고하십시오.
- **커스텀 모드:** 네트워크가 생성될 때 자동으로 서브넷이 만들어지지 않기 때문에 개발자가 직접 서브넷과 IP 범위를 설정합니다.

그리고 서브넷은 리전 객체이므로 리소스에 의해 선택한 리전에 따라 사용할 수 있는 서브넷이 결정됩니다. 명시적으로 설정을 하지 않으면 새로운 프로젝트가 만들어 질때에는 'default 네트워크'라는 이름의 사전 정의된 자동 모드 네트워크로 시작됩니다. 만약 이를 원치 않으면 커스텀 모드 네트워크를 이용하면 됩니다.

우선 자동모드 네트워크를 사용하면 각 리전에 서브넷이 자동으로 생성되기 때문에 유용하며, 서브넷의 사전 정의된 IP 범위가 다르기 때문에 겹치지 않습니다. 하지만 커스텀 모드 네트워크는 말 그대로, 내 입맛대로 커스터마이징을 할 수 있기 때문에 제어할 수 있는 부분이 많아지지만 IP 범위부터 서브넷의 모든 부분을 직접 제어해야 하기 때문에 예상치 못한 문제가 발생할 수도 있습니다.

서브넷을 만들 때 기본 IP 주소 범위를 지정해야 하는데, 최대 5개까지 정의가 가능합니다.

- **기본 IP 주소 범위:** 서브넷의 기본 IP 주소 범위에 대한 비공개 RFC 1918 CIDR 블록을 선택할 수 있으며, 이러한 IP 주소는 VM 내부 IP 주소, VM 별칭 IP 주소, 내부 부하 분산기의 IP 주소에 사용 가능합니다.
- **보조 IP 주소 범위:** 별도의 RFC 1918 CIDR 블록인 보조 IP 주소를 최대 5개까지 정의할

수 있으며 이는 별칭 IP 주소에만 사용됩니다.

6.2.3 예약된 IP

모든 서브넷은 기본 IP 범위에 4개의 예약된 IP 주소가 있습니다(보조 IP 범위에는 예약된 IP 주소가 없습니다).

예약된 주소	설명	예시
네트워크	서브넷의 기본 IP 범위에서 첫 번째 주소	10.1.2.0/24의 10.1.2.0
기본 게이트웨이	서브넷의 기본 IP 범위에서 두 번째 주소	10.1.2.0/24의 10.1.2.1
끝에서 두 번째 예약	서브넷의 기본 IP 범위에서 끝에서 두 번째 주소	10.1.2.0/24의 10.1.2.254
브로드캐스트	서브넷의 기본 IP 범위에서 마지막 주소	10.1.2.0/24의 10.1.2.255

[표 6-2-3] 예약된 IP

6.2.4 자동 모드 IP 범위

아래 표는 자동 모드 네트워크에서 자동으로 만들어진 서브넷의 IP 범위를 확인할 수 있습니다. 자동 모드 VPC 네트워크는 생성 시점에 지역당 하나의 서브넷으로 구축되며, 새 지역에서 자동으로 새 서브넷을 받습니다.

지역	IP 범위(CIDR)	기본 게이트웨이	사용 가능한 주소(포함)
asia-east1	10.140.0.0/20	10.140.0.1	10.140.0.2~10.140.15.253
asia-east2	10.170.0.0/20	10.170.0.1	10.170.0.2~10.170.15.253
asia-northeast1	10.146.0.0/20	10.146.0.1	10.146.0.2~10.146.15.253
asia-south1	10.160.0.0/20	10.160.0.1	10.160.0.2~10.160.15.253
asia-southeast1	10.148.0.0/20	10.148.0.1	10.148.0.2~10.148.15.253
australia-southeast1	10.152.0.0/20	10.152.0.1	10.152.0.2~10.152.15.253
europe-north1	10.166.0.0/20	10.166.0.1	10.166.0.2~10.166.15.253
europe-west1	10.132.0.0/20	10.132.0.1	10.132.0.2~10.132.15.253

지역	IP 범위(CIDR)	기본 게이트웨이	사용 가능한 주소(포함)
europe-west2	10.154.0.0/20	10.154.0.1	10.154.0.2~10.154.15.253
europe-west3	10.156.0.0/20	10.156.0.1	10.156.0.2~10.156.15.253
europe-west4	10.164.0.0/20	10.164.0.1	10.164.0.2~10.164.15.253
northamerica-northeast1	10.162.0.0/20	10.162.0.1	10.162.0.2~10.162.15.253
southamerica-east1	10.158.0.0/20	10.158.0.1	10.158.0.2~10.158.15.253
us-central1	10.128.0.0/20	10.128.0.1	10.128.0.2~10.128.15.253
us-east1	10.142.0.0/20	10.142.0.1	10.142.0.2~10.142.15.253
us-east4	10.150.0.0/20	10.150.0.1	10.150.0.2~10.150.15.253
us-west1	10.138.0.0/20	10.138.0.1	10.138.0.2~10.138.15.253
us-west2	10.168.0.0/20	10.168.0.1	10.168.0.2~10.168.15.253

[표 6-2-4] 자동 모드 IP 범위

6.3 방화벽 규칙(Firewall)

각 VPC 네트워크는 사용자가 구성할 수 있는 가상 방화벽을 구현합니다. 방화벽 규칙을 사용하여 패킷을 허용하거나 거부할 수 있습니다. 방화벽 규칙은 다음과 같은 특징을 가집니다.

- 방화벽 규칙은 VPC 네트워크 수준에서 정의되며, 규칙 자체는 네트워크 간에 공유될 수 없습니다.
- 방화벽 규칙은 IPv4 트래픽만 지원하며, 대상을 지정할 때는 CIDR 표기법을 이용합니다.
- 방화벽 규칙에 의해 수행되는 작업은 허용(allow) 또는 거부(deny) 중 하나입니다.
- 방화벽 규칙은 수신(ingress) 또는 송신(egress) 트래픽 모두에 적용되도록 정의합니다.

6.3.1 방화벽 규칙의 구성 요소

- **우선순위**: 0~65535 사이의 정수, 낮을수록 우선순위가 높으며, 기본값은 1000입니다.
- **트래픽 방향**: 송신(egress), 수신(ingress)

- **작업:** 허용(allow), 거부(deny)
- **적용:** 방화벽 규칙 적용(enable) 미적용(disable)
- **대상:** 네트워크의 모든 인스턴스, 대상 태그별 인스턴스, 대상 서비스 계정별 인스턴스
- **소스(source):** 수신(ingress)에만 적용, 소스 IP 범위, 소스 태그, 소스 서비스 계정, 소스 IP 범위 default는 all(0.0.0.0/0) 입니다.
- **목적지(destination):** 송신(egress)에만 적용, IP 주소 범위만 허용합니다. default는 all(0.0.0.0/0) 입니다.
- **프로토콜:** 특정 프로토콜과 포트를 지정하여 원하는 적용 가능성을 설정할 수 있습니다. (tcp, udp, icmp, tcp:3000⋯)

6.3.2 방화벽 규칙 요약

우선 순위	방향	작업	적용	대상	소스	대상	프로토콜/포트
0~65535 (default 1000)	ingress	allow deny	enabled disabled	트래픽을 수신하는 인스턴스 - VPC 네트워크의 모든 인스턴스 - 서비스 계정별 인스턴스 - 네트워크 태그별 인스턴스	- IPv4주소의 범위(기본값 X all) - 서비스 계정별 인스턴스 - 네트워크 태그별 인스턴스		- 프로토콜 - 프로토콜:포트 - default는 all
0~65535 (default 1000)	egress	allow deny	enabled disabled	트래픽을 송신하는 인스턴스 - VPC 네트워크의 모든 인스턴스 - 서비스 계정별 인스턴스 - 네트워크 태그별 인스턴스	X	- 모든 네트워크 - IPv4 주소의 특정 범위(기본값은 all)	- 프로토콜 - 프로토콜:포트 - default는 all

[표 6-3-2] 방화벽 규칙 요약

6.4 경로(Routing)

경로는 VM 인스턴스 및 VPC 네트워크에 인스턴스에서 내부 또는 외부로 트래픽을 보내는 방법을 알려줍니다. 각 VM 인스턴스에는 라우팅 테이블에 적용 가능한 경로에 대한 정보를

유지하는 컨트롤러가 있어서 VM에서 나가는 각 패킷은 라우팅 순서에 따라 적절한 다음 홉으로 전달됩니다. 경로를 추가하거나 삭제하면 변경 사항이 컨트롤러를 통해서 전파되어 최신 상태를 유지하게 됩니다.

GCP에는 시스템이 자동으로 생성하는 경로와 직접 설정하는 커스텀 경로 2가지 카테고리를 갖습니다. 개별 카테고리마다 각각 2개 유형을 가지기 때문에 총 4가지 종류의 경로 타입을 가지게 됩니다.

시스템 생성 경로는 사용자가 네트워크를 만들거나, 서브넷을 추가하거나, 서브넷의 보조 IP 범위를 수정할 때 시스템에서 자동으로 생성되는 경로이고, 커스텀 경로는 사용자가 직접 또는 클라우드 라우터(Cloud Route)를 사용하여 만들고 유지 및 관리하는 경로입니다.

유형	카테고리	대상 위치	다음 홉	삭제 가능 여부	적용 대상
기본 경로	시스템 생성	0.0.0.0/0 (all)	default-internet-gateway	예	네트워크의 모든 인스턴스
서브넷 경로	시스템 생성	기본 및 보조 서브넷 IP 범위	패킷을 서브넷의 VM에 전달하는 VPC 네트워크	서브넷이 삭제된 경우나 사용자가 서브넷의 보조 IP 범위를 변경하는 경우에만	네트워크의 모든 인스턴스
정적 경로	커스텀	- 서브넷 IP 범위와 부분 또는	- 이름으로 참조된 인스턴스 - IP 주소로 참조된 인스턴스 - Cloud VPN 터널	예	네트워크의 모든 인스턴스 (단, 네트워크 태그를 사용하여 특정 인스턴스로 제한되지 않은 경우)
동적 경로	커스텀	- 서브넷 IP 범위와 부분적으로 또는 정확히 겹치지 않는 IP 범위 - 서브넷 IP 범위보다 더 넓은 IP 범위	클라우드 라우터 BGP 피어의 IP 주소	클라우드 라우터가 더 이상 BGP 피어에서 경로를 수신하지 않는 경우 클라우드 라우터에서만 가능	- VPC 네트워크가 지역별 동적 라우팅 모드일 경우-클라우드 라우터와 동일한 지역에 있는 인스턴스 - VPC 네트워크가 전역 동적 라우팅 모드인 경우-모든 인스턴스

[표 6-4-1] VPC 경로

인스턴스에 적용되는 경로는 다음 규칙을 따릅니다.

- 시스템 생성 경로는 VPC 네트워크의 모든 인스턴스에 적용됩니다. 서브넷 경로가 적용
  되는 인스턴스의 범위는 변경할 수 있지만 기본 경로는 변경할 수 있습니다.
- 커스텀 정적 경로는 경로의 태그 속성에 따라 모든 인스턴스나 특정 인스턴스에 적용될
  수 있습니다. 태그 속성이 있는 정적 경로는 해당하는 네트워크 태그가 있는 인스턴스에
  적용되며, 태그 속성이 지정되지 않은 정적 경로는 모든 인스턴스에 적용됩니다.
- 커스텀 동적 경로는 VPC 네트워크의 동적 라우팅 모드에 따라 인스턴스에 적용됩니다.
  리전별 동적 라우팅 모드이며 모든 클라우드 라우터는 해당 리전 내에서 학습한 경로를
  적용하며, 네트워크가 전역 동적 라우팅 모드이면 모든 클라우드 라우터는 전체 네트워
  크에 학습한 경로를 적용합니다.

6.4.1 기본 경로

VPC 네트워크를 만들면 GCP 시스템에서 자동으로 기본 경로를 만듭니다. 기본 경로는 VPC
네트워크에서 나가는 경로를 정의합니다. 시스템 생성 기본 경로의 우선순위는 1000입니다.
이 경로의 대상 위치 (0.0.0.0/0)는 전체 네트워크로 가장 광범위하기 때문에 구체적인 경로
를 설정하지 않으면 이 기본 경로를 사용하게 됩니다.

6.4.2 서브넷 경로

서브넷 경로는 VPC 네트워크 서브넷으로 가는 경로입니다. 각 서브넷에는 대상 위치가 서브
넷 내의 IP를 하나 이상 가지게 됩니다. 서브넷의 보조 IP 범위가 있는 경우 GCP는 각 보조 범
위에 대해 해당하는 위치를 사용하여 서브넷 경로를 만듭니다.

6.4.3 커스텀 정적 경로

커스텀 경로는 사용자가 수동으로 만든 정적 경로이거나 하나 이상의 클라우드 라우터에서

자동으로 유지되는 동적 경로입니다. 정적 경로는 정책 기반 라우팅을 사용하는 클라우드 VPN(Cloud VPN) 터널이나 경로 기반 VPN인 클라우드 VPN 터널을 만들면 원격 트래픽 선택기의 정적 경로가 자동으로 생성됩니다. 정적 경로는 아래의 구성 요소로 이루어집니다.

- **이름**: 정적 경로는 이름을 통해서 경로를 식별합니다. 프로젝트의 모든 경로에는 고유한 이름이 있어야 합니다.
- **네트워크**: 각 경로는 정확히 하나의 VPC 네트워크와 연결되어야 합니다.
- **대상 범위**: 대상 범위는 들어오는 패킷을 수신하는 시스템의 IP 주소가 포함된 단일 IPv4 CIDR 블록입니다.
- **우선순위**: 여러 경로의 대상 위치가 동일한 경우에 적용할 경로를 결정하는데 사용되며, 숫자가 낮을수록 우선순위가 높습니다.
- **다음 홉**: 정적 경로의 다음 홉은 기본 인터넷 게이트웨이, GCP 인스턴스 또는 Cloud VPN 터널을 가리킵니다.
- **태그**: 네트워크 태그 목록을 지정하여 해당 목록의 태그에 속한 인스턴스 경로를 지정할 수 있습니다. 태그가 지정되지 않으면 기본적으로는 모든 인스턴스에 해당 경로를 적용합니다.

6.4.4 커스텀 동적 경로

커스텀 동적 경로는 하나 이상의 Cloud Router에서 관리됩니다. 이 경로의 대상 위치는 항상 VPC 네트워크 외부의 IP 범위를 나타내며 다음 홉은 항상 BGP 피어 주소입니다.

6.5 전달 규칙(Forwarding Rule)

전달 규칙은 대상 풀 및 대상 인스턴스와 작동하여 부하 분산 및 프로토콜 전달 기능을 지원합니다. 부하 분산 및 프로토콜 전달을 사용하려면 트래픽을 특정 대상 풀(부하 분산용) 또는 대상 인스턴스(프로토콜 전달용)로 전달하는 '전달 규칙'을 만들어야 합니다.

전달 규칙은 특정 IP 주소, 프로토콜 및 포트 범위(선택사항)를 단일 대상 풀 또는 대상 인스턴스와 일치시켜, 전달 규칙이 제공하는 외부 IP 주소에 트래픽이 전송되면 전달 규칙은 해당 트래픽을 해당하는 대상 풀 또는 대상 인스턴스로 전달합니다. 프로젝트별 전달 규칙은 최대 50개까지 만들 수 있습니다.

전달 규칙 프로토콜을 지정하지 않으면 기본적으로 TCP가 사용이 되며, 포트 범위의 사용은 TCP, UDP, SCTP 프로토콜에서만 지정할 수 있습니다.

6.6 IP 주소

GCP에서는 특정 리소스에 IP 주소를 할당할 수 있습니다. 예를 들어, VM 인스턴스 및 전달 규칙에 내부 및 외부 IP주소를 할당할 수 있습니다. 개별 VM 인스턴스는 기분 내부IP 주소 1개, 하나 이상의 보조 IP 주소(별칭 IP), 그리고 외부 IP 주소 1개를 보유할 수 있습니다. 동일한 VPC 네트워크상에서는 인스턴스 간 통신에서 내부 IP 주소 만으로 통신을 할 수 있지만, 인터넷으로 통신하려면 외부 IP 주소를 사용해야 합니다(프록시 구성 예외).

네트워크, 전역, 내부 부하 분산을 위한 전달 규칙이 필요합니다. 사용 중인 부하 분산기에 따라 전달 규칙에 외부 또는 내부 IP 주소가 있어야 하는데, 네트워크 및 전역 부하 분산의 경우 전달 규칙을 만들어 각각 지역 또는 전역 고정 외부 IP주소를 할당할 수 있습니다.

6.6.1 고정 외부 IP 주소

인터넷이나 다른 네트워크의 리소스와 통신해야 하는 경우 외부 IP 주소를 이용해야 합니다. 방화벽 규칙이 연결을 허용하는 한, VPC 네트워크 외부의 소스는 외부 IP 주소를 사용하여 처리할 수 있습니다. 외부 IP 주소를 사용하여 외부 리소스와 통신할 때 발신자가 동일한 VPC 네트워크에 있더라도, 추가 청구 요금이 발생할 수 있습니다.

외부 IP 주소는 크게 고정 외부 IP 주소와 임시 외부 IP 주소로 나뉘는데, 고정 외부 IP 주소는 명시적으로 해제될 때까지 프로젝트에 무기한으로 할당됩니다. 이러한 방법은 서비스 사용을 위해 특정 IP 주소에 의존하고 있고, 다른 서비스가 해당 주소를 사용할 수 없도록 해야 하는 경우에 사용할 수 있습니다.

고정 외부 IP 주소는 지연 및 전역 리소스가 될 수 있으며, 전역 부하 분산 시에는 전역 고정 외부 IP 만 사용할 수 있습니다. 기본적으로는 외부 고정 IP 주소는 자동으로 생성되지 않아서 직접 설정해야 합니다.

6.6.2. 임시 외부 IP 주소

임시 외부 IP 주소는 리소스의 수명 동안만 지속이 되는 IP 로 별도로 인스턴스 생성시 고정 외부 IP 관련 설정을 하지 않으면 자동으로 임시 외부 IP 주소로 설정이 됩니다. 이 경우 리소스를 중지 및 삭제할 때 임시 외부 IP 주소가 리소스에서 해제가 되고 시작이나 생성을 하면 새로운 임시 외부 IP가 다시 할당이 됩니다.

6.6.3 내부 IP 주소(고정 / 임시)

내부 IP 주소는 인스턴스 생성시 자동으로 할당이 되며, 동일한 VPC 네트워크 내에서 통신을 할 때 사용합니다. 고정 내부 IP 주소는 명시적으로 해제할 때까지 프로젝트에 할당됩니다. 고정 내부 IP 주소는 명시적으로 해당 IP 주소를 해제하기 전까지는 계속 사용할 수 있으며, 임시 내부 IP 주소는 리소스가 중지되었다가 재시작될 경우 새로운 임시 IP 주소로 바뀌게 됩니다.

종류	개수	특징
내부 IP 주소	1개	동일한 VPC 네트워크상 인스턴스간 통신에 사용 고정 / 임시 IP 주소를 가집니다.
외부 IP 주소	1개	인터넷이나 다른 네트워크의 리소스와 통신하거나 VM 외부의 리소스와 통신할 경우 사용 고정 / 임시 IP 주소를 가집니다.

종류	개수	특징
보조 IP 주소	1개 이상	별칭 IP 주소로, 네트워크 인터페이스 내부의 IP 주소 범위를 별칭으로 할당할 수 있습니다.

[표 6-6-3] VPC 내부 IP 주소

 ## 6.7 별칭 IP 범위

별칭 IP 범위를 사용하면 VM의 네트워크 인터페이스에 내부 IP 주소 범위를 별칭으로 할당할 수 있습니다. 예를 들어, 'my-team'이란 이름으로 내가 속한 팀원들의 IP를 할당해서 언제든 my-team이란 별칭으로 내가 속한 팀원들의 IP에 통신할 수 있습니다.

이는 하나의 VM에서 여러 서비스를 실행하고 있어서 각 서비스에 서로 다른 IP 주소를 할당하고자 할 때 유용합니다. 또한 별칭 IP 범위는 구글 쿠버네티스 엔진 패드(Google Kubernetes Engine Pods)에서도 작동합니다.

 ## 6.8 다중 네트워크 인터페이스

VM 인스턴스에 여러 네트워크 인터페이스를 추가할 수 있습니다. 여러 네트워크 인터페이스를 통해 네트워크 VM이 다른 VPC 네트워크 간 또는 인터넷 간 트래픽을 보호하는 게이트웨이 역할을 합니다.

6.9 공유 VPC

공유 VPC를 사용하면 조직에서 여러 프로젝트의 리소스를 공통 VPC 네트워크에 연결할 수 있습니다. 때문에 해당 네트워크의 내부 IP를 사용하여 서로 안전하고 효율적으로 통신할 수 있습니다. 조직 내 여러 프로젝트 가운데 중심이 되는 하나의 프로젝트를 '호스트 프로젝트'로 지정합니다. 이후 하나 이상의 다른 서비스 프로젝트를 여기에 연결합니다. 이때 호스트 프로젝트의 VPC 네트워크를 공유 VPC 네트워크라고 하며, 공유 VPC 네트워크에 연결된 다른 프로젝트들은 '서비스 프로젝트'라고 합니다. 이렇게 공유 VPC를 사용하면 조직 관리자가 서브넷, 경로, 방화벽 같은 네트워크 리소스를 중앙에서 제어해서 서비스 프로젝트 관리자에게 인스턴스 생성 및 관리 같은 관리 책임을 위임할 수 있기 때문에 조직에서 중앙 집중식으로 관리할 때 유리하게 사용할 수 있습니다.

6.10 VPC 네트워크 피어링

VPC 네트워크 피어링을 사용하면 모든 통신이 개인 RFC 1918 IP 주소를 사용하여 이루어집니다. 방화벽 규칙에 따라 피어링된 각 네트워크의 VM 인스턴스는 외부 IP 주소를 사용하지 않고도 서로 통신할 수 있습니다.

이러한 피어링 기술을 이용하면 공개 IP를 사용한 네트워킹에 비해 지연을 줄일 수 있습니다. 또한 서비스 소유자는 서비스를 외부에 노출하여 그 와 관련된 위험을 감수할 필요가 없고, 내부 IP를 사용하여 통신하기 때문에 외부 IP를 사용하여 통신했을 때 발생하는 네트워크 추가 비용도 아낄 수 있습니다.

6.11 Cloud VPN

하이브리드 클라우드를 위한 서비스 중 하나인 VPN은 가상의 사설 네트워크를 통해서 물리적 온프레미스 네트워크 또는 다른 벤더의 클라우드 서비스와 연결을 할 수 있습니다. 클라우드 VPN은 IPSec을 이용하여 암호화된 연결을 하기 때문에 온프레미스 네트워크와 VPC 네트워크 사이에 안전하게 연결할 수 있습니다. 2개의 네트워크 사이에는 터널을 통해서 암호화된 형태로 트래픽을 주고받을 수 있습니다.

6.12 Cloud Interconnect(Interconnect)

또 다른 하이브리드 클라우드를 위한 서비스 중 하나인 인터커넥트(Interconnect)는 고속의 물리적 연결을 사용하여 VPC 네트워크를 온프레미스 네트워크에 연결할 수 있습니다. 고속의 물리적 연결을 사용하여 VPC 네트워크를 온프레미스 네트워크에 연결할 수 있습니다.

크게 클라우드 인터커넥트(Cloud Interconnect)는 2가지 옵션을 제공합니다. 하나는 조직 내부 네트워크와 구글 네트워크 간의 실제 연결을 하는 방법이고, 또 하나는 서비스 제공업체를 통해 조직 내부 네트워크와 VPC 네트워크를 연결하는 방법입니다. 2가지 방법 모두 통신을 위해 공개 인터넷을 거치지 않기 때문에 트래픽 홉 수가 감소하므로 트래픽이 손실되거나 중단될 수 있는 장애 지점도 감소합니다. 또 이러한 이유로 더 빠른 속도를 제공합니다.

6.13 Cloud Load Balancing

Cloud Load Balancing을 이용하면 작업이나 트래픽이 발생하는 경우 여러 리소스로 작업을
분산시켜서 가용성 및 확장성 있는 서비스를 만들 수 있도록 도와줍니다. 더 자세한 내용은
'7장 Cloud Load Balancing & Auto Scailing'에서 좀 더 자세히 다루겠습니다.

6.1 VPC 네트워크 설정

이번 실습에서는 VPC 네트워크를 설정해보도록 하겠습니다. GCP는 기본적으로 'default'라는 네트워크가 생성되어 있는데, 여기서는 GCP 내에 나만의 설정을 가진 네트워크를 만드는 실습입니다.

1. 'GCP Console'로 들어갑니다.

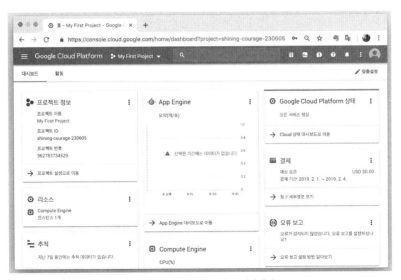

[그림 6-1-1] VPC 네트워크 설정하기

2. '메뉴-VPC 네트워크-VPC 네트워크'로 들어갑니다.

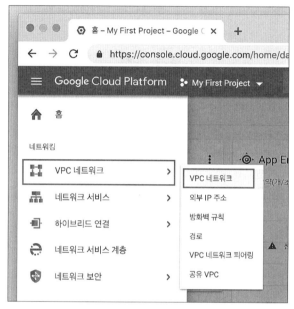

[그림 6-1-2] VPC 네트워크 설정하기

3. 상단에 'VPC 네트워크 만들기'를 누릅니다.

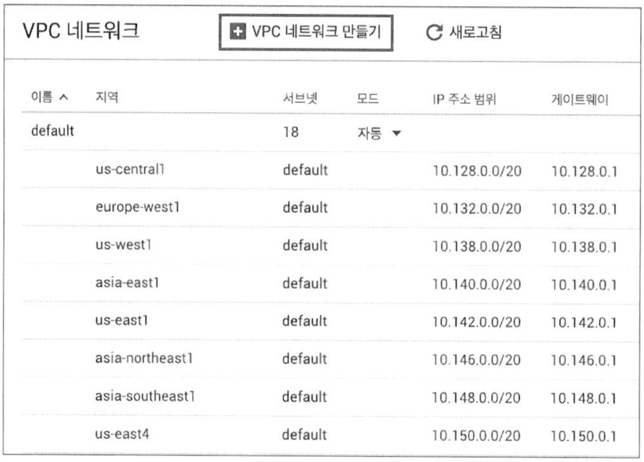

이름 ∧	지역	서브넷	모드	IP 주소 범위	게이트웨이
default		18	자동 ▼		
	us-central1	default		10.128.0.0/20	10.128.0.1
	europe-west1	default		10.132.0.0/20	10.132.0.1
	us-west1	default		10.138.0.0/20	10.138.0.1
	asia-east1	default		10.140.0.0/20	10.140.0.1
	us-east1	default		10.142.0.0/20	10.142.0.1
	asia-northeast1	default		10.146.0.0/20	10.146.0.1
	asia-southeast1	default		10.148.0.0/20	10.148.0.1
	us-east4	default		10.150.0.0/20	10.150.0.1

VPC 네트워크 · VPC 네트워크 만들기 · 새로고침

[그림 6-1-3] VPC 네트워크 설정하기

4. [그림 6-1-4] 같은 화면이 나타나면, 다음과 같이 세팅합니다.

- **이름:** my-vpc-network
- **설명:** Custom VPC Network
- **서브넷:** 자동
- **방화벽 규칙:** 사용-X
- **동적 라우팅 모드:** 지역

[그림 6-1-4] VPC 네트워크 설정하기

5. 방화벽 규칙은 해당 네트워크에 적용할 방화벽 규칙을 지정할 수 있는데, 여기서는 따로 설정하지 않도록 하겠습니다.

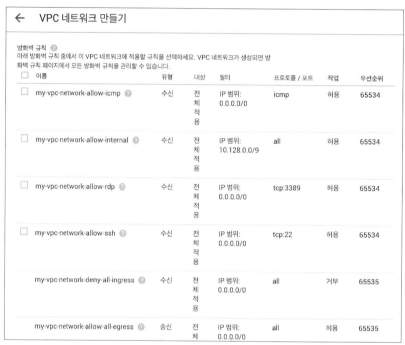

[그림 6-1-5] VPC 네트워크 설정하기

6. 동적 라우팅은 '지역'으로 선택하고 '만들기'를 누릅니다.

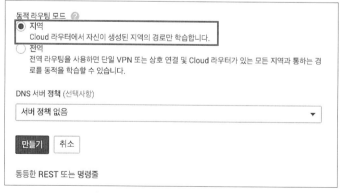

[그림 6-1-6] VPC 네트워크 설정하기

7. 생성이 되면 다음과 같이 'my-vpc-newtork'가 생긴 것을 확인할 수 있습니다.

my-vpc-network	18	자동 ▼		0	사용 안함	
us-central1	my-vpc-network	10.128.0.0/20	10.128.0.1			사용 중지
europe-west1	my-vpc-network	10.132.0.0/20	10.132.0.1			사용 중지
us-west1	my-vpc-network	10.138.0.0/20	10.138.0.1			사용 중지
asia-east1	my-vpc-network	10.140.0.0/20	10.140.0.1			사용 중지
us-east1	my-vpc-network	10.142.0.0/20	10.142.0.1			사용 중지
asia-northeast1	my-vpc-network	10.146.0.0/20	10.146.0.1			사용 중지
asia-southeast1	my-vpc-network	10.148.0.0/20	10.148.0.1			사용 중지
us-east4	my-vpc-network	10.150.0.0/20	10.150.0.1			사용 중지
australia-southeast1	my-vpc-network	10.152.0.0/20	10.152.0.1			사용 중지
europe-west2	my-vpc-network	10.154.0.0/20	10.154.0.1			사용 중지
europe-west3	my-vpc-network	10.156.0.0/20	10.156.0.1			사용 중지
southamerica-east1	my-vpc-network	10.158.0.0/20	10.158.0.1			사용 중지

[그림 6-1-7] VPC 네트워크 설정하기

8. 이제 VM을 만들 때 네트워크 설정 부분에서 'default'뿐만 아니라, 방금 생성한 'my-vpc-network'도 생성할 수 있습니다.

[그림 6-1-8] VPC 네트워크 설정하기

6.2 방화벽 규칙 만들기

기본적으로 GCP는 보안 때문에 외부로 나가는 포트에 대해서 막혀 있는데, 방화벽 규칙의 설정을 통해서 특정 포트나 네트워크에서의 방화벽 규칙을 만들 수 있습니다. 방화벽 규칙은 다양한 방식으로 만들 수 있지만, 이번 실습에서는 '태그'를 이용하여 방화벽 규칙을 적용하는 방법을 알아보도록 하겠습니다.

1. 'GCP Console'에 들어갑니다.

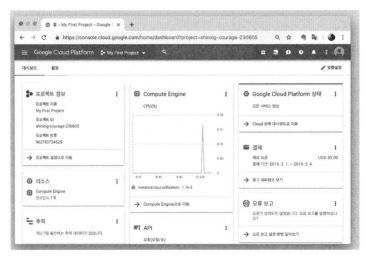

[그림 6-2-1] 방화벽 규칙 만들기

2. '메뉴-VPC 네트워크-방화벽 규칙'을 선택합니다.

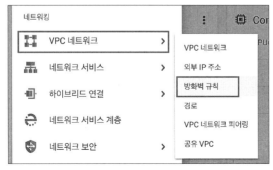

[그림 6-2-2] 방화벽 규칙 만들기

3. 다음과 같은 화면이 나타나는데, 상단에 '방화벽 규칙 만들기'를 누릅니다.

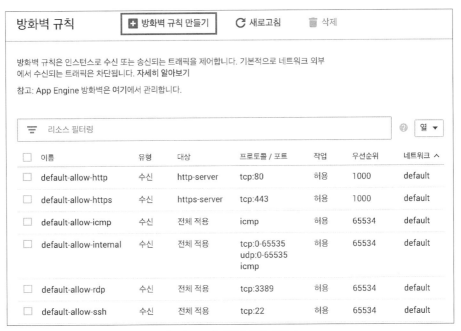

[그림 6-2-3] 방화벽 규칙 만들기

4. 여기서는 node 서버에서 사용할 3000번 포트를 열겠습니다. 설정은 다음과 같이 합니다.

- **이름:** allow-node-server
- **설명:** for node server
- **로그:** 사용 안함
- **네트워크:** default
- **우선순위:** 1000
- **트래픽 방향:** 수신
- **일치 시 작업:** 허용
- **대상:** 지정된 대상 태그
- **대상 태그:** node-server
- **소스 필터:** IP 범위

- **소스 IP 범위:** 0.0.0.0/0
- **보조 소스 필터:** 없음
- **프로토콜 및 포트:** tcp:3000

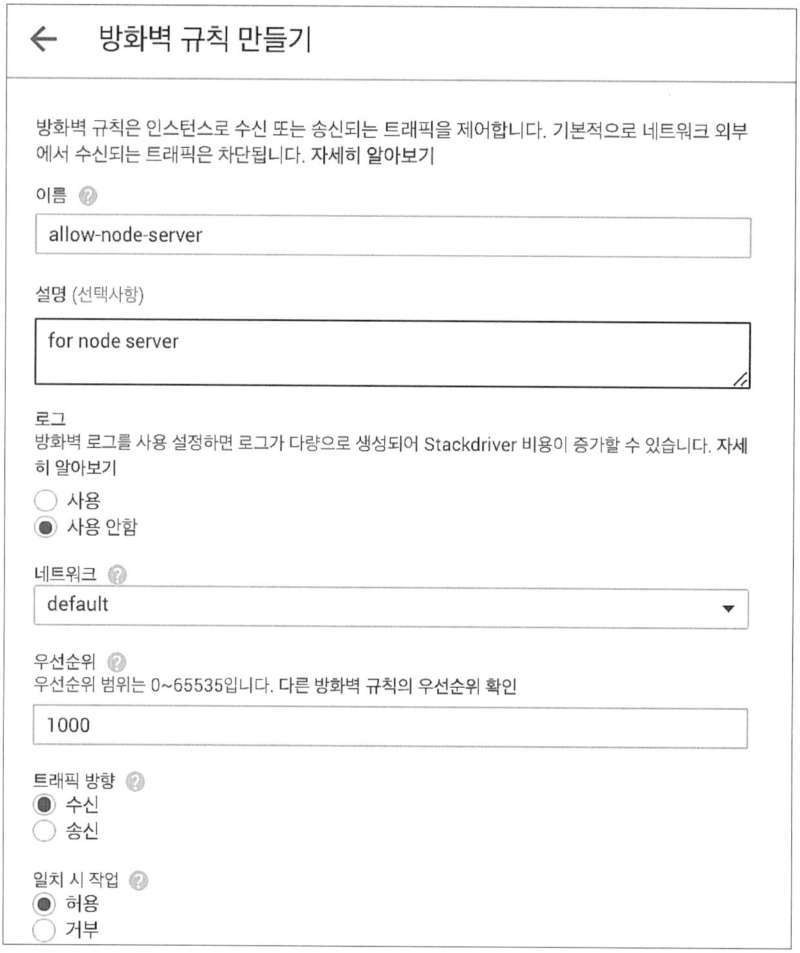

← 방화벽 규칙 만들기

방화벽 규칙은 인스턴스로 수신 또는 송신되는 트래픽을 제어합니다. 기본적으로 네트워크 외부에서 수신되는 트래픽은 차단됩니다. **자세히 알아보기**

이름 ⑦

> allow-node-server

설명 (선택사항)

> for node server

로그
방화벽 로그를 사용 설정하면 로그가 다량으로 생성되어 Stackdriver 비용이 증가할 수 있습니다. 자세히 알아보기

- ○ 사용
- ● 사용 안함

네트워크 ⑦

> default ▼

우선순위 ⑦
우선순위 범위는 0~65535입니다. 다른 방화벽 규칙의 우선순위 확인

> 1000

트래픽 방향 ⑦
- ● 수신
- ○ 송신

일치 시 작업 ⑦
- ● 허용
- ○ 거부

[그림 6-2-4] 방화벽 규칙 만들기

5. 대상은 아래 옵션과 같지만, 여기서는 지정된 대상 태그로 지정하고, '만들기'를 누르도록 하겠습니다.

- **네트워크의 모든 인스턴스:** 동일한 네트워크 내의 모든 인스턴스에 적용
- **지정된 대상 태그:** 특정 태그를 지정한 인스턴스에 적용
- **지정된 서비스 계정:** 지정한 서비스 계정을 가진 인스턴스에 적용

[그림 6-2-5] 방화벽 규칙 만들기

6. '만들기' 작업이 끝나면 다음과 같이 새로운 '방화벽 규칙'이 생긴 것을 확인할 수 있습니다.

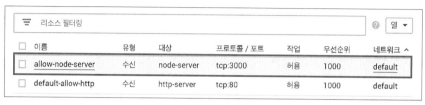

[그림 6-2-6] 방화벽 규칙 만들기

7. 인스턴스 생성 시 '네트워킹' 설정에서 앞서 만든 '네트워크 태그'를 사용하면 해당 방화벽 규칙이 적용된 인스턴스가 생성됩니다.

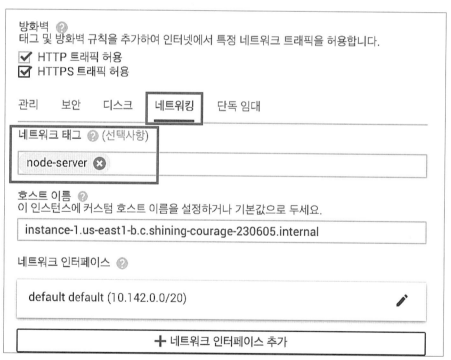

[그림 6-2-7] 방화벽 규칙 만들기

6.3 외부 고정 IP 만들기

이번에는 외부 고정 IP를 만들도록 하겠습니다. GCP에서 VM을 만들 때 외부 IP는 임시로 설정이 되며, VM이 재시작 될 때마다 바뀝니다. 이를 방지하기 위해서 사용하고자 하는 '외부 IP' 설정 방법에 대해 알아보도록 하겠습니다.

1. 'GCP Console'로 돌아옵니다.

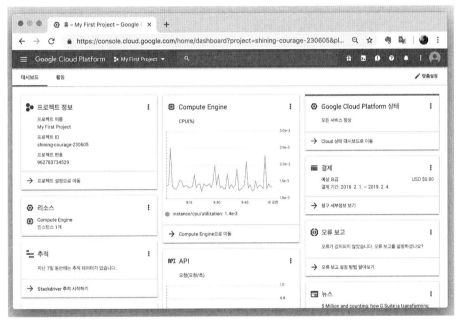

[그림 6-3-1] 외부 고정 IP 만들기

2. '메뉴-VPC 네트워크-외부 IP 주소'를 선택합니다.

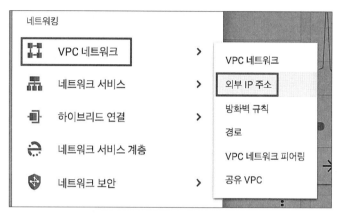

[그림 6-3-2] 외부 고정 IP 만들기

3. 여기서 상단에 '고정 주소 예약'을 누릅니다.

[그림 6-3-3] 외부 고정 IP 만들기

4. 다음과 같이 세팅을 하고 '예약' 버튼을 누릅니다.

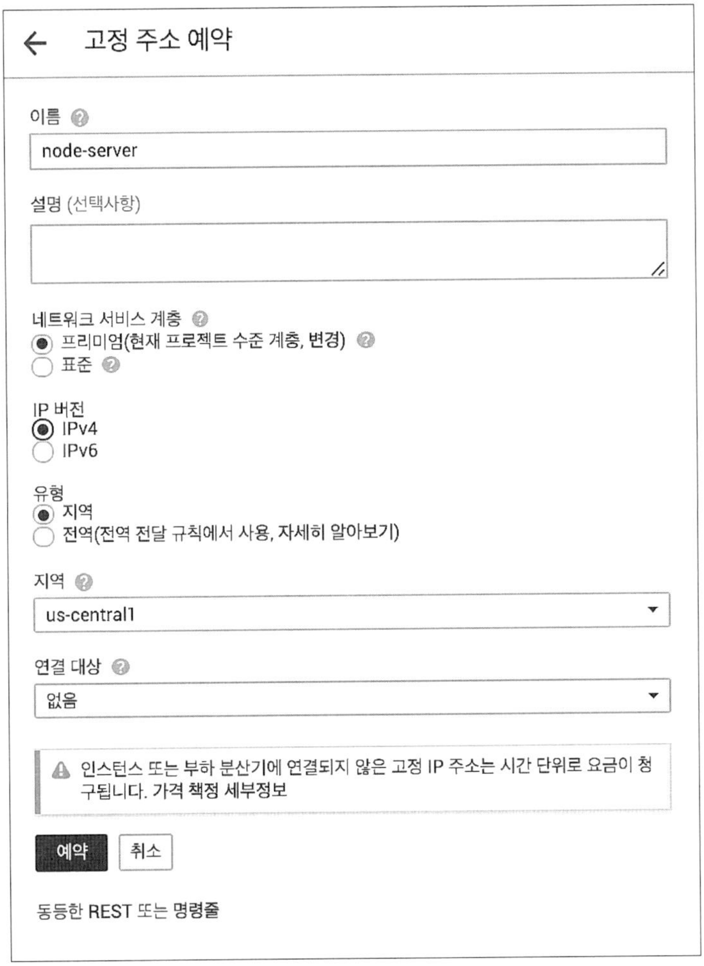

[그림 6-3-4] 외부 고정 IP 만들기

5. 예약이 되면 다음과 같이 임의로 '외부 주소'가 할당됩니다.

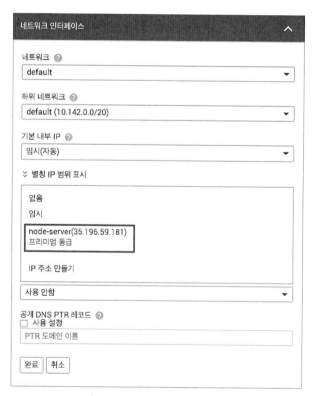

[그림 6-3-5] 외부 고정 IP 만들기

6. 설정이 되면 VM 생성 시 '네트워킹' 설정 부분에서 외부 IP를 지정된 외부 IP로 사용할 수 있습니다. 이렇게 지정된 외부 IP는 VM이 재시작해도 변하지 않고 계속 사용할 수 있습니다.

[그림 6-3-6] 외부 고정 IP 만들기

7장

Cloud Load Balancing & Auto Scaling

7.1 Cloud Load Balancing이란?

로드 밸런싱(Load Balancing)은 한 번에 많은 요청으로 트래픽이 증가했을 때 이를 처리할 수 있을 만큼 여러 대의 VM에 트래픽을 분산해서 보내, 부하 발생 시 처리를 하는 기술입니다.

Cloud Load Balancing은 사용자 트래픽 전체에 적용되어 완전하게 배포되는 소프트웨어 관리형 서비스로, 인스턴스 또는 기기 기반의 솔루션이 아니라 물리적인 부하 분산 인프라에 큰 리소스를 사용하거나 인스턴스 기반 부하 분산 특유의 HA 확장 관리 문제가 발생하지 않습니다. Cloud Load Balancing은 모든 트래픽 (HTTP(S), TCP, UDP)에 적용할 수 있습니다.

다른 로드 밸런싱은 갑자기 높은 부하가 들어왔을 때 그것을 받아내지 못하는 경우가 있습니다. 이를 방지하기 위해 미리 그만한 부하를 일정 시간 주어서 로드 밸런싱의 크기를 키우는 작업을 해야 합니다. 이러한 작업을 '가동 준비 과정'(pre-warm up)이라고 하는데, GCP의

Cloud Load Balancing은 이런 가동 준비 과정없이 Compute Engine에서 애플리케이션을 최대 범위까지 확장할 수 있습니다.

Cloud Load Balancing을 이용하면 단일 애니캐스트 IP(Anycast IP)가 세계 각지의 모든 백 엔드 인스턴스의 프런트 엔드가 됩니다. 따라서 한 번에 많은 양의 트래픽을 받게 되었을 때 트래픽 처리가 가능한 다른 지역으로 트래픽을 우회시켜 예상치 못한 즉각적인 대규모 트래픽 급증도 처리할 수 있습니다. 이러한 자동 확장 기능은 사용자 및 트래픽의 증가에 따라 자동으로 확장이 되며 장애 발생 시 가까운 지역을 우선적으로 라우팅하고, 그곳도 장애가 발생한다면 자동으로 다른 지역으로 차례로 라우팅을 해주는 지능형 자동 확장형입니다. 리소스의 규모를 별다른 설정 없이 자동으로 조정할 수 있습니다.

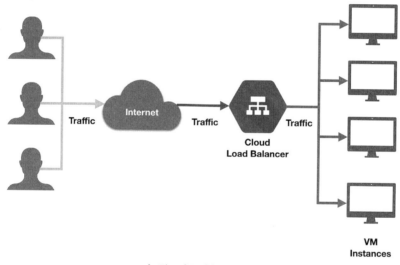

[그림 7-1] 부하 분산 개념도

7.1.2 Global vs Regional 차이

Cloud Load Balancing은 크게 전역(Global)과 지역(Regional) 별로 나뉘게 되는데, 글로벌 로드 밸런싱(Global Load Balancing)은 글로벌하게 서비스가 이뤄져야 할 때 하나의 애니캐스트 IP를 통해서 전역으로 부하 분산이 이뤄지며, IPv6를 지원합니다. 리저널 로드 밸런싱(Regional Load Balancing)은 하나의 지역에 집중적으로 트래픽이 발생할 때 이용할 수 있으며, 오직 IPv4

만 지원합니다. [그림 7-2] 는 Global 및 Regional 별 제공 로드 밸런스 종류를 보여줍니다.

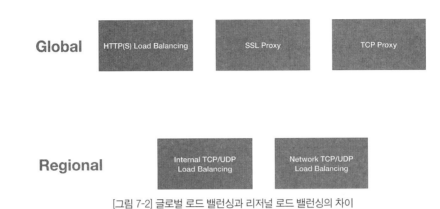

[그림 7-2] 글로벌 로드 밸런싱과 리저널 로드 밸런싱의 차이

7.1.3 External vs Internal 차이

외부(External)와 내부(Internal)별 로드 밸런싱의 차이도 있는데, 외부 로드 밸런싱(External Load Balancing)은 VPC 네트워크가 아닌 다른 네트워크를 통해서 트래픽이 발생하는 경우 이용을 하고, 다른 네트워크 사용 없이 VPC 네트워크 내에서만 트래픽이 발생한다면 내부 로드 밸런싱(Internal Load Balancing)을 사용할 수 있습니다. [그림 7-3]은 External 및 Internal 별 제공하는 로드 밸런스 종류를 보여줍니다.

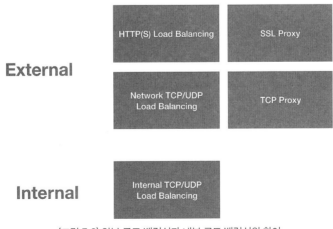

[그림 7-3] 외부 로드 밸런싱과 내부 로드 밸런싱의 차이

7.1.4 Google Cloud Load balancer 종류

구글 클라우드에서 지원하는 로드 밸런서(Load Balancer)에는 다음과 같은 종류가 있습니다.

HTTP(S) Load Balancing	SSL Proxy Load Balancing	TCP Proxy Load Balancing	Network Traffic Load Balancing	Internal TCP/UDP Load Balancing
• Global Load Balancing • HTTP(S) 트래픽 • IPv4, IPv6 지원 • HTTP 요청 포트: 80, 8080 • HTTPS 요청 포트: 443 • 오토 스케일링 지원	• Global Load Balacing • External • TCP 트래픽 SSL 오프 로드 (non-HTTPS, 암호화된 트래픽) • SSL을 통해서 통신 하도록 백엔드 서비스를 구성하여 종단 간 암호화를 구성 할 수 있습니다. • 지능형 라우팅 • IPv4, IPv6 지원 • SSL 프록시 로드 균형 • SSL load • 중앙 집중식 인증서 관리 • 요청 포트: 25, 43, 110, 143, 195, 443, 465, 587, 700, 993, 995, 1883, 5222	• Global Load balancing • External • SSL 오프로드 없는 TCP 트래픽 (non-HTTP, 암호화되지 않은 트래픽) • SSL 트래픽의 경우 전달 전에 패킷의 암호가 해독되지 않습니다. • 클라이언트 IP를 보존 하지 않습니다. • IPv4, IPv6 지원 • 지능형 라우팅 • 요청 포트: 25, 43, 110, 143, 195, 443, 465, 587, 700, 993, 995, 1883, 5222	• Regional Load Balancing • External • TCP or UDP 트래픽의 경우 SSL 지원 • 클라이언트 IP 보존 • IPv4 지원	• TCP/UDP 트래픽 • RFC 1918 IP 주소 • 안드로메다 기반 • VPN을 통한 클라이언트 지원 • pre-warm up 없는 오토 스케일링 • 클라이언트 IP 보존

 ## 7.2 Auto Scaling이란?

오토 스케일링(Auto Scaling)은 리소스 사용량에 따라서 VM이 자동으로 증가하고 감소하는 기능입니다. GCP에서는 인스턴스 그룹을 통해서 설정할 수 있습니다. 인스턴스 템플릿을 통해서 관리형 인스턴스 그룹을 만들면 동종의 인스턴스들이 만들어지기 때문에 애플리케이션 에서 트래픽 증가와 감소를 원활하게 처리할 수 있습니다. 만약 급격하게 트래픽이 증가하면 동종 인스턴스들이 자동으로 생성되어서 이를 분산하게 되고, 만약 트래픽이 감소하여 더 이상 필요하지 않으면 생성된 인스턴스들을 자동으로 감소시킵니다.

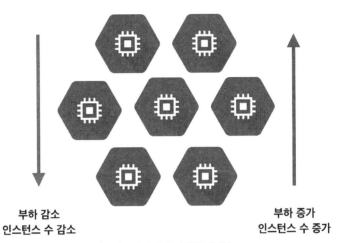

부하 감소
인스턴스 수 감소

부하 증가
인스턴스 수 증가

[그림 7-4] 오토 스케일링 개념도

오토 스케일링은 여러 조건을 기준으로 자동으로 오토 스케일링을 지원합니다. 가장 기본적인 측정 항목으로는 'CPU 사용률'이 있습니다. 이 정책은 인스턴스 그룹의 평균 CPU 사용률을 관찰하여 원하는 사용률을 유지하도록 인스턴스 그룹에 VM 인스턴스를 추가하거나 삭제하라고 합니다. 이 기능은 CPU 사용 구성에 유용합니다. 두 번째 측정 항목은 로드 밸런싱 사용량입니다. Cloud Load Balancing에서의 사용량을 관찰하여 조절하며, 이 부분은 로드 밸런싱의 백엔드 서비스에서 정의합니다.

그 다음 측정 항목으로는 Stackdriver Monitoring 측정 항목을 기준으로 할 수 있습니다. 아직 다루지 않았지만 Stackdriver는 GCP 내의 리소스들을 자동으로 또는 맞춤으로 모니터링하고 로깅해줄 수 있는 서비스로, Stackdriver에서 제공하는 측정 항목을 기준으로 오토 스케일링할 수 있습니다. 이 외에도 위의 3가지 측정 항목들을 조합해서, 나만의 측정 항목을 만들 수도 있습니다.

7.1 VM 인스턴스에 오토 스케일링과 로드 밸런서 달기

이번에는 서비스하는 인스턴스에 오토 스케일링과 로드 밸런서를 달아서 갑작스러운 트래픽 증가 및 재해로부터 무정지 상태로 서비스할 수 있도록 설정해봅니다.

이번 실습에서는 아파치 서버 설정이 된 VM 인스턴스를 만들고, 해당 인스턴스 > 스냅샷 > 디스크 > 이미지 순으로 생성하여 이미지를 이용해 인스턴스 템플릿을 만들고, 해당 인스턴스 템플릿으로 인스턴스 그룹을 만들어서 로드 밸런서를 달아보겠습니다.

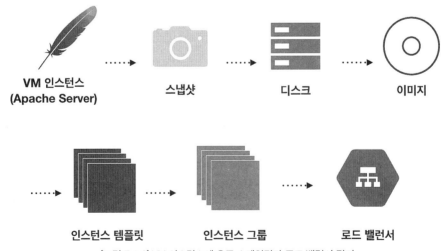

[그림 7-1-0] VM 인스턴스에 오토 스케일링과 로드 밸런서 달기

1. 먼저 'Compute Engine'으로부터 VM 인스턴스를 만들고, 아파치 서버 설정을 하기 위해 'GCP Console'로 들어갑니다.

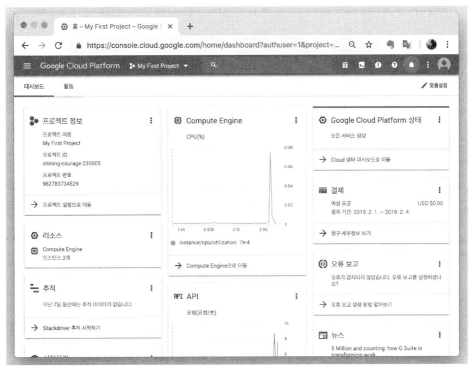

[그림 7-1-1] VM 인스턴스에 오토 스케일링과 로드 밸런서 달기

2. '메뉴-Compute Engine-VM 인스턴스'를 선택합니다.

[그림 7-1-2] VM 인스턴스에 오토 스케일링과 로드 밸런서 달기

3. '만들기'를 누릅니다.

[그림 7-1-3] VM 인스턴스에 오토 스케일링과 로드 밸런서 달기

4. 다음과 같이 설정합니다.

- **이름:** apache-server
- **머신 유형:** 기본값
- **부팅 디스크:** Ubuntu 16.06 LTS
- **ID 및 API 액세스:** 모든 Cloud API에 대한 전체 액세스 허용
- **방화벽:** HTTP 트래픽 허용 / HTTPS 트래픽 허용

[그림 7-1-4] VM 인스턴스에 오토 스케일링과 로드 밸런서 달기

5. 부팅 디스크는 '변경'을 눌러서 'Ubuntu 16.04 LTS'를 선택합니다.

[그림 7-1-5] VM 인스턴스에 오토 스케일링과 로드 밸런서 달기

6. 방화벽은 'HTTP 트래픽 허용', 'HTTPS 트래픽 허용'을 선택합니다. 그 다음 하단에 '관리, 보안, 디스크, 네트워킹, 단독 임대'를 클릭합니다.

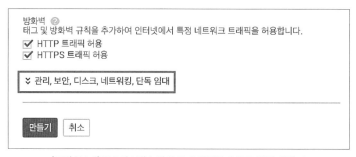

[그림 7-1-6] VM 인스턴스에 오토 스케일링과 로드 밸런서 달기

7. 다음과 같이 숨겨져 있는 메뉴가 나타나는데, 여기서 '시작 스크립트' 부분에 아래 소스를 넣어 VM 인스턴스가 생성되면 자동으로 'apache'를 설치해 index.html를 설정하게 합니다.

```bash
#! /bin/bash
apt-get update
apt-get install -y apache2
cat <<EOF > /var/www/html/index.html
<html><body><h1>Hello World</h1>
<p>Hello World</p>
</body></html>
EOF
```

관리	보안	디스크	네트워킹	단독 임대

설명 (선택사항)

라벨 ❓ (선택사항)

➕ 라벨 추가

삭제 보호
☐ 삭제 보호 사용 설정
　삭제 보호를 사용 설정하면 인스턴스를 삭제할 수 없습니다. **자세히 알아보기**

자동화

시작 스크립트 (선택사항)
인스턴스가 부팅되거나 다시 시작될 때 실행할 시작 스크립트를 지정할 수 있습니다. 시작 스크립트를 사용하여 소프트웨어와 업데이트를 설치하고, 가상 머신 내에서 서비스가 실행되는지 확인할 수 있습니다. **자세히 알아보기**

```bash
#! /bin/bash
apt-get update
apt-get install -y apache2
cat <<EOF > /var/www/html/index.html
<html><body><h1>Hello World</h1>
<p>Hello World</p>
</body></html>
EOF
```

[그림 7-1-7] VM 인스턴스에 오토 스케일링과 로드 밸런서 달기

8. 하단에 '만들기'를 누릅니다.

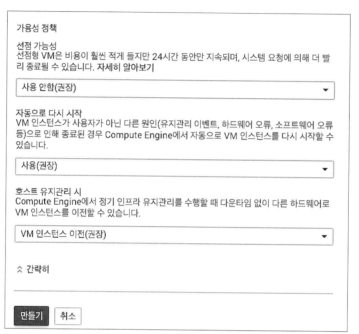

[그림 7-1-8] VM 인스턴스에 오토 스케일링과 로드 밸런서 달기

9. VM 인스턴스가 생성이 되면 [그림 7-1-9]와 같이 나타납니다. 접속을 위해서 '외부 IP'를 복사합니다.

[그림 7-1-9] VM 인스턴스에 오토 스케일링과 로드 밸런서 달기

10. 이제 생성된 VM 인스턴스에 아파치가 잘 설정되었는지 보기 위해서 '외부 IP'를 입력합니다(주의할 점은 'https://'가 아닌 'http://'로 접속해야 된다는 것입니다).

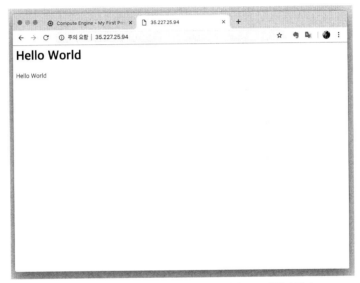

[그림 7-1-10] VM 인스턴스에 오토 스케일링과 로드 밸런서 달기

11. 스냅샷을 생성하기 위해 '스냅샷'을 선택합니다.

[그림 7-1-11] VM 인스턴스에 오토 스케일링과 로드 밸런서 달기

12. [그림 7-1-12] 같은 이미지가 보이는데, '스냅샷 만들기'를 누릅니다.

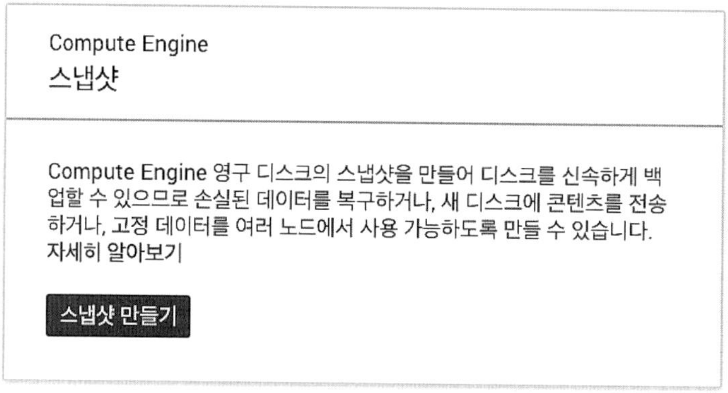

Compute Engine
스냅샷

Compute Engine 영구 디스크의 스냅샷을 만들어 디스크를 신속하게 백
업할 수 있으므로 손실된 데이터를 복구하거나, 새 디스크에 콘텐츠를 전송
하거나, 고정 데이터를 여러 노드에서 사용 가능하도록 만들 수 있습니다.
자세히 알아보기

스냅샷 만들기

[그림 7-1-12] VM 인스턴스에 오토 스케일링과 로드 밸런서 달기

13. 다음과 같이 설정을 하고 '만들기'를 누릅니다.

- **이름:** snapshot-apache-server
- **소스 디스크:** apache-server
- **위치:** 다중 지역

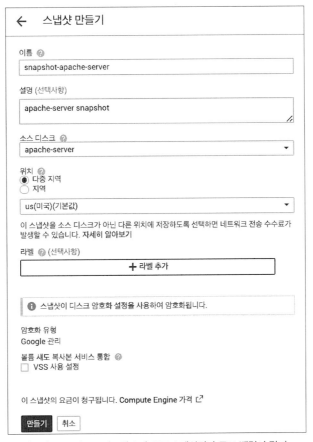

[그림 7-1-13] VM 인스턴스에 오토 스케일링과 로드 밸런서 달기

14. 스냅샷이 생성되면 다음과 같은 화면을 확인할 수 있습니다.

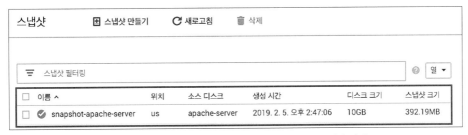

[그림 7-1-14] VM 인스턴스에 오토 스케일링과 로드 밸런서 달기

15. 이번에는 만들어진 스냅샷으로 디스크를 만들어보겠습니다. '메뉴-디스크'를 선택합니다.

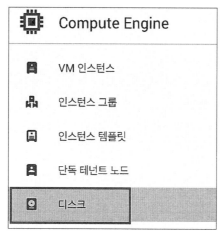

[그림 7-1-15] VM 인스턴스에 오토 스케일링과 로드 밸런서 달기

16. [그림 7-1-16] 같은 화면이 나타나는데, 이미 위에서 만든 인스턴스에 속한 디스크가 하나
    있습니다. 이건 무시하고, 상단에 '디스크 만들기'를 누릅니다.

[그림 7-1-16] VM 인스턴스에 오토 스케일링과 로드 밸런서 달기

17. 다음과 같이 설정을 하도록 합니다.

- **이름:** disk-apache-server
- **소스 유형:** 스냅샷 (스냅샷으로 디스크를 만들기 위함)
- **소스 스냅샷:** snapshot-apache-server
- **크기:** 10 GB
- **암호화:** Google 관리 키

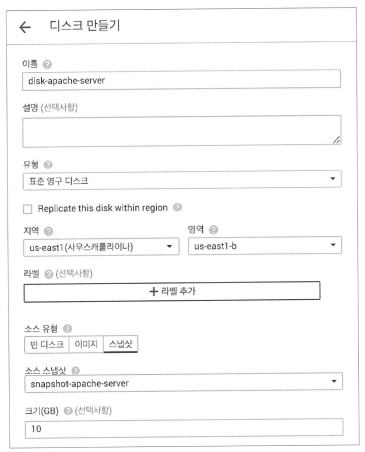

[그림 7-1-17] VM 인스턴스에 오토 스케일링과 로드 밸런서 달기

18. 하단에 '만들기'를 누릅니다.

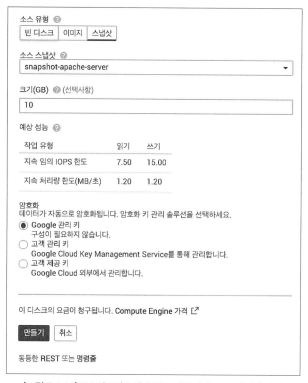

[그림 7-1-18] VM 인스턴스에 오토 스케일링과 로드 밸런서 달기

19. 디스크가 만들어지면 다음과 같이 'disk-apache-server'가 생성된 것을 확인할 수 있습니다.

[그림 7-1-19] VM 인스턴스에 오토 스케일링과 로드 밸런서 달기

20. 이번에는 만들어진 '디스크'로 '이미지'를 만들어보겠습니다. '메뉴-이미지'를 선택합니다.

[그림 7-1-20] VM 인스턴스에 오토 스케일링과 로드 밸런서 달기

21. 다음과 같은 화면이 나타나는데, 상단에 '이미지 만들기'를 누릅니다.

[그림 7-1-21] VM 인스턴스에 오토 스케일링과 로드 밸런서 달기

22. 다음과 같은 화면이 나타나면 다음과 같이 설정을 하고 '만들기'를 누릅니다.

- **이름:** image-apache-server
- **암호화:** Google 관리 키
- **소스:** 디스크
- **소스 디스크:** disk-apache-server

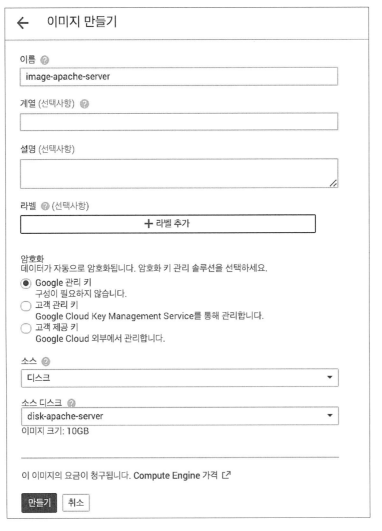

[그림 7-1-22] VM 인스턴스에 오토 스케일링과 로드 밸런서 달기

23. 이미지가 완성이 되면 다음과 같은 화면이 뜹니다.

[그림 7-1-23] VM 인스턴스에 오토 스케일링과 로드 밸런서 달기

24. 이제 만들어진 '이미지'를 이용해서 '인스턴스 템플릿'을 만들어보겠습니다. '메뉴-인스턴
스 템플릿'을 선택합니다.

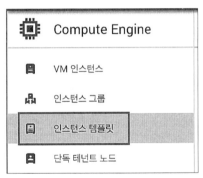

[그림 7-1-24] VM 인스턴스에 오토 스케일링과 로드 밸런서 달기

25. 다음과 같은 화면이 나타나는데, '인스턴스 템플릿 만들기' 버튼을 클릭합니다.

[그림 7-1-25] VM 인스턴스에 오토 스케일링과 로드 밸런서 달기

26. [그림 7-1-26] 같은 화면이 나타나면 다음과 같이 설정을 합니다, 먼저 다음과 같이 선택을
하고 '부팅 디스크' 변경을 위해 '변경' 버튼을 누릅니다.

- **이름:** instance-template-apache-server
- **부팅 디스크:** image-apache-server ('변경' 버튼을 눌러서 선택)
- **액세스 범위:** 기본 액세스 허용
- **방화벽:** HTTP 트래픽 허용 / HTTPS 트래픽 허용

[그림 7-1-26] VM 인스턴스에 오토 스케일링과 로드 밸런서 달기

27. 부팅 디스크에서 '변경'을 누르고 상단에 '맞춤 이미지'를 선택하고, 조금 전 만들었던 'image-apache-server'를 선택합니다.

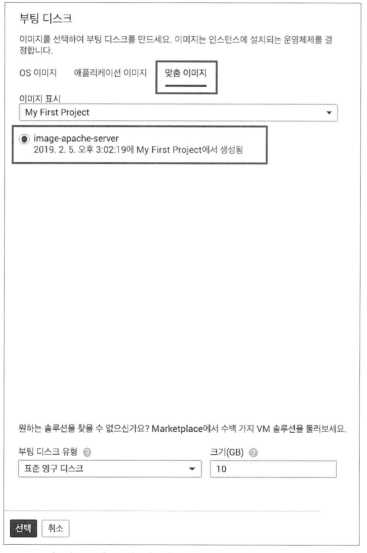

[그림 7-1-27] VM 인스턴스에 오토 스케일링과 로드 밸런서 달기

28. 방화벽에 'HTTP 트래픽 허용'을 선택하고 '만들기'를 누릅니다.

[그림 7-1-28] VM 인스턴스에 오토 스케일링과 로드 밸런서 달기

29. 인스턴스 템플릿이 완성이 되면 다음과 같이 'instance-template-apache-server'가 생긴 것을 확인할 수 있습니다.

[그림 7-1-29] VM 인스턴스에 오토 스케일링과 로드 밸런서 달기

30. 이번에는 조금 전에 만든 '인스턴스 템플릿'을 이용하여 '인스턴스 그룹'을 만들어보겠습니다. '메뉴-인스턴스 그룹'을 선택합니다.

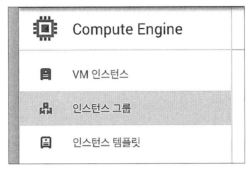

[그림 7-1-30] VM 인스턴스에 오토 스케일링과 로드 밸런서 달기

31. '인스턴스 그룹 만들기'를 선택합니다.

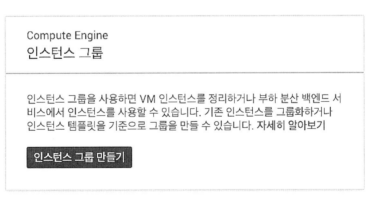

[그림 7-1-31] VM 인스턴스에 오토 스케일링과 로드 밸런서 달기

32. [그림 7-1-32] 같은 화면이 나타나는데, 다음과 같이 설정합니다. 이번 실습에서는 서로 다른 지역에 인스턴스 그룹을 생성해서 재해에서도 보호할 수 있도록 해보겠습니다.

- **이름:** instance-group-apache-server-tokyo
- **위치:** 다중 영역

- **지역:** asia-northeast1
- **그룹:** 관리형 인스턴스 그룹
- **인스턴스 템플릿:** instance-template-apache-server
- **자동 확장:** 켜기 (이 부분을 설정을 하면 Autoscaling 기능이 활성화 됩니다.)
- **자동 확장 정책:** CPU 사용량
- **대상 CPU 사용량:** 60
- **인스턴스 최소 개수:** 1
- **인스턴스의 최대 개수:** 10
- **상태 확인:** 상태 확인 없음

←   새 인스턴스 그룹 만들기

VM 인스턴스를 함께 관리하려면 그룹으로 구성하세요. **인스턴스 그룹** ↗

이름 ❓

> instance-group-apache-server-tokyo

설명 (선택사항)

위치
가용성을 더 높이려면 인스턴스 그룹용으로 다중 영역 위치를 선택하세요. **자세히 알아보기**

○ 단일 영역
● 다중 영역
    관리형 인스턴스 그룹만 다중 영역에 존재할 수 있습니다.

지역 ❓

> asia-northeast1 ▾

⌄ 영역 구성

포트 이름 매핑 지정 (선택사항)

● 관리형 인스턴스 그룹
    관리형 인스턴스 그룹은 인스턴스 템플릿으로부터 생성된 동일한 인스턴스를 포함하며 자동 크기 조절, 자동 복구, 순차 업데이트, 부하 분산 등을 지원합니다. VM 인스턴스는 상태를 추적하지 않으며 VM 삭제 또는 재생성 시 디스크가 삭제됩니다. 자세히 알아보기
○ 비관리형 인스턴스 그룹
    비관리형 인스턴스 그룹은 임의로 추가 및 삭제할 수 있는 서로 다른 인스턴스의 부하를 분산하는 데 가장 적합합니다. 자동 크기 조절, 자동 복구 및 순차 업데이트는 지원되지 않습니다. 자세히 알아보기

인스턴스 템플릿 ❓
선택한 영역은 표준 등급을 지원하지 않습니다. 인스턴스 템플릿 목록이 제한되었습니다.

> instance-template-apache-server ▾

[그림 7-1-32] VM 인스턴스에 오토 스케일링과 로드 밸런서 달기

33. 아래 그림과 같이 설정합니다.

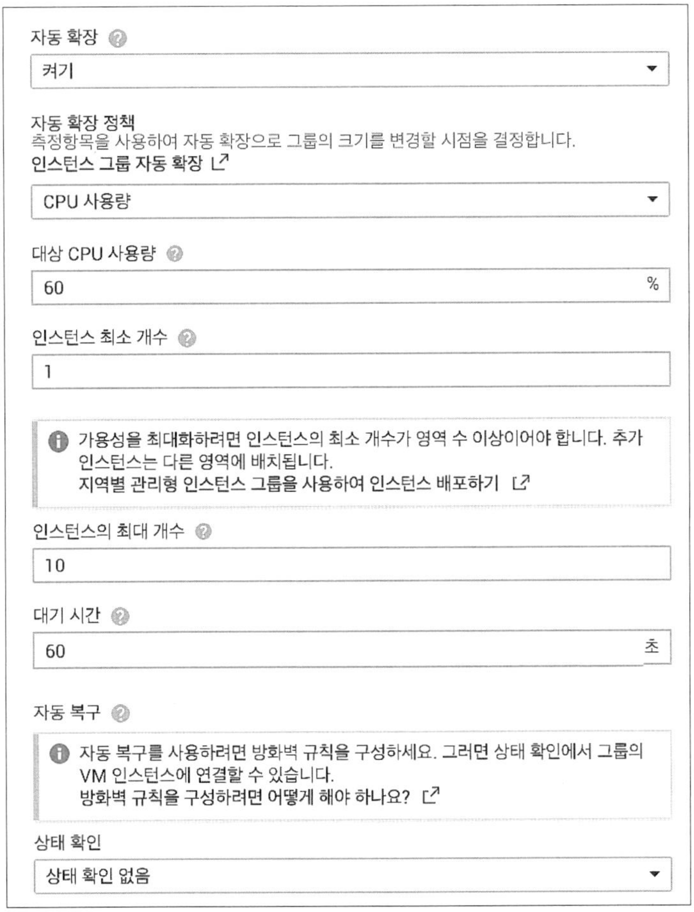

자동 확장 ⓘ

켜기 ▼

자동 확장 정책
측정항목을 사용하여 자동 확장으로 그룹의 크기를 변경할 시점을 결정합니다.
인스턴스 그룹 자동 확장 ↗

CPU 사용량 ▼

대상 CPU 사용량 ⓘ

60 %

인스턴스 최소 개수 ⓘ

1

ⓘ 가용성을 최대화하려면 인스턴스의 최소 개수가 영역 수 이상이어야 합니다. 추가
인스턴스는 다른 영역에 배치됩니다.
지역별 관리형 인스턴스 그룹을 사용하여 인스턴스 배포하기 ↗

인스턴스의 최대 개수 ⓘ

10

대기 시간 ⓘ

60 초

자동 복구 ⓘ

ⓘ 자동 복구를 사용하려면 방화벽 규칙을 구성하세요. 그러면 상태 확인에서 그룹의
VM 인스턴스에 연결할 수 있습니다.
방화벽 규칙을 구성하려면 어떻게 해야 하나요? ↗

상태 확인

상태 확인 없음 ▼

[7-1-33] VM 인스턴스에 오토 스케일링과 로드 밸런서 달기

34. 다음과 같이 설정하고 '만들기'를 누릅니다.

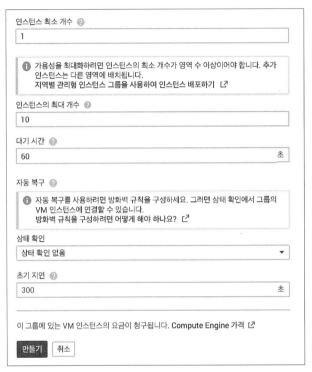

[그림 7-1-34] VM 인스턴스에 오토 스케일링과 로드 밸런서 달기

35. 인스턴스 그룹이 생성되면 다음과 같이 'instance-group-apache-server-tokyo'를 확인할 수 있습니다. 그 다음 유럽 지역의 인스턴스 그룹을 만들기 위해 다시 상단에 '인스턴스 그룹 만들기'를 선택합니다.

[그림 7-1-35] VM 인스턴스에 오토 스케일링과 로드 밸런서 달기

36. 다음과 같이 설정합니다.

- **이름:** instance-group-apache-server-europe
- **위치:** 다중 영역
- **지역:** asia-west1
- **그룹:** 관리형 인스턴스 그룹
- **인스턴스 템플릿:** instance-template-apache-serveer
- **자동 확장:** 켜기 (이 부분을 설정을 하면 Autoscaling 기능이 활성화 됩니다.)
- **자동 확장 정책:** CPU 사용량
- **대상 CPU 사용량:** 60
- **인스턴스 최소 개수:** 1
- **인스턴스의 최대 개수:** 10
- **상태 확인:** 상태 확인 없음

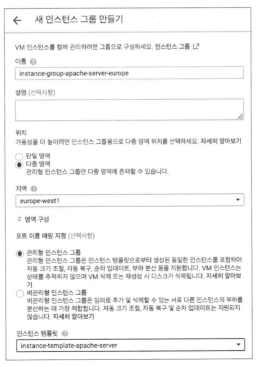

[그림 7-1-36] VM 인스턴스에 오토 스케일링과 로드 밸런서 달기

37. 아래 이미지와 같이 설정합니다.

자동 확장 ⓘ

> 켜기   ▼

자동 확장 정책
측정항목을 사용하여 자동 확장으로 그룹의 크기를 변경할 시점을 결정합니다.
인스턴스 그룹 자동 확장 ↗

> CPU 사용량   ▼

대상 CPU 사용량 ⓘ

> 60   %

인스턴스 최소 개수 ⓘ

> 1

> ⓘ 가용성을 최대화하려면 인스턴스의 최소 개수가 영역 수 이상이어야 합니다. 추가
> 인스턴스는 다른 영역에 배치됩니다.
> 지역별 관리형 인스턴스 그룹을 사용하여 인스턴스 배포하기 ↗

인스턴스의 최대 개수 ⓘ

> 10

대기 시간 ⓘ

> 60   초

자동 복구 ⓘ

> ⓘ 자동 복구를 사용하려면 방화벽 규칙을 구성하세요. 그러면 상태 확인에서 그룹의
> VM 인스턴스에 연결할 수 있습니다.
> 방화벽 규칙을 구성하려면 어떻게 해야 하나요? ↗

상태 확인

> 상태 확인 없음   ▼

[그림 7-1-37] VM 인스턴스에 오토 스케일링과 로드 밸런서 달기

38. 아래 이미지와 같이 설정하고 '만들기' 버튼을 누릅니다.

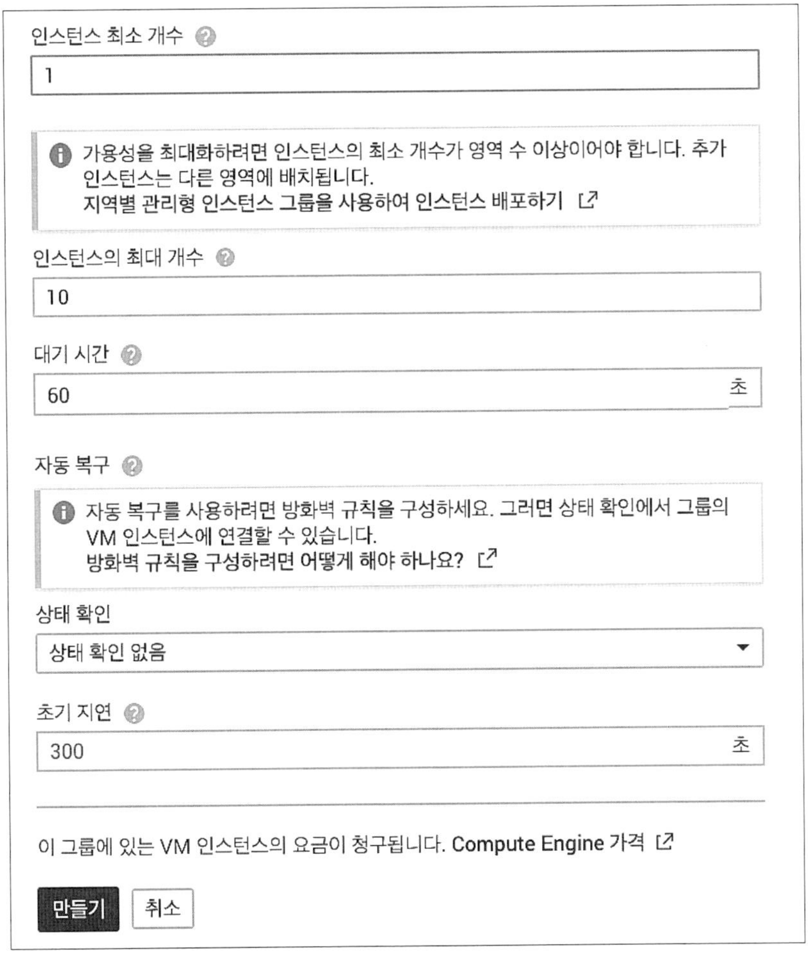

인스턴스 최소 개수 ⑦

```
1
```

ℹ️ 가용성을 최대화하려면 인스턴스의 최소 개수가 영역 수 이상이어야 합니다. 추가
인스턴스는 다른 영역에 배치됩니다.
지역별 관리형 인스턴스 그룹을 사용하여 인스턴스 배포하기 ↗

인스턴스의 최대 개수 ⑦

```
10
```

대기 시간 ⑦

```
60                                                          초
```

자동 복구 ⑦

ℹ️ 자동 복구를 사용하려면 방화벽 규칙을 구성하세요. 그러면 상태 확인에서 그룹의
VM 인스턴스에 연결할 수 있습니다.
방화벽 규칙을 구성하려면 어떻게 해야 하나요? ↗

상태 확인

```
상태 확인 없음                                               ▼
```

초기 지연 ⑦

```
300                                                         초
```

이 그룹에 있는 VM 인스턴스의 요금이 청구됩니다. **Compute Engine** 가격 ↗

[만들기] [취소]

[그림 7-1-38] VM 인스턴스에 오토 스케일링과 로드 밸런서 달기

39. 최종적으로는 다음과 같이 2개의 인스턴스 그룹이 생성되어야 합니다.

[그림 7-1-39] VM 인스턴스에 오토 스케일링과 로드 밸런서 달기

40. '메뉴-VM 인스턴스'에 가보면 '인스턴스 그룹 네임-임의의 문자'로 구성된 인스턴스들이 생성된 것을 확인할 수 있습니다. 여기서 만약에 많은 리소스 때문에 인스턴스가 증가되면 새로 생성되는 VM 인스턴스들을 확인할 수 있습니다.

[그림 7-1-40] VM 인스턴스에 오토 스케일링과 로드 밸런서 달기

41. 이제 거의 막바지입니다. 로드 밸런서를 달아주겠습니다. '메뉴-네트워크 서비스-부하 분산'을 들어가 보도록 하겠습니다.

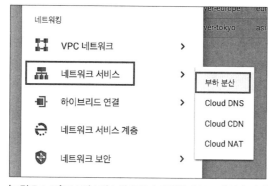

[그림 7-1-41] VM 인스턴스에 오토 스케일링과 로드 밸런서 달기

42. '부하 분산기 만들기'를 선택합니다.

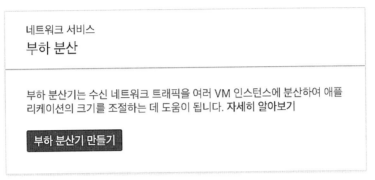

[그림 7-1-42] VM 인스턴스에 오토 스케일링과 로드 밸런서 달기

43. 그럼 이제까지와는 다른 형태의 메뉴가 나타나는데, 'HTTP(S) 부하 분산'의 구성을 선택
하도록 하겠습니다. 'HTTP(S) 부하 분산' 부분 하단에 '구성 시작'을 선택합니다.

[그림 7-1-43] VM 인스턴스에 오토 스케일링과 로드 밸런서 달기

44. [그림 7-1-44] 같은 화면이 나타나면, 이름을 'lb-apache-server'로 주고 '백엔드 구성'을 누릅니다.

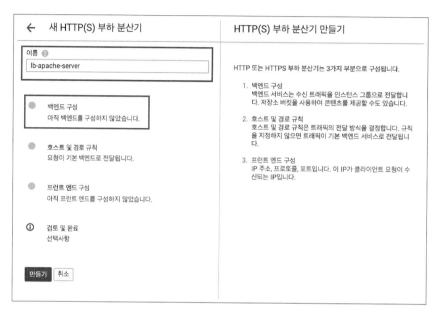

[그림 7-1-44] VM 인스턴스에 오토 스케일링과 로드 밸런서 달기

45. 다음과 같이 '백엔드 서비스 및 백엔드 버킷 만들기 또는 선택'을 눌러서 '백엔드 서비스-백엔드 서비스 만들기'를 선택합니다.

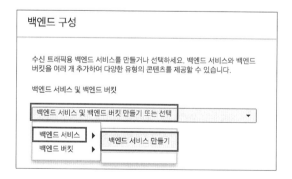

[그림 7-1-45] VM 인스턴스에 오토 스케일링과 로드 밸런서 달기

46. 백엔드 서비스 구성을 다음과 같이 설정을 하고 완료를 누릅니다.

- **이름:** lb-apache-server-backend
- **백엔드 유형:** 인스턴스 그룹
- **새 백엔드**
    인스턴스 그룹: instance-group-apache-server-europe
    포트 번호: 80
    분산 모드: 사용률
    최대 CPU 사용률: 80%
    용량: 100%

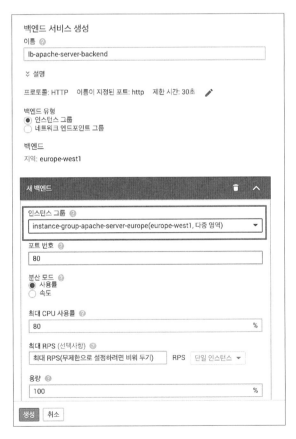

[그림 7-1-46] VM 인스턴스에 오토 스케일링과 로드 밸런서 달기

47. 그 다음 '백엔드 추가'를 눌러서 다시 다음과 같이 'instance'group-apache-server-tokyo'를 추가합니다, '총 2개'의 백엔드가 구성이 됩니다.

- 새 백엔드

    인스턴스 그룹: instance-group-apache-server-tokyo

    포트 번호: 80

    분산 모드: 사용률

    최대 CPU 사용률: 80%

    용량: 100%

[그림 7-1-47] VM 인스턴스에 오토 스케일링과 로드 밸런서 달기

48. 백엔드 추가가 되었으면 '상태 확인' 부분에서 '상태 확인 생성'을 선택합니다.

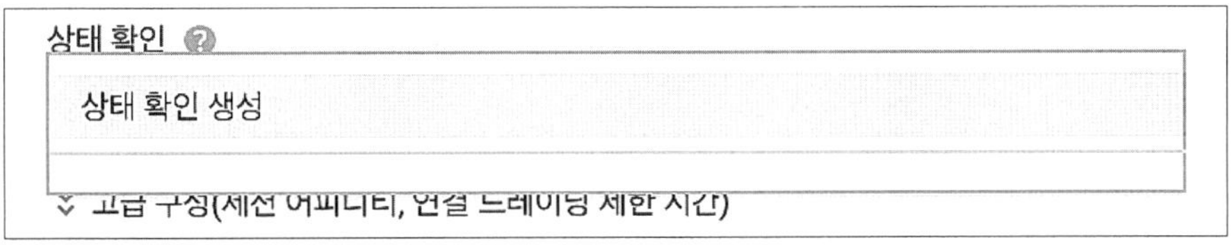

[그림 7-1-48] VM 인스턴스에 오토 스케일링과 로드 밸런서 달기

49. 다음과 같이 설정하고 '저장 후 계속'을 누릅니다.

- **이름:** lb-apache-server-check
- **프로토콜:** TCP
- **포트:** 80
- **프록시 프로토콜:** 없음
- **상태 기준**

  확인 간격: 10초

  제한 시간: 5초

  정상 기준: 2 연속 성공

  비정상 기준: 3 연속 실패

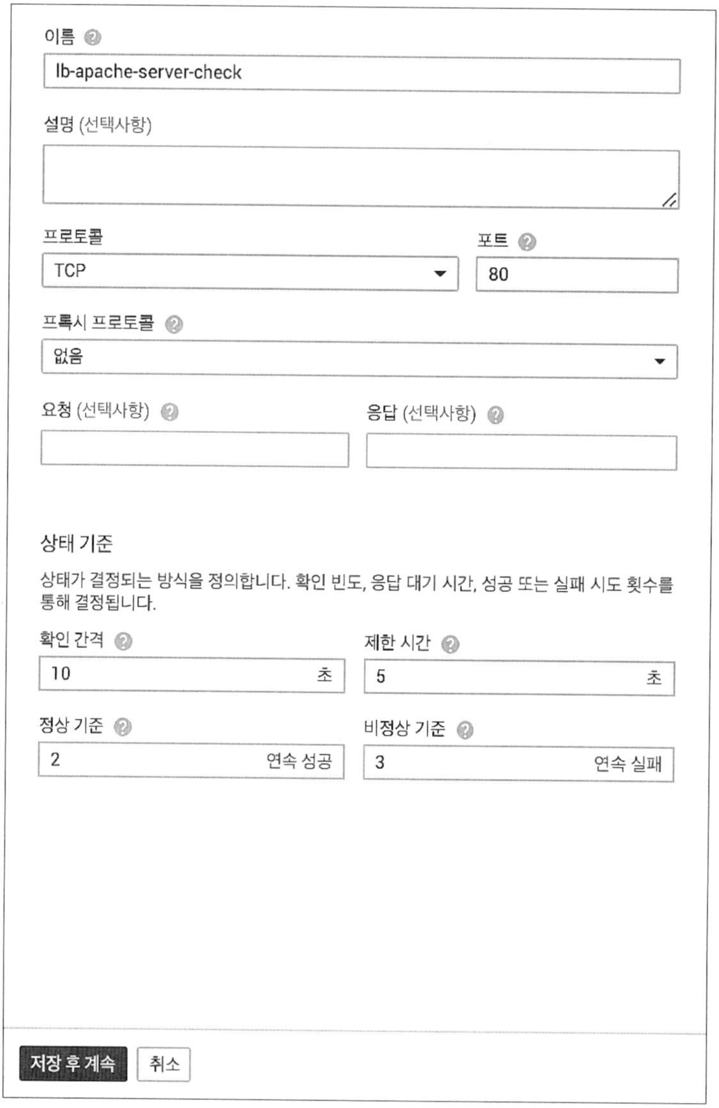

이름 ❓

lb-apache-server-check

설명 (선택사항)

프로토콜

TCP ▼

포트 ❓

80

프록시 프로토콜 ❓

없음 ▼

요청 (선택사항) ❓

응답 (선택사항) ❓

상태 기준

상태가 결정되는 방식을 정의합니다. 확인 빈도, 응답 대기 시간, 성공 또는 실패 시도 횟수를 통해 결정됩니다.

확인 간격 ❓

10   초

제한 시간 ❓

5   초

정상 기준 ❓

2   연속 성공

비정상 기준 ❓

3   연속 실패

저장 후 계속   취소

[그림 7-1-49] VM 인스턴스에 오토 스케일링과 로드 밸런서 달기

50. 최종적으로 [그림 7-1-50] 같이 설정됩니다. 설정이 끝나면 하단에 '생성' 버튼을 누릅니다.

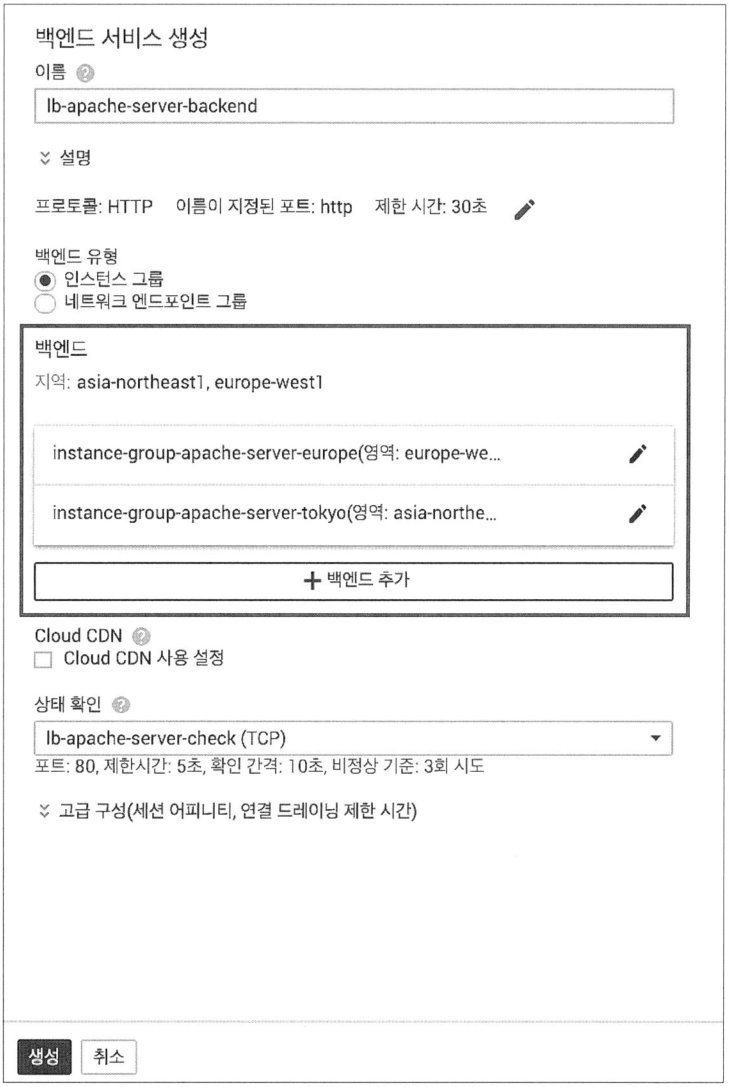

백엔드 서비스 생성

이름 ⓘ

lb-apache-server-backend

∨ 설명

프로토콜: HTTP   이름이 지정된 포트: http   제한 시간: 30초   ✏

백엔드 유형
● 인스턴스 그룹
○ 네트워크 엔드포인트 그룹

백엔드

지역: asia-northeast1, europe-west1

instance-group-apache-server-europe(영역: europe-we...   ✏

instance-group-apache-server-tokyo(영역: asia-northe...   ✏

＋ 백엔드 추가

Cloud CDN ⓘ
☐ Cloud CDN 사용 설정

상태 확인 ⓘ

lb-apache-server-check (TCP)   ▾

포트: 80, 제한시간: 5초, 확인 간격: 10초, 비정상 기준: 3회 시도

∨ 고급 구성(세션 어피니티, 연결 드레이닝 제한 시간)

생성   취소

[그림 7-1-50] VM 인스턴스에 오토 스케일링과 로드 밸런서 달기

51. 그러면 다음과 같은 화면이 나타납니다. 그 다음 '호스트 및 경로 규칙'을 누릅니다.

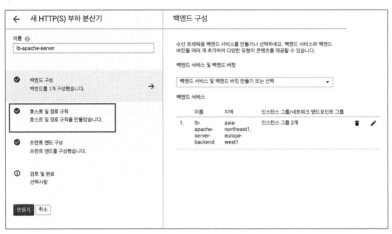

[그림 7-1-51] VM 인스턴스에 오토 스케일링과 로드 밸런서 달기

52. 이 부분은 특정 규칙에 따라서 라우팅 방식을 지정할 수 있지만, 설정을 하지 않도록 하겠습니다. 이번엔 '프런트 엔드 구성'을 눌러줍니다.

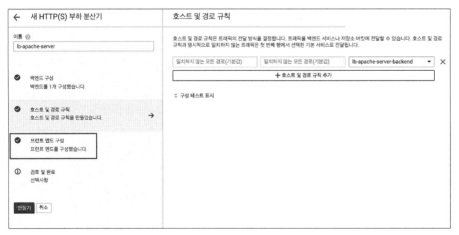

[그림 7-1-52] VM 인스턴스에 오토 스케일링과 로드 밸런서 달기

53. [그림 7-1-53]과 같이 나타나는데, 여기서는 다음과 같이 설정하고 '완료'를 누릅니다.

- **이름:** lb-apache-server-fronted
- **프로토콜:** HTTP
- **네트워크 서비스 계층:** 프리미엄(백엔드 지역 구성에 따라 프리미엄밖에 못쓰는 경우가 생김)
- **IP 버전:** IPv4
- **IP 주소:** 임시
- **포트:** 80

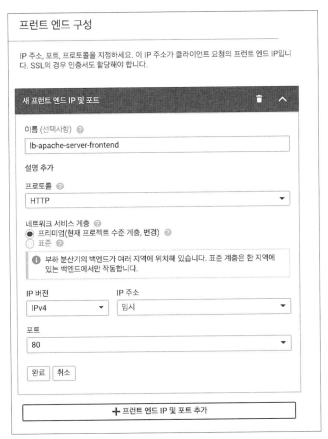

[그림 7-1-53] VM 인스턴스에 오토 스케일링과 로드 밸런서 달기

54. 이제 '프런트 앤드 구성'이 끝난 것을 확인할 수 있습니다.

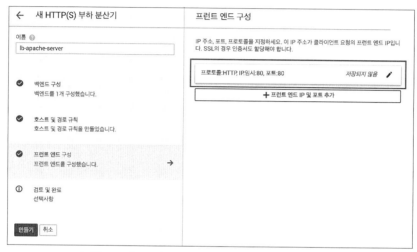

[그림 7-1-54] VM 인스턴스에 오토 스케일링과 로드 밸런서 달기

55. 검토 및 완료를 보면, 설정된 부분에 대한 상태 정보를 확인할 수 있습니다. 문제가 없으면 '만들기' 버튼을 누릅니다.

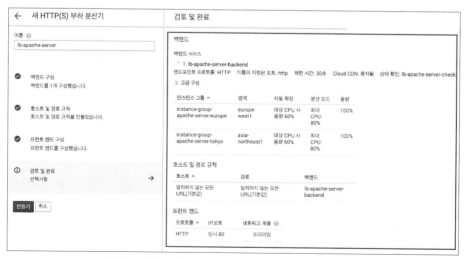

[그림 7-1-55] VM 인스턴스에 오토 스케일링과 로드 밸런서 달기

56. '부하 분산'을 만들기 시작합니다.

[그림 7-1-56] VM 인스턴스에 오토 스케일링과 로드 밸런서 달기

57. 완성이 되면 다음과 같이 'lb-apache-server'가 나타납니다. 해당 부하 분산기를 클릭해서
    상세 정보를 확인하겠습니다.

[그림 7-1-57] VM 인스턴스에 오토 스케일링과 로드 밸런서 달기

58. 부하 분산기에 세부 정보에 들어오면 다음과 같이 나타납니다. IP 포트에 있는 주소를 복사해서 잘 설정이 되었는지 확인해보겠습니다. 아래 IP 포트 부분의 IP를 복사합니다(설정이 완료되는 데까지 시간이 걸릴 수 있습니다. 만약 접속이 안되면 잠시 후 다시 접속 해보시기 바랍니다).

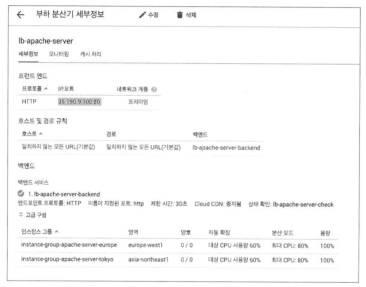

[그림 7-1-58] VM 인스턴스에 오토 스케일링과 로드 밸런서 달기

59. 브라우저를 통해서 들어가면 접속이 잘 되는 것을 확인할 수 있습니다, 이렇게 해서 모든 설정이 끝났습니다('https://'가 아닌 'http://'로 접속해야 합니다).

[그림 7-1-59] VM 인스턴스에 오토 스케일링과 로드 밸런서 달기

8장

GCS
(Google Cloud Storage)

8.1 GCS(Google Cloud Storage)란?

Google Cloud Storage, 즉 GCS는 Google Cloud Platform의 대표적인 객체 Repository입니다. 이를 이용하면 데이터 양에 관계없이 언제, 어디서나 데이터를 저장하고 이를 가져올 수 있습니다. 컨텐츠를 제공하거나, 백업 데이터를 저장하거나, 사용자에게 대량의 데이터 객체를 배포하는 등의 용도로도 사용할 수 있습니다. 비슷한 서비스로 아마존 AWS의 'S3'가 있습니다.

8.2 GCS의 주요 개념

여기서는 GCS를 이용하기에 앞서 알아야 할 주요 개념에 대해서 알아보도록 하겠습니다.

개념	설명
프로젝트	GCP의 프로젝트와 동일한 개념으로 GCS의 모든 데이터는 프로젝트에 속하게 됩니다.
버킷	버킷은 한글로 해석하면 '양동이'로 데이터를 담는 개념입니다. GCS에서 저장하는 모든 데이터들은 버킷에 포함되어야 합니다. 버킷은 폴더나, 디렉터리의 개념과 다르게, 버킷 안에 또 다른 버킷을 만들 수 없습니다, 또 버킷은 전역에서 고유해야 하기 때문에 GCP 전체에서 고유한 이름을 사용하여야 합니다. 프로젝트마다 2초당 작업 1개라는 제한이 버킷 생성 및 삭제에 적용되므로 일반적으로 버킷수는 적고 객체가 많도록 설계를 하는 것이 좋습니다. 버킷 생성 시 전역에 고유한 이름, 버킷과 컨텐츠가 저장되는 지리적 위치, Repository 등급을 지정합니다. 버킷은 라벨을 달 수 있으며, 키-값 형태로 GCP의 다른 리소스와 그룹화 할 수 있으며 적용할 수 있는 라벨의 최대 개수는 버킷 당 64개입니다.
Repository 등급	버킷을 생성할 때 저장할 데이터의 특징에 따라서 Repository 등급이 나뉘게 됩니다. 크게 4가지로 Multi-Regional Storage, Regional Storage, Nearline Storage, Coldline Storage로 구분이 됩니다. 좀 더 자세한 등급별 차이 및 비교는 '8.3 Repository 등급 차이 및 비교'를 통해서 확인할 수 있습니다.
객체	객체는 간단히 말하면 버킷에 저장되는 파일들입니다. 객체에는 크게 '객체 데이터'와 '객체 메타 데이터' 2가지의 구성 요소를 가지며, 객체 데이터는 일반적으로 GCS에 저장되는 파일을 의미합니다. 객체 메타 데이터는 키-값 형태로 구성이 되며 다양한 객체의 퀄리티를 설명을 담당합니다. 버킷에서 만들 수 있는 객체 수에는 제한이 없습니다. 객체 이름은 유니코드 문자 조합(UTF-8 인코딩)을 포함할 수 있으며 길이는 1024바이트를 초과할 수 없습니다. 객체 이름에 포함되는 일반적인 문자는 슬래시(/)로 슬래시를 사용하면 디렉터리 구조가 없는 GCS에서 디렉터리처럼 계층 구조에 저장된 것처럼 표현할 수 있습니다.
지리적 중복	지리적 중복 데이터는 최소 100마일 이상 떨어진 두 곳 이상의 중복 저장이 되기 때문에 자연재해와 같은 대규모 장애 발생 시에도 최대한의 데이터 가용성을 보장합니다. 또 다중 지역 위치에 저장된 객체는 Repository 등급에 관계없이 지리적으로 중복이 됩니다. 지리적 중복성은 비동기적으로 발생하지만, 모든 GCS는 사용자가 업로드하는 즉시 최소한 한 곳 이상의 지리적 장소 내에서 중복됩니다.
객체 불변성	객체는 변경이 불가합니다. 즉 Repository에 업로드한 객체는 변경을 할 수 없습니다. 만약 변경을 하고 싶으면 삭제 후 다시 업로드해야 합니다. 하지만 저장된 객체를 덮어쓸 수 있습니다.

[표 8-2-1] GCS 주요 개념

8.3 Repository 등급 차이 및 비교

GCS에서 버킷을 만들때 요구에 따른 Repository 등급을 구분하여 설정할 수 있는데, GCS에서는 총 4개의 등급으로 나뉩니다.

가장 먼저, 멀티 리저널 스토리지(Multi-Regional Storage)로 웹 사이트의 컨텐츠, 비디오 스트리밍, 양방향 작업 부하, 모바일 게임 등 자주 액세스되는 데이터를 저장하는 데 적합합니다. 다른 Repository 등급과 비교하여 가장 높은 가용성을 제공합니다. 지리적 중복을 제공하여 최소 약 160km 이상 떨어진 2곳 이상의 지리적 장소에 중복이 되기 때문에 자연재해 같은 대규모 장애 발생 시에도 최대한의 데이터 가용성을 보장합니다.

리저널 스토리지(Regional Storage)는 대규모 지리적 영역에서 중복을 분산시키는 대신 특정 지역 위치에서 저렴한 비용으로 데이터를 저장할 수 있습니다. Compute Engine이나 쿠버네티스 엔진 클러스터(Kubernetes Engine Cluster)와 함께 이용하여, 동일한 지역 위치에 데이터를 저장하는 데 적합합니다. 이렇게 하면 데이터 집약적인 계산에서 다중 지역 위치에 데이터를 저장할 때보다 높은 성능을 얻을 수 있습니다. 또한 여러 영역으로 데이터 요청이 가지 않아도 되어 네트워크 요금도 줄일 수 있습니다.

니어라인 스토리지(Nearline Storage)는 자주 액세스하지 않는 데이터를 저장하는 데 적합한 저가의 Repository입니다. 위에서 설명한 멀티 리저널 스토리지와 리저널 스토리지와 비교했을 때 가용성이 상대적으로 낮습니다. 최소 저장 기간은 30일이며 데이터 액세스 비용이 합리적이어서 Repository 비용을 절약하는 데는 더 나은 선택입니다. 평균적으로 한 달에 한 번 정도 읽거나 수정할 계획인 데이터가 있다면, 이러한 데이터를 저장하기에 매우 적절한 Repository입니다.

콜드라인 스토리지(Coldline Storage)는 저장 비용이 가장 저렴한 Repository입니다. 따라서 데이터 보관 및 온라인 백업 및 재해복구를 위한 Repository로 매우 적절합니다. 콜드라인 스토리지는 다른 Repository보다 가용성이 상대적으로 낮고, 최소 저장 기간은 90일이며, 데이터 액세스 비용과 높은 운영 비용이 들기 때문에 1년에 한 번 정도 데이터에 액세스할 때 부합합니다. 적합한 데이터로 백업 데이터 정도가 있습니다.

기본 Repository 등급을 지정하지 않고 버킷을 만드는 사용자는 표준 Repository로 표시가 되는데, 해당 버킷이 만약 다중 지역에 위치한다면 표준 Repository는 멀티 리저널 스토리지에 해당하며, 지역 위치에 있으면 리저널 스토리지에 해당됩니다.

아래는 위의 Repository별 특징을 정리한 표입니다.

Repository 등급	특성	사용 사례	비용 (1GB당 월별 과금)
Multi-Regional Storage	• >99.99% 월간 평균 가용성 • 99.95% 가용성 SLA* • 지리적 중복	웹 사이트 콘텐츠, 비디오 스트리밍 또는 게임 및 모바일 애플리케이션같이 전 세계적으로 자주 액세스되는 데이터 저장	$0.026
Regional Storage	• 99.99% 월간 평균 가용성 • 99.9% 가용성 SLA* • 저장된 GB 대비 낮은 비용 • 좁은 지역에 데이터 저장 • 가용성 영역 내에서 중복	데이터 분석과 같이 자주 사용하는 Google Cloud DataProc 또는 Google Compute Engine 인스턴스와 동일한 지역에 액세스하여 저장하여 데이터 집약적인 계산 수행 시 높은 성능의 이점을 가질 수 있음	$0.02
Nearline Storage	• 99.9% 월간 평균 가용성 • 99.0% 가용성 SLA* • 저장된 GB 대비 매우 낮은 비용 • 데이터 검색 비용 • 높은 운영 비용 • 30일 최소 저장 기간	자주 액세스하지 않을 데이터(예: 한 달에 한 번). 백업 및 지연 시간이 긴 멀티미디어 콘텐츠에 적합	$0.01
Coldline Storage	• 99.9% 월간 평균 가용성 • 99.0% 가용성 SLA* • 저장된 GB 대비 최소 비용 • 데이터 검색 비용 • 높은 운영 비용 • 90일 최소 저장 기간	자주 액세스하지 않을 데이터(예: 일 년에 한 번). 일반적으로 재해 복구 또는 나중에 필요할 수도 필요 없을 수도 있는 보관된 데이터에 해당	$0.007

[표 8-3-1] Repository별 등급

아래는 특징별로 적절한 Repository 등급을 선택할 수 있도록 정리해놓은 표입니다.

특징	Multi-Regional	Regional	Nearline	Coldline
데이터 관점 접근 방법	매우 자주 액세스	동일한 리전 내에서 자주 접근	한달에 한번미만으로 접근	1년에 한번 미만으로 접근
SLA	99.95%	99.90%	99.00%	99.00%
Access APIs		일관된 APIs		
저장 비용		높아짐 〈- GB당 한달 저장 가격 → 낮아짐		
복구 비용		낮아짐 〈- GB당 데이터 이동 총 가격 → 높아짐		
유스 케이스	컨텐츠 저장 및 전송	지역 내에서의 분석 및 트랜스코딩	백업	아카이빙, 재난 복구용

[표 8-3-1] Repository별 등급 특징

8.4 gsutil 명령어 살펴보기

gsutil은 CLI 환경에서 GCS에 액세스할 수 있는 명령어로, 다음과 같은 작업을 할 수 있습니다.

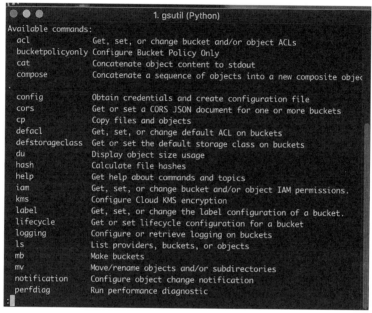

[그림 8-1] gsutil 명령어 리스트

- 버킷 생성 및 삭제
- 객체 업로드, 다운로드, 삭제
- 버킷 및 객체 나열
- 객체 이동, 복사 및 이름 바꾸기
- 객체 및 버킷의 ACL 수정

GCS는 다음과 같은 형태의 URI로 리소스를 나타냅니다. 자세한 사용 방법은 실습에서 다뤄보겠습니다.

gs://[버킷 이름]/[객체 이름]

실 습

8.1 버킷 만들기

GCS를 이용하기 위해서는 일단 버킷 이란 단위의 저장공간을 만들어야 합니다. 클라우드 콘솔에서 버킷을 만들어보겠습니다.

1. 버킷을 만들기 위해 다음과 같이 클라우드 콘솔 화면에 들어옵니다.

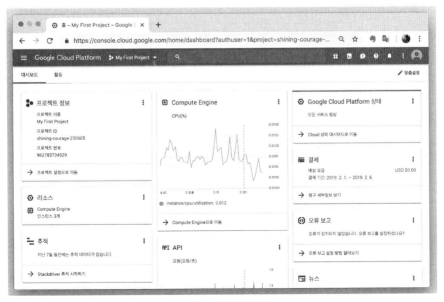

[그림 8-1-1] 버킷 만들기

2. '메뉴-Storage-브라우저'를 누릅니다.

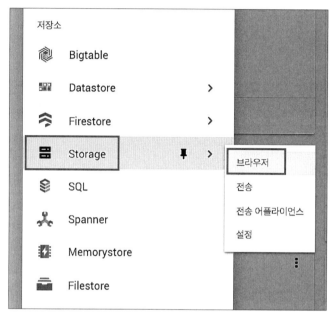

[그림 8-1-2] 버킷 만들기

3. '버킷 만들기' 버튼을 클릭합니다.

[그림 8-1-3] 버킷 만들기

4. 이제 만들고자 하는 버킷의 이름을 주는데, 버킷 이름은 GCP 전체에서 고유해야 합니다. 이후 Repository 등급을 선택하는데, 각 Repository별 특징은 다음과 같습니다.

- **Multi-Regional Storage:** 웹 사이트 콘텐츠, 비디오 스트리밍 또는 게임 및 모바일 애플리케이션 같이 전 세계적으로 자주 액세스되는 데이터 저장(1GB당 월별 과금: $ 0.026)
- **Regional Storage:** 데이터 분석과 같이 자주 사용하는 Cloud Dataproc 또는 Compute Engine 같이 동일한 지역에 액세스를 하는 경우 계산 수행 시 높은 성능에 있어 이점을 가질 수 있음(1GB당 월별 과금: $ 0.02)
- **Nearline Storage:** 자주 액세스하지 않을 데이터(예를 들어 한 달에 한 번), 백업 및 지연 시간이 긴 멀티미디어 컨텐츠에 적합(1GB당 월별 과금: $ 0.01)
- **Coldline Storage:** 자주 액세스하지 않을 데이터(예를 들어 1년에 한 번) 일반적으로 재해 복구 또는 나중에 필요할 수도, 필요 없을 수도 있는 데이터에 해당(1GB당 월별 과금: $ 0.007)

여기서는 'Multi-Regional'을 선택하고 '만들기'를 누릅니다.

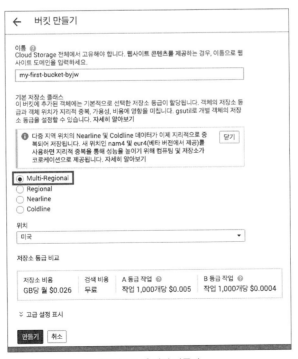

[그림 8-1-4] 버킷 만들기

5. 만들어진 버킷의 상세 정보를 확인할 수 있습니다. 만약 버킷에 파일들이 들어있으면 파일 안쪽에 보입니다. 버킷에 대한 정보를 수정하고 싶으면 상단에 '버킷 수정' 버튼을 누릅니다.

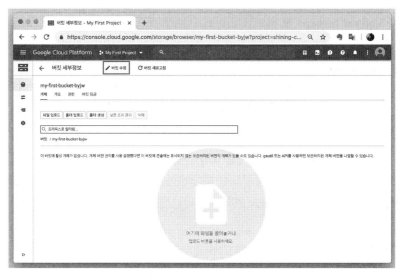

[그림 8-1-5] 버킷 만들기

6. 그럼 버킷에 대한 내용을 수정할 수 있습니다(리저널은 처음 생성 시에만 설정 가능합니다).

[그림 8-1-6] 버킷 만들기

8.2 객체 업로드 및 다운로드

이번 실습에서는 만들어진 버킷에 파일을 업로드 및 다운로드 해보겠습니다.

1. 'GCP 클라우드 콘솔'로 갑니다.

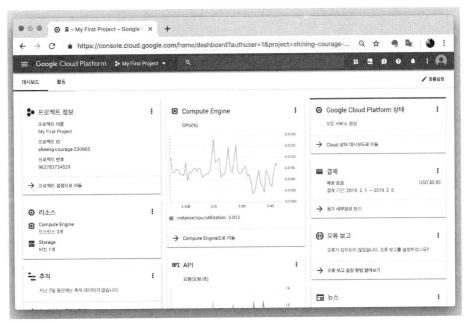

[그림 8-2-1] 객체 업로드 및 다운로드

2. '메뉴-Storage-브라우저'로 들어가보겠습니다.

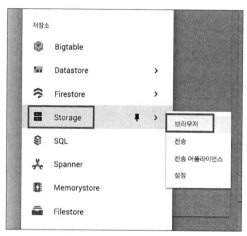

[그림 8-2-2] 객체 업로드 및 다운로드

3. 위에서 만들어놨던 'bucket'이 보입니다. 해당 'bucket'을 클릭합니다.

[그림 8-2-3] 객체 업로드 및 다운로드

4. 객체(파일)를 업로드하기 위해 상단에 '파일 업로드'를 선택합니다.

[그림 8-2-4] 객체 업로드 및 다운로드

5. [그림 8-2-5] 같이 탐색기가 나타나는데, 업로드하려는 '파일'을 선택합니다. 이번 실습에서는 'test_dag.py' 파일을 업로드해보겠습니다.

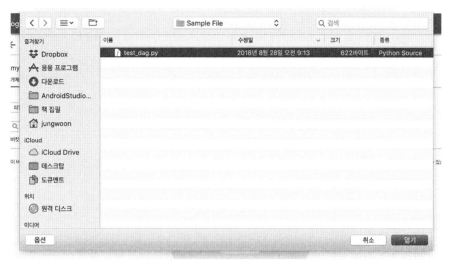

[그림 8-2-5] 객체 업로드 및 다운로드

6. 업로드가 시작되고, 완료되면 다음과 같이 '완료' 화면이 나타납니다.

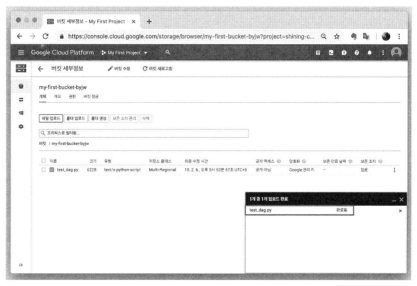

[그림 8-2-6] 객체 업로드 및 다운로드

구글 클라우드 플랫폼 뽀개기

7. 업로드한 파일을 클릭하면 다음과 같이 열리게(또는 다운로드) 됩니다.

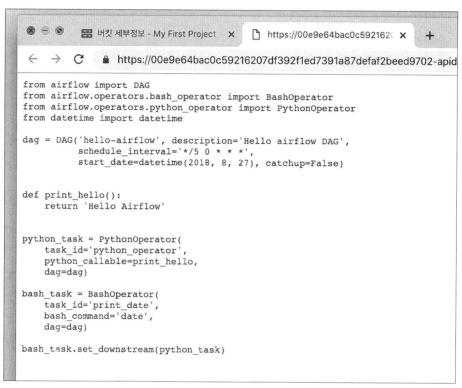

[그림 8-2-7] 객체 업로드 및 다운로드

8.3 버킷 및 파일 권한 수정

이번에는 이미 만들어진 버킷의 권한을 바꾸어 다른 사용자들이 해당 버킷에 접근을 할 수 있도록 변경해보겠습니다.

1. '클라우드 콘솔'에 들어갑니다.

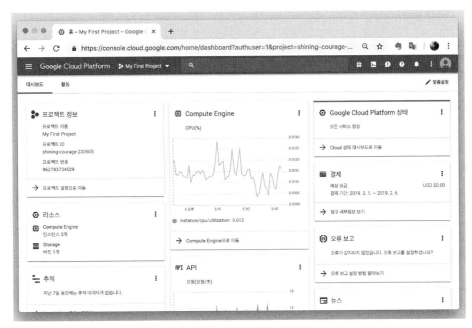

[그림 8-3-1] 버킷 및 파일 권한 수정

2. 'Storage-브라우저'에 들어갑니다.

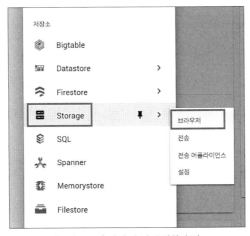

[그림 8-3-2] 버킷 및 파일 권한 수정

3. 만들어진 버킷 리스트가 나타납니다.

[그림 8-3-3] 버킷 및 파일 권한 수정

4. 권한 수정을 위해 버킷의 가장 오른쪽의 메뉴를 누르고 '버킷 권한 수정'을 누릅니다.

[그림 8-3-4] 버킷 및 파일 권한 수정

5. 기본적으로 생성된 버킷은 자기 자신밖에 접근하지 못합니다. 그래서 이번에는 모두가 접근할 수 있도록 권한 설정을 해보겠습니다. '구성원 추가allUsers'를 누르고 읽기를 가능하게 하기 위해 '역할 선택-Repository 개체 뷰어'를 선택하고 '추가'를 누릅니다.

[그림 8-3-5] 버킷 및 파일 권한 수정

6. '경고'와 함께 아래 구성원에 'allUsers'가 추가된 것을 확인할 수 있습니다(경고가 나타나는 이유는 모두 공개가 보안적으로 위협이 있어서 이를 알려주기 위해서입니다).

[그림 8-3-6] 버킷 및 파일 권한 수정

7. 완료되면 버킷 안으로 들어가서 개별 파일에 '공개 액세스' 쪽 '공개' 메뉴가 활성화가 된 것을 확인할 수 있습니다. '공개' 버튼을 클릭해보겠습니다.

[그림 8-3-7] 버킷 및 파일 권한 수정

8. 새로운 링크와 함께 파일에 접근할 수 있는데, 이 URL 주소로 누구든 해당 파일에 접근할 수 있습니다.

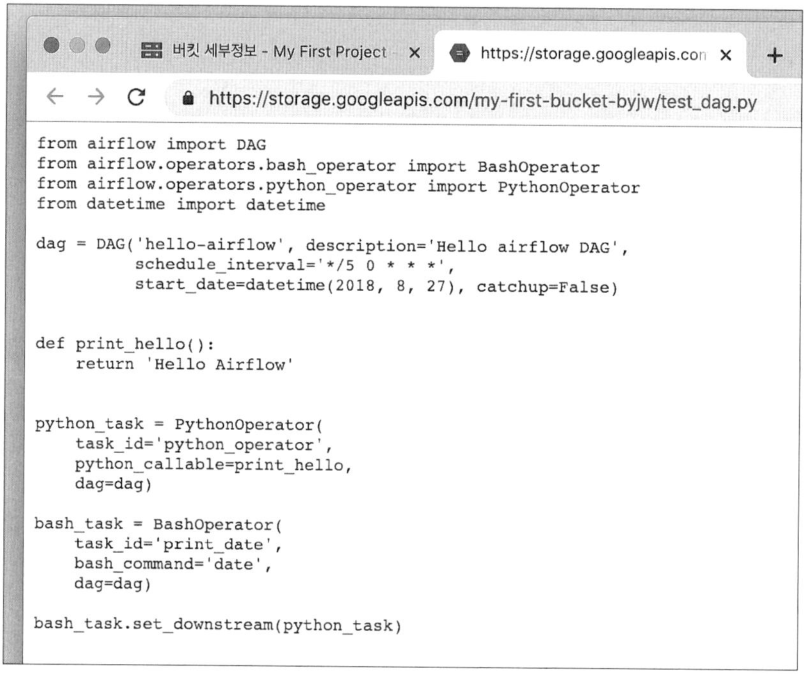

버킷 세부정보 - My First Project
https://storage.googleapis.com
https://storage.googleapis.com/my-first-bucket-byjw/test_dag.py
from airflow import DAG
from airflow.operators.bash_operator import BashOperator
from airflow.operators.python_operator import PythonOperator
from datetime import datetime
dag = DAG('hello-airflow', description='Hello airflow DAG',
schedule_interval='*/5 0 * * *',
start_date=datetime(2018, 8, 27), catchup=False)
def print_hello():
return 'Hello Airflow'
python_task = PythonOperator(
task_id='python_operator',
python_callable=print_hello,
dag=dag)
bash_task = BashOperator(
task_id='print_date',
bash_command='date',
dag=dag)
bash_task.set_downstream(python_task)

[그림 8-3-8] 버킷 및 파일 권한 수정

9. 만약 개별 파일별로 권한을 수정하고 싶다면, 개별 파일에서 오른쪽 '메뉴-권한 수정'을 누릅니다.

버킷 / my-first-bucket-byjw
이름
크기
유형
저장소 클래스
최종 수정 시간
공개 액세스
암호화
보존 만료 날짜
보존 조치
test_dag.py
622B
text/x-python-script
Multi-Regional
19. 2. 6., 오후 5시 53분 57초 UTC+9
공개
Google 관리 키
없음
권한 수정
메타데이터 수정
복사
이동
이름 변경
Cloud Pub/Sub로 내보내기

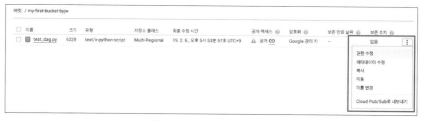

[그림 8-3-9] 버킷 및 파일 권한 수정

10. [그림 8-3-10]이 같은 메뉴가 나타나는데, 여기서 '사용자(구글 계정)'별 또는 '프로젝트'별로 액세스 권한을 따로 줄 수도 있습니다.

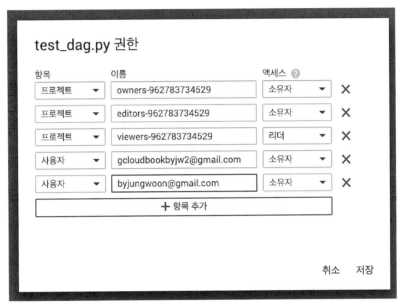

[그림 8-3-10] 버킷 및 파일 권한 수정

8.4 gsutil 명령어

이번에는 gsutil이라는 CLI 명령어로, GCS에 저장된 파일들을 명령어 핸들링할 수 있는 방법에 대해 알아보도록 하겠습니다. 우선 PC에 'gcloud 명령어'가 설치되어 있어야 합니다 (gcloud 설치는 '3.3 Cloud SDK(=gcloud) 설치하기'를 참고하세요).

여기서 gsutil에 대한 모든 명령어를 다루지 않기 때문에 자세한 정보를 알고 싶다면 https://cloud.google.com/storage/docs/gsutil?hl=ko의 'gsutil 명령어' 부분에서 확인하십시오.

1. gcloud 설치되어 있으면 터미널을 열고 명령어('$ gcloud components install gsutil')로 'gsutil 을 설치'합니다.

[그림 8-4-1] gsutil 명령어

2. 완료되면 계정과 gcloud 명령어와 연동시켜야 합니다(gcloud 명령어를 입력했을 때 내 GCP 프로젝트에서 작동하도록 하는 과정입니다). 명령어('$ gcloud auth login')를 입력하고 로그인을 진행합니다.

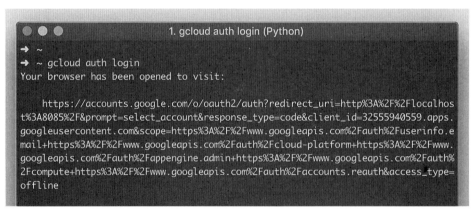

[그림 8-4-2] gsutil 명령어

3. 브라우저가 열리면서 구글 계정을 연결할 수 있는 창이 뜨는데, 여기서 연결하려고 하는
   계정을 로그인합니다.

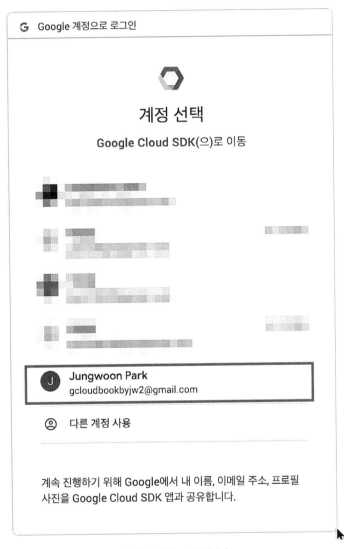

[그림 8-4-3] gsutil 명령어

4. '허용'을 눌러서 해당 계정에 접근을 허용합니다.

[그림 8-4-4] gsutil 명령어

5. 그 다음은 하나의 지메일 계정에도 프로젝트가 여러 개 있을 수 있기 때문에 어떤 프로젝트에서 작동하게 할 것인지, 명령어('$ gcloud config set project [프로젝트 명]')로 gcloud 명령어와 프로젝트를 연결해줍니다.

[그림 8-4-5] gsutil 명령어

6. 위에 들어갈 프로젝트명은 다음에서 찾을 수 있습니다, 먼저 '클라우드 콘솔'로 가서, 상단에 프로젝트 명을 누릅니다.

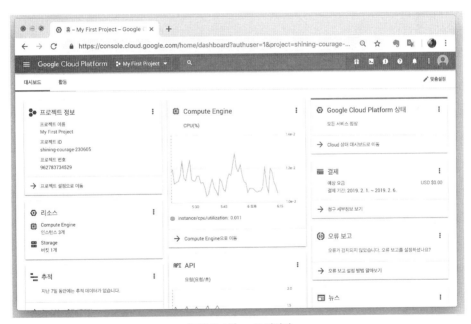

[그림 8-4-6] gsutil 명령어

7. 블록으로 선택된 부분이 '프로젝트 아이디'입니다. 이 ID를 이용해서 위 명령어를 통해 gcloud와 프로젝트를 연결합니다.

[그림 8-4-7] gsutil 명령어

8.4.1 GCS 내 버킷 리스트 보기

내 GCS 내의 버킷 리스트를 보기 위해서는 명령어('$ gsutil list')로 확인할 수 있습니다.

[그림 8-4-8] GCS내 버킷 리스트 보기

8.4.2 버킷 내부의 파일들 보기

명령어('$ gsutil ls gs://[버킷 이름]')로 버킷 내 파일 리스트를 볼 수 있습니다.

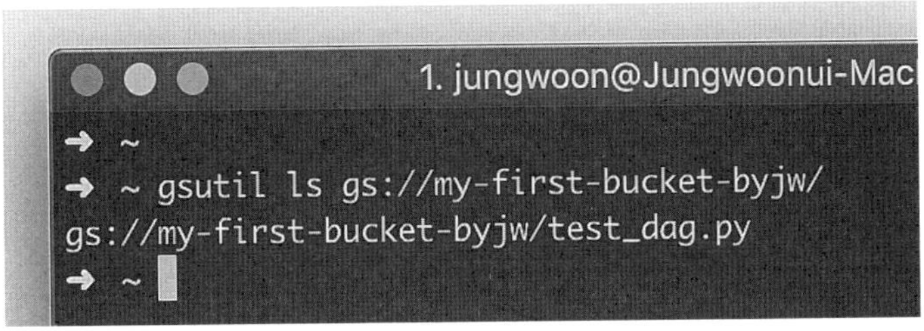

[그림 8-4-9] 버킷 내부 파일들 보기

8.4.3 버킷 전체 사용량 확인

버킷 내 사용량을 확인하려면 명령어('$ gsutil du -s gs://[버킷 이름]')로 확인합니다('-s' 옵션은 전체 크기를 의미합니다).

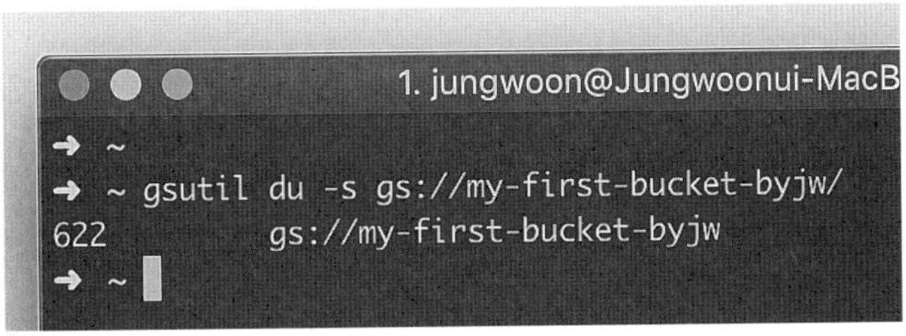

[그림 8-4-10] 버킷 전체 사용량 확인

8.4.4 버킷 만들기

명령어('$ gsutil mb gs://[버킷 이름]')로 버킷을 만들 수 있습니다.

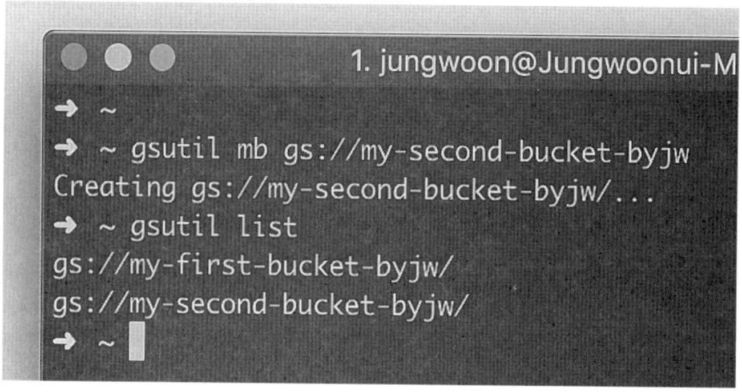

[그림 8-4-11] 버킷 만들기

8.4.5 버킷 삭제

명령어('$ gsutil rb gs://[버킷 이름]')로 버킷을 삭제할 수 있습니다.

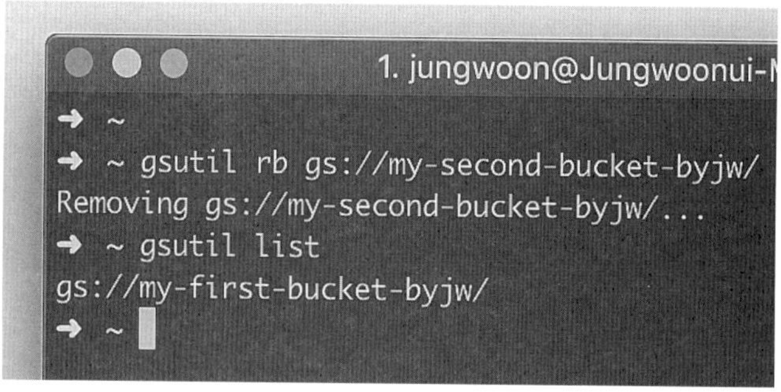

[그림 8-4-12] 버킷 삭제

8.4.6 로컬 → 버킷으로 파일 복사(업로드)

명령어('$ gsutil cp [복사하고자 하는 파일명] gs://[복사하고자 하는 버킷 이름]')로 버킷으로
파일을 복사할 수 있습니다.

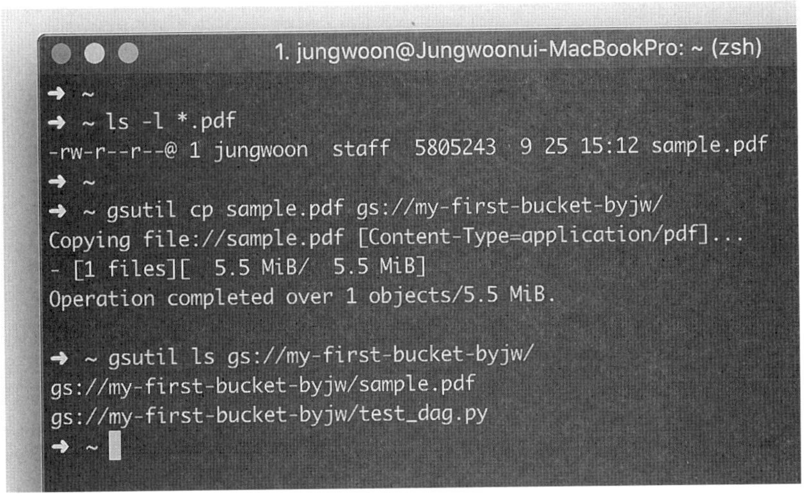

[그림 8-4-13] 로컬 → 버킷으로 파일 복사(업로드)

8.4.7 버킷 → 로컬로 파일 복사(다운로드)

명령어('$ gsutil cp gs://[버킷 이름]/[파일명] [로컬의 복사하고자 하는 위치]')로 버킷에서 파일을 다운로드 받을 수 있습니다.

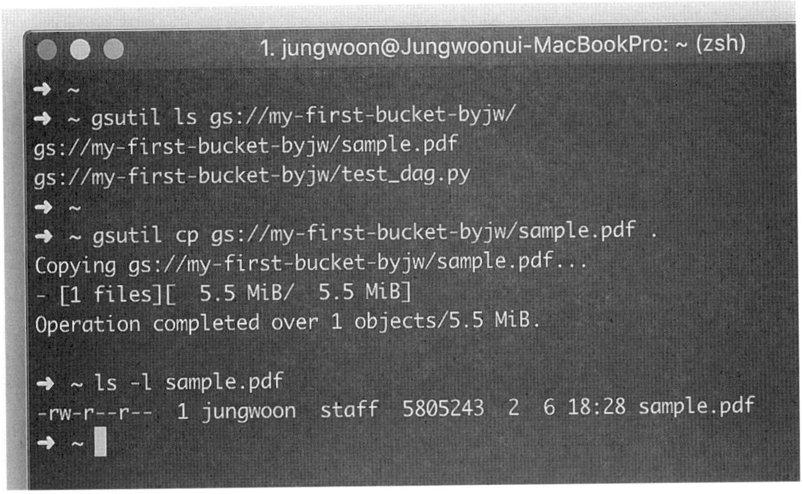

[그림 8-4-14] 버킷 → 로컬로 파일 복사(다운로드)

8.4.8 버킷 내 파일 삭제

명령어('$ gsutil rm gs://[버킷 이름]/[지우고자 하는 파일명]')로 버킷 내의 파일을 삭제할 수
있습니다.

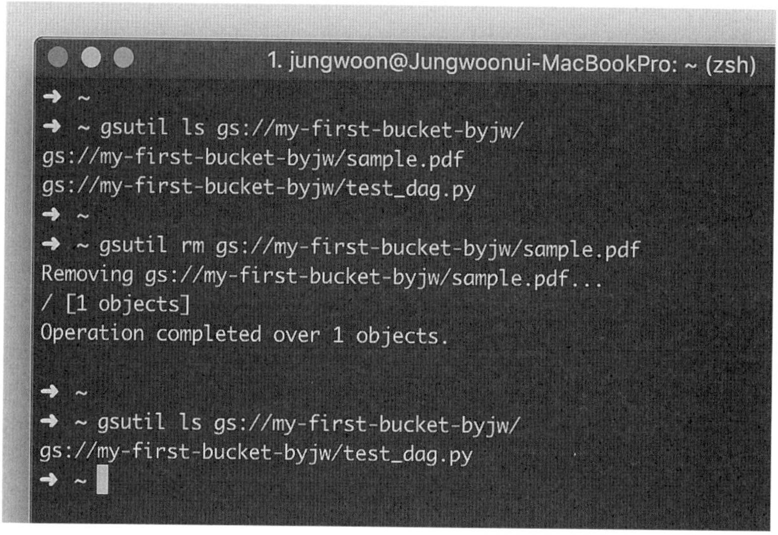

```
                    1. jungwoon@Jungwoonui-MacBookPro: ~ (zsh)
➜  ~
➜  ~ gsutil ls gs://my-first-bucket-byjw/
gs://my-first-bucket-byjw/sample.pdf
gs://my-first-bucket-byjw/test_dag.py
➜  ~
➜  ~ gsutil rm gs://my-first-bucket-byjw/sample.pdf
Removing gs://my-first-bucket-byjw/sample.pdf...
/ [1 objects]
Operation completed over 1 objects.

➜  ~
➜  ~ gsutil ls gs://my-first-bucket-byjw/
gs://my-first-bucket-byjw/test_dag.py
➜  ~ ▮
```

[그림 8-4-15] 버킷 내 파일 삭제

8.4.9 로컬 → 버킷으로 파일 이동(업로드)

명령어('$ gsutil mv [복사하고자 하는 파일명] gs://[복사하고자 하는 버킷 이름]')로 로컬에서 버킷으로 파일을 이동할 수 있습니다.

```
● ● ●                1. jungwoon@Jungwoonui-MacBookPro: ~ (zsh)
➜ ~
➜ ~ ls -l *.pdf
-rw-r--r--@ 1 jungwoon   staff   5805243   9 25 15:12 sample.pdf
➜ ~
➜ ~ gsutil mv sample.pdf gs://my-first-bucket-byjw/
Copying file://sample.pdf [Content-Type=application/pdf]...
Removing file://sample.pdf...iB]

Operation completed over 1 objects/5.5 MiB.

➜ ~ gsutil ls gs://my-first-bucket-byjw/
gs://my-first-bucket-byjw/sample.pdf
gs://my-first-bucket-byjw/test_dag.py
➜ ~
➜ ~ ls -l *.pdf
zsh: no matches found: *.pdf
➜ ~ 
```

[그림 8-4-16] 로컬 → 버킷으로 파일 이동(업로드)

8.4.10 버킷 → 로컬로 파일 이동(다운로드)

명령어('$ gsutil mv gs://[버킷 이름]/[파일명] [로컬의 복사하고자 하는 위치]')로 버킷에서 로컬로 파일을 이동할 수 있습니다.

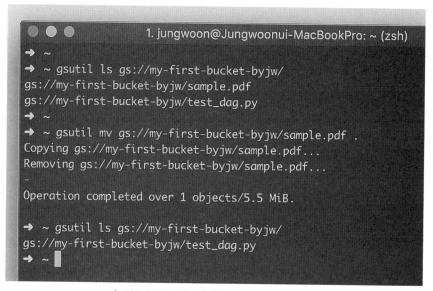

[그림 8-4-17] 버킷 → 로컬로 파일 이동(다운로드)

8.4.11 버킷 안에 있는 파일의 자세한 정보 보기

명령어('$ gsutil ls -L gs://[버킷 이름]/[파일명]')로 개별 파일에 대한 자세한 정보를 확인할 수 있습니다.

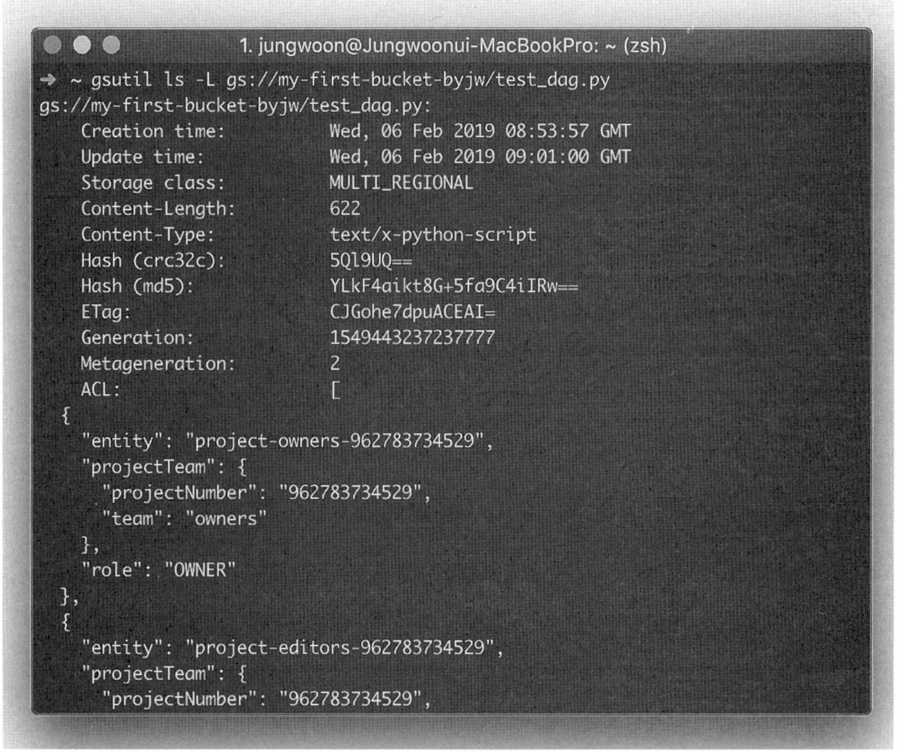

```
● ● ●            1. jungwoon@Jungwoonui-MacBookPro: ~ (zsh)
→ ~ gsutil ls -L gs://my-first-bucket-byjw/test_dag.py
gs://my-first-bucket-byjw/test_dag.py
    Creation time:          Wed, 06 Feb 2019 08:53:57 GMT
    Update time:            Wed, 06 Feb 2019 09:01:00 GMT
    Storage class:          MULTI_REGIONAL
    Content-Length:         622
    Content-Type:           text/x-python-script
    Hash (crc32c):          5Ql9UQ==
    Hash (md5):             YLkF4aikt8G+5fa9C4iIRw==
    ETag:                   CJGohe7dpuACEAI=
    Generation:             1549443237237777
    Metageneration:         2
    ACL:                    [
  {
    "entity": "project-owners-962783734529",
    "projectTeam": {
      "projectNumber": "962783734529",
      "team": "owners"
    },
    "role": "OWNER"
  },
  {
    "entity": "project-editors-962783734529",
    "projectTeam": {
      "projectNumber": "962783734529",
```

[그림 8-4-18] 버킷 안에 있는 파일의 자세한 정보 보기

8.4.12 'm' 옵션을 이용하여 성능 향상시키기

gsutil 명령어 중에 'm'을 지원하는 명령어들이 있는 해당 명령어들은 'm' 옵션과 같이 사용하
게 되면 병렬 처리되기 때문에 성능이 비약적으로 향상됩니다. 그렇지만 네트워크 속도가 느
린 환경에서는 성능이 저하될 수 있고, 전체 전송이 완료되기 전에 작업이 실패할 경우에는
다시 전체 전송을 시도해야 시작합니다.

- $ gsutil -m acl ch [해당 명령어 관련 설정]   # Access Control List 변경
- $ gsutil -m acl set [해당 명령어 관련 설정]   # Access Control List 세팅
- $ gsutil -m cp [해당 명령어 관련 설정]   # 복사
- $ gsutil -m mv [해당 명령어 관련 설정]   # 이동
- $ gsutil -m rm [해당 명령어 관련 설정]   # 삭제
- $ gsutil -m rsync [해당 명령어 관련 설정]   # 원본과 버킷 사이에 동기화
- $ gsutil -m setmeta [해당 명령어 관련 설정]   # 메타 데이터세트

9장

Cloud SQL

Cloud SQL이란?

Cloud SQL은 우리가 많이 쓰고 있는 대표적인 관계형 데이터베이스인 MySQL과 PostgreSQL입니다. Google Cloud Platform에서 유지 및 관리를 해주는 완전 관리형 데이터베이스 서비스로, 손쉽게 설정과 유지보수 및 관리 가능합니다. 고성능, 확장성, 편의성을 제공하기 때문에 데이터베이스의 관리는 GCP에 맡기고 애플리케이션 개발에 집중할 수 있습니다.

9.2 MySQL용 Cloud SQL의 특징

Cloud SQL은 크게 MySQL과 PostgreSQL을 제공하는데, 먼저 Cloud SQL에서 제공하는

MySQL의 특징부터 살펴보겠습니다.

MySQL은 전 세계에서 가장 많이 쓰이는 오픈 소스 관계형 데이터베이스로, 오라클에서 관리 및 지원을 하고 있습니다. 다중 스레드, 다중 사용자 형식의 구조적 질의어 형식의 데이터베이스 관리 시스템입니다. 아래는 Cloud SQL의 MySQL 특징입니다.

- 완전 관리형 데이터베이스(Community Edition)
- 2세대 인스턴스는 MySQL 5.6 or 5.7을 지원하며 최대 416GB의 RAM과 10TB의 데이터 Repository를 제공하며, 필요에 따라 Repository 크기가 자동으로 증가하는 옵션을 제공합니다.
- 1세대 인스턴스는 MySQL 5.5 or 5.6을 지원하며 최대 16GB의 RAM과 500GB의 데이터 Repository를 제공합니다(1세대의 대한 지원은 2020년 1월 30일에 종료됩니다).
- GCP Console 내에서 손 쉽게 인스턴스 생성 및 관리
- 미국, 유럽, 아시아에서 사용 가능한 인스턴스
- Cloud SQL 프록시 또는 SSL/TLS 프로토콜을 사용한 보안 연결 지원
- 비공개 IP(비공개 서비스 액세스) 지원
- 자동 장애 조치로 여러 영역 간에 데이터를 복제
- mysqldump를 사용한 데이터베이스 가져오기 및 내보내기 또는 csv 파일 가져오기 및 내보내기
- MySQL 유선 프로토콜 및 표준 MySQL 커넥터 지원
- 주문형 자동 백업 및 특정 시점 복구
- Stackdriver Logging 및 Monitoring과 통합
- 인스턴스 복제
- 다양한 연결 방법 제공

9.3 MySQL과 MySQL용 Cloud SQL의 차이

일반적으로 Cloud SQL 인스턴스에서 제공하는 MySQL 기능은 로컬에서 호스팅 되는 MySQL과 기능은 동일하지만 몇 가지 차이점이 있습니다.

9.3.1 지원되지 않는 기능

- 사용자 정의 함수
- InnoDB memcached 플러그인
- Federated Engine
- SUPER 권한

9.3.2 지원되지 않는 명령문

아래 명령문들은 'Error 1290: The MySQL server is running with the google option so it cannot execute this statement' 메시지와 함께 오류가 발생합니다.

- LOAD DATA INFILE(단, LOAD DATA LOCAL INFILE 은 지원됩니다.)
- SELECT … INTO OUTFILE
- SELECT … INTO DUMPFILE
- INSTALL PLUGIN …
- UNINSTALL PLUGIN
- CREATE FUNCTION … SONAME …
- 2세대 인스턴스에 지원되지 않는 명령문
- CREATE TABLE … SELECT 문
- 트랜잭션 내의 CREATE TEMPORARY TABLE 문
- 트랜잭션 및 비트랜잭션 테이블을 모두 업데이트하는 트랜잭션이나 명령문

9.3.3 지원되지 않는 함수

- LOAD_FILE( )

9.3.4 지원되지 않는 클라이언트 프로그램

- LOAD DATA INFILE이 제한되기 때문에 --local 옵션을 사용하지 않는 mysqlimport는 지원되지 않습니다. 원격으로 데이터를 로드해야 하는 경우 Cloud SQL import 함수를 사용해야 합니다.
- 인스턴스 사용자에게 FILE 권한이 부여되지 않기 때문에 --tab 옵션 또는 --tab 옵션과 함께 사용되는 옵션을 사용하는 mysqldump는 지원되지 않습니다.
- 바이너리 데이터가 있는 데이터베이스를 가져오려면 --hex-blob 옵션을 mysqldump와 함께 사용해야 합니다.
- 2세대 인스턴스의 경우 Repository 엔진으로 InnoDB만 지원됩니다.
- 트리거, 함수, 저장 프로시저, 보기를 Cloud SQL로 가져오거나 내보낼 수는 없습니다. 하지만 Cloud SQL 인스턴스에서 해당 요소를 생성하고 사용할 수는 있습니다.

9.4 MySQL 인스턴스 설정 내용

여기서는 MySQL용 Cloud SQL의 설정 정보를 확인해보겠습니다. 1세대는 2020년 1월 30일부로 서비스가 종료되기 때문에 이 책에서는 2세대를 기준으로 설명하겠습니다.

9.4.1 2세대 MySQL 인스턴스 설정

설정	생성 후 수정 가능 여부	가능한 값
인스턴스 ID	N	인스턴스 ID는 인스턴스의 이름으로 프로젝트 내에서 인스턴스를 고유하게 식별하는 데 사용됩니다. 전체 길이는 98자 이하여야 하며 소문자, 숫자, 하이픈으로 구성되어 있으며 문자로 시작되어야 합니다.
지역	N	인스턴스가 있는 GCP 지역으로 성능을 향상시키려면 필요한 서비스와 가까운 위치에 데이터를 보관하여야 합니다. asia-east1-타이완 asia-northeast1-도쿄 asia-south1-뭄바이 asia-southeast1-싱가포르 australia-southeast1-시드니 europe-north1-핀란드 europe-west1-벨기에 europe-west2-런던 europe-west3-프랑크푸르트 europe-west4-네덜란드 northamerica-northeast1-몬트리올 southamerica-east1-상파울루 us-central1-아이오와 us-east1-사우스캐롤라이나 us-east4-북버지니아 us-west1 — 오리건 us-west2 — 로스앤젤레스
영역	Y	인스턴스가 있는 GCP 영역으로 만약 Compute Engine 인스턴스에서 연결하는 경우 Compute Engine 인스턴스가 있는 영역을 선택하며 그 이외에는 기본 영역으로 설정됩니다. 가능한 값은 지역에 따라 다릅니다.
데이터베이스 버전	N	지원하는 데이터베이스 버전으로 특정 버전에서의 기능이 필요한 경우가 아니라면 기본값을 사용하는 것이 좋습니다. MySQL 5.7(기본값) MySQL 5.6
비공개 IP	구성된 후에는 사용 중지할 수 없습니다.	구성 또는 구성 안 함
공개 IP	Y	사용 설정 또는 사용 중지

설정	생성 후 수정 가능 여부	가능한 값
승인된 네트워크	Y	공개 IP가 사용 설정된 경우 인스턴스에 연결하도록 인증된 IP 주소. 이 값을 IP 주소 범위(CIDR 표기법 사용)로도 지정할 수 있습니다.
머신 유형 (등급)	Y	Cloud SQL 인스턴스에서 사용 가능한 메모리, 가상 코어, 기타 리소스를 결정합니다. 작업 부하에 맞게 충분한 머신 유형을 선택하고, 작업 부하가 증가함에 따라 업그레이드를 하는게 좋습니다. db-f1-micro db-g1-small db-n1-standard-1 db-n1-standard-2 db-n1-standard-4 db-n1-standard-8 db-n1-standard-16 db-n1-standard-32 db-n1-standard-64 db-n1-highmem-2 db-n1-highmem-4 db-n1-highmem-8 db-n1-highmem-16 db-n1-highmem-32 db-n1-highmem-64
Repository 유형	N	기본값은 SSD로 지연 시간을 줄이고 데이터 처리량을 높일 수 있습니다. 데이터에 고성능 액세스가 필요하지 않은 경우라면 HDD를 선택하여 비용을 줄일 수 있습니다. SSD(기본값) HDD
저장용량	Y (증가만)	표준 및 고성능 메모리 머신 유형: 최대 10230GB. 공유 코어 머신 유형(db-f1-micro, db-g1-small): 최대 3062GB.
저장 용량 자동 증가	Y	이 설정을 사용 설정하면 30초마다 사용 가능한 저장용량을 확인하여 추가 용량이 필요할 때 자동으로 추가되며, 저장 용량 크기는 늘릴 수는 있지만 줄일 수는 없습니다. 켜짐(기본값) 꺼짐

설정	생성 후 수정 가능 여부	가능한 값
저장 용량 자동 증가 한도	Y	저장 용량 자동 증가 설정을 설정하면 필요에 따라 인스턴스 저장 용량 자동 증가 크기에 한도가 적용됩니다. 저장 용량 크기는 줄일 수 없기 때문에 이러한 한도를 설정하면 일시적인 트래픽 증가로 인해 인스턴스의 저장용량이 불필요하게 커지는 것을 방지할 수 있습니다. GiB 단위. 0(기본값)은 한도가 없다는 것을 의미합니다.
백업 및 바이너리 로깅	Y	이 설정은 자동 백업을 수행할지, 바이너리 로깅을 사용 설정할지 결정합니다. 두 옵션 모두 비용이 약간 추가되지만 복제본과 복제의 생성과 특징 시점 복구를 위해 필요합니다. 켜짐(기본값) 꺼짐
유지관리 기간	Y	이 옵션은 Cloud SQL 인스턴스에 방해가 되는 업데이트가 진행되는 날짜와 시간을 나타냅니다. 인스턴스에 유지관리 기간이 설정된 경우 Cloud SQL은 해당 기간 외에 인스턴스에 방해가 되는 업데이트를 시작하지 않습니다. 요일과 시간
유지관리 시점	Y	이 옵션을 사용하면 다시 시작해야 하는 인스턴스 업데이트의 상대적 시점에 대한 기본 설정을 지정할 수 있습니다. 설정하지 않으면 Cloud SQL에서 인스턴스의 업데이트 시점을 선택하게 됩니다. 상시(기본값) 나중에 미리
활성화 정책	Y	2세대 인스턴스의 경우에는 인스턴스를 시작하거나 중지하는 데에만 활성화 정책이 사용됩니다. 항상 사용 안 함
데이터베이스 플래그	Y	데이터베이스 플래그 구성(https://cloud.google.com/sql/docs/mysql/flags)을 통해 더 많은 정보를 확인할 수 있습니다.

[표 9-4-1] 2세대 MySQL 인스턴스의 설정

9.5 PostgreSQL용 Cloud SQL의 특징

Cloud SQL에서 지원하는 또 다른 데이터베이스인 PostgreSQL 대해서 알아보도록 하겠습니다.

PostgreSQL은 확장 가능성 및 표준 준수를 강조하는 객체 관계형 데이터베이스 관리 시스템 중 하나로 BSD 허가권으로 배포되며 많은 오픈소스 개발자 및 회사들이 개발에 참여하고 있습니다. 주요 특징으로는 다른 관계형 데이터베이스 시스템과 달리 연산자, 복합 자료형, 집계 함수, 자료형 변환자, 확장 기능 등 다양한 데이터베이스 객체를 사용자가 임의로 만들 수 있는 기능을 제공하기 때문에 단순 자료 Repository가 아닌 개발 언어처럼 무한한 기능을 구현할 수 있도록 해줍니다. 또 객체 지향 언어들과 같이 테이블을 만들고 그 테이블을 상속하는 하위 테이블을 만들 수도 있습니다. 아래는 Cloud SQL의 PostgreSQL의 특징입니다.

- Cloud SQL 2세대 플랫폼을 기반으로 하는 완전 관리형 PostgreSQL 9.6 데이터베이스
- 최대 416GB의 RAM 및 64개의 CPU를 갖춘 커스텀 머신 유형
- 최대 10TB의 저장용량을 사용할 수 있으며 필요에 따라 Repository 크기를 자동으로 늘릴 수 있음
- CloudSQL 프록시 또는 SSL/TLS 프로토콜을 사용한 보안 외부 연결 지원
- 자동 장애 조치로 여러 영역 간에 데이터를 복제
- SQL 덤프 파일을 사용한 데이터베이스 가져오기 또는 내보내기
- Java, Python, PHP, Node.js, Go, Ruby로 작성된 App Engine 애플리케이션과 함께 사용할 수 있습니다.
- Stackdriver Logging 및 Monitoring과 통합

9.5.1 아직 사용할 수 없는 기능

일부 기능은 PostgreSQL용 Cloud SQL에서 아직 사용할 수 없습니다.

- 특정 시점 복구(PITR)
- GCP 콘솔 또는 gcloud 명령어 도구를 사용하여 CSV 형식으로 가져오기 및 내보내기

9.6 PostgreSQL과 PostgreSQL용 Cloud SQL의 차이

Cloud SQL의 PostgreSQL과 로컬에서 호스팅되는 PostgreSQL 인스턴스에서 제공하는 기능과 동일하지만, 다음과 같은 몇 가지 차이점이 있습니다.

9.6.1 지원되지 않는 기능

- SUPERUSER 권한이 필요한 기능(예외적으로 CREATE EXTENSION문에는 이 규칙이 적용되지 않습니다.)
- 커스텀 백그라운드 작업자
- Cloud Shell의 psql 클라이언트는 \c 명령어를 사용하여 다른 데이터베이스에 연결하는 등 재연결이 필요한 작업을 지원하지 않습니다.

9.7 PostgreSQL 인스턴스 설정 내용

설정	생성 후 수정 가능 여부	가능한 값
인스턴스 ID	N	인스턴스 ID는 인스턴스의 이름으로 프로젝트 내에서 인스턴스를 고유하게 식별하는 데 사용됩니다. 전체 길이는 98자 이하여야 하며 소문자, 숫자, 하이픈으로 구성되어 있으며 문자로 시작되어야 합니다.
지역	N	인스턴스가 있는 GCP 지역으로 성능을 향상시키려면 필요한 서비스와 가까운 위치에 데이터를 보관하여야 합니다. asia-east1-타이완 asia-east2 ― 홍콩 asia-northeast1-도쿄 asia-south1-뭄바이 asia-southeast1-싱가포르 australia-southeast1-시드니 europe-north1-핀란드 europe-west1-벨기에 europe-west2-런던 europe-west3-프랑크푸르트 europe-west4-네덜란드 northamerica-northeast1-몬트리올 southamerica-east1-상파울루 us-central1-아이오와 us-east1-사우스캐롤라이나 us-east4-북버지니아 us-west1 ― 오리건 us-west2 ― 로스앤젤레스
영역	Y	인스턴스가 있는 GCP 영역으로 만약 Compute Engine 인스턴스에서 연결하는 경우 Compute Engine 인스턴스가 있는 영역을 선택하며 그 이외에는 기본 영역으로 설정됩니다. 가능한 값은 지역에 따라 다릅니다.
데이터베이스 버전	N	지원하는 데이터베이스 버전으로 특정 버전에서의 기능이 필요한 경우가 아니라면 기본값을 사용하는 것이 좋습니다. PostgreSQL 9.6
비공개 IP	구성된 후에는 사용 중지할 수 없습니다.	구성되거나 구성되지 않음

설정	생성 후 수정 가능 여부	가능한 값
공개 IP	Y	사용 설정 또는 사용 중지
승인된 네트워크	Y	공개 IP가 사용 설정된 경우 인스턴스에 연결하도록 인증된 IP 주소. 이 값을 IP 주소 범위(CIDR 표기법 사용)로도 지정할 수 있습니다.
코어	Y	인스턴스의 CPU 수입니다. CPU가 1개 미만인 인스턴스(공유 코드 인스턴스 또는 공유 vCPU)를 생성하도록 선택할 수 있습니다. 1~64(1 또는 짝수여야 함) 공유 vCPU의 일부
메모리	Y	인스턴스에서 사용할 수 있는 메모리 양으로 OLTP와 같이 성능에 민감한 작업 부하의 경우 일반적으로 인스턴스에 전체 작업 세트를 포함할 만큼 충분한 메모리가 있는지 확인합니다. vCPU당 0.9~6.5GiB(256MiB의 배수 및 최소 3.75GiB여야 함)
Repository 유형	N	기본값은 SSD로 지연 시간을 줄이고 데이터 처리량을 높일 수 있습니다. 데이터에 고성능 액세스가 필요하지 않은 경우라면 HDD를 선택하여 비용을 줄일 수 있습니다. SSD(기본값) HDD
저장용량	Y (증가만)	하나 이상의 (공유되지 않은) vCPU가 있는 인스턴스는 최대 10230GB까지 가질 수 있습니다. 공유 vCPU가 있는 인스턴스는 최대 3062GB까지 가질 수 있습니다.
저장 용량 자동 증가	Y	이 설정을 사용 설정하면 30초마다 사용 가능한 저장용량을 확인하여 추가 용량이 필요할 때 자동으로 추가되며, 저장 용량 크기는 늘릴 수는 있지만 줄일 수는 없습니다. 켜짐(기본값) 꺼짐
저장 용량 자동 증가 한도	Y	저장 용량 자동 증가 설정을 설정하면 필요에 따라 인스턴스 저장 용량 자동 증가 크기에 한도가 적용됩니다. 저장 용량 크기는 줄일 수 없기 때문에 이러한 한도를 설정하면 일시적인 트래픽 증가로 인해 인스턴스의 저장용량이 불필요하게 커지는 것을 방지할 수 있습니다. GiB 단위. 0(기본값)은 한도가 없다는 것을 의미합니다.

설정	생성 후 수정 가능 여부	가능한 값
백업	Y	자동 백업 여부를 결정합니다. 켜짐(기본값) 꺼짐
유지관리 기간	Y	이 옵션은 Cloud SQL 인스턴스에 방해가 되는 업데이트가 진행되는 날짜와 시간을 나타냅니다. 인스턴스에 유지관리 기간이 설정된 경우 Cloud SQL은 해당 기간 외에 인스턴스에 방해가 되는 업데이트를 시작하지 않습니다. 요일과 시간
유지관리 시점	Y	이 옵션을 사용하면 다시 시작해야 하는 인스턴스 업데이트의 상대적 시점에 대한 기본 설정을 지정할 수 있습니다. 설정하지 않으면 Cloud SQL에서 인스턴스의 업데이트 시점을 선택하게 됩니다. 상시(기본값) 나중에 미리
활성화 정책	Y	인스턴스를 시작하거나 중지하는 데에만 활성화 정책이 사용됩니다. 항상 사용 안 함
데이터베이스 플래그	Y	데이터베이스 플래그 구성(https://cloud.google.com/sql/docs/postgres/flags)을 통해서 더 자세한 내용을 확인할 수 있습니다..

[표 9-7] PostgreSQL 인스턴스 설정 내용

9.1 Cloud SQL 인스턴스 만들기

이번 실습에는 Cloud SQL 인스턴스를 살펴보겠습니다. Cloud SQL의 인스턴스는 사용할 데이터베이스 서버라고 생각하면 됩니다. 여기서는 MySQL 서버를 가진 인스턴스를 생성해보겠습니다.

1. 먼저 콘솔 화면으로 가도록 하겠습니다.

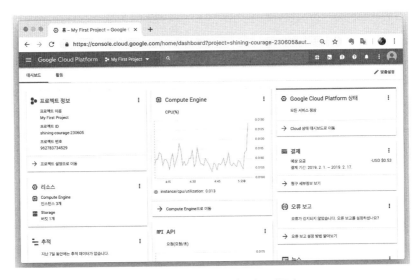

[그림 9-1-1] Cloud SQL 인스턴스 만들기

2. '메뉴-SQL'을 선택합니다.

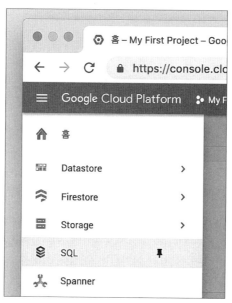

[그림 9-1-2] Cloud SQL 인스턴스 만들기

3. [그림 9-1-3] 같은 화면이 나타나는데, '인스턴스 생성'을 누릅니다.

[그림 9-1-3] Cloud SQL 인스턴스 만들기

4. 어떤 데이터베이스 엔진을 선택할지 물어보는데, 여기서는 'MySQL'을 선택합니다.

[그림 9-1-4] Cloud SQL 인스턴스 만들기

5. '인스턴스 ID'와 'root 비밀번호'(root 비밀번호 없이 생성할 수도 있습니다)를 입력합니다.

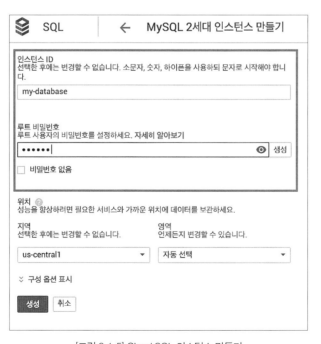

[그림 9-1-5] Cloud SQL 인스턴스 만들기

6. 하단의 '구성 옵션 표시'를 누르면 더욱 세부적인 설정도 할 수 있습니다, 이번 실습에서는 별도의 추가 설정은 하지 않도록 하겠습니다. 설정이 끝나면 하단에 '생성'을 누릅니다.

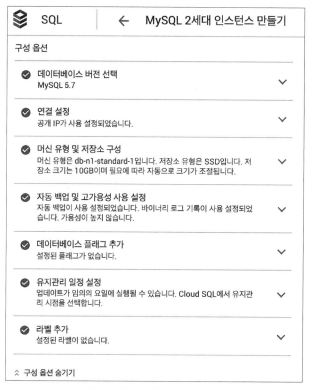

[그림 9-1-6] Cloud SQL 인스턴스 만들기

7. 인스턴스 생성이 시작되면 다음과 같은 화면이 나타납니다.

[그림 9-1-7] Cloud SQL 인스턴스 만들기

8. 완료되면 다음과 같은 화면이 나타납니다. 해당 인스턴스를 클릭합니다.

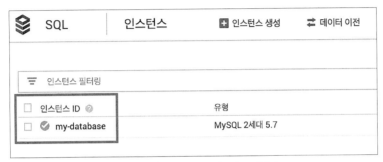

[그림 9-1-8] Cloud SQL 인스턴스 만들기

9. 다음과 같이 생성된 '인스턴스 세부 정보'를 확인할 수 있습니다. 여기서 스크롤을 조금만 더 내려보겠습니다.

[그림 9-1-9] Cloud SQL 인스턴스 만들기

10. '공개 IP 주소'가 나타나는데, 이를 이용하여 해당 SQL 서버에 접속할 수 있습니다.

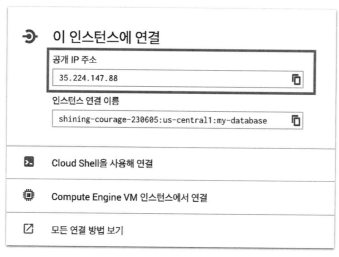

[그림 9-1-10] Cloud SQL 인스턴스 만들기

9.2 인스턴스 수정

Cloud SQL에서의 인스턴스 수정은 기존에 데이터베이스 서버의 리소스를 변경함을 의미합니다. 이는 니즈에 맞게 자유롭게 업그레이드 및 다운그레이드가 가능함을 뜻하는데, 이번 실습에서는 앞에서 만든 인스턴스를 수정하여, 저장공간 업그레이드를 해보겠습니다.

1. 일단 '클라우드 콘솔' 화면으로 들어갑니다.

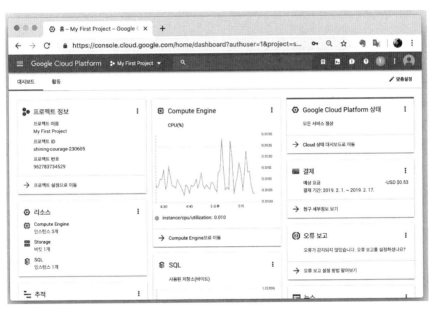

[그림 9-2-1] 인스턴스 수정

2. '메뉴-SQL'로 들어갑니다.

[그림 9-2-2] 인스턴스 수정

3. [실습 9-1]에서 만든 SQL 인스턴스를 확인할 수 있습니다. 해당 인스턴스를 클릭합니다.

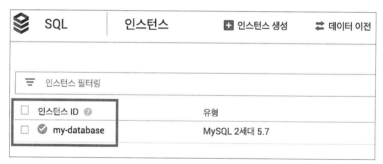

[그림 9-2-3] 인스턴스 수정

4. 여기서 상단에 있는 '수정' 메뉴를 누릅니다.

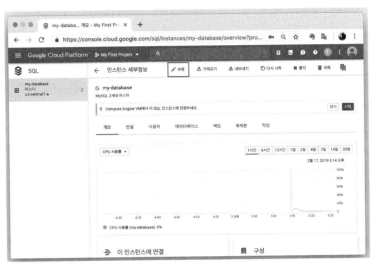

[그림 9-2-4] 인스턴스 수정

5. 다음과 같이 수정할 수 있는 항목들이 나타납니다. 이 부분에서 수정하고자 하는 옵션을 고치면 되는데, 여기서는 저장 용량 크기를 '20GB'로 늘려보겠습니다.

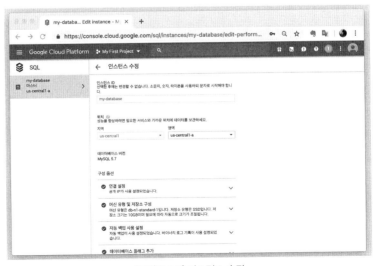

[그림 9-2-5] 인스턴스 수정

6. '머신 유형 및 Repository 구성'을 눌러서 '저장 용량 크기'를 20GB으로 변경합니다.

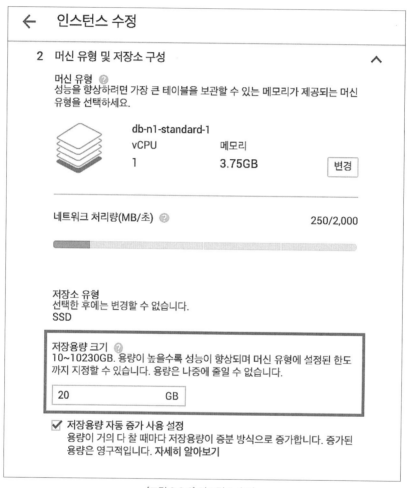

[그림 9-2-6] 인스턴스 수정

7. 하단에 '저장'을 누릅니다.

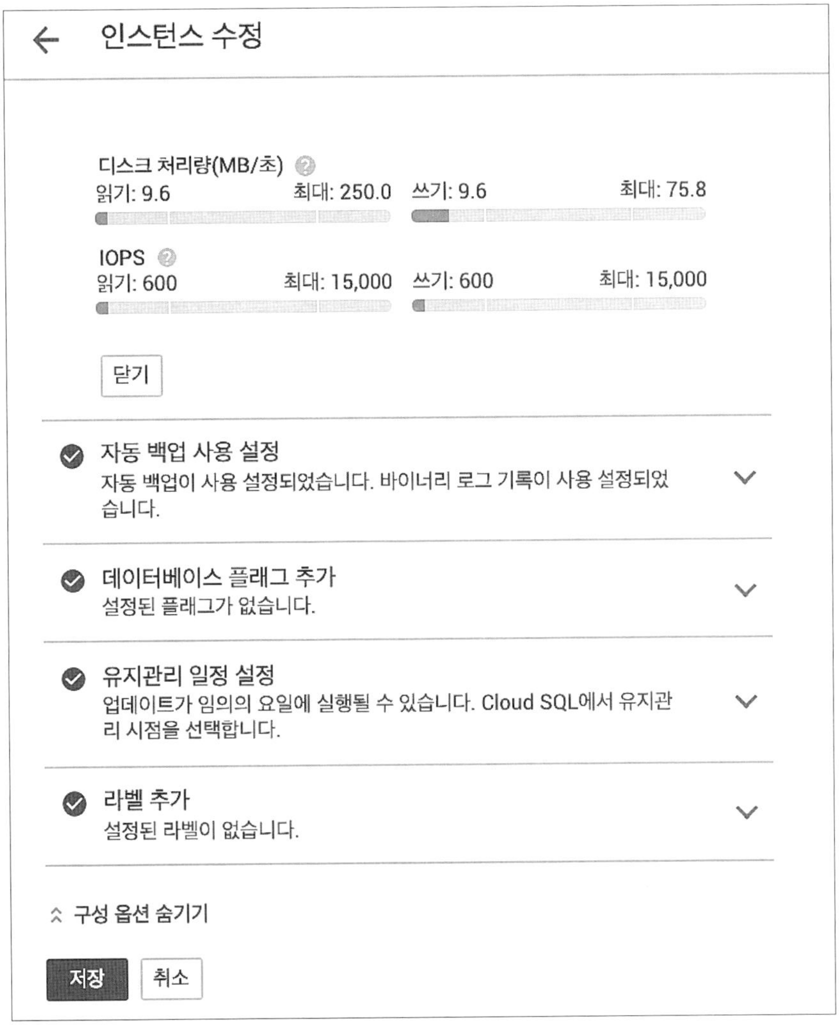

[그림 9-2-7] 인스턴스 수정

8. 변경된 내용이 적용됩니다.

[그림 9-2-8] 인스턴스 수정

9. 변경 내용이 적용되면 '구성'에서 SSD Repository가 20GB로 변경된 것을 확인할 수 있습니다.

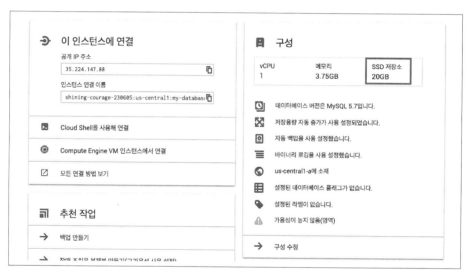

[그림 9-2-9] 인스턴스 수정

9.3 공개 IP 구성 및 클라이언트 연결

기본적으로 Cloud SQL을 만들면 보안 상의 문제로 외부에서 해당 인스턴스로 접근할 수 없습니다. 이를 외부 허용으로 바꾸기 위한 설정을 해보겠습니다.

1. '클라우드 콘솔' 화면으로 갑니다.

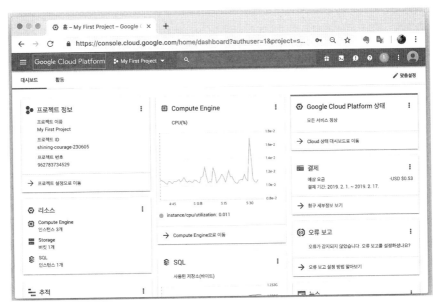

[그림 9-3-1] 공개 IP 구성 및 클라이언트 연결

2. '메뉴-SQL'로 들어갑니다.

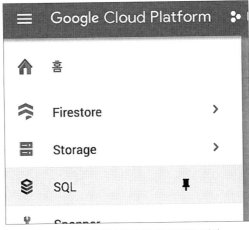

[그림 9-3-2] 공개 IP 구성 및 클라이언트 연결

3. 만들어놓은 인스턴스를 클릭해서 들어가 보겠습니다.

[그림 9-3-3] 공개 IP 구성 및 클라이언트 연결

4. '개요' 화면이 보일 것입니다. '연결'을 클릭합니다. 그러면 다음과 같이 나타납니다. 여기서 '네트워크 추가'를 누릅니다.

[그림 9-3-4] 공개 IP 구성 및 클라이언트 연결

5. 네트워크 설정은 'CIDR 표기법'으로 설정할 수 있는데, 여기서는 모든 네트워크를 허용하기 위해 '0.0.0.0/0'으로 입력 후 '완료'를 선택한 다음 '저장'을 누릅니다.

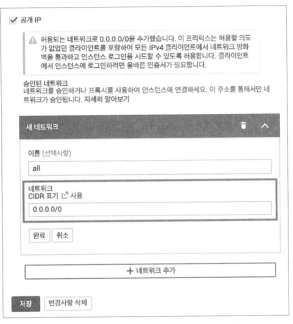

[그림 9-3-5] 공개 IP 구성 및 클라이언트 연결

6. 상단에는 전체 네트워크를 허용했다는 경고가 나타나는데, 이는 무시하겠습니다.

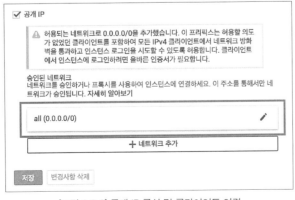

[그림 9-3-6] 공개 IP 구성 및 클라이언트 연결

7. 이제 '개요'를 눌러서 '공개 IP 주소'를 확인하고, 이 IP로 접속해보도록 하겠습니다.

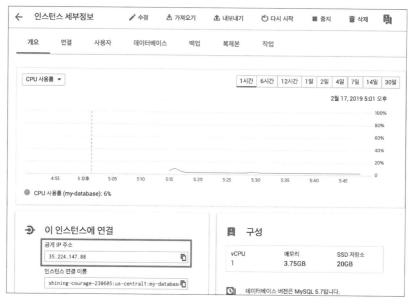

[그림 9-3-8] 공개 IP 구성 및 클라이언트 연결

8. 명령어('$ mysql -h [SQL IP 주소] -u [아이디] -p')로 접속이 되는 것을 확인할 수 있습니다.

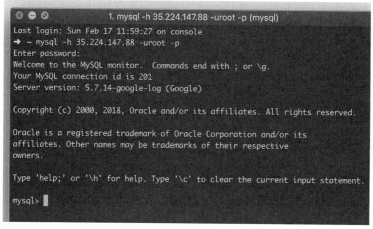

[그림 9-3-9] 공개 IP 구성 및 클라이언트 연결

9.4 Cloud SQL 프록시로 MySQL 클라이언트 연결(2세대 전용)

Cloud SQL 프록시를 사용하면 IP 주소를 허용하거나, SSL을 구성하지 않고도 Cloud SQL 2세대 인스턴스에 안전하게 액세스할 수 있습니다. 이번 실습에서는 Cloud SQL 프록시를 통해 클라이언트 연결을 해보도록 하겠습니다.

1. 먼저 'Cloud SQL Admin API' 사용 설정을 해야 하는데, 이를 위해 클라우드 콘솔 상단의 검색창에서 'cloud sql admin api'를 검색합니다.

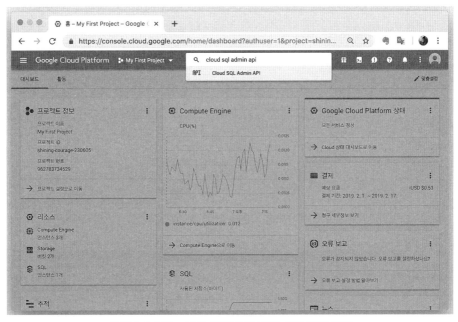

[그림 9-4-1] Cloud SQL 프록시로 MySQL 클라이언트 연결

2. '사용 설정'을 누릅니다.

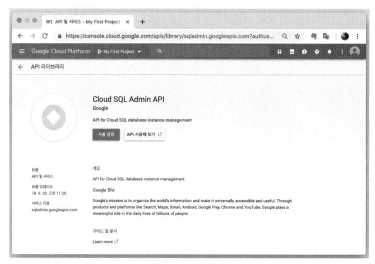

[그림 9-4-2] Cloud SQL 프록시로 MySQL 클라이언트 연결

3. [그림 9-4-3] 같은 화면이 나타나면 API 사용 설정이 완료된 것입니다.

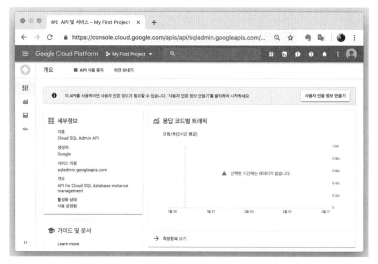

[그림 9-4-3] Cloud SQL 프록시로 MySQL 클라이언트 연결

4. 그 다음 프록시를 설치해야 하는데, 현재 실습 환경이 MacOS에서 테스트를 하기 때문에 Mac OS용 프록시를 명령어('$ curl -o cloud_sql_proxy https://dl.google.com/cloudsql/cloud_sql_proxy.darwin.amd64')로 설치하겠습니다. 다른 OS 사용 시 https://cloud.google.com/sql/docs/mysql/connect-admin-proxy?hl=ko를 참조하여 OS에 맞는 프록시를 받습니다.

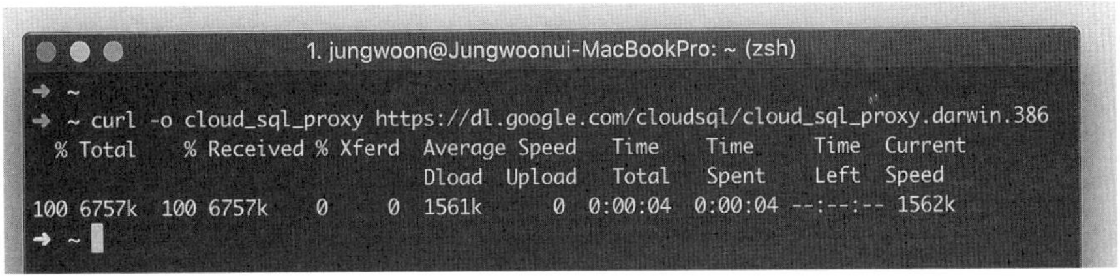

[그림 9-4-4] Cloud SQL 프록시로 MySQL 클라이언트 연결

5. 받은 'cloud_sql_proxy' 파일에 명령어('$ chmod +x [다운받은 cloud_sql_proxy 경로]')로 실행 권한을 줍니다.

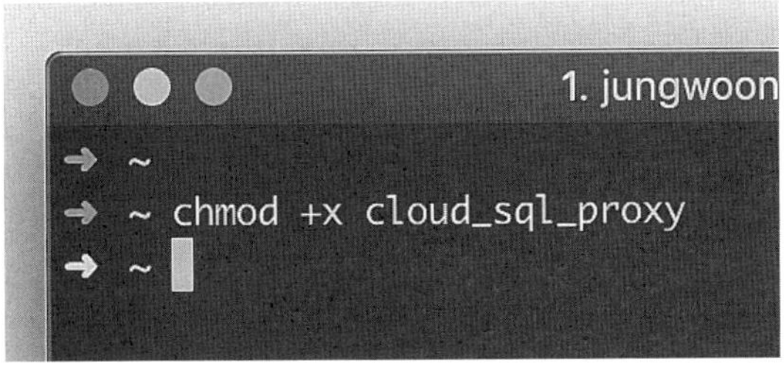

[그림 9-4-5] Cloud SQL 프록시로 MySQL 클라이언트 연결

6. 권한이 잘 입력되었는지 확인합니다.

[그림 9-4-6] Cloud SQL 프록시로 MySQL 클라이언트 연결

구글 클라우드 플랫폼 뽀개기

7. 이번에는 '서비스 계정'을 설정하기 위해 '메뉴-API 및 서비스-서비스 계정'을 누릅니다.

[그림 9-4-7] Cloud SQL 프록시로 MySQL 클라이언트 연결

8. 그러면 다음과 같은 화면이 나타나는데, 상단에 '+ 서비스 계정 만들기'를 선택합니다.

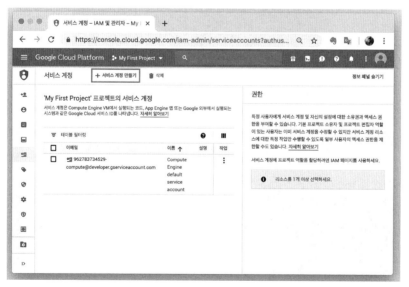

[그림 9-4-8] Cloud SQL 프록시로 MySQL 클라이언트 연결

9. '서비스 계정 이름'을 주고 '만들기' 버튼을 누릅니다.

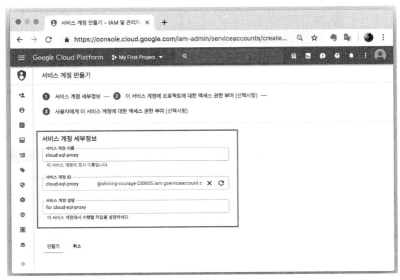

[그림 9-4-9] Cloud SQL 프록시로 MySQL 클라이언트 연결

10. 하단 '역할 선택'을 누릅니다.

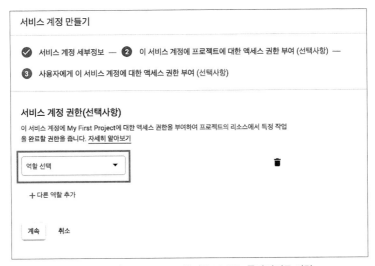

[그림 9-4-10] Cloud SQL 프록시로 MySQL 클라이언트 연결

11. 'Cloud SQL-Cloud SQL 편집자' 권한을 선택합니다.

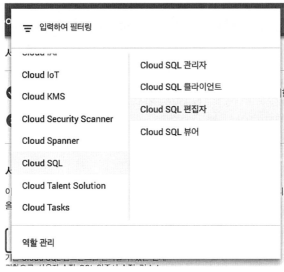

[그림 9-4-11] Cloud SQL 프록시로 MySQL 클라이언트 연결

12. [그림 9-4-12] 같이 'Cloud SQL 편집자' 권한이 추가된 것을 확인할 수 있습니다. 하단 '계속' 버튼을 누릅니다.

[그림 9-4-12] Cloud SQL 프록시로 MySQL 클라이언트 연결

13. 그 다음 키를 만들기 위해 하단에 '+ 키 만들기'를 클릭합니다.

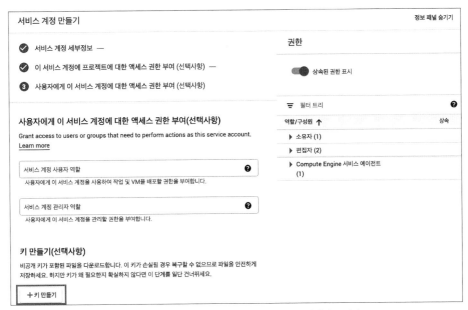

[그림 9-4-13] Cloud SQL 프록시로 MySQL 클라이언트 연결

14. 크게 2가지 타입의 키를 제공하는데, 여기서는 'JSON'을 선택하겠습니다.

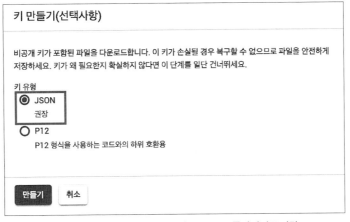

[그림 9-4-14] Cloud SQL 프록시로 MySQL 클라이언트 연결

구글 클라우드 플랫폼 뽀개기

15. 다음과 같이 다운로드 받을 경로 선택 화면이 나오는데, 여기서는 'key'라는 이름으로 '다운로드' 디렉터리에 저장하도록 하겠습니다.

[그림 9-4-15] Cloud SQL 프록시로 MySQL 클라이언트 연결

16. '키'는 한 번 만들면 다시는 다운로드 받지 못하니, 잘 보관해야 합니다(실수로 지워진 경우에는 새로 만들어야 합니다).

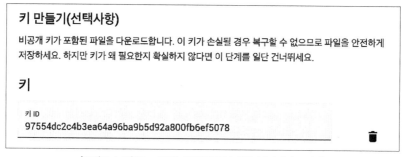

[그림 9-4-16] Cloud SQL 프록시로 MySQL 클라이언트 연결

17. 'key.json'이 다음과 같이 잘 다운로드된 것을 확인할 수 있습니다.

[그림 9-4-17] Cloud SQL 프록시로 MySQL 클라이언트 연결

18. 서비스 계정 생성이 완료되면 다음과 같이 새로 만들어진 서비스 계정 정보를 확인할 수 있습니다.

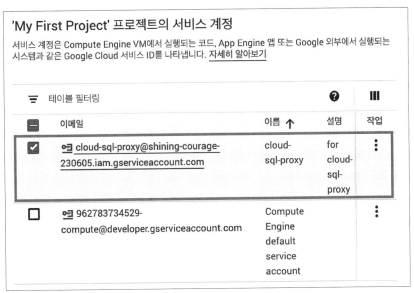

[그림 9-4-18] Cloud SQL 프록시로 MySQL 클라이언트 연결

19. 프록시로 연결하기 위해서는 'Cloud SQL'의 '인스턴스 연결 이름'을 알아야 합니다. '메
    뉴-SQL'로 갑니다.

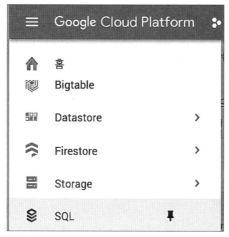

[그림 9-4-19] Cloud SQL 프록시로 MySQL 클라이언트 연결

20. 연결을 원하는 'Cloud SQL의 인스턴스'를 선택합니다.

[그림 9-4-20] Cloud SQL 프록시로 MySQL 클라이언트 연결

21. 다음과 같은 인스턴스 세부 정보를 확인할 수 있는데, 여기서 '이 인스턴스에 연결' 카드를
    살펴보겠습니다.

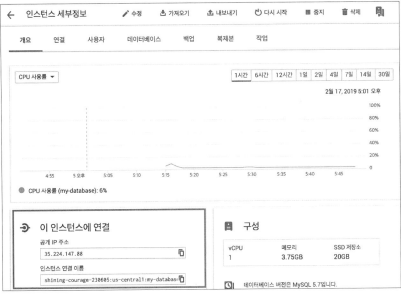

[그림 9-4-21] Cloud SQL 프록시로 MySQL 클라이언트 연결

22. 여기서 '인스턴스 연결 이름'을 복사하겠습니다.

[그림 9-4-22] Cloud SQL 프록시로 MySQL 클라이언트 연결

23. 명령어('$ [다운받은 cloud_sql_proxy 경로] -instances=[인스턴스 연결이름]=tcp:3306 -credential_file=[key 경로]')로 프록시를 띄워놓습니다.

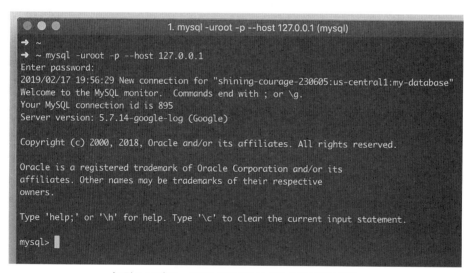

[그림 9-4-23] Cloud SQL 프록시로 MySQL 클라이언트 연결

24. 새로운 터미널창을 다시 열어서 명령어('$ mysql -u [아이디] -p --host 127.0.0.1')로 접속 하면 Cloud SQL로 접속된 것을 확인할 수 있습니다.

```
●●●                1. mysql -uroot -p --host 127.0.0.1 (mysql)
→ ~
→ ~ mysql -uroot -p --host 127.0.0.1
Enter password:
2019/02/17 19:56:29 New connection for "shining-courage-230605:us-central1:my-database"
Welcome to the MySQL monitor.  Commands end with ; or \g.
Your MySQL connection id is 895
Server version: 5.7.14-google-log (Google)

Copyright (c) 2000, 2018, Oracle and/or its affiliates. All rights reserved.

Oracle is a registered trademark of Oracle Corporation and/or its
affiliates. Other names may be trademarks of their respective
owners.

Type 'help;' or '\h' for help. Type '\c' to clear the current input statement.

mysql>
```

[그림 9-4-24] Cloud SQL 프록시로 MySQL 클라이언트 연결

9.5 내보내기 & 가져오기

이번에는 Cloud SQL에서 '내보내기' 기능과 '가져오기' 기능으로 백업을 하고 복구를 하는 방법을 알아보도록 하겠습니다. 먼저 '내보내기' 기능을 이용하여 백업하는 방법을 알아보겠습니다.

1. '클라우드 콘솔'로 갑니다.

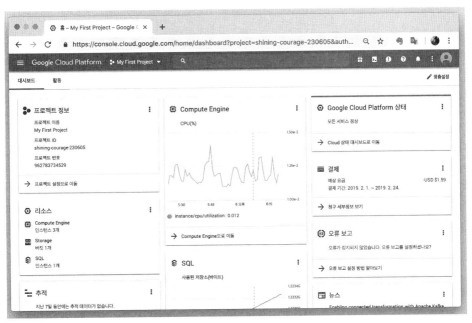

[그림 9-5-1] 내보내기 & 가져오기

2. '메뉴-SQL'을 누릅니다.

[그림 9-5-2] 내보내기 & 가져오기

3. 백업을 하고자 하는 SQL 인스턴스를 선택합니다.

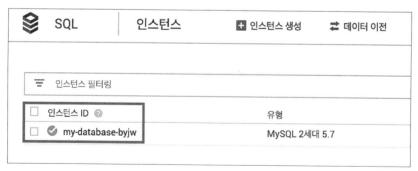

[그림 9-5-3] 내보내기 & 가져오기

4. 상단에 '내보내기'를 누릅니다.

[그림 9-5-4] 내보내기 & 가져오기

5. 내보내기는 'GCS(Google Cloud Storage)'에 저장되기 때문에 저장을 할 버킷을 지정해야 합니다. 우선 '찾아보기'를 누릅니다.

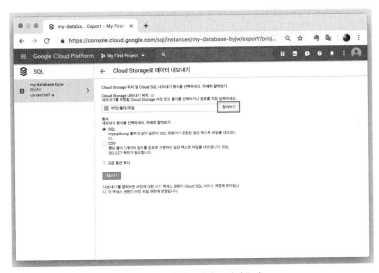

[그림 9-5-5] 내보내기 & 가져오기

6. 아직 저희는 Cloud SQL 백업을 위한 버킷을 만들지 않았기 때문에 위치에서 '버킷 모양 아
   이콘'을 눌러 새로운 버킷을 만들어보겠습니다.

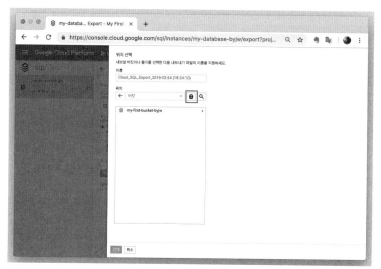

[그림 9-5-6] 내보내기 & 가져오기

7. [그림 9-5-7] 같은 화면이 나타나면 '버킷 이름'과 'Repository 클래스'를 선택하고, 하단에 '만
들기'를 눌러 새로운 버킷을 만듭니다.

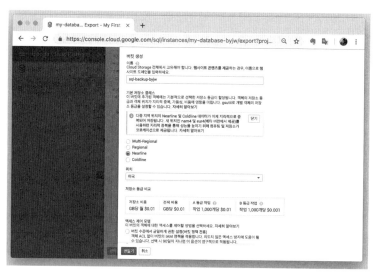

[그림 9-5-7] 내보내기 & 가져오기

8. 새로 만들어진 버킷을 선택하고, 하단에 '선택'을 누릅니다.

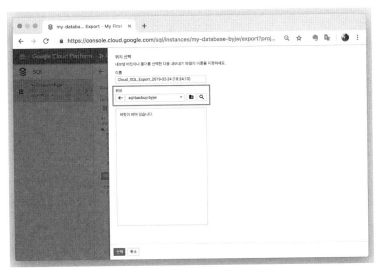

[그림 9-5-8] 내보내기 & 가져오기

9. 다음과 같이 선택된 버킷으로 백업할 준비가 다 되었습니다. '내보내기' 버튼을 누릅니다.

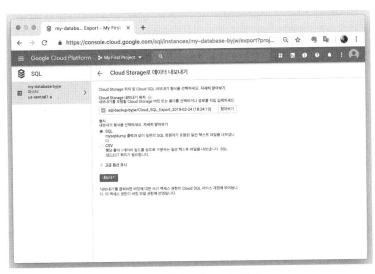

[그림 9-5-9] 내보내기 & 가져오기

10. 한 번 더 내보내기를 할 건지 물어보는데, '내보내기'를 누릅니다.

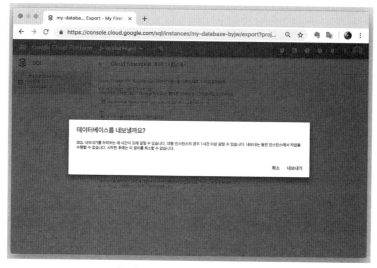

[그림 9-5-10] 내보내기 & 가져오기

11. 내보내기가 완료되면 다음과 같은 창이 뜹니다.

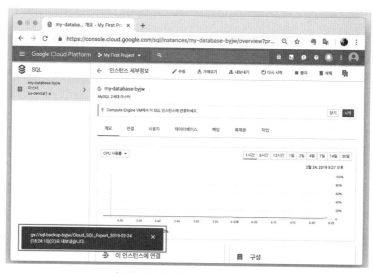

[그림 9-5-11] 내보내기 & 가져오기

12. 실제 GCS에도 잘 저장되었는지 확인해보겠습니다. '메뉴-Storage-브라우저'를 선택합니다.

[그림 9-5-12] 내보내기 & 가져오기

13. 버킷 리스트가 보이는데, 위에서 Cloud SQL 백업을 위해 만든 버킷을 선택합니다.

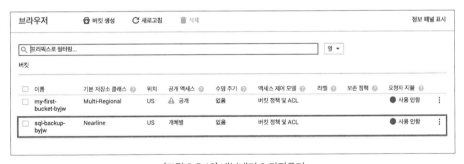

[그림 9-5-13] 내보내기 & 가져오기

14. 백업 파일이 잘 생성된 것을 확인할 수 있습니다.

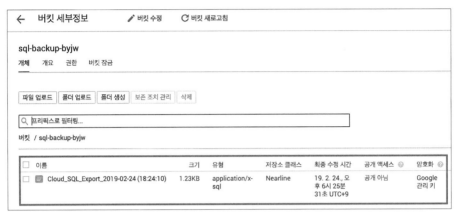

[그림 9-5-14] 내보내기 & 가져오기

15. 이번에는 '내보내기'를 통해 생성된 sql 파일을 가지고 복구해보도록 하겠습니다. 'Cloud SQL 콘솔'로 와서 상단에 '가져오기'를 누릅니다.

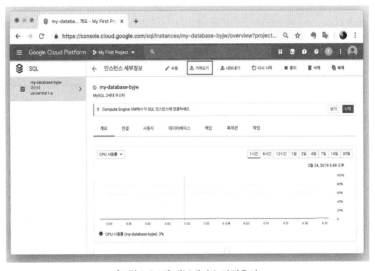

[그림 9-5-15] 내보내기 & 가져오기

16. '내보내기'로 만든 파일을 찾기 위해 '찾아보기' 버튼을 누릅니다.

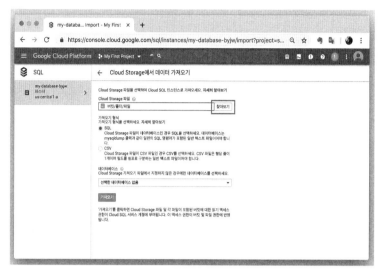

[그림 9-5-16] 내보내기 & 가져오기

17. 다음과 같이 버킷 리스트가 나타나면 백업된 버킷을 선택합니다.

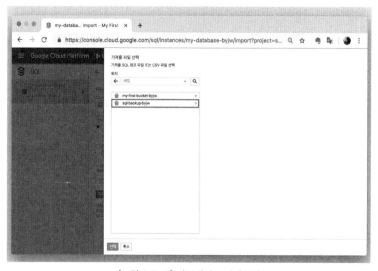

[그림 9-5-17] 내보내기 & 가져오기

18. '내보내기'로 '백업된 파일'을 선택하고 '선택' 버튼을 누릅니다.

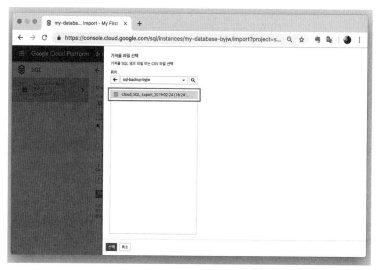

[그림 9-5-18] 내보내기 & 가져오기

19. 최종적으로 다음과 같은 화면이 나타나는데, 가져오기 형식에 따라 SQL과 CSV를 선택하고 '가져오기'를 누릅니다.

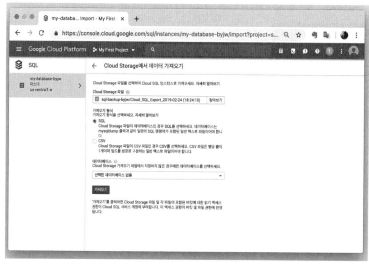

[그림 9-5-19] 내보내기 & 가져오기

20. 완료되면 다음과 같은 화면이 나타나고, 백업한 내용으로 복구가 완료됩니다.

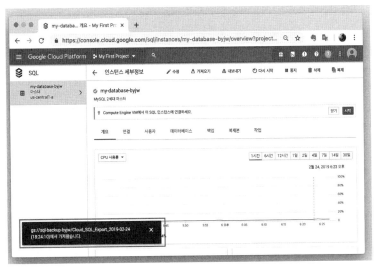

[그림 9-5-20] 내보내기 & 가져오기

10장

BigQuery

10.1 BigQuery란?

BigQuery는 확장성이 뛰어난 구글의 기업용 서버리스 기반의 데이터 웨어하우스입니다. 관리할 인프라가 없기 때문에 데이터 분석에 집중할 수 있으며, 인프라 및 데이터를 관리할 관리자도 필요하지 않습니다.

BigQuery는 ANSI:2011을 준수하는 표준 SQL을 지원하기 때문에 기존에 SQL을 알고 있는 사용자도 손쉽게 이용할 수 있는 장점이 있으며, ODBC 및 JDBC 드라이버를 제공하여 데이터를 쉽고 빠르게 통합할 수 있습니다. BigQuery는 몇 초 만에 기가바이트급에서 페타바이트급에 이르는 데이터를 대상으로 초고속으로 SQL 쿼리를 실행할 수 있습니다. 매월 무료로 최대 1TB 상당의 데이터를 분석하고 10GB의 데이터를 저장할 수 있습니다.

BigQuery는 스토리지와 컴퓨팅이 분리되어 있기 때문에 데이터 웨어하우스의 용량을 원하는 대로 계획할 수 있는 탄력적인 확장성을 가집니다. 자동 확장과 고성능 스트리밍 수집 방식을 지원해서 실시간 분석의 어려움도 간편하게 해결할 수 있습니다. 또한 BigQuery는 내부적으로 관리형 열형식 스토리지, 대량 동시 실행, 자동 성능 최적화 기능을 제공하고 있어서 데이터 크기에 관계없는 클라우드 데이터 레이크를 구축하고 동시에 빠르게 분석할 수 있습니다.

또 Google Cloud Storage와 구글 시트, 구글 드라이브 등으로 손쉽게 데이터를 읽을 수 있으며 인포매티카(Informatica)와 탈랜드(Talend) 같은 기존 ETL 도구와의 연동도 지원합니다. 아울러 태블로(Tableau), 마이크로스트레티지(MicroStrategy), 루커(Looker), 데이터 스튜디오(Data Studio) 와 같은 BI 도구와 자체적으로도 BI Engine을 지원하여 누구나 손쉽게 보고서와 대시보드를 만들 수 있습니다.

BigQuery는 모든 배치와 스트리밍 데이터를 분석할 수 있으며, 강력한 스트리밍 수집 기능은 실시간으로 데이터를 캡처하고 분석해, 통계를 항상 최신 상태로 유지합니다. 이제 데이터세트, 쿼리, 스프레드시트, 보고서로 조직 안팎에서 유용한 정보를 안전하게 공유하는 것이 가능합니다.

또한 최근 릴리즈된 BigQuery ML을 이용하면 SQL 쿼리를 통해 ML 모델을 학습시키는 것이 가능하며, 클라우드 ML 엔진(Cloud ML Engine) 및 텐서플로(Tensorflow)와도 통합이 가능합니다. BigQuery GIS를 이용하면 일반적으로 GIS 함수에 대한 SQL지원을 BigQuery 내에서 이용할 수 있습니다.

10.2 BigQuery 구조

BigQuery는 다음과 같은 논리 구조를 가집니다.

- **Project:** 가장 큰 개념으로, 프로젝트에는 결제 및 승인된 사용자에 대한 정보가 저장되며 각 프로젝트에는 이름과 고유 ID가 있습니다. 하나의 프로젝트에는 여러 개의 데이터세트(Dataset)가 들어갈 수 있습니다.

- **Dataset:** RDB의 데이터베이스(Database)와 같은 개념으로, Dataset는 특정 프로젝트에 포함되며, 테이블과 뷰에 대한 액세스를 구성하고 제어하는 데 사용합니다. 하나의 Dataset에는 여러 개의 Table을 가질 수 있습니다.
- **Table:** RDB의 Table과 같은 개념으로, 행으로 구성된 개별 레코드가 포함됩니다. 각 레코드는 컬럼으로 구성되며, 모든 테이블은 컬럼명, 데이터 유형, 기타 정보를 설명하는 스키마로 정의됩니다. BigQuery에서 지원되는 테이블 유형은 다음과 같습니다.
- **기본 테이블:** 기본 BigQuery Repository에서 지원되는 테이블입니다.
- **외부 테이블:** BigQuery 외부 Repository에서 지원되는 테이블입니다.
- **뷰:** SQL 쿼리로 정의된 가상 테이블입니다.
- **Job:** 쿼리, 데이터 로딩, 생성, 삭제 등 작업에 대한 단위입니다.

10.3 BigQuery SQL

BigQuery의 SQL은 크게 표준 SQL(Standard SQL)과 이전 SQL (Legacy SQL), 2가지 종류로 나뉩니다. 표준 SQL은 BigQuery 2.0부터 지원하기 시작했습니다. 표준 SQL은 SQL 2011표준을 준수하며, 중첩 및 반복 데이터 쿼리를 지원합니다. 현재는 기본 SQL로 표준 SQL(Standard SQL)이 설정되어 있습니다.

여기서는 두 종류의 SQL에 대한 간단한 차이를 설명하고 표준 SQL(Standard SQL)을 기본으로 하여 설명하겠습니다.

10.3.1 표준 SQL(Standard SQL) vs 이전 SQL(Legacy SQL)

여기서는 대표적인 차이만 설명하고 있습니다. 좀 더 자세한 차이를 알고 싶으면 https://cloud.google.com/bigquery/docs/reference/standard-sql/migrating-from-legacy-sql에서 확인할 수 있습니다.

Standard SQL	Legacy SQL
'프로젝트명.데이터세트.테이블명' ex) select * from 'my-project.my-dataset.my-table1'	[프로젝트명:데이터세트.테이블명] ex) select * from [my-project:my-dataset.my-table1]
'with절' 사용 가능	
DML (Insert, Update, Delete) 사용 가능	
Array 및 Struct 데이터 타입 사용 가능	
더 엄격한 TIMESTMP 값의 범위	
모든 위치에서 Sub Query 지원	

[표 10-3-1] 표준 SQL(Standard SQL) vs 이전 SQL(Legacy SQL)

10.3.2 표준 SQL 데이터 타입

여기서는 간단한 데이터 타입에 대해서 설명하고 있습니다. 좀 더 자세한 내용을 알고 싶으면 https://cloud.google.com/bigquery/docs/reference/standard-sql/data-types에서 확인할 수 있습니다.

타입	데이터 타입	설명
숫자	INT64	정수 (범위: -9,223,372,036,854,775,808~9,223,372,036,854,775,807)
	NUMERIC	좀 더 정밀한 숫자 (범위: -99999999999999999999999999999.999999999~999999 99999999999999999999.999999999)
	FLOAT64	부동 소수점, 배정밀도 십진수 값
부울 유형	BOOL	TRUE or FALSE (대소문자 구분하지 않음)
	STRING	Unicode 데이터
	BYTES	가변 길이 바이너리 데이터
	DATE	날짜 (범위: 0001-01-01~9999-12-31)
	DATETIME	날짜 + 시간 (범위: 0001-01-01 00:00:00~9999-12-31 23:59:59.999999)

타입	데이터 타입	설명
	TIME	시간
	TIMESTAMP	ms 단위의 절대 시점 값
	ARRAY	동일한 자료형의 리스트
	STRUCT	서로 다른 자료형의 리스트

[표 10-3-2-1] 표준 SQL 데이터 타입

유의할 부분은 아래 표를 참고하십시오.

속성	설명	적용 대상
Nullable	Null 허용	ARRAY는 NULL불가
Orderable	ORDER BY에서 사용	ARRAY, STRUCT 사용 불가
Groupable	GROUP BY, DISTINCT, PARTITION BY에서 사용	ARRAY, STRUCT 사용 불가
Comparable	동일한 유형의 값을 서로 비교	ARRAY 사용 불가 STRUCT '=' 만 필드 순서로 지원 가능

[표 10-3-2-2] 표준 SQL 데이터 타입의 유의점

10.3.3 표준 SQL 쿼리

SQL은 그 내용이 워낙 방대하기 때문에 여기서는 기본적인 SQL 문법 및 사용 예제만 다루겠습니다. 좀 더 자세한 내용을 알고 싶으면 https://cloud.google.com/bigquery/docs/reference/standard-sql/query-syntax에서 확인할 수 있습니다. 아래에 예제(JOIN 제외)의 프로젝트명, 데이터세트, 테이블명은 다음과 같습니다.

- **Project** Name: my-project-byjw
- **Dataset:** my_dataset
- **Table:** product
- **SELECT:** 테이블 안의 데이터를 보기 위한 쿼리

원본)

PRODUCT_ID	PRODUCT	PRICE
A001	PEN	3
A002	CANDY	1
A003	BOOK	8
A004	CUP	5
A005	USB	20
A006	BOOK	28
A007	CUP	12

쿼리)

```
SELECT *
FROM 'my-project-byjw.my_dataset.product'
```

결과)

PRODUCT_ID	PRODUCT	PRICE
A001	PEN	3
A002	CANDY	1
A003	BOOK	8
A004	CUP	5
A005	USB	20
A006	BOOK	28
A007	CUP	12

SELECT expression. *: 별칭(expression)을 주고 *를 붙임으로써 전체 데이터를 확인할 수 있습니다.

원본)

PRODUCT_ID	PRODUCT	PRICE
A001	PEN	3

A002	CANDY	1
A003	BOOK	8
A004	CUP	5
A005	USB	20
A006	BOOK	28
A007	CUP	12

쿼리)

```
SELECT HELLO.*
FROM 'my-project-byjw.my_dataset.product' AS HELLO;
```

결과)

PRODUCT_ID	PRODUCT	PRICE
A001	PEN	3
A002	CANDY	1
A003	BOOK	8
A004	CUP	5
A005	USB	20
A006	BOOK	28
A007	CUP	12

SELECT * EXCEPT (제외할 컬럼명): 전체 데이터에서 특정 컬럼명을 제외하고 산출할 수 있습니다.

원본)

PRODUCT_ID	PRODUCT	PRICE
A001	PEN	3
A002	CANDY	1
A003	BOOK	8
A004	CUP	5
A005	USB	20

A006	BOOK	28
A007	CUP	12

쿼리)

```
SELECT * EXCEPT (PRODUCT_ID)
FROM 'my-project-byjw.my_dataset.product';
```

결과)

PRODUCT	PRICE
PEN	3
CANDY	1
BOOK	8
CUP	5
USB	20
BOOK	28
CUP	12

SELECT * REPLACE: 특정 컬럼의 데이터를 변경하여 산출할 수 있습니다.

원본)

PRODUCT_ID	PRODUCT	PRICE
A001	PEN	3
A002	CANDY	1
A003	BOOK	8
A004	CUP	5
A005	USB	20
A006	BOOK	28
A007	CUP	12

쿼리-1)

```
SELECT * REPLACE (PRICE * 0.8 AS PRICE)
FROM 'my-project-byjw.my_dataset.product';
```

결과-1)

PRODUCT_ID	PRODUCT	PRICE
A001	PEN	2.4
A002	CANDY	0.8
A003	BOOK	6.4
A004	CUP	4
A005	USB	16
A006	BOOK	22.4
A007	CUP	9.6

쿼리-2)

```
SELECT * REPLACE (,SOLD OUT' AS PRODUCT)
FROM 'my-project-byjw.my_dataset.product'
```

결과-2)

PRODUCT_ID	PRODUCT	PRICE
A001	SOLD OUT	3
A002	SOLD OUT	1
A003	SOLD OUT	8
A004	SOLD OUT	5
A005	SOLD OUT	20
A006	SOLD OUT	28
A007	SOLD OUT	12

WHERE: 특정 조건에 해당하는 데이터를 산출할 때 'WHERE'로 조건을 줄 수 있습니다.

원본)

PRODUCT_ID	PRODUCT	PRICE
A001	PEN	3
A002	CANDY	1
A003	BOOK	8
A004	CUP	5
A005	USB	20
A006	BOOK	28
A007	CUP	12

쿼리)

```
SELECT *
FROM 'my-project-byjw.my_dataset.product'
WHERE PRICE >= 5
```

결과)

PRODUCT_ID	PRODUCT	PRICE
A003	BOOK	8
A004	CUP	5
A005	USB	20
A006	BOOK	28
A007	CUP	12

GROUP BY: 중복을 제거하고 특정 필드의 값들을 보고 싶을 때 이용하며, 문법상 'GROUP BY'에서 명시하는 필드를 'SELECT'에서도 명시해야 합니다.

원본)

PRODUCT_ID	PRODUCT	PRICE
A001	PEN	3
A002	CANDY	1
A003	BOOK	8

A004	CUP	5
A005	USB	20
A006	BOOK	28
A007	CUP	12

쿼리)

```
SELECT PRODUCT
FROM 'my-project-byjw.my_dataset.product'
GROUP BY PRODUCT
```

결과)

PRODUCT
PEN
CANDY
BOOK
CUP
USB

ORDER BY: 특정 컬럼을 기준으로 정렬할 때 이용합니다. 기본은 오름차순 정렬이며, 'DESC' 를 붙이면 내림차순 정렬이 됩니다.

원본)

PRODUCT_ID	PRODUCT	PRICE
A001	PEN	3
A002	CANDY	1
A003	BOOK	8
A004	CUP	5
A005	USB	20
A006	BOOK	28
A007	CUP	12

쿼리-1)

```
SELECT *
FROM 'my-project-byjw.my_dataset.product'
ORDER BY PRICE
```

결과-1)

PRODUCT_ID	PRODUCT	PRICE
A002	CANDY	1
A001	PEN	3
A004	CUP	5
A003	BOOK	8
A007	CUP	12
A005	USB	20
A006	BOOK	28

쿼리-2)

```
SELECT *
FROM 'my-project-byjw.my_dataset.product'
ORDER BY PRICE DESC
```

결과-2)

PRODUCT_ID	PRODUCT	PRICE
A006	BOOK	28
A005	USB	20
A007	CUP	12
A003	BOOK	8
A004	CUP	5
A001	PEN	3
A002	CANDY	1

SUBQUERIES: StandardSQL에서 지원하는 강력한 기능 중 하나로, 쿼리 안에 또 다른 쿼리를

넣을 수 있는 기능입니다. 괄호( ) 안에 쿼리를 넣어 사용합니다.

원본)

PRODUCT_ID	PRODUCT	PRICE
A001	PEN	3
A002	CANDY	1
A003	BOOK	8
A004	CUP	5
A005	USB	20
A006	BOOK	28
A007	CUP	12

쿼리)

```
SELECT TEMP.*
FROM (
  SELECT *
  FROM 'my-project-byjw.my_dataset.product'
) AS TEMP
```

결과)

PRODUCT_ID	PRODUCT	PRICE
A001	PEN	3
A002	CANDY	1
A003	BOOK	8
A004	CUP	5
A005	USB	20
A006	BOOK	28
A007	CUP	12

CROSS JOIN: BigQuery에서는 다양한 JOIN을 제공하며, 'CROSS JOIN'은 공통 필드가 없을 때 합치는 용도로 사용합니다.

원본)

- **Project Name:** my-project-byjw
- **Dataset:** my_dataset
- **Table:** product

PRODUCT_ID	PRODUCT	PRICE
A001	PEN	3
A002	CANDY	1
A003	BOOK	8
A004	CUP	5
A005	USB	20
A006	BOOK	28
A007	CUP	12

- **Project Name:** my-project-byjw
- **Dataset:** my_dataset
- **Table:** access_log

agent	code	host	method	path	referer	size	user	time
Mozilla/5.0 Jorgee	404	2	213.135.229.55	http://130.211.208.3:80/PMA2014/	-	0	-	null
Mozilla/5.0 Jorgee	404	2	213.135.229.55	http://130.211.208.3:80/PMA2013/	-	0	-	null
Mozilla/5.0 Jorgee	404	2	213.135.229.55	http://130.211.208.3:80/db/phpMyAdmin3/	-	0	-	null

쿼리)

```
SELECT *
FROM 'my-project-byjw.my_dataset.product'
CROSS JOIN 'my-project-byjw.my_dataset.access_log'
```

결과)

PRODUCT_ID	PRODUCT	PRICE	agent	code	host	method	path	referer	size	user	time
A001	PEN	3	Mozilla/5,0 Jorgee	404	2	213,135,229,55	http://130,211,208,3:80/PMA2013/	-	0	-	null
A001	PEN	3	Mozilla/5,0 Jorgee	404	2	213,135,229,55	http://130,211,208,3:80/PMA2014/	-	0	-	null
A001	PEN	3	Mozilla/5,0 Jorgee	404	2	213,135,229,55	http://130,211,208,3:80/db/phpMyAdmin3/	-	0	-	null
A002	CANDY	1	Mozilla/5,0 Jorgee	404	2	213,135,229,55	http://130,211,208,3:80/PMA2013/	-	0	-	null
A002	CANDY	1	Mozilla/5,0 Jorgee	404	2	213,135,229,55	http://130,211,208,3:80/PMA2014/	-	0	-	null
A002	CANDY	1	Mozilla/5,0 Jorgee	404	2	213,135,229,55	http://130,211,208,3:80/db/phpMyAdmin3/	-	0	-	null
A003	BOOK	8	Mozilla/5,0 Jorgee	404	2	213,135,229,55	http://130,211,208,3:80/PMA2013/	-	0	-	null
A003	BOOK	8	Mozilla/5,0 Jorgee	404	2	213,135,229,55	http://130,211,208,3:80/PMA2014/	-	0	-	null
A003	BOOK	8	Mozilla/5,0 Jorgee	404	2	213,135,229,55	http://130,211,208,3:80/db/phpMyAdmin3/	-	0	-	null
A004	CUP	5	Mozilla/5,0 Jorgee	404	2	213,135,229,55	http://130,211,208,3:80/PMA2013/	-	0	-	null
A004	CUP	5	Mozilla/5,0 Jorgee	404	2	213,135,229,55	http://130,211,208,3:80/PMA2014/	-	0	-	null
A004	CUP	5	Mozilla/5,0 Jorgee	404	2	213,135,229,55	http://130,211,208,3:80/db/phpMyAdmin3/	-	0	-	null
A005	USB	20	Mozilla/5,0 Jorgee	404	2	213,135,229,55	http://130,211,208,3:80/PMA2013/	-	0	-	null
A005	USB	20	Mozilla/5,0 Jorgee	404	2	213,135,229,55	http://130,211,208,3:80/PMA2014/	-	0	-	null
A005	USB	20	Mozilla/5,0 Jorgee	404	2	213,135,229,55	http://130,211,208,3:80/db/phpMyAdmin3/	-	0	-	null
A006	BOOK	28	Mozilla/5,0 Jorgee	404	2	213,135,229,55	http://130,211,208,3:80/PMA2013/	-	0	-	null
A006	BOOK	28	Mozilla/5,0 Jorgee	404	2	213,135,229,55	http://130,211,208,3:80/PMA2014/	-	0	-	null
A006	BOOK	28	Mozilla/5,0 Jorgee	404	2	213,135,229,55	http://130,211,208,3:80/db/phpMyAdmin3/	-	0	-	null
A007	CUP	12	Mozilla/5,0 Jorgee	404	2	213,135,229,55	http://130,211,208,3:80/PMA2013/	-	0	-	null
A007	CUP	12	Mozilla/5,0 Jorgee	404	2	213,135,229,55	http://130,211,208,3:80/PMA2014/	-	0	-	null
A007	CUP	12	Mozilla/5,0 Jorgee	404	2	213,135,229,55	http://130,211,208,3:80/db/phpMyAdmin3/	-	0	-	null

INNER JOIN: 'INNER JOIN'은 ON 또는 USING에서 지정한 컬럼을 기준으로 테이블을 합치며, 양쪽 모두 있는 컬럼을 기준으로 데이터를 합칩니다(** ON을 사용했을 때 "*"을 사용하면 "Duplicate column names in the result are not supported. Found duplicate(s): PRODUCT_ID" 같은 에러가 나기 때문에 중복되는 컬럼을 SELECT에 따로 써줘야 합니다).

원본)

- **Project Name:** my-project-byjw
- **Dataset:** my_dataset
- **Table:** product

PRODUCT_ID	PRODUCT	PRICE
A001	PEN	3
A002	CANDY	1
A003	BOOK	8
A004	CUP	5
A005	USB	20
A006	BOOK	28
A007	CUP	12

- **Project Name:** my-project-byjw
- **Dataset:** my_dataset
- **Table:** producer

PRODUCT_ID	PRODUCER	UNIT_COST
A001	ASA	2
A002	ASA	1
A003	HG	4
A004	HG	3
A005	HG	12

쿼리)

```
SELECT product.product_id, product, price, producer, unit_cost
FROM 'my-project-byjw.my_dataset.product' AS product
JOIN 'my-project-byjw.my_dataset.producer' AS producer
ON product.product_id = producer.product_id
SELECT * FROM 'my-project-byjw.my_dataset.product' AS product
```

```
JOIN 'my-project-byjw.my_dataset.producer' AS producer
USING (product_id)
```

결과)

PRODUCT_ID	PRODUCT	PRICE	PRODUCER	UNIT_COST
A001	PEN	3	ASA	2
A002	CANDY	1	ASA	1
A003	BOOK	8	HG	4
A004	CUP	5	HG	3
A005	USB	20	HG	12

LEFT JOIN: 'LEFT JOIN'은 USING에서 지정한 컬럼을 기준으로 테이블을 합칩니다. 왼쪽에 지정한 테이블을 기준으로 오른쪽에 데이터가 없으면 오른쪽에 지정한 테이블에 null을 넣습니다.

원본)

- **Project Name:** my-project-byjw
- **Dataset:** my_dataset
- **Table:** product

PRODUCT_ID	PRODUCT	PRICE
A001	PEN	3
A002	CANDY	1
A003	BOOK	8
A004	CUP	5
A005	USB	20
A006	BOOK	28
A007	CUP	12

- **Project Name:** my-project-byjw
- **Dataset:** my_dataset
- **Table:** producer

PRODUCT_ID	PRODUCER	UNIT_COST
A001	ASA	2
A002	ASA	1
A003	HG	4
A004	HG	3
A005	HG	12

쿼리)

```
SELECT product.product_id, product, price, producer, unit_cost
FROM 'my-project-byjw.my_dataset.product' AS product
LEFT JOIN 'my-project-byjw.my_dataset.producer' AS producer
ON product.product_id = producer.product_id
SELECT *
FROM 'my-project-byjw.my_dataset.product' AS product
LEFT JOIN 'my-project-byjw.my_dataset.producer' AS producer
USING (product_id)
```

결과)

PRODUCT_ID	PRODUCT	PRICE	PRODUCER	UNIT_COST
A001	PEN	3	ASA	2
A002	CANDY	1	ASA	1
A003	BOOK	8	HG	4
A004	CUP	5	HG	3
A005	USB	20	HG	12
A006	BOOK	28	null	null
A007	CUP	12	null	null

RIGHT JOIN: 'RIGHT JOIN'은 USING에서 지정한 컬럼을 기준으로 테이블을 합칩니다. 오른

쪽에 지정한 테이블을 기준으로 왼쪽에 데이터가 없으면 왼쪽에 지정한 테이블에 null을 넣습니다.

원본)
- **Project Name:** my-project-byjw
- **Dataset:** my_dataset
- **Table:** product

PRODUCT_ID	PRODUCT	PRICE
A001	PEN	3
A002	CANDY	1
A004	CUP	5
A005	USB	20
A006	BOOK	28
A007	CUP	12

- **Project Name:** my-project-byjw
- **Dataset:** my_dataset
- **Table:** producer

PRODUCT_ID	PRODUCER	UNIT_COST
A001	ASA	2
A002	ASA	1
A003	HG	4
A004	HG	3
A005	HG	12

쿼리)

```
SELECT product.product_id, product, price, producer, unit_cost
FROM 'my-project-byjw.my_dataset.product' AS product
```

```
RIGHT JOIN 'my-project-byjw.my_dataset.producer' AS producer
ON product.product_id = producer.product_id
SELECT *
FROM 'my-project-byjw.my_dataset.product' AS product
RIGHT JOIN 'my-project-byjw.my_dataset.producer' AS producer
USING (product_id)
```

결과)

PRODUCT_ID	PRODUCER	UNIT_COST	PRODUCT	PRICE
A001	PEN	3	ASA	2
A002	CANDY	1	ASA	1
A003	null	null	HG	4
A004	CUP	5	HG	3
A005	USB	20	HG	12

FULL JOIN: 'FULL JOIN'은 USING에서 지정한 컬럼을 기준으로 테이블을 합칩니다. 합치는 테이블의 매칭되는 데이터가 없으면 양쪽 다 null을 넣습니다.

원본)

- **Project Name:** my-project-byjw
- **Dataset:** my_dataset
- **Table:** product

PRODUCT_ID	PRODUCT	PRICE
A001	PEN	3
A002	CANDY	1
A004	CUP	5
A005	USB	20
A006	BOOK	28
A007	CUP	12

- **Project Name:** my-project-byjw
- **Dataset:** my_dataset
- **Table:** producer

PRODUCT_ID	PRODUCER	UNIT_COST
A001	ASA	2
A002	ASA	1
A003	HG	4
A004	HG	3
A005	HG	12

쿼리)

```
SELECT product.product_id, product, price, producer, unit_cost
FROM 'my-project-byjw.my_dataset.product' AS product
FULL JOIN 'my-project-byjw.my_dataset.producer' AS producer
ON product.product_id = producer.product_id
SELECT *
FROM 'my-project-byjw.my_dataset.product' AS product
FULL JOIN 'my-project-byjw.my_dataset.producer' AS producer
USING (product_id)
```

결과)

PRODUCT_ID	PRODUCT	PRICE	PRODUCER	UNIT_COST
A001	PEN	3	ASA	2
A002	CANDY	1	ASA	1
A003	null		HG	4
A004	CUP	5	HG	3
A005	USB	20	HG	12
A006	BOOK	28	null	null
A007	CUP	12	null	null

10.3.4 표준 SQL 함수

표준 SQL은 다양한 함수를 제공합니다. 다음과 같이 종류별 함수를 제공하지만 너무 방대
한 내용이니, 좀 더 자세히 알고 싶다면 https://cloud.google.com/bigquery/docs/reference/
standard-sql/syntax에서 확인할 수 있습니다.

지원 함수	설명
분석(=집계) 함수	행 그룹을 대상으로 집계 값을 계산하는 함수로 행 그룹에 대해 단일 집계 값을 반환하는 집계 함수와 달리 분석 함수는 입력 행 그룹을 대상으로 함수를 계산함으로써 각 행마다 단일 값을 반환합니다.
배열 함수	하위 쿼리의 각 행별로 하나의 요소를 가진 ARRAY를 반환합니다.
비트 함수	BIT 연산을 위한 함수를 지원합니다.
날짜/시간 함수	날짜 및 시간 관련 함수를 지원합니다.
디버깅 함수	디버깅을 위한 오류 반환 함수를 지원합니다.
지리 함수	지리 기반 데이터를 분석할 수 있는 다양한 함수를 지원합니다.
해시 함수	해시 데이터를 분석할 수 있는 함수를 지원합니다.
HyperLogLog++ 함수	HyperLogLog++ 알고리즘을 사용한 집계 함수를 지원합니다.
JSON 함수	JSON 형식의 문자열에 저장된 데이터를 검색 및 JSON 형식의 문자열로 변환하는 데 도움이 되는 함수
수학 함수	ABS( ), SIGN( ) 등 수학 관련 다양한 함수
탐색 함수	분석 함수의 하위 집합
Net 함수	IP주소나 MAC 주소와 같은 네트워크 관련 함수를 지원합니다.
번호 지정 함수	RANK( )나 NTILE( ) 같은 분석 함수를 지원합니다.
보안 함수	SESSION_USER( )와 같은 BigQuery 보안 관련 함수를 지원합니다.
통계 집계 함수	통계 집계를 위한 함수를 지원합니다.
문자열 함수	STRING 및 BYTES 데이터 타입을 지원하는 문자열 함수들을 지원합니다.
타임스탬프 함수	CURRENT_TIMESTAMP( )와 같이 TIMESTAMP 관련 함수를 지원합니다.
UUID 함수	UUID(Universally Unique Identifier) 관련 함수를 지원합니다.

[표 10-3-4] 표준 SQL 함수

10.4 BigQuery ML(베타, 2019년 3월 기준)

BigQuery ML을 사용하면, BigQuery에서 Python이나 자바와 같은 프로그래밍 언어 없이 표준 SQL 쿼리만으로 머신 러닝 모델을 만들고 실행할 수 있습니다. 현재 BigQuery ML은 다음의 모델을 지원합니다.

- **선형 회귀(Linear Regression)**: 숫자 값을 예측하는데 사용
- **이진 로지스틱 회귀(Binary Logistic Regression)**: 두 클래스 중 하나를 예측하는데 사용
- **다중 클래스 로지스틱 회귀(Multiclass Logistic Regression)**: 3개 이상의 클래스를 예측하는데 사용

BigQuery ML은 다음과 같은 장점을 가지고 있습니다.

- Python이나 자바와 같은 프로그래밍 언어를 사용하지 않고, SQL을 사용해 모델을 만들고 실행할 수 있습니다.
- 데이터 웨어하우스 내에서 모델을 만들고 실행하기 때문에 데이터를 내보내지 않아도 됩니다. 이로 인해서 속도 면에서 큰 장점을 가질 수 있습니다.

간단한 예제는 실습에서 다뤄보도록 하겠습니다.

10.5 BigQuery GIS(베타, 2019년 3월 기준)

BigQuery GIS에서는 지리 데이터 유형과 표준 SQL 지리 함수를 사용하여 BigQuery에서 지리공간 데이터를 분석하고, 시각화할 수 있습니다. BigQuery GIS는 다음과 같은 제약사항이 있습니다.

- '지리 함수'는 표준 SQL에서만 지원합니다.

구글 클라우드 플랫폼 뽀개기

• BigQuery Client library는 아직까지는 지오그래피(GEOGRAPHY) 데이터 유형을 지원하지 않습니다.
• DML 문은 GEOGRAPHY 데이터 유형을 지원하지 않습니다.

간단한 예제는 실습에서 다뤄보도록 하겠습니다.

10.6 BigQuery Web UI 살펴보기

이번에는 실제 BigQuery를 사용할 Web UI를 살펴보겠습니다.

[그림 10-6-1] BigQuery Web UI

- **1번:** 쿼리 기록, 저장한 쿼리, 리소스(프로젝트, 데이터세트, 테이블) 등의 내용을 가지고 있습니다.
- **2번:** 실제 쿼리를 입력하는 곳입니다.
- **3번:** 쿼리 실행, 저장 및 옵션을 위한 버튼들이 있으며, 우측에는 쿼리의 문법 검사 및 쿼리 실행 시 용량에 대해 알려줍니다.
- **4번:** 쿼리 실행에 따른 결과 및 각각의 리소스(프로젝트, 데이터세트, 테이블) 등에 대한 설정을 할 수 있습니다.

10.1 데이터세트 및 테이블 생성 및 삭제

BigQuery를 이용하기 위한 데이터세트 및 테이블을 생성해보고 삭제하는 방법에 대해서 알아보겠습니다.

1. GCP 콘솔로 들어갑니다.

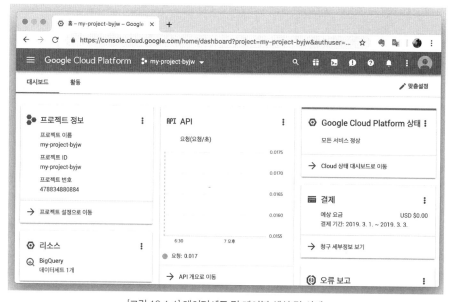

[그림 10-1-1] 데이터세트 및 테이블 생성 및 삭제

2. '메뉴-BigQuery'로 들어갑니다.

[그림 10-1-2] 데이터세트 및 테이블 생성 및 삭제

3. [그림 10-1-3] 같은 화면을 볼 수 있습니다. 이 화면이 기본 BigQuery 화면입니다.

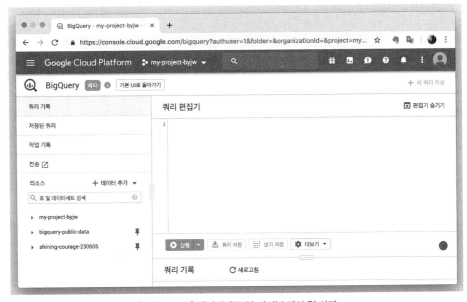

[그림 10-1-3] 데이터세트 및 테이블 생성 및 삭제

4. 좌측 하단에 '프로젝트 명'을 클릭하고, 우측 하단에 있는 '데이터세트 만들기'를 선택합니다.

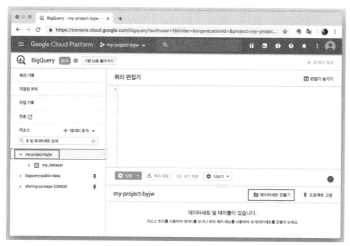

[그림 10-1-4] 데이터세트 및 테이블 생성 및 삭제

5. [그림 10-1-5] 같은 화면이 나타나고 여기에 원하는 '데이터세트 ID'를 넣고 하단에 '데이터
세트 만들기'를 클릭합니다(만약 해당 테이블의 만료일이 필요하면 하단의 옵션을 통해서
설정이 가능합니다).

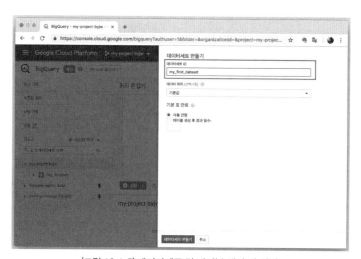

[그림 10-1-5] 데이터세트 및 테이블 생성 및 삭제

6. 좌측 하단에 있는 프로젝트명 하단에 좀 전에 만든 '데이터세트'가 추가된 것을 확인할 수 있습니다. 이번에는 생성된 '데이터세트'를 클릭하고, 우측에 있는 '테이블 만들기'를 누릅니다.

[그림 10-1-6] 데이터세트 및 테이블 생성 및 삭제

7. [그림 10-1-7] 같은 화면이 나타납니다.

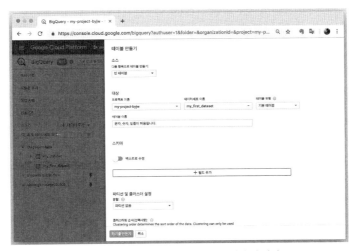

[그림 10-1-7] 데이터세트 및 테이블 생성 및 삭제

8. 우선 상단에 '소스'를 선택하여 어떤 형태로 테이블을 생성할지 정할 수 있습니다. 가능한 옵션은 다음과 같습니다.

- **빈 테이블:** 처음부터 테이블을 생성합니다.
- **Google Cloud Storage:** GCS에 있는 csv, json 같은 파일로 테이블을 생성합니다.
- **업로드:** 로컬(개인 PC) 있는 파일로 생성을 합니다.
- **드라이브:** 구글 드라이브에서 생성할 파일을 가져옵니다.
- **Google Cloud Bigtable:** Bigtable로부터 테이블을 가져옵니다.

[그림 10-1-8] 데이터세트 및 테이블 생성 및 삭제

9. 여기서는 '빈 테이블'을 선택했고, 다음과 같은 스키마를 가진 테이블을 만들겠습니다. 설
   정을 마무리하고 하단에 '테이블 만들기'를 선택합니다.

[그림 10-1-9] 데이터세트 및 테이블 생성 및 삭제

10. [그림 10-1-10]과 같이 '데이터세트' 아래에 '테이블'이 생성된 것을 확인할 수 있습니다. 해
    당 '테이블'을 클릭하면 우측 하단에서 여러 정보를 확인할 수 있습니다.

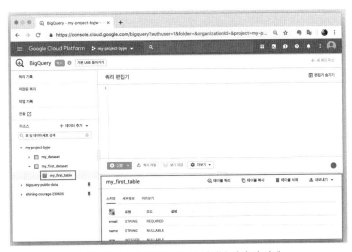

[그림 10-1-10] 데이터세트 및 테이블 생성 및 삭제

11. 이제 테이블도 만들었으니 아래 명령어로 임의의 데이터를 입력해보겠습니다. 문제없이
실행이 되었다면 "… 에 1행이 추가되었습니다"라는 메시지를 확인할 수 있습니다. INSERT
INTO '프로젝트명.데이터세트.테이블명' (컬럼) VALUES (값)

[그림 10-1-11] 데이터세트 및 테이블 생성 및 삭제

12. [그림 10-1-12] 같이 하단에 테이블 정보 중에 '미리보기'를 확인하면 데이터가 잘 들어갔
는지 확인할 수 있습니다.

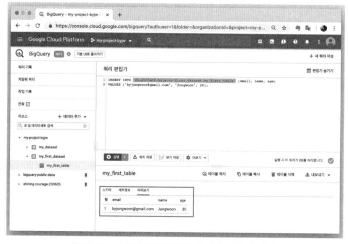

[그림 10-1-12] 데이터세트 및 테이블 생성 및 삭제

13. 이번에는 테이블을 삭제해보겠습니다. 하단에 '테이블 삭제'를 클릭합니다.

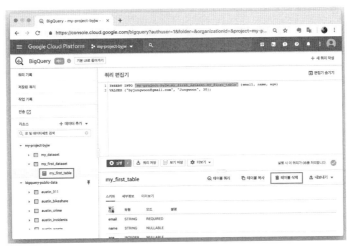

[그림 10-1-13] 데이터세트 및 테이블 생성 및 삭제

14. [그림 10-1-14] 같은 화면을 볼 수 있는데, 안전 장치로 직접 '테이블 명'을 입력해야 '삭제' 버튼을 누를 수 있습니다.

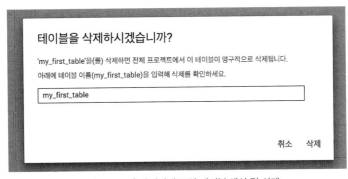

[그림 10-1-14] 데이터세트 및 테이블 생성 및 삭제

15. [그림 10-1-15] 같이 테이블이 사라진 것을 확인할 수 있습니다. 이번엔 데이터세트를 삭제해보겠습니다. 하단에 '데이터세트 삭제' 버튼을 누릅니다.

[그림 10-1-15] 데이터세트 및 테이블 생성 및 삭제

16. 테이블 삭제와 같은 화면이 나타납니다. 이번에도 '데이터세트 이름'을 입력하고 '삭제'를 누릅니다.

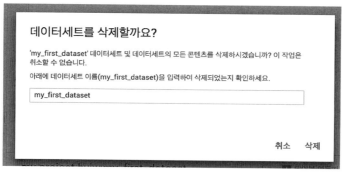

[그림 10-1-16] 데이터세트 및 테이블 생성 및 삭제

17. 완료되면 '데이터세트'가 사라진 것을 확인할 수 있습니다.

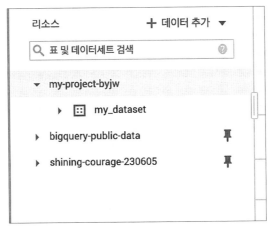

[그림 10-1-17] 데이터세트 및 테이블 생성 및 삭제

10.2 CSV로 테이블 만들기

업무 중에 CSV형태로 데이터를 받아서 이를 데이터베이스에 올려야 하는 경우가 있죠. 이때 CSV로 테이블 업로드를 지원하는 BigQuery는 편하게 업로드할 수 있기 때문에 이번 실습에서 CSV로 테이블을 한 번 만들어보도록 하겠습니다.

1. 먼저 BigQuery 콘솔로 들어갑니다. 그 다음 '데이터세트'를 만들기 위해서 프로젝트를 선택하고 하단에 '데이터세트 만들기'를 클릭합니다.

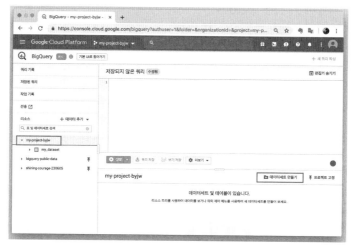

[그림 10-2-1] 데이터세트 및 테이블 생성 및 삭제

2. [그림 10-2-2] 같은 화면이 나타나는데, '데이터세트 ID' 입력하고, 하단에 '데이터세트 만들기'를 클릭합니다.

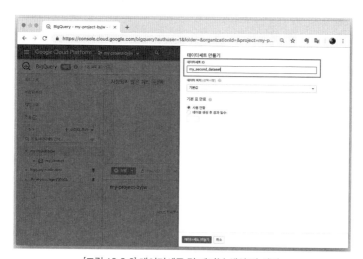

[그림 10-2-2] 데이터세트 및 테이블 생성 및 삭제

3. 조금 전 만든 '데이터세트'가 생성되었을 것입니다. 만들어진 '데이터세트'를 클릭한 다음에 하단에 '테이블 만들기'를 클릭합니다.

[그림 10-2-3] 데이터세트 및 테이블 생성 및 삭제

4. [그림 10-2-4] 같은 화면이 나타나는데, '소스'를 선택합니다.

[그림 10-2-4] 데이터세트 및 테이블 생성 및 삭제

5. 옵션 중 '업로드'를 선택합니다(이번에는 Local에 있는 CSV 파일을 가져와보겠습니다).

[그림 10-2-5] 데이터세트 및 테이블 생성 및 삭제

6. [그림 10-2-6] 같은 화면이 나타날 것입니다. '파일 선택'을 위해서 '탐색'을 누릅니다.

[그림 10-2-6] 데이터세트 및 테이블 생성 및 삭제

7. 로컬에서 업로드하려는 'CSV 파일'을 선택합니다.

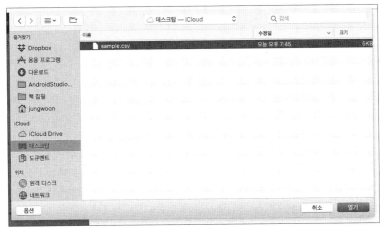

[그림 10-2-7] 데이터세트 및 테이블 생성 및 삭제

8. [그림 10-2-8] 같이 나타나는데, 여기서 '자동 감지'를 체크합니다(만약 직접 스키마를 지정 한다면, 체크하지 않습니다).

[그림 10-2-8] 데이터세트 및 테이블 생성 및 삭제

9. 지금 업로든 된 'sample.csv'는 [그림 10-2-9] 같이 상단에 제목이 있기 때문에 이를 감지하기 위해 다음 옵션을 따르도록 하겠습니다.

emp_no	birth_date	first_name	last_name	gender	hire_date
10001	1953-09-02	Georgi	Facello	M	1986-06-26
10002	1964-06-02	Bezalel	Simmel	F	1985-11-21
10003	1959-12-03	Parto	Bamford	M	1986-08-28
10004	1954-05-01	Chirstian	Koblick	M	1986-12-01
10005	1955-01-21	Kyoichi	Maliniak	M	1989-09-12
10006	1953-04-20	Anneke	Preusig	F	1989-06-02
10007	1957-05-23	Tzvetan	Zielinski	F	1989-02-10
10008	1958-02-19	Saniya	Kalloufi	M	1994-09-15
10009	1952-04-19	Sumant	Peac	F	1985-02-18
10010	1963-06-01	Duangkaew	Piveteau	F	1989-08-24
10011	1953-11-07	Mary	Sluis	F	1990-01-22
10012	1960-10-04	Patricio	Bridgland	M	1992-12-18
10013	1963-06-07	Eberhardt	Terkki	M	1985-10-20
10014	1956-02-12	Berni	Genin	M	1987-03-11
10015	1959-08-19	Guoxiang	Nooteboom	M	1987-07-02
10016	1961-05-02	Kazuhito	Cappelletti	M	1995-01-27
10017	1958-07-06	Cristinel	Bouloucos	F	1993-08-03
10018	1954-06-19	Kazuhide	Peha	F	1987-04-03
10019	1953-01-23	Lillian	Haddadi	M	1999-04-30
10020	1952-12-24	Mayuko	Warwick	M	1991-01-26
10021	1960-02-20	Ramzi	Erde	M	1988-02-10
10022	1952-07-08	Shahaf	Famili	M	1995-08-22
10023	1953-09-29	Bojan	Montemayor	F	1989-12-17
10024	1958-09-05	Suzette	Pettey	F	1997-05-19
10025	1958-10-31	Prasadram	Heyers	M	1987-08-17

sample.csv Numbers(으)로 열기

[그림 10-2-9] 데이터세트 및 테이블 생성 및 삭제

10. 스크롤을 내려서 '고급 옵션'을 열면 [그림 10-2-10] 같은 화면이 나타나는데, 여기서 '건너뛸 헤더 행'에 '1'을 입력하고 '테이블 만들기'를 클릭합니다.

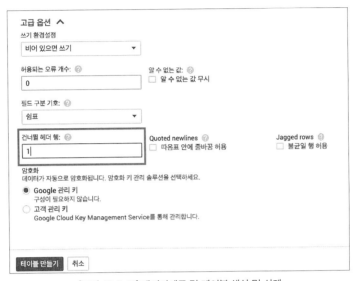

[그림 10-2-10] 데이터세트 및 테이블 생성 및 삭제

11. 이제 '미리보기'로 확인을 하면, 데이터가 잘 들어간 것을 확인할 수 있습니다.

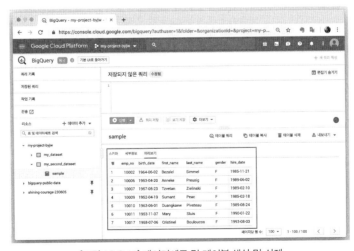

[그림 10-2-11] 데이터세트 및 테이블 생성 및 삭제

10.3 간단한 SQL 및 시각화와 저장

이번에는 BigQuery에서 제공하는 공개 데이터를 이용하여 간단한 SQL 작성하여 쿼리 결과를 얻고, 이를 시각화 및 저장을 해보겠습니다.

1. 먼저 'BigQuery 콘솔'에 들어가보도록 하겠습니다.

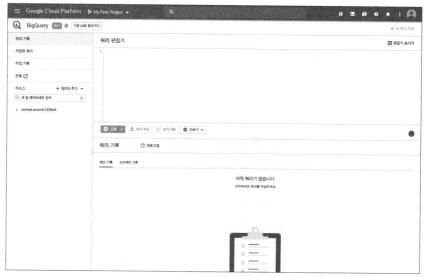

[그림 10-3-1] 공개 데이터로 쿼리 후 시각화 및 저장

2. 일단 당장 데이터가 없기 때문에 GCP에서 제공하는 공개데이터를 가져와보겠습니다. 좌측 메뉴에서 '데이터 추가-공개 데이터세트 탐색하기'를 누릅니다.

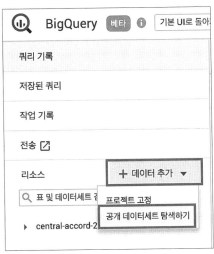

[그림 10-3-2] 공개 데이터로 쿼리 후 시각화 및 저장

3. [그림 10-3-3] 같은 화면이 나타나는데, 언제든 여기서 원하는 공개 데이터를 가져다 이용할 수 있습니다. 'Austin Crime Data' 사용을 위해 검색에 'austin crime data'를 검색해봅니다.

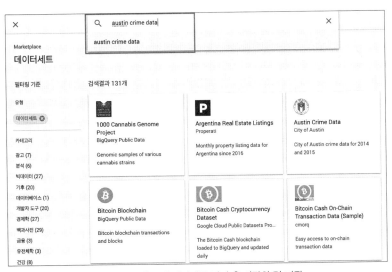

[그림 10-3-3] 공개 데이터로 쿼리 후 시각화 및 저장

4. [그림 10-3-4]와 같이 결과가 나타납니다. 클릭합니다.

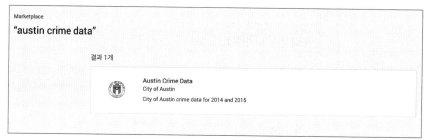

[그림 10-3-4] 공개 데이터로 쿼리 후 시각화 및 저장

5. [그림 10-3-5] 같이 나타나는데, 여기서 '데이터세트 보기'를 선택합니다.

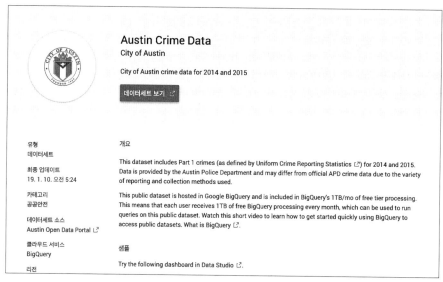

[그림 10-3-5] 공개 데이터로 쿼리 후 시각화 및 저장

6. 다시 BigQuery 콘솔이 나타나고, 좌측에 선택한 '데이터세트'과 '테이블'을 확인할 수 있습니다.

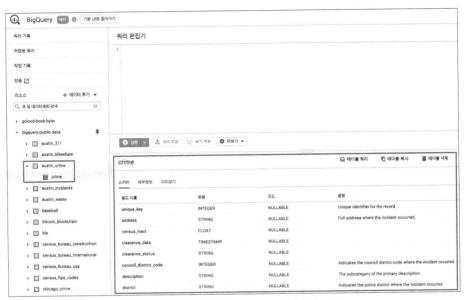

[그림 10-3-6] 공개 데이터로 쿼리 후 시각화 및 저장

7. 데이터가 어떻게 생겼는지 확인하려면 'crime' 테이블을 선택하고 '미리보기'를 클릭합니다.

[그림 10-3-7] 공개 데이터로 쿼리 후 시각화 및 저장

8. 이번 실습에서는 '범죄별 카운트'를 구해보겠습니다. 다음과 같이 쿼리를 입력하고 하단
   에 '실행' 버튼을 클릭합니다. SELECT primary_type AS TYPE, count(primary_type) AS
   TOTAL_RATEFROM 'bigquery-public-data.austin_crime.crime'GROUP BY TYPE;

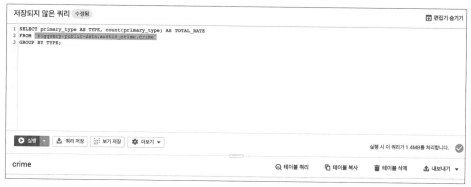

[그림 10-3-8] 공개 데이터로 쿼리 후 시각화 및 저장

9. '범죄 유형별 사건 수'를 확인할 수 있습니다. 이번에는 이를 시각화하기 위해 '데이터 스튜
   디오에서 살펴보기'를 선택합니다.

[그림 10-3-9] 공개 데이터로 쿼리 후 시각화 및 저장

10. 처음 데이터 스튜디오를 열면 [그림 10-3-10] 같은 화면이 뜹니다. '시작하기'를 누릅니다.

[그림 10-3-10] 공개 데이터로 쿼리 후 시각화 및 저장

11. 그 다음 '액세스 승인' 요청이 나타납니다. '승인'을 누릅니다.

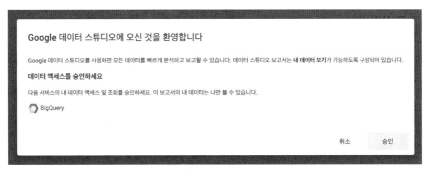

[그림 10-3-11] 공개 데이터로 쿼리 후 시각화 및 저장

12. 구글 계정으로 로그인을 하면 [그림 10-3-12] 같이 나타나는데 '허용'을 누릅니다.

[그림 10-3-12] 공개 데이터로 쿼리 후 시각화 및 저장

13. 처음에는 [그림 10-3-13] 같이 나타나는데, 이미 BigQuery로부터 데이터를 다 읽어온 상태입니다.

[그림 10-3-13] 공개 데이터로 쿼리 후 시각화 및 저장

14. 앞 그림에서 '제목 없는 탐색기-날짜'인 부분을 클릭하면 해당 보고서의 이름을 변경할 수 있습니다. 눌러서 'AUSTIN CRIME'을 입력하겠습니다.

[그림 10-3-14] 공개 데이터로 쿼리 후 시각화 및 저장

15. 여기서는 범죄 유형별 비율을 보기 위해서 [그림 10-3-15] 같이 '원형 차트'를 선택하겠습니다.

[그림 10-3-15] 공개 데이터로 쿼리 후 시각화 및 저장

16. 바로 [그림 10-3-16] 같이 '원형 차트'로 적용이 되는데, 보면 대부분의 데이터가 '5.6%'로 나옵니다. 이 부분을 설정하겠습니다.

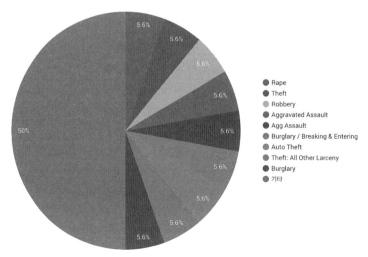

[그림 10-3-16] 공개 데이터로 쿼리 후 시각화 및 저장

17. '측정기준'을 보면 'TYPE'으로 설정되어 있는데, 이 부분을 클릭하여 'TOTAL_RATE'로 변경하겠습니다.

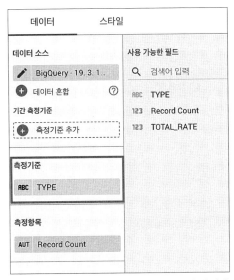

[그림 10-3-17] 공개 데이터로 쿼리 후 시각화 및 저장

18. [그림 10-3-18] 같이 설정된 것을 확인할 수 있습니다.

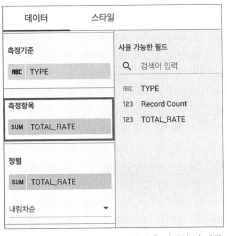

[그림 10-3-18] 공개 데이터로 쿼리 후 시각화 및 저장

19. 그리고 더 많은 '범죄 유형'을 표시하기 위해서 상단에 '스타일'을 선택하고 '원형 차트'를 '15개 조각'으로 변경합니다.

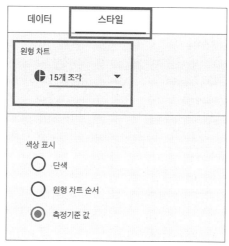

[그림 10-3-19] 공개 데이터로 쿼리 후 시각화 및 저장

20. [그림 10-3-20]과 같이 더 많은 조각과 함께 '범죄 유형별 비율'을 확인할 수 있습니다.

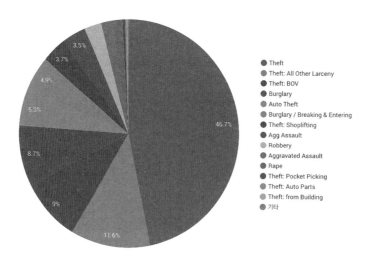

[그림 10-3-20] 공개 데이터로 쿼리 후 시각화 및 저장

21. 이번에는 다시 BigQuery 콘솔로 와서 하단에 '결과 저장-CSV(로컬)'을 선택하여 내 PC에 산출된 데이터를 CSV 형태로 저장해보도록 하겠습니다.

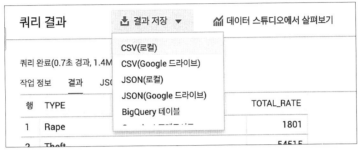

[그림 10-3-21] 공개 데이터로 쿼리 후 시각화 및 저장

22. [그림 10-3-22] 같이 나타나는데, 저장하고자 하는 위치를 선택합니다.

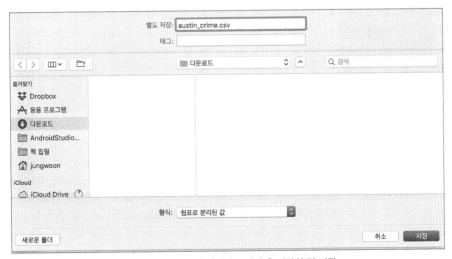

[그림 10-3-22] 공개 데이터로 쿼리 후 시각화 및 저장

23. 저장된 파일을 보면 [그림 10-3-23] 같이 산출된 결과가 잘 나온 것을 확인할 수 있습니다.

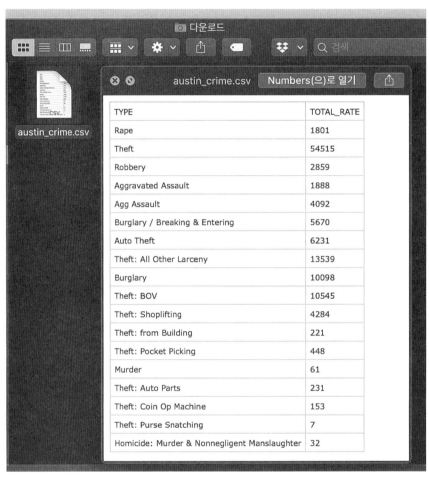

TYPE	TOTAL_RATE
Rape	1801
Theft	54515
Robbery	2859
Aggravated Assault	1888
Agg Assault	4092
Burglary / Breaking & Entering	5670
Auto Theft	6231
Theft: All Other Larceny	13539
Burglary	10098
Theft: BOV	10545
Theft: Shoplifting	4284
Theft: from Building	221
Theft: Pocket Picking	448
Murder	61
Theft: Auto Parts	231
Theft: Coin Op Machine	153
Theft: Purse Snatching	7
Homicide: Murder & Nonnegligent Manslaughter	32

[그림 10-3-23] 공개 데이터로 쿼리 후 시각화 및 저장

11장

Cloud Composer

11.1 Cloud Composer란?

Cloud Composer는 파이프라인을 작성하여 예약 및 모니터링할 수 있는 통합 워크플로 관리 서비스입니다.

Cloud Composer는 내부적으로는 아파치 에어플로(Apache Airflow)를 기반으로 한 워크플로 통합 서비스로 Google Cloud Platform의 다양한 서비스들이 활용되어 있습니다. 먼저 구글 쿠버네티스 엔진을 기반으로 한 배포 환경을 가지고 있으며, Cloud SQL을 이용하여 메타 데이터를 저장하고, 앱 엔진을 활용하여 에어플로(Airflow) 웹 서버를 호스팅하며, 로그 관리는 Stackdriver를 이용합니다.

Cloud Composer는 Python을 기반으로 DAG와 태스크(Task)에 대한 코드를 작성할 수 있으며, 분산 환경 및 웹 UI 기반의 강력한 모니터링 기능을 제공해 간편하게 모니터링을 할 수 있습니다. 또한 멀티 클라우드를 지원하기 때문에 온프레미스와 다른 클라우드 서비스들과 교차하는 워크플로를 작성할 수 있습니다.

Cloud Composer의 내부 아키텍처는 [그림 11-1]과 같습니다.

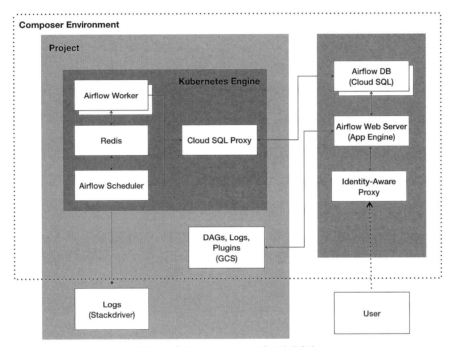

[그림 11-1] Cloud Composer 내부 아키텍처

11.2 Apache Airflow

아파치 에어플로(Apache Airflow)는 유명한 여행 서비스 회사인 에어비앤비(Airbnb)에서 개발된 워크플로 통합 도구로 현재는 아파치 재단에서 인큐베이팅 하고 있는 프로젝트입니다.

아파치 에어플로의 장점으로는 데이터 분석가 및 개발자 모두가 익숙한 언어인 Python을 기본으로 태스크에 대한 코드를 작성할 수 있어서 접근성이 낮은 면이 있습니다. 웹 UI 기반의 강력한 모니터링 툴을 제공하기 때문에 웹 브라우저를 통해서 손쉽게 모니터링을 할 수 있다는 장점을 가지고 있습니다.

11.3 Cloud Composer 주요 개념

Cloud Composer(Airflow)에는 약간은 생소할 수 있지만 반드시 알아두어야 할 개념들이 있기 때문에 먼저, 그 부분을 짚고 넘어가겠습니다.

11.3.1 DAG란?

Cloud Composer 워크플로는 DAG라고 하는 비순환 그래프로 표현됩니다. 다시 말해, 하나의 DAG가 하나의 워크플로라고 생각하면 됩니다. 워크플로 안에 오퍼레이터(Operator)를 이용해 태스크를 만들어 담을 수 있습니다. 다음과 같이 Python을 이용하여 간단히 DAG를 만들 수 있습니다.

```
my_dag = DAG(
        'my_dag',
        description='My First DAG',
        start_date=datetime(2019, 1, 1),
        schedule_interval='1 0 * * 2", # crontab nomination (하단에 설명)
        catchup=False # 이 부분이 True이면 start_date부터 실행이 안된 부분 실행
)
** crontab nomination
분(0-59) 시간(0-23) 일(1-31) 월(1-12) 요일(0-7)
```

11.3.2 Operator 와 Task

오퍼레이터는 DAG안에 정의되는 작업 함수이며, 이를 이용해 태스크를 만듭니다. 에어플로
에서 지원하는 오퍼레이터의 종류는 다양하고, 좀 더 자세한 내용은 https://airflow.apache.
org/howto/operator.html?highlight=operator에서 확인할 수 있습니다. 여기서는 간단하게 배
시 오퍼레이터(Bash Operator)와 Python 오퍼레이터(Python Operator)만 간단히 살펴보도록
하겠습니다.

- **Bash Operator:** 배시 내의 쉘 명령어를 태스크로 사용할 수 있게 도와주는 오퍼레이터

```
task_echo_hello_world = BashOperator(
        task_id='echo_hello_world',
        bash_command='echo "Hello World (shell)"',
        dag=my_dag
)
```

- **Python Operator:** Python으로 만든 함수를 태스크로 사용할 수 있게 도와주는 오퍼레이터

```
def print_hello_world():
        print("Hello World!!! (python)")
task_print_hello_world = PythonOperator(
        task_id='print_hello_world',
        python_callable=print_hello_world,
        dag=my_dag
)
```

11.3.3 데이터 저장

Cloud Composer는 생성 시 자동으로 Google Cloud Storage 내에 버킷을 만들고, 클라우드 스토리지 FUSE를 사용하여 에어플로 인스턴스와 GCS버킷을 서로 매핑합니다. 버킷의 이름은 환경 영역, 이름 및 랜덤한 ID를 기반으로 생성됩니다. 이를 통해서 버킷에 저장된 데이터를 통해 컴포저(Composer)를 관리할 수 있습니다.

폴더	설명	GCS 경로	매핑된 디렉터리	용량 제한
DAG	사용자 환경에 맞는 DAG를 저장합니다. 이 폴더의 DAG만 사용자 환경에 맞게 예약됩니다.	gs://bucket-name/dags	/home/airflow/gcs/dags	기본적으로 100GB 용량 제공
Plugins	operators, hooks, sensors 및 interfaces와 같은 커스텀 플러그인이 저장이 됩니다.	gs://bucket-name/plugins	/home/airflow/gcs/plugins	기본적으로 100GB 용량 제공
Data	Task에서 생성되고 사용하는 데이터를 저장하며, 이 폴더는 모든 작업자 노드에 탑재됩니다.	gs://bucket-name/data	/home/airflow/gcs/data	용량 제한 X
Logs	Airflow 로그를 저장합니다.	gs://bucket-name/logs	/home/airflow/gcs/logs	용량 제한 X

11장

실 습

11.1 Cloud Composer에 워크플로 만들어서 올리기

우선 Cloud Composer를 만들어보도록 하겠습니다. 기본적으로 GCP에서 컴포저가 만들어
지면, 콘테이너(Container) 형태로 자동 생성됩니다.

1. 먼저 'GCP 콘솔' 화면으로 가도록 하겠습니다.

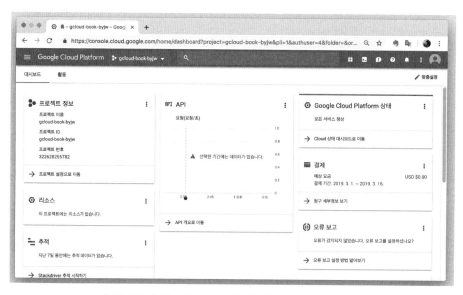

[그림 11-1-1] Cloud Composer에 워크플로우 만들어서 올리기

2. '메뉴-Composer'를 선택하도록 하겠습니다.

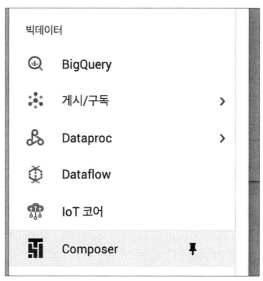

[그림 11-1-2] Cloud Composer에 워크플로우 만들어서 올리기

3. 처음에는 API 설정이 되어있지 않아서 [그림 11-1-3] 같이 나타납니다. '사용 설정'을 눌러서 API 사용을 허용해줍니다.

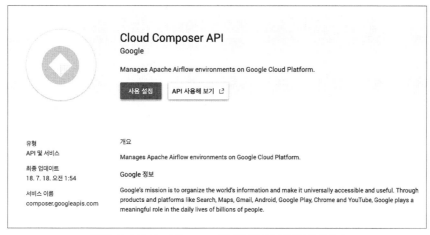

[그림 11-1-3] Cloud Composer에 워크플로우 만들어서 올리기

4. [그림 11-1-4] 같이 'API 사용 설정 중'이란 화면이 나타납니다.

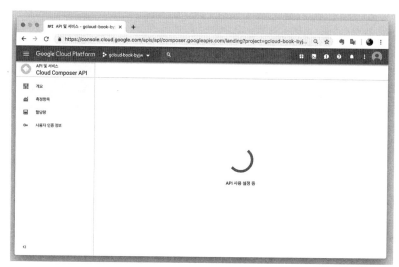

[그림 11-1-4] Cloud Composer에 워크플로우 만들어서 올리기

5. 설정이 완료가 되면 [그림 11-1-5] 같은 화면이 나타납니다. 상단의 '만들기'를 눌러서
Composer 환경을 만들겠습니다.

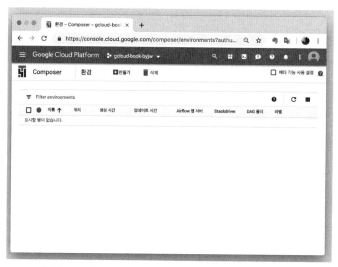

[그림 11-1-5] Cloud Composer에 워크플로우 만들어서 올리기

6. [그림 11-1-6] 같은 화면이 나타나면 '이름', '노드 수', '위치'를 설정합니다.

- **이름:** my-first-composer
- **노드 수:** 3
- **위치:** asia-northeast1

[그림 11-1-6] Cloud Composer에 워크플로우 만들어서 올리기

7. 스크롤을 내리면 더 많은 옵션들을 설정할 수 있는데, 여기서는 'Python 버전'까지만 '3'으로 설정하고, '만들기' 버튼을 눌러서 생성을 시작하도록 하겠습니다.

[그림 11-1-7] Cloud Composer에 워크플로우 만들어서 올리기

8. 시간이 조금 지나고 생성이 완료가 되면 [그림 11-1-8]과 같은 화면이 나타납니다.

[그림 11-1-8] Cloud Composer에 워크플로우 만들어서 올리기

9. 이렇게 Composer를 만들면, 실제로는 'Kubernetes Engine'쪽에 [그림 11-1-9] 같이 클러스터가 생성됩니다. 이걸로 실제로는 에어플로가 설치된 컨테이너가 생성된 것을 확인할 수 있습니다.

[그림 11-1-9] Cloud Composer에 워크플로우 만들어서 올리기

10. Compute Engine 쪽에도 [그림 11-1-10] 같이 Container가 생성된 것을 확인할 수 있습니다.

[그림 11-1-10] Cloud Composer에 워크플로우 만들어서 올리기

11. 다시 Composer로 와서, Python 파일을 넣어주기 위해 'DAG 폴더'를 선택합니다.

[그림 11-1-11] Cloud Composer에 워크플로우 만들어서 올리기

12. [그림 11-1-12] 같이 GCS 버킷이 하나 생성이 되는데, 이곳에서 DAG를 생성한 Python 파일들을 관리합니다. 여기에 다음과 같이 샘플 소스(hello_world.py)를 만들어서 업로드하겠습니다.

```python
from datetime import datetime
from airflow import DAG
from airflow.operators.bash_operator import BashOperator
from airflow.operators.python_operator import PythonOperator

# DAG 생성
my_dag = DAG(
    'my_dag',
    description='My First DAG',
    start_date=datetime(2019, 1, 1),
    schedule_interval='0 12 * * *',
    catchup=False
)

# 단순히 echo "Hello World (shell)" 명령을 실행하는 Task 생성
task_echo_hello_world = BashOperator(
    task_id='echo_hello_world',
    bash_command='echo "Hello World (shell)"',
    dag=my_dag)

def print_hello_world():
    return 'Hello World!!! (python)'

# 단순히 'Hello World!!! (python)'를 print 하는 Task 생성
task_print_hello_world = PythonOperator(
    task_id='print_hello_task',
    python_callable=print_hello_world, # 위의 print_hello_world()
    dag=my_dag)

# 여기서 '>>'를 이용하여 순서를 정할 수 있습니다.
# task_echo_hello_world 테스크 실행 후에 task_print_hello_world를 실행하라는 의미입니다.
task_echo_hello_world >> task_print_hello_world
```

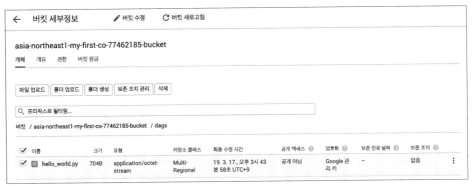

[그림 11-1-12] Cloud Composer에 워크플로우 만들어서 올리기

13. 다시 Composer 로 돌아와서 이번에는 'Airflow 웹 서버' 메뉴 아래에 'Airflow'를 누르도록 하겠습니다.

[그림 11-1-13] Cloud Composer에 워크플로우 만들어서 올리기

14. [그림 11-1-14] 같이 'Airflow 웹 콘솔'이 나타나고, 방금 업로드한 'my_dag'가 실행된 것을 확인할 수 있습니다.

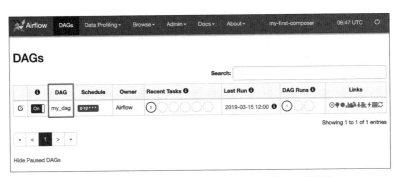

[그림 11-1-14] Cloud Composer에 워크플로우 만들어서 올리기

15. 만들어진 DAG를 클릭하면, 세부적인 진행 사항을 확인할 수 있습니다.

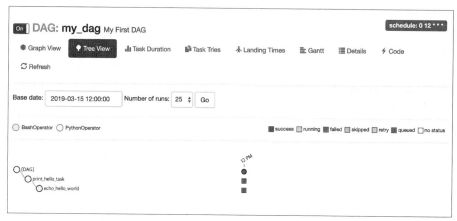

[그림 11-1-15] Cloud Composer에 워크플로우 만들어서 올리기

16. 그리고 'Log'를 살펴보면 위에서 만들었던 작동대로 'Hello World!! (python)'가 프린트 된 것을 확인할 수 있습니다. Composer를 이용하면 워크플로 코드 작성에만 집중하여 업로 드 하는 것만으로도 워크플로를 관리할 수 있습니다.

[그림 11-1-16] Cloud Composer에 워크플로우 만들어서 올리기

11.2 Python 패키지 설치하기

Cloud Composer는 GCP 위에서 돌아가기 때문에 따로 관리할 필요 없이 코드에 집중할 수 있어서 매우 편리합니다. 이제, 기본적으로 지원하는 Python 패키지 외에 패키지 설치는 어떻게 하는지 살펴보겠습니다.

1. 우선 Composer 화면으로 가서 만들어진 'my-first-composer'를 누릅니다.

[그림 11-2-1] Python 패키지 설치하기

2. [그림 11-2-2] 같은 화면이 나타나는데, 여기서 상단의 'PYPI PACKAGES'를 클릭합니다.

[그림 11-2-2] Python 패키지 설치하기

3. [그림 11-2-3] 같은 화면이 나타납니다. 여기서 '수정'을 누릅니다.

[그림 11-2-3] Python 패키지 설치하기

4. [그림 11-2-4]와 같이 '+ 패키지 추가' 버튼이 활성화되는데, 이를 클릭합니다.

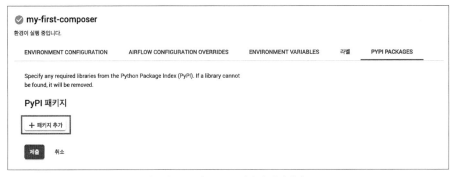

[그림 11-2-4] Python 패키지 설치하기

5. '이름'에 설치하고자 하는 '패키지 네임'을 입력하고(여기서는 'pymysql'을 주겠습니다) 원하시는 버전이 있으면 '버전'에 입력을 하고, 없으면 생략 가능합니다. 끝나면 '제출'을 클릭합니다.

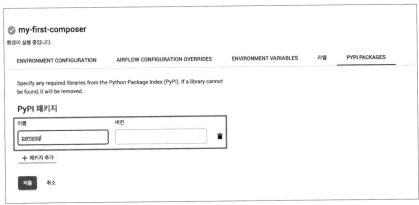

[그림 11-2-5] Python 패키지 설치하기

6. 설치가 완료되면 [그림 11-2-6] 같이 새로운 패키지가 추가된 것을 확인할 수 있습니다. 이후에는 'pymysql'을 Python 코드에서 사용할 수 있습니다.

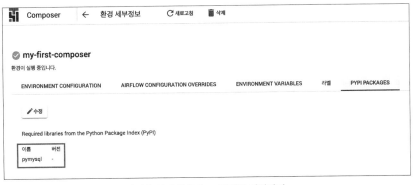

[그림 11-2-6] Python 패키지 설치하기

7. 이제, Composer에서 사용할 수 있는 패키지를 찾는 방법에 대해 설명하겠습니다. Composer
는 Py-PI 기반의 패키지 설치가 가능하기 때문에 https://pypi.org에서 찾고자 하는 패키지
가 있는지 확인합니다.

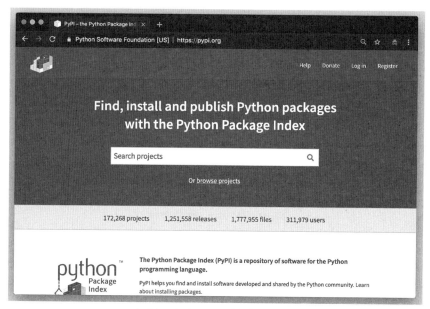

[그림 11-2-7] Python 패키지 설치하기

8. 여기서는 'pymysql'을 검색해보겠습니다. [그림 11-2-8] 같이 결과가 나오는데, 맨 위의 패키지를 선택하겠습니다.

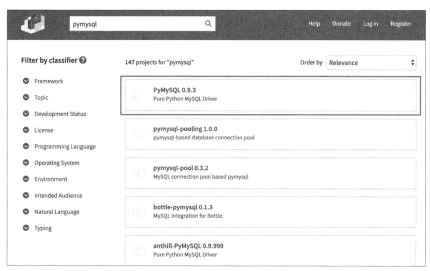

[그림 11-2-8] Python 패키지 설치하기

9. [11-2-9] 같이 설치할 이름을 알 수 있는데, 이 이름으로 Composer에서 설치가 가능하게 됩니다.

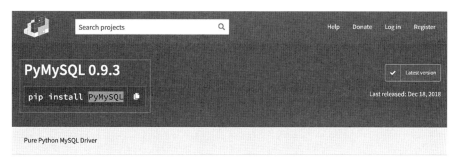

[그림 11-2-9] Python 패키지 설치하기

12장

Source Repositories

Source Repositories란?

Google Cloud Platform에서 지원하는 비공개 Git Repository입니다. 확장이 가능하며, GCP 내부의 서비스이다 보니 간편하게 다른 GCP 서비스들과 연결하여 빌드, 배포, 디버깅을 할 수 있습니다.

Source Repositories는 무제한 비공개 Git Repository를 제공하며, GCP 내부에 있는 Cloud Build를 사용해 CI/CD 환경도 구축할 수 있습니다. GCP Console에서 제공하는 소스 브라우저를 사용하면 Repository 내의 Repository 파일을 확인할 수 있으며 필터링 기능을 사용하여 특정 브랜치, 태그, 커밋만 표시할 수 있습니다. 또한 강력한 정규 표현식을 지원하기 때문에 여러 디렉터리에서 내가 찾고자 하는 프로젝트나 파일 코드를 손쉽게 찾을 수 있습니다. 깃허브(GitHub)나 빗버켓(Bitbucket) Repository를 Cloud Source Repositories에 연결할 수 있으며, 연결된 Repository는 자동으로 동기화됩니다. Source Repositories는 데이터 저장을 여러 데이터 센터에 지리적으로 분산하여 저장하기 때문에 자연재해같은 상황에서도 높은 가용성으로 관리됩니다.

자동 로깅 기능을 사용하면 Stackdriver Logging에 로그를 보내 데이터 액세스 추적 및 문제 해결을 돕습니다. Repository 활동을 로깅하면 최근 Repository 동기화 활동과 다른 사용자의 만들기, 삭제, 권한 변경사항, Repository 액세스와 같은 관리 작업의 로그를 검토할 수 있습니다. 또한 Repository 동기화 중 오류가 로깅 되면 경고가 전송되도록 알림 설정을 할 수도 있습니다.

Source Repositories는 여러 종류의 IDE를 제공하는데, 대표적으로 다음과 같이 있습니다. 자세한 내용은 참조 링크를 통해서 더 자세히 알아볼 수 있습니다.

- Cloud Tools for IntelliJ(https://cloud.google.com/tools/intellij/docs/vcs)
- Cloud Tools for Visual Studio(https://cloud.google.com/tools/visual-studio/docs/source-repo)
- Cloud Tools for Android Studio(https://cloud.google.com/tools/android-studio/vcs)

그 이외에는 기존에 우리가 사용하고 있는 Git 시스템과 동일하기 때문에 Git에 대한 내용을 좀 더 알고 싶으면 https://git-scm.com에서 확인할 수 있습니다.

12.1 Repository 만들어서 Push하기

Source Repositories에 개인 Repository를 만들어서 프로젝트를 Push 해보도록 하겠습니다.

1. 먼저, 'GCP 콘솔'로 갑니다.

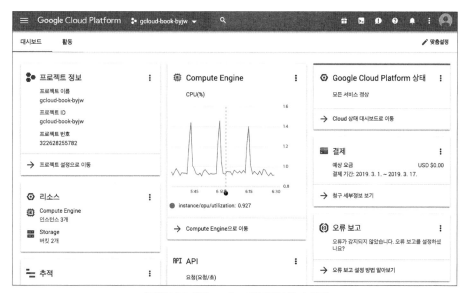

[그림 12-1-1] Repository 만들어서 Push하기

2. '메뉴-Source Repositories'로 들어갑니다.

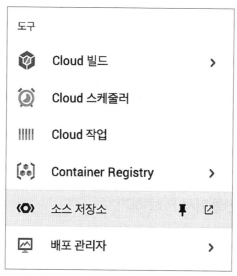

[그림 12-1-2] Repository 만들어서 Push하기

3. 처음 들어가면 [그림 12-1-3] 같은 화면이 나타납니다. 여기서 '시작하기'를 선택합니다.

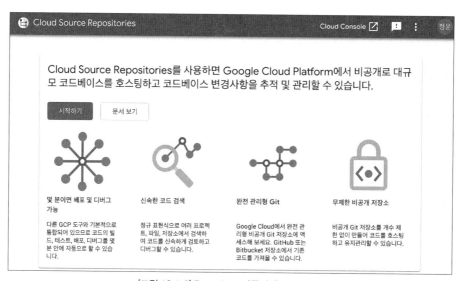

[그림 12-1-3] Repository 만들어서 Push하기

4. 처음 이용한다면 [그림 12-1-4] 같은 화면이 나타나는데, 여기서 'Repository 만들기'를 누릅니다.

[그림 12-1-4] Repository 만들어서 Push하기

5. 여기서는 '새 Repository'를 만들기 위해 '새 Repository 만들기'를 선택하고 '계속'을 누릅니다.

[그림 12-1-5] Repository 만들어서 Push하기

6. [그림 12-1-6] 같은 화면이 나타나면 'Repository 이름'을 지정하고 '현재 프로젝트'를 선택한 다음 '만들기'를 누릅니다.

[그림 12-1-6] Repository 만들어서 Push하기

7. Repository가 완성되고 [그림 12-1-7] 같은 화면이 나타나는데, 아래 옵션을 선택하도록 하겠습니다.

- **Repository로 코드를 푸시할 옵션:** '로컬 Git Repository에서 코드 푸시'
- **선호하는 인증 방식 선택:** Google Cloud SDK

이렇게 원하는 방식을 선택하면, 친절하게 어떤 명령어를 입력하여 코드를 Repository로 Push할 수 있는지 명령어를 보여줍니다.

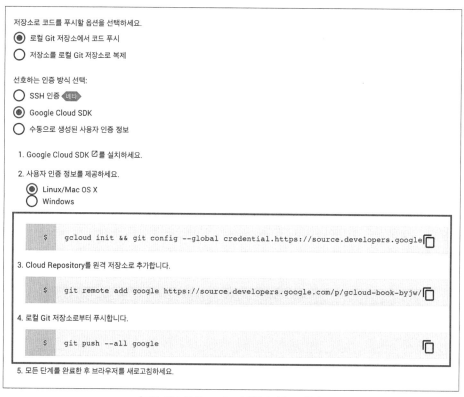

[그림 12-1-7] Repository 만들어서 Push하기

8. 우선 Push할 임의의 Node 프로젝트를 만들겠습니다. 터미널로 가서 아래 명령어로 Node 프로젝트를 만듭니다.

```
$ mkdir test-node    # 디렉터리 생성
$ cd test-node       # 생성된 디렉터리로 이동
$ npm init           # 해당 디렉터리를 Node 프로젝트로 초기화(사전에 npm이 설치되어야 함)
```

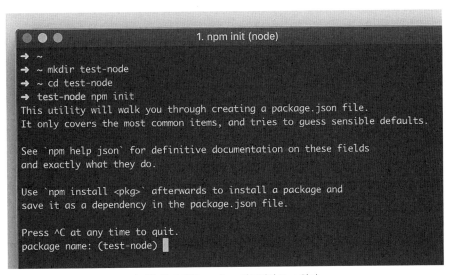

[그림 12-1-8] Repository 만들어서 Push하기

9. Node 프로젝트 설정을 끝내고 설정을 하기 위해 Source Repositories 페이지에 있던 첫번 째 명령어('$ gcloud init && git config --global credential.https://source.developers.google. com.helper gcloud.sh')를 복사합니다.

[그림 12-1-9] Repository 만들어서 Push하기

10. 복사한 명령어를 터미널에 붙여넣습니다. 그러면 [그림 12-1-10] 같이 인증 단계를 걸치는
데, Source Repositories를 설정한 '구글 계정'과 '프로젝트'를 선택하여 설정합니다.

```
1. gcloud init && git config --global gcloud.sh (Python)
→ test-node clear
→ test-node
→ test-node ls
package.json
→ test-node gcloud init && git config --global credential.https://source.developers.google.com.helper gcloud.sh
Welcome! This command will take you through the configuration of gcloud.

Settings from your current configuration [default] are:
core:
  account: gcloudbookbyjw3@gmail.com
  disable_usage_reporting: 'True'
  project: gcloud-book-byjw

Pick configuration to use:
 [1] Re-initialize this configuration [default] with new settings
 [2] Create a new configuration
Please enter your numeric choice:
```

[그림 12-1-10] Repository 만들어서 Push하기

11. 다음 진행해야 할 명령어를 복사합니다.

```
3. Cloud Repository를 원격 저장소로 추가합니다.

$    git remote add google https://source.developers.google.com/p/gcloud-book-byjw/
```

[그림 12-1-11] Repository 만들어서 Push하기

12. 그러나 아직 해당 Node 프로젝트에 git 설정이 되어있지 않기 때문에 아래 명령어를 차례
로 입력하여 git을 설정하고 위에서 복사한 명령어를 실행합니다.

```
$ git init
$ git remote add google https://source.developers.google.com/p/gcloud-book-
byjw/r/my-first-repository
```

```
1. jungwoon@Jungwoonui-MacBookPro: ~/test-node (zsh)
→ test-node git init
Initialized empty Git repository in /Users/jungwoon/test-node/.git/
→ test-node git:(master) ✗ git remote add google https://source.developers.google.com/p/gcloud-book-byjw/r/my-first-repository
→ test-node git:(master) ✗
```

[그림 12-1-12] Repository 만들어서 Push하기

13. 그 다음, 아래 명령어로 remote가 잘 설정되어 있는지 확인합니다.

```
$ git remote -v
```

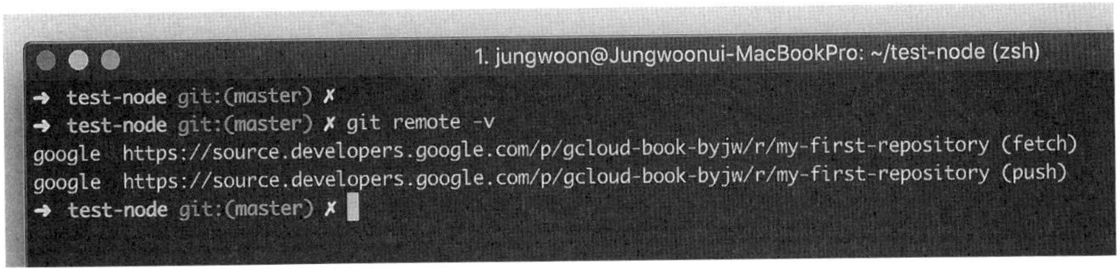

[그림 12-1-13] Repository 만들어서 Push하기

14. 이제 아래 명령어로 Node 프로젝트 파일들을 추가하고 커밋합니다.

```
$ git add *              # 프로젝트 내부의 파일 추가
$ git commit -m "init"   # 'init'이란 커밋 메시지와 함께 커밋
```

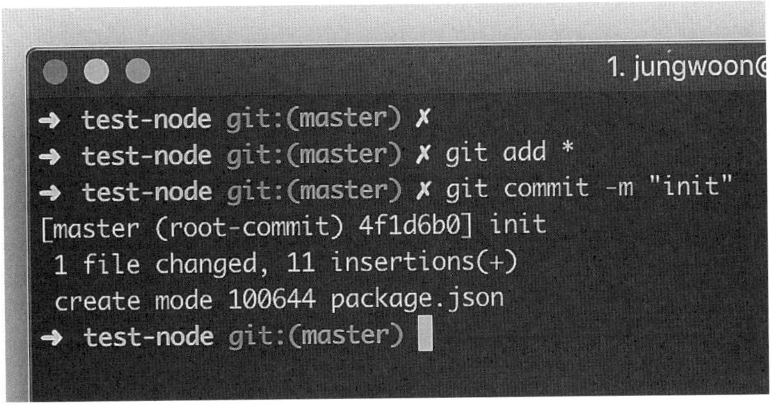

[그림 12-1-14] Repository 만들어서 Push하기

15. 이제 마지막 Push 명령어를 복사합니다.

---

4. 로컬 Git 저장소로부터 푸시합니다.

```
$    git push --all google
```

[그림 12-1-15] Repository 만들어서 Push하기

16. 마지막으로 복사한 명령어를 입력하여 Push합니다.

```
$ git push --all google
```

여기까지 잘 진행이 되었다면, 정상적으로 [그림 12-1-16]와 같이 Push가 되는 결과를 확인할 수 있습니다.

```
                                    1. jungwoon@Jungwoonui-MacBookPro: ~/test-no
→ test-node git:(master)
→ test-node git:(master) git push --all google
Counting objects: 3, done.
Delta compression using up to 4 threads.
Compressing objects: 100% (2/2), done.
Writing objects: 100% (3/3), 351 bytes | 351.00 KiB/s, done.
Total 3 (delta 0), reused 0 (delta 0)
To https://source.developers.google.com/p/gcloud-book-byjw/r/my-first-repository
 * [new branch]      master -> master
→ test-node git:(master)
```

[그림 12-1-16] Repository 만들어서 Push하기

17. 'Cloud Source Repositories 페이지'에 가서 '새로고침'을 하면 Push가 성공적인 것을 확인할 수 있습니다.

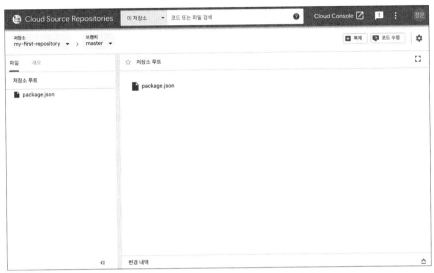

[그림 12-1-17] Repository 만들어서 Push하기

12.2 외부 Repository와 연동해보기

이번에는 외부 Repository(GitHub)와 연결해보도록 하겠습니다.

1. 우선 'Cloud Source Repositories' 페이지로 가서 '시작하기'를 누릅니다.

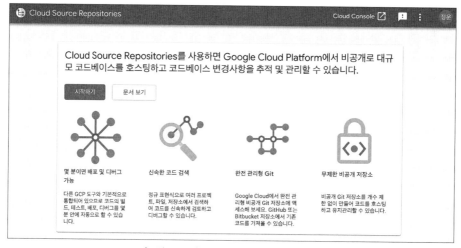

[그림 12-2-1] 외부 Repository와 연동하기

2. [그림 12-2-2] 같이 나타나면 'Repository 만들기'를 클릭합니다.

[그림 12-2-2] 외부 Repository와 연동하기

3. [그림 12-2-3] 같이 '외부 Repository 연결'을 선택하고 '계속' 버튼을 누릅니다.

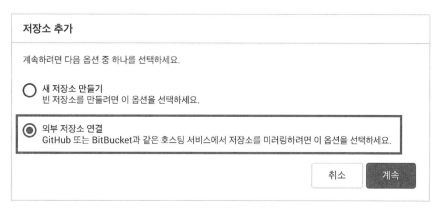

[그림 12-2-3] 외부 Repository와 연동하기

4. [그림 12-2-4] 같은 화면이 나타나는데, 여기서 프로젝트를 선택하고 'Git 제공업체' 메뉴에서 'GitHub'을 선택하고, 'Github에 연결' 버튼을 누릅니다.

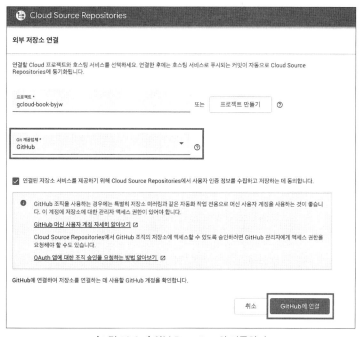

[그림 12-2-4] 외부 Repository와 연동하기

5. 인증을 위한 화면이 나타나는데, 여기서 GitHub 계정으로 로그인합니다.

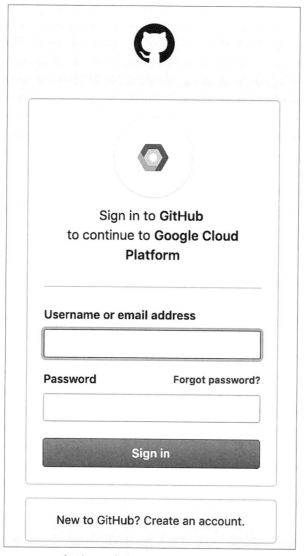

[그림 12-2-5] 외부 Repository와 연동하기

6. 다시 한 번 확인을 위한 화면이 [그림 12-2-6] 같이 나타나는데, 여기서 내용을 확인하고 'Authorize GoogleCloudPlatform'를 누릅니다.

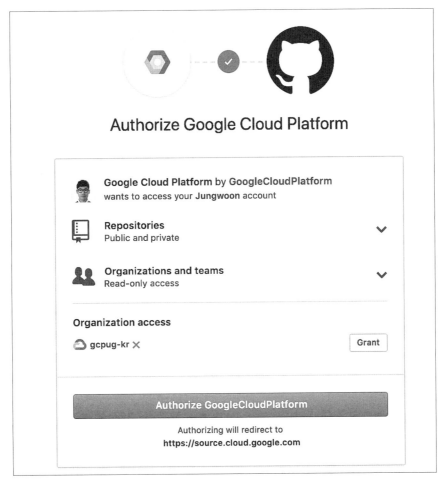

[그림 12-2-6] 외부 Repository와 연동하기

7. [그림 12-2-7] 같이 자신의 GitHub에 있는 'Repository'들이 나타납니다.

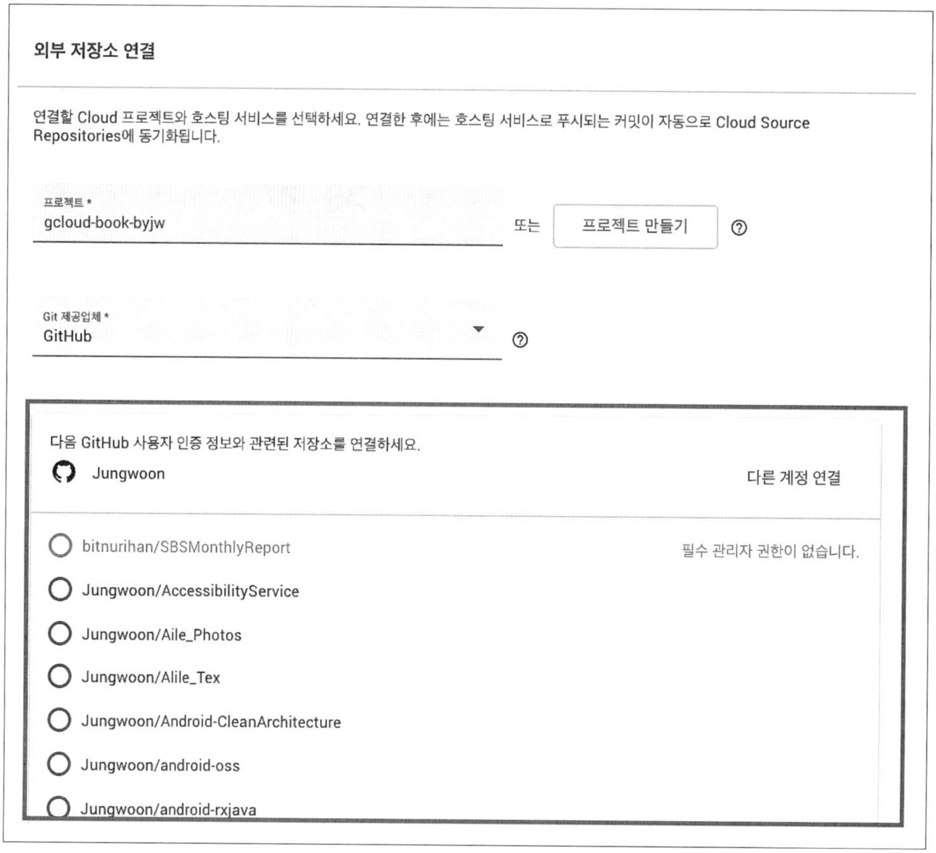

외부 저장소 연결

연결할 Cloud 프로젝트와 호스팅 서비스를 선택하세요. 연결한 후에는 호스팅 서비스로 푸시되는 커밋이 자동으로 Cloud Source Repositories에 동기화됩니다.

프로젝트 *
gcloud-book-byjw   또는   프로젝트 만들기   ⑦

Git 제공업체 *
GitHub   ▼   ⑦

다음 GitHub 사용자 인증 정보와 관련된 저장소를 연결하세요.

◯ Jungwoon   다른 계정 연결

◯ bitnurihan/SBSMonthlyReport   필수 관리자 권한이 없습니다.

◯ Jungwoon/AccessibilityService

◯ Jungwoon/Aile_Photos

◯ Jungwoon/Alile_Tex

◯ Jungwoon/Android-CleanArchitecture

◯ Jungwoon/android-oss

◯ Jungwoon/android-rxjava

[그림 12-2-7] 외부 Repository와 연동하기

---

8. 여기서 연동을 원하는 Repository를 선택하고, 하단에 '선택한 Repository 연결'을 클릭합니다.

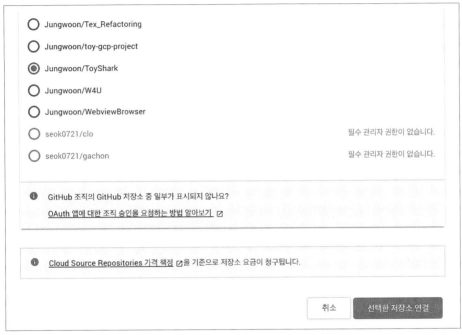

[그림 12-2-8] 외부 Repository와 연동하기

9. 곧 연결되어서 [그림 12-2-9]와 같은 화면이 나타납니다. 여기서 '확인'을 누릅니다.

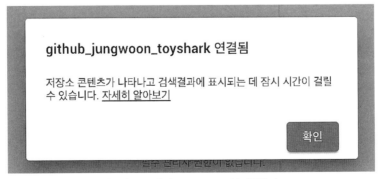

[그림 12-2-9] 외부 Repository와 연동하기

10. [그림 12-2-10] 같이 연동된 Repository를 보실 수 있습니다.

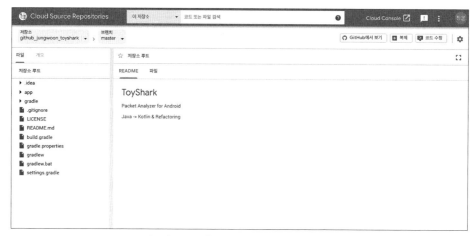

[그림 12-2-10] 외부 Repository와 연동하기

13장

Cloud Pub/Sub

Cloud Pub/Sub란?

Cloud Pub/Sub은 GCP의 대표적인 메시징 서비스로 카프카(Kafka)나 래빗MQ(RabbitMQ)와 같은 오픈소스 메시징 서비스와 동일한 서비스 입니다. 대신 글로벌 규모에서도 낮은 지연 시간과 안정적인 메시지 전 달을 제공하고, 서버리스 환경이기 때문에 별도의 인스턴스를 관리할 필요 없이 사용량에 따라 초당 수억 개까지 메시지를 확장할 수 있습니 다. 이 서비스는 지난 10여 년간 수많은 구글 제품에 활용된 핵심 인프라로, 애드(Ads), 서치 (Search), 지메일(Gmail) 같은 유명한 구글 서비스에 사용되어 왔습니다. Cloud Pub/Sub은 초 당 5억 건의 메시지를 전송할 수 있으며, 이는 용량으로는 초당 1TB에 해당합니다. 개발자는 이를 이용하여 GCP와 외부의 시스템을 빠르게 통합할 수 있습니다.

보통 비동기 데이터 전달 시 중간에 Pub/Sub을 통해 전달함으로써 안정적인 메시지 전달을 제공하며, 메시지를 생산하는 'Topic(게시)'와 메시지를 해당 주제로부터 받는 'Subscription (구독)'으로 구성되어 "1:다", "다:1", "다:다"의 구성을 가집니다. 데이터는 구글 내부의 비공개 네트워크를 통해 데이터 센터에 지능적으로 자동 분산됩니다.

13.2 메시징 서비스

메시징 서비스란 간단히 말하면 메시지(데이터)들을 큐(Queue)에 넣고 차례로 전달해주는 서비스입니다.

일반적인 '서버-클라이언트' 구조에서는 사용자가 요청하면 서버가 그에 대한 처리를 한 후에 사용자에게 응답합니다. 하지만 서버가 동시에 처리할 수 있는 양은 한정적인 관계로 요청 메시지를 큐에 쌓아놓고 처리할 수 있기 때문에 응답을 하는 서버가 죽더라도 그 사이에 요청이 들어온 메시지들은 메시지 큐에 쌓여있어서 서버가 살아났을 때 처리를 할 수도 있습니다. 또한 부하 분산 처리에도 유리한데, 여러 대의 서버가 하나의 큐를 바라보도록 하면 처리할 데이터가 많아져도 서버는 자신의 처리량에 맞는 요청만 가져와서 처리할 수도 있습니다.

13.3 Pub/Sub의 구성

Pub/Sub은 [그림 13-1]과 같이 구성이 되어 있으며 하나의 Topic에 1개 이상의 Subscription로 구성할 수 있습니다.

- **Topic(주제):** 게시자가 메시지를 전송하는 이름이 지정된 리소스
- **Subscription(구독):** 특정 주제의 메시지 수신 의향을 나타내는 이름이 지정된 항목
- **Message(메시지):** 서비스를 통해 이동하는 데이터
- **Publisher(게시자):** 특정 주제에 대한 메시지를 만들어 메시지 서비스를 전송하는 사람
- **Subscriber(구독자):** 지정한 구독에 대한 메시지를 받는 사람

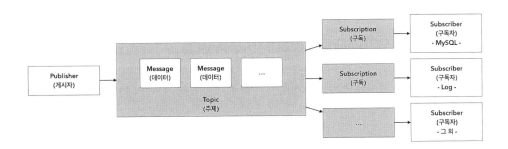

1..N

[그림 13-1] Pub/Sub 흐름도

13.4 Pub/Sub 메시지 흐름

Pub/Sub의 메시지 흐름은 아래 [그림 13-2]와 같습니다.

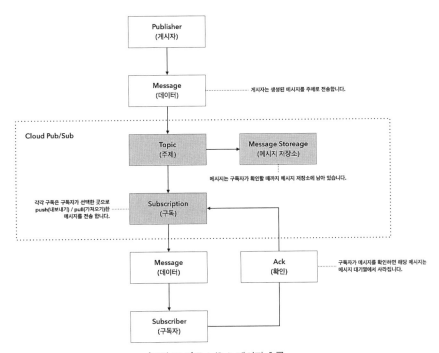

[그림 13-2] Pub/Sub 메시지 흐름

13.5 Pull(가져오기) / Push(내보내기) 구독 방법

구독은 메시지 전달을 위해서 가져오기 또는 내보내기 방법을 사용합니다. 전달 방법은 언제든, 변경하거나 구성할 수 있습니다.

13.5.1 Pull(가져오기) 구독

Pull(가져오기) 방식은 [그림 13-3]과 같이 Subscriber(구독자)가 Message(데이터)를 요청할 때 전달받는 구조의 구독 방식입니다.

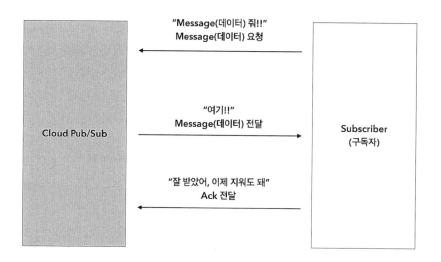

Pull(가져오기) 방식

[그림 13-3] Pull(가져오기) 방식

13.5.2 Push(내보내기) 구독

Push(내보내기) 방식은 [그림 13-4]와 같이 Message(데이터)가 오면 바로 Subscriber(구독자)에게 전달하는 방식입니다.

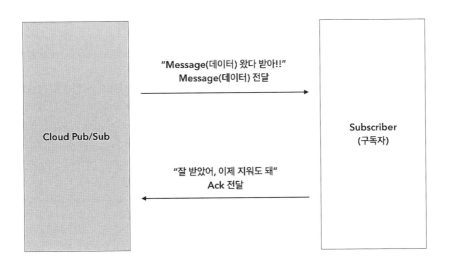

Push(내보내기) 방식

[그림 13-4] Push(내보내기) 방식

13.5.3 Pull(가져오기) vs Push(내보내기) 비교

각각의 방식은 다음의 표와 같습니다.

	Pull(가져오기)	Push(내보내기)
엔드포인트	자격을 증명한 인터넷상의 모든 기기는 API 호출 가능	자격 증명이 어려운 서비스(구독자)에서 사용할 수 있음
부하 분산	여러 구독자가 Share와 같은 Pull(가져오기) 요청을 구성할 수 있음	엔드포인트가 부하분산기가 될 수 있음
구성	구성 필요 X	GCP 콘솔에서 내보내기 엔드포인트를 구성해야 함 (구독자와 같은 프로젝트에 있는 App Engine 제외)
흐름 관리 효율성 및 처리	구독자가 전달 속도를 조절함,	Cloud Pub/Sub 서버가 자동으로 흐름 제어를 구현
지침	대량 메시지 메시지 처리의 효율성과 처리량이 중요할 경우	Google Cloud 종속 서비스외의 환경 동일한 webhook에 의한 여러 주제를 처리해야 하는 경우 App Engine 표준 구독자

[표 13-1] Pull(가져오기) vs Push(내보내기) 비교

13.6 메시지 서비스의 성능 판단

클라우드 Pub/Sub 같은 메시지 서비스의 성능은 확장성, 가용성, 지연 시간이라는 3가지 요소로 판단됩니다.

13.6.1 확장성

확장 가능한 서비스는 지연 시간이나 가용성의 현저한 저하 없이 점점 증가하는 로드를 처리할 수 있어야 합니다. 판단 기준은 다음과 같습니다.

- 주제 수
- 게시자 수
- 구독 수
- 구독자 수
- 메시지 수
- 메시지 크기
- 게시하거나 소비된 메시지 비율 (처리량)
- 특정 구독의 백로그 크기

13.6.2. 가용성

시스템의 가용성은 다양한 유형의 문제를 얼마나 잘 처리해서 최종 사용자가 오류 해결을 알아차리지 못하게 하는가를 기준으로 측정합니다.

13.6.3. 지연 시간

시스템 성능을 시간 기준으로 측정한 것으로 대부분의 서비스는 지연 시간을 최소화하려고 합니다. 판단 기준은 다음과 같습니다.

- 게시된 메시지를 확인하는데 걸리는 시간
- 게시된 메시지가 구독자에게 전달되는데 걸리는 시간

실습

13.1 Topic(주제) 및 Subscription(구독) 생성 및 메시지 게시

Pub/Sub을 사용하기 위해서는 우선 주제와 구독을 생성해야 합니다. 이번 실습에서는 주제와 구독에 대해 설명하겠습니다.

1. 먼저 'GCP 콘솔'에 접속합니다.

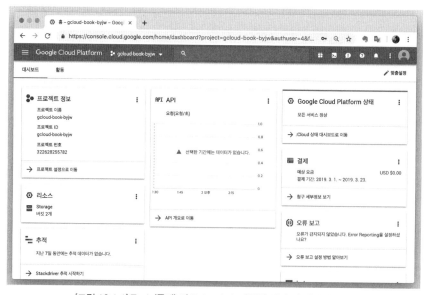

[그림 13-1-1] Topic(주제) 및 Subscription(구독) 생성 및 메시지 게시

2. '메뉴-게시/구독-주제'를 클릭합니다.

[그림 13-1-2] Topic(주제) 및 Subscription(구독) 생성 및 메시지 게시

3. [그림 13-1-3] 같이 나타나는데, 여기서 '주제 만들기'를 선택합니다.

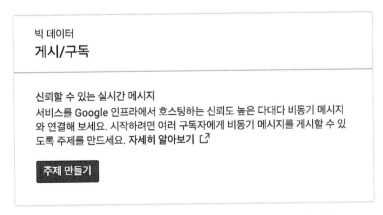

[그림 13-1-3] Topic(주제) 및 Subscription(구독) 생성 및 메시지 게시

4. 여기서는 임의로 주제 이름을 'test_topic'이라는 이름을 주겠습니다.

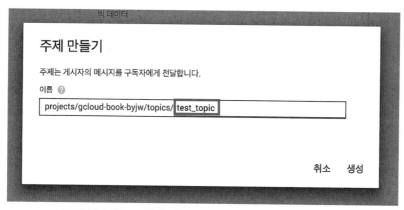

[그림 13-1-4] Topic(주제) 및 Subscription(구독) 생성 및 메시지 게시

5. '주제'가 만들어지면 [그림 13-1-5] 같이 나타나는데, 해당 주제에 대한 '구독(Subscription)'을 만들어보겠습니다. 해당 주제의 오른쪽 '메뉴-새 구독'을 선택합니다.

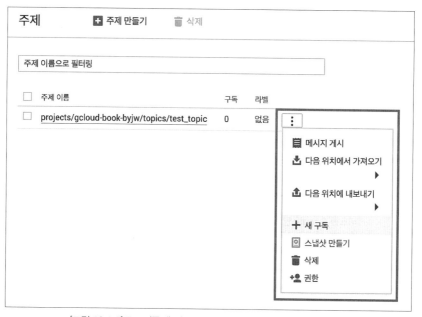

[그림 13-1-5] Topic(주제) 및 Subscription(구독) 생성 및 메시지 게시

6. [그림 13-1-6] 같이 나타납니다. 여기서 다음과 같이 설정을 합니다.

- **구독 이름:** test_subscription
- **전송 유형:** 가져오기
- **구독 만료:** 31일
- **확인 기한:** 10초
- **메시지 보관 기간:** 7일

그 다음 '만들기'를 누릅니다.

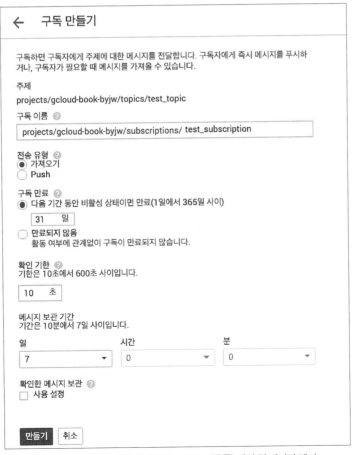

[그림 13-1-6] Topic(주제) 및 Subscription(구독) 생성 및 메시지 게시

7. 만들어진 '구독'을 확인하기 위해 좌측 메뉴에서 '구독'을 선택합니다.

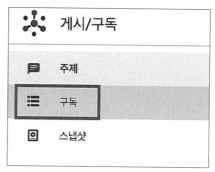

[그림 13-1-7] Topic(주제) 및 Subscription(구독) 생성 및 메시지 게시

8. [그림 13-1-8] 같이 위에서 만든 'test_subscription'이라는 이름으로 '구독'이 만들어진 것을 확인할 수 있습니다.

[그림 13-1-8] Topic(주제) 및 Subscription(구독) 생성 및 메시지 게시

9. 이번에는 만들어진 '구독'에 메시지를 전달하기 위해 좌측 메뉴에서 '주제'를 선택합니다.

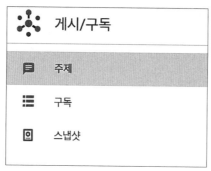

[그림 13-1-9] Topic(주제) 및 Subscription(구독) 생성 및 메시지 게시

10. 만들어놓은 주제 'test_topic'이 보일 겁니다. 메뉴를 누르고 '메시지 게시'를 선택합니다.

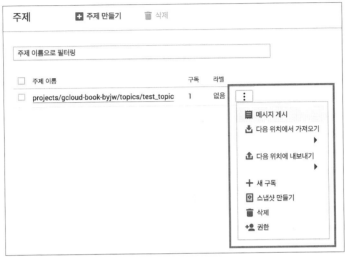

[그림 13-1-10] Topic(주제) 및 Subscription(구독) 생성 및 메시지 게시

11. [그림 13-1-11] 같은 화면이 나타나는데, 여기서는 간단히 'Hello World'라는 메시지만 설정해서 '게시' 버튼을 누르도록 하겠습니다.

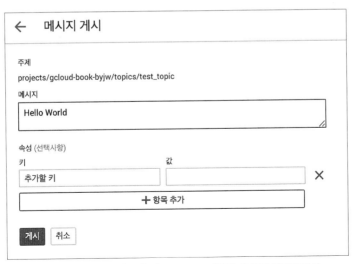

[그림 13-1-11] Topic(주제) 및 Subscription(구독) 생성 및 메시지 게시

12. 그 다음 '게시된 메시지'를 확인하기 위해서 상단의 'Cloud Shell 활성화' 버튼을 클릭합니다(게시된 메시지는 gcloud 명령어를 통해서 확인할 수 있습니다).

[그림 13-1-12] Topic(주제) 및 Subscription(구독) 생성 및 메시지 게시

13. 만약 처음 'Cloud Shell'을 열면 [그림 13-1-13] 같이 나타나는데, 하단의 'CLOUD SHELL 시작'을 선택합니다.

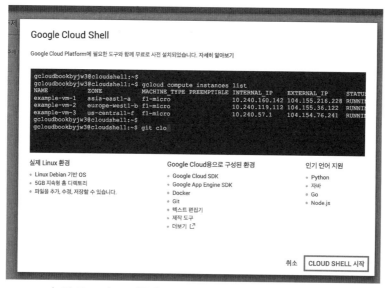

[그림 13-1-13] Topic(주제) 및 Subscription(구독) 생성 및 메시지 게시

14. [그림 13-1-14] 같이 하단에 터미널이 나타나는데, 아래 명령어를 입력하여 '게시된 메시지'를 pull 해보겠습니다.

```
$ gcloud pubsub subscription pull [구독 이름]
```

[그림 13-1-14] Topic(주제) 및 Subscription(구독) 생성 및 메시지 게시

15. [그림 13-1-15] 같이 아까 메시지로 게시했던 'Hello World'를 확인할 수 있습니다.

[그림 13-1-15] Topic(주제) 및 Subscription(구독) 생성 및 메시지 게시

13.2 Python으로 간단한 Publish(게시) 및 Subscribe(구독)하기

Python으로 프로그래밍을 해보도록 하겠습니다. 로컬에서 Pub/Sub Python API를 이용하려면 서비스 계정을 설정해야 합니다 '서비스 계정' 설정은 '3.4 서비스 계정 설정' 부분을 참고하시기 바랍니다.

이용하는 Topic(주제) 및 Subscription(구독)은 위에서 만들어 놓은걸 사용하도록 하겠습니다. 먼저 Python에 'google-cloud-pubsub'을 설치하도록 하겠습니다.

1. https://pypi.org/project/google-cloud-pubsub/로 가면 최신 정보를 확인할 수 있습니다.

[그림 13-2-1] Python으로 간단한 Publish(게시) 및 Subscribe(구독)하기

2. 아래 명령어를 통해서 패키지를 설치합니다.

```
$ pip install google-cloud-pubsub
```

[그림 13-2-2] Python으로 간단한 Publish(게시) 및 Subscribe(구독)하기

3. 아래 소스를 이용하여 Topic(주제)에서 10번 메시지를 게시하겠습니다.

```python
from google.cloud import pubsub_v1

project_id = 'gcloud-book-byjw'   # GCP 프로젝트 아이디
topic_name = 'test_topic'         # Topic 아이디

# Publisher용 인스턴스 생성
publisher = pubsub_v1.PublisherClient()
topic_path = 'projects/{project_id}/topics/{topic}'.format(
    project_id=project_id,   # 프로젝트 ID 설정
    topic=topic_name         # Topic Name 설정
)

for i in range(10):
    msg = '{index}-Hello World'.format(index=i).encode('utf-8')

    # 위에서 만들어지는 msg를 Topic 에 게시
    publisher.publish(topic=topic_path, data=msg)
```

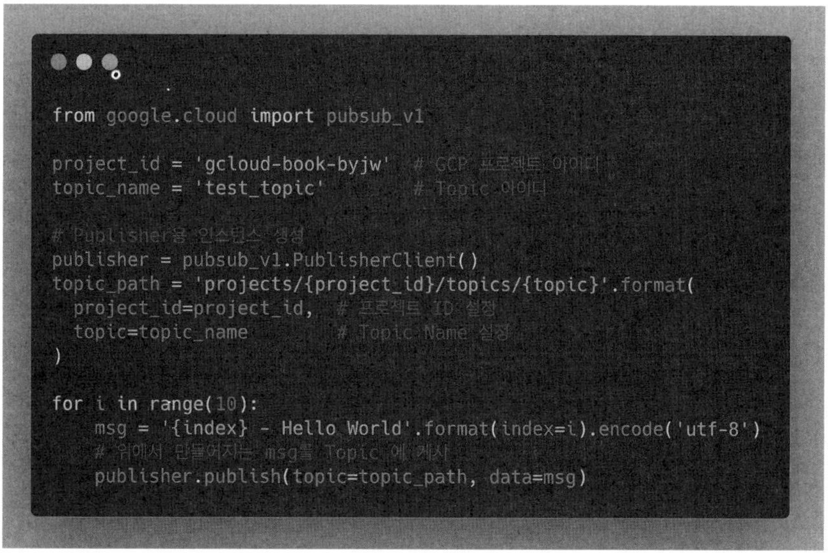

[그림 13-2-3] Python으로 간단한 Publish(게시) 및 Subscribe(구독)하기

4. 여기서는 Subscription(구독)을 통해서 위에서 게시한 메시지를 받는 소스를 만들어보도록 하겠습니다.

```python
from google.cloud import pubsub_v1

project_id = 'gcloud-book-byjw'          # GCP 프로젝트 아이디
topic_name = 'test_topic'                # Topic 아이디
subscription_id = 'test_subscription'  # Subscription 아이디

# Subscriber용 인스턴스 생성
subscriber = pubsub_v1.SubscriberClient()

# topic 경로 생성
# URI 형태: "projects/gcloud-book-byjw/topics/test_topic"
topic_path = 'projects/{project_id}/topics/{topic}'.format(
    project_id=project_id,
    topic=topic_name
)

# Subscription 경로 생성
# URI 형태: "projects/gcloud-book-byjw/subscriptions/test_subscription"
subscription_path = 'projects/{project_id}/subscriptions/{subscription_id}'.format(
    project_id=project_id,
    subscription_id=subscription_id
)

def callback(message):
    print(message.data)
    message.ack()

subscribe = subscriber.subscribe(subscription_path, callback)

try:
    subscribe.result()
except Exception as e:
    subscribe.cancel()
```

```
from google.cloud import pubsub_v1

project_id = 'gcloud-book-byjw'          # GCP 프로젝트 아이디
topic_name = 'test_topic'                # Topic 아이디
subscription_id = 'test_subscription'    # Subscription 아이디

# Subscriber용 인스턴스 생성
subscriber = pubsub_v1.SubscriberClient()

# topic 경로 생성
# URI 형태 : "projects/gcloud-book-byjw/topics/test_topic"
topic_path = 'projects/{project_id}/topics/{topic}'.format(
  project_id=project_id,
  topic=topic_name
)

# Subscription 경로 생성
# URI 형태 : "projects/gcloud-book-byjw/subscriptions/test_subscription"
subscription_path = 'projects/{project_id}/subscriptions/{subscription_id}'.format(
  project_id=project_id,
  subscription_id=subscription_id
)

def callback(message):
  print(message.data)
  message.ack()

subscribe = subscriber.subscribe(subscription_path, callback)

try:
  subscribe.result()
except Exception as e:
  subscribe.cancel()
```

[그림 13-2-4] Python으로 간단한 Publish(게시) 및 Subscribe(구독)하기

5. [그림 13-2-5] 같이 게시된 메시지를 받는 것을 확인할 수 있습니다.

```
Run:    sub_msg      create_topic
    /Users/jungwoon/PycharmProjects/
    b'0 - Hello World'
    b'1 - Hello World'
    b'2 - Hello World'
    b'3 - Hello World'
    b'4 - Hello World'
    b'5 - Hello World'
    b'6 - Hello World'
    b'7 - Hello World'
    b'8 - Hello World'
    b'9 - Hello World'
```

[그림 13-2-5] Python으로 간단한 Publish(게시) 및 Subscribe(구독)하기

14장

Cloud Dataproc

14.1 Cloud Dataproc이란?

Cloud Dataproc은 클라우드 네이티브 아파치 하둡(Apache Hadoop) 및 아파치 스파크(Apache Spark) 서비스입니다.

Cloud Dataproc은 완전 관리형 클라우드 서비스이기에 더 간단하고 효율적으로 하둡 및 스파크 클러스터를 생성할 수 있습니다. 이로 인해, 환경 구축을 위해서 몇 시간에서 며칠씩 걸리던 작업이 몇 분에서 몇 초만에 끝나게 됩니다.

클러스터 배포, 로깅, 모니터링과 같은 관리는 GCP에서 자동으로 지원해주기 때문에 직접 인프라 관리를 할 필요 없이 사용자는 작업과 데이터에 집중할 수 있으며, 언제든 클러스터를 만들고 다양한 가상 머신 유형, 디스크 크기, 노드 수, 네트워킹 옵션 등 여러 리소스를 최적화하고 확장할 수 있습니다. 다수의 마스터 노드를 사용해 클러스터를 실행하고 실패해도 다시 시작되도록 설정을 할 수 있기 때문에 높은 가용성을 보장합니다. 사용하기 쉬운 Web UI, Cloud SDK, RESTful API 등 다양한 방식으로 클러스터를 관리할 수 있습니다.

Cloud Dataproc은 BigQuery, 클라우드 스토리지, 클라우드 빅데이터, Stackdriver와 같은 다른 구글 서비스들과 기본적으로 통합되기 때문에 단순 스파크 또는 하둡 클러스터 이상의 가치를 얻게 되면서 완벽한 데이터 플랫폼을 갖출 수 있습니다. 예를 들어, 비즈니스 보고를 위해 BigQuery에 간단하게 수 테라바이트에 이르는 원본 로그 데이터에 대해 ETL을 수행할 수 있고, BigQuery에서 전달받은 로그 데이터를 통해서 손쉽게 BI Engine 등을 사용해 보고서를 만들 수도 있습니다.

온프레미스 아파치 하둡 및 아파치 스파크 환경에서 Google Cloud Platform으로 이전하는 방법을 지원하기 때문에 기존에 온프레미스 환경에서 운영화던 시스템도 간편하게 이동시킬 수 있습니다. 자세한 내용을 알고 싶다면 https://cloud.google.com/solutions/migration/hadoop/hadoop-gcp-migration-overview에서 확인할 수 있습니다.

14.2 Apache Hadoop

아파치 하둡은 분산 환경의 병렬 처리 프레임워크로, 크게 보면 분산 파일 시스템인 HDFS (Hadoop Distributed File System)와 데이터 처리를 위한 맵리듀스(MapReduce) 프레임워크로 구성되어 있습니다. 구글의 GFS(Google File System)에 영향을 받아 더그 커팅(Doug Cutting)과 마이크 캐퍼렐라(Mike Cafarella)가 개발했습니다.

하둡은 여러 대의 서버를 이용해 하나의 클러스터를 구성하며, 이렇게 클러스터로 묶인 서버의 자원을 하나의 서버처럼 사용할 수 있는 클러스터 컴퓨팅 환경을 제공합니다. 기본적인 작동 방법은 분석할 데이터를 하둡 파일 시스템인 HDFS에 저장해 두고 HDFS 상에서 MapReduce 프로그램을 이용해 데이터 처리를 수행하는 방식입니다.

하둡 파일 시스템은 하나의 네임노드와 여러 개의 데이터 노드로 구성되며, 하나의 네임노드가 나머지 데이터 노드를 관리하는 형태로 작동합니다.

HDFS는 여러 대의 서버에 데이터를 다중 복제해서 저장하는 방식으로 안정성을 보장하며, 최근에는 클러스터 자원 관리 시스템인 Yarn(MapReduce v2)의 도입과 더불어 하나의 클러스터에 1개 이상의 네임노드를 설정할 수 있는 네임노드 페더레이션 기능을 제공하는 등 안정적인 서비스가 가능해졌습니다.

14.3 Apache Spark

아파치 스파크(Apache Spark)는 하둡과 유사한 클러스터 기반의 분산 기능을 제공하는 오픈소스 프레임워크입니다. 처리 결과를 항상 파일 시스템에 유지하는 하둡과 달리, 메모리에 저장하고 관리할 수 있는 인 메모리 캐싱 기능을 제공함으로써 속도가 빠르고 머신 러닝 같은 반복적인 데이터 처리에 뛰어난 성능을 보입니다.

스파크는 맵리듀스뿐만 아니라, 스트리밍(Spark Streaming), 머신 러닝(MLib), 그래프 처리(GraphX), SQL 처리(Spark SQL) 등 범용적인 분산 클러스터 환경을 제공합니다. 이러한 범용적 분산 클러스터 환경 때문에 Spark 하나만으로도 다양한 처리를 할 수 있습니다.

Spark는 데이터를 읽고, 변형하고, 집계를 할 수 있으며, 복잡한 통계 모델들을 쉽게 학습하고 배포할 수 있습니다. 제공하는 언어로는 Java, Scala, R, Python 등이 있습니다.

14.4 Hadoop Ecosystem

하둡 에코시스템(Hadoop Ecosystem)은 하둡과 관련된 프레임워크들입니다. 하둡 코어 프로젝트(HDFS, MapReduce)와 수집, 분석 등의 하둡 서비 프로젝트로 구성이 되는데, 다양한 종류의 프레임워크들을 제공하기 때문에 사용자의 필요에 따라 다양하게 조합해서 이용할 수 있습니다.

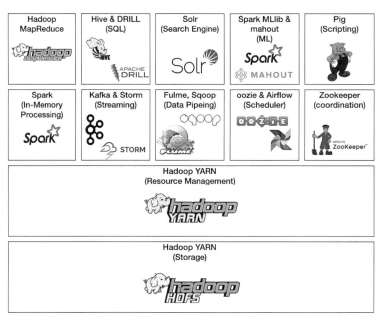

[그림 14-4] Hadoop Ecosystem

14.5 Cloud Dataproc 구성 요소

Cloud Dataproc에서 클러스터를 생성하면 표준 아파치 하둡 에코시스템(Apache Hadoop Ecosystem) 구성 요소가 자동으로 클러스터에 설치되는데, 클러스터 생성 시 '고급 옵션-선택적 구성 요소'라는 메뉴를 통해서 추가로 구성 요소를 설치할 수 있습니다. 지원하는 구성 요소의 종류는 다음과 같습니다.

구성 요소	이미지 버전	출시 단계
Anaconda	1.3 이상	GA (일반 안정화 버전)
Hive WebHCat	1.3 이상	GA (일반 안정화 버전)
Jupyter Notebook	1.3 이상	GA (일반 안정화 버전)
Kerberos	1.3 이상	알파
Presto	1.3 이상	베타
Zeppelin	1.3 이상	GA (일반 안정화 버전)

[표 14-5] Cloud Dataproc 구성 요소

14.6 클러스터 웹 인터페이스

아파치 하둡 및 아파치 스파크 같은 일부 핵심 오픈소스 구성 요소는 웹 인터페이스를 제공합니다. 이를 이용하면 손쉽게 YARN 리소스 관리자, HDPS, MapReduce, Spark와 같은 클러스터 리소스를 관리하고 모니터링할 수 있습니다. Cloud Dataproc은 기본적으로 다음과 같은 포트로 웹 UI가 지원됩니다.

웹 UI	포트	URL
YARN Resource Manager	8088	http://master-host-name:8888
HDFS Name Node	9870	http://master-host-name:9870

[표 14-6] 클러스터 웹 인터페이스

14.1 Dataproc 클러스터 만들기

이번에 데이터프록 클러스터를 만들어보겠습니다. 기존에 하둡의 환경을 구축할 때 마스터 노드와 작업자 노드를 연결시키는 것부터가 매우 어려운 과제였습니다. 그러나 데이터프록 을 사용하면 매우 손쉽게 마스터 노드와 작업자 노드를 구성할 수 있습니다.

1. 먼저 '클라우드 콘솔'로 들어갑니다.

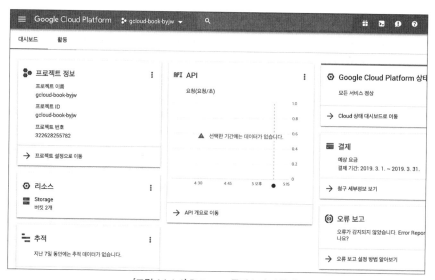

[그림 14-1-1] Dataproc 클러스터 만들기

2. [그림 14-1-2] 같이 '메뉴-Dataproc-클러스터'를 선택합니다.

[그림 14-1-2] Dataproc 클러스터 만들기

3. 처음이라면 API 사용 설정이 안 되어 있으므로 [그림 14-1-3] 같이 나타납니다. 여기서 'API 사용 설정' 버튼을 누릅니다.

[그림 14-1-3] Dataproc 클러스터 만들기

4. [그림 14-1-4] 같이 나타나면 '클러스터 만들기' 버튼을 누릅니다.

[그림 14-1-4] Dataproc 클러스터 만들기

5. 이제 클러스터에 대한 설정을 하고, 생성합니다.

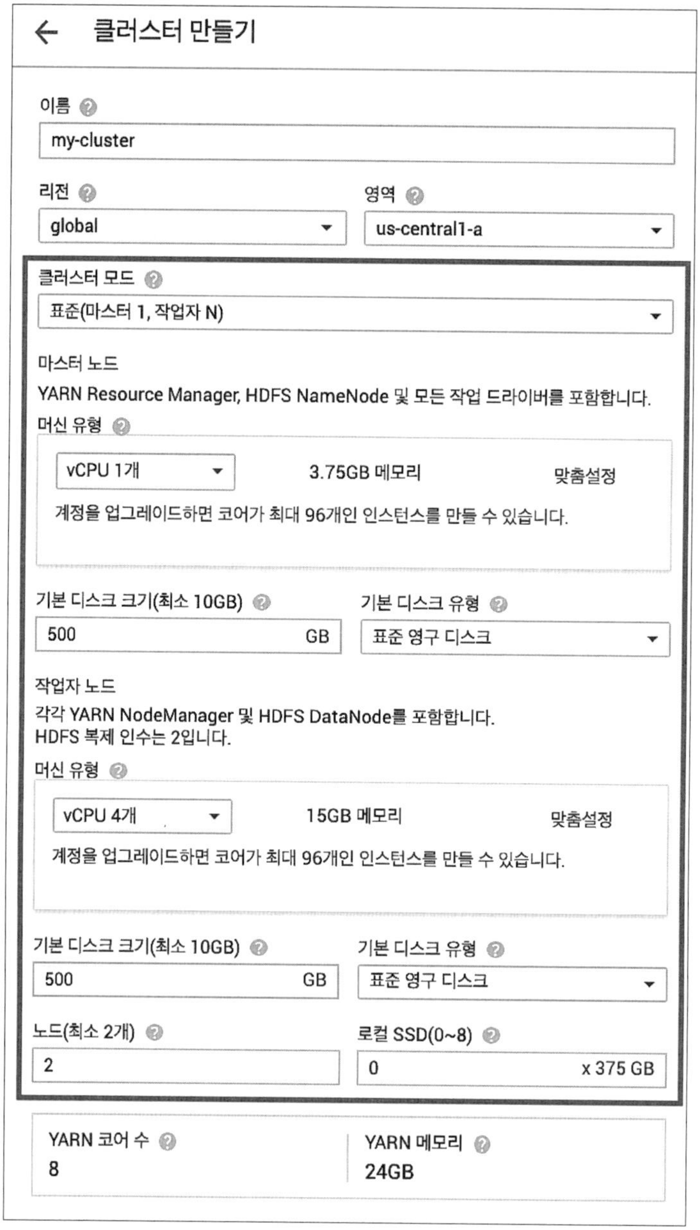

[그림 14-1-5] Dataproc 클러스터 만들기

6. 먼저 '클러스터 모드' 부분을 보겠습니다. 크게 다음과 같은 메뉴들이 나타나는데, 성능을 어떻게 하느냐에 따라서 선택하면 됩니다.

- **단일 노드 (마스터 1, 작업자 0)**: 마스터 노드 하나만 설정합니다.
- **표준 (마스터 1, 작업자 N)**: 마스터 노드 1개와 작업자 노드N개를 설정합니다.
- **고가용성 (마스터 3, 작업자 N)**: 마스터 노드 3개와 작업자 노드N개를 설정합니다.

> 단일 노드(마스터 1, 작업자 0)
>
> 표준(마스터 1, 작업자 N)
>
> 고가용성(마스터 3, 작업자 N)
>
> **YARN Resource Manager, HDFS NameNode** 및 모든 작업 드라이버를 포함합니다.

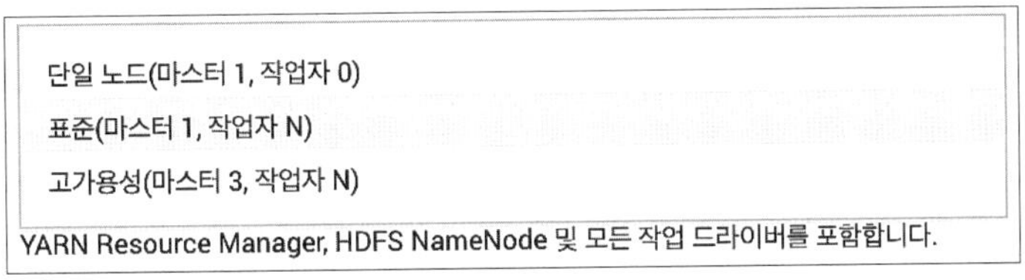

[그림 14-1-6] Dataproc 클러스터 만들기

7. 디폴트 설정으로 된 다음의 세팅으로 설정해보겠습니다.

- **이름**: my-cluster
- **리전**: global
- **클러스터 모드**: 표준(마스터1, 작업자N)
- **마스터 노드**: vCPU 1개, 3.75GB 메모리, 500GB(기본 디스크)
- **작업자 노드 2개**: vCPU 4개 15GB 메모리, 500GB(기본 디스크)

그러면, [그림 14-1-7] 같은 에러가 발생합니다.

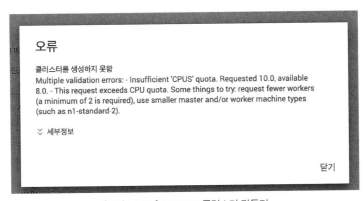

[그림 14-1-7] Dataproc 클러스터 만들기

8. 에러가 나타난 이유는 Trial에서는 최대 8개의 CPU만 사용할 수 있는데, 마스터 노드 vCPU 1개, 작업자 노드 vCPU 4개 × 2로, 모두 9개이기 때문입니다. 다음과 같이 작업자 노드의 vCPU 개수를 2개로 줄이도록 하겠습니다.

- **이름:** my-cluster
- **리전:** global
- **클러스터 모드:** 표준(마스터1, 작업자N)
- **마스터 노드:** vCPU 1개, 3.75GB 메모리, 500GB(기본 디스크)
- **작업자 노드 2개:** vCPU 2개 15GB 메모리, 500GB(기본 디스크)

모든 설정을 끝낸 후 하단에 '만들기' 버튼을 누릅니다.

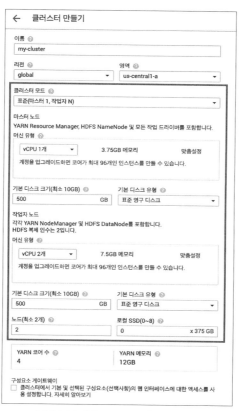

[그림 14-1-8] Dataproc 클러스터 만들기

9. 먼저와 달리 에러 없이 클러스터가 생성되고 프로비저닝이 끝나면 [그림 14-1-9] 같이 나타 납니다.

[그림 14-1-9] Dataproc 클러스터 만들기

10. 이번에는 위에서 만든 Dataproc 클러스터에 외부에서 접속할 수 있도록 방화벽 설정을 해 보겠습니다.

ip4.me에 접속하서서 자신의 IP 주소를 확인하고 복사해둡니다.

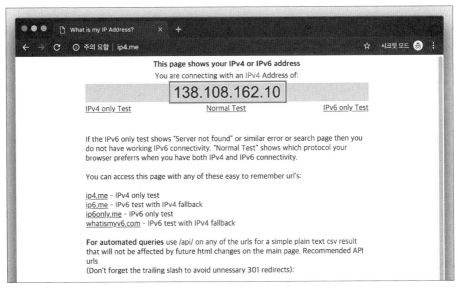

[그림 14-1-10] Dataproc 클러스터 만들기

11. '메뉴-VPC 네트워크-방화벽 규칙'으로 들어갑니다.

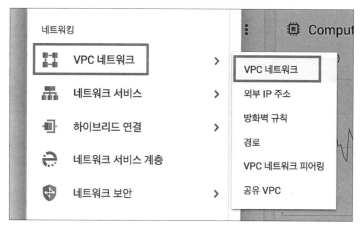

[그림 14-1-11] Dataproc 클러스터 만들기

12. [그림 14-1-12] 같은 화면이 나타나면 상단에 '방화벽 규칙 만들기'를 선택합니다.

[그림 14-1-12] Dataproc 클러스터 만들기

13. 이름은 'allow-dataproc-access'로 설정하겠습니다.

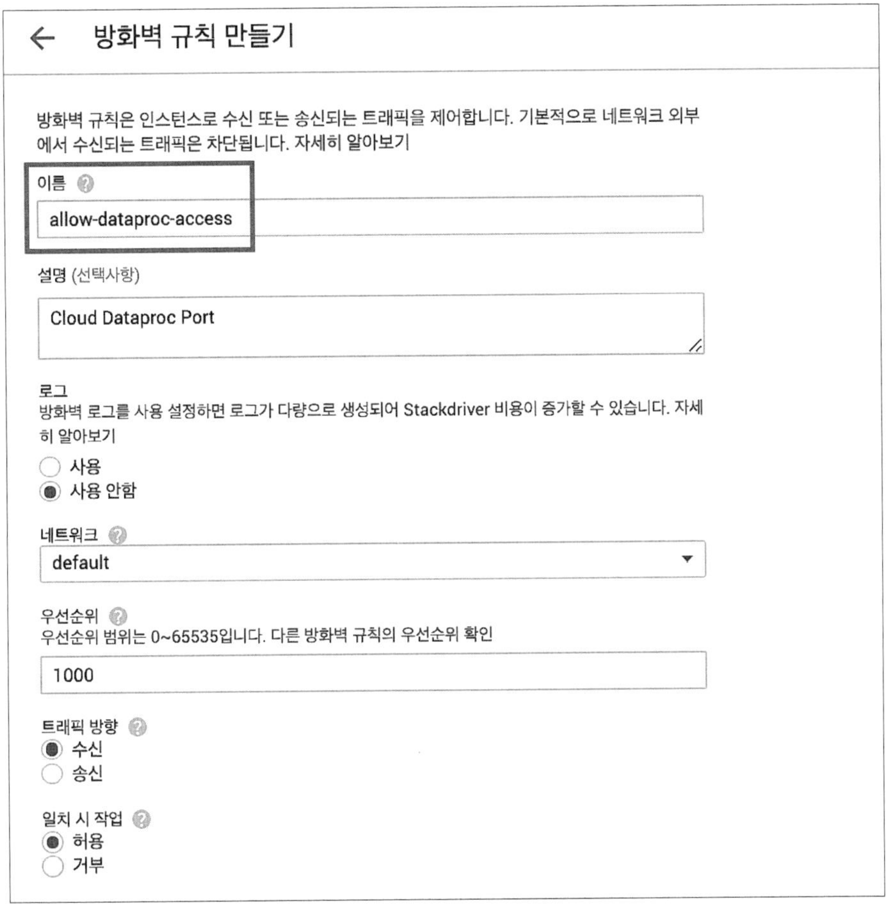

[그림 14-1-13] Dataproc 클러스터 만들기

14. 그 다음 [그림 14-1-14] 같이 설정을 하는데, '소스 IP 범위'에 ip4.me에서 복사한 자신의
    IP 주소를 넣습니다. 그리고 '지정된 프로토콜 및 포트'에서 tcp에 8088 포트와 9870 포트를
    입력하고 하단에 '만들기'를 누릅니다.

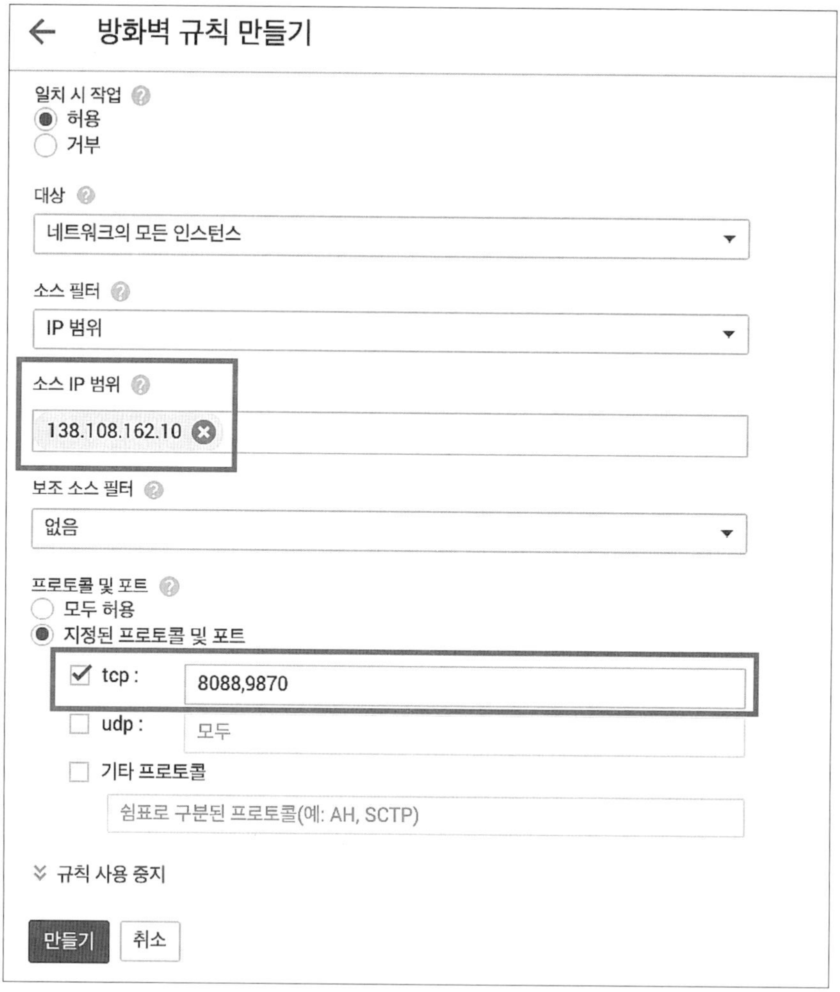

[그림 14-1-14] Dataproc 클러스터 만들기

15. 그럼 위에서 만든 'allow-dataproc-access' 방화벽 규칙이 [그림 14-1-15] 같이 설정된 것을 확인할 수 있습니다.

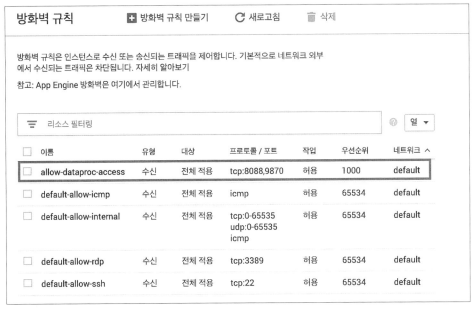

[그림 14-1-15] Dataproc 클러스터 만들기

16. 그런 다음 다시 '메뉴-Dataproc-클러스터'를 선택합니다.

[그림 14-1-16] Dataproc 클러스터 만들기

17. 먼저 만든 'my-cluster'가 보입니다. 선택합니다.

[그림 14-1-17] Dataproc 클러스터 만들기

18. [그림 14-1-18] 같이 나타나는데, 여기서 마스터 노드인 'my-cluster-m'을 선택합니다.

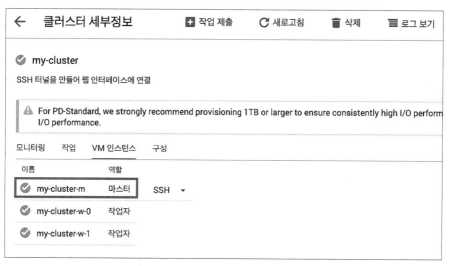

[그림 14-1-18] Dataproc 클러스터 만들기

19. [그림 14-1-19]와 같이 나타납니다. 여기서 스크롤을 조금만 더 밑으로 내립니다.

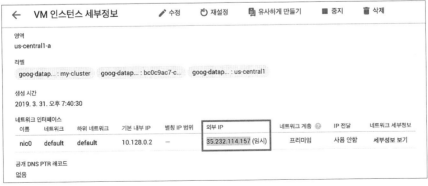

[그림 14-1-19] Dataproc 클러스터 만들기

20. 마스터 노드의 '외부 IP'가 보이는데, 이를 복사합니다.

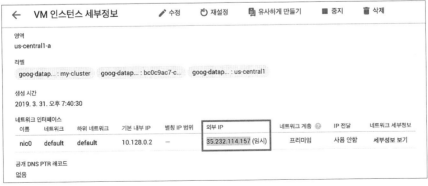

[그림 14-1-20] Dataproc 클러스터 만들기

21. 브라우저에서 '마스터 노드 외부 IP:9870'을 입력하면 HDFS Name Node Web UI가 나타
   납니다.

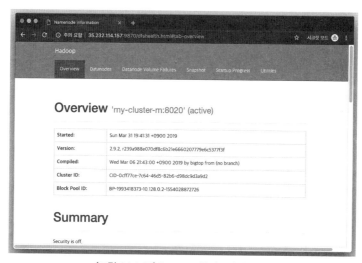

[그림 14-1-21] Dataproc 클러스터 만들기

22. 브라우저에서 '마스터 노드 외부 IP:8088'을 입력하면 YARN Resource Manager Web UI가
   나타납니다.

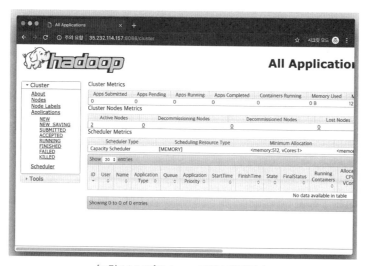

[그림 14-1-22] Dataproc 클러스터 만들기

14.2 PySpark로 WordCount 해보기

이번에는 데이터프록에서 지원하는 파이스파크(PySpark)를 이용하여 간단한 워드카운트 (WordCount)를 하겠습니다.

1. 먼저 '구글 클라우드 콘솔'로 들어옵니다.

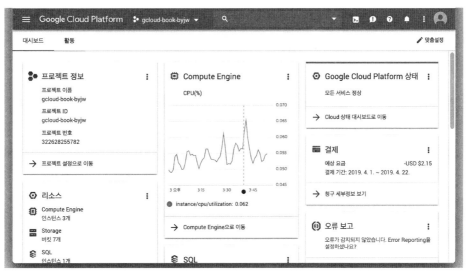

[그림 14-2-1] PySpark로 WordCount 해보기

2. 먼저, 사용할 Python 파일과 읽어들일 파일이 GCS(Google Cloud Storage)에 들어가 있어야 합니다. '메뉴-Storage-브라우저'를 차례로 선택합니다.

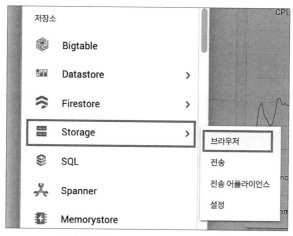

[그림 14-2-2] PySpark로 WordCount 해보기

3. GCS 화면이 나타나면, 데이터프록 관련 파일을 넣어줄 버킷을 생성하기 위해 상단에 '버킷 생성'을 누릅니다.

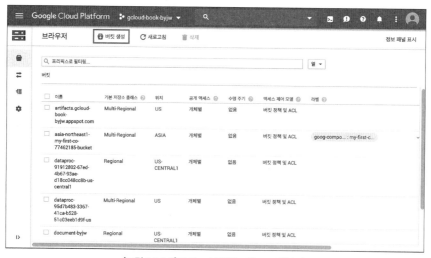

[그림 14-2-3] PySpark로 WordCount 해보기

4. 버킷 생성 시 다음과 같은 설정을 하고 하단에 '만들기'를 눌러서 생성합니다(이름이나 클래스 같은 경우는 임의로 선택해도 괜찮습니다).

- **이름:** dataproc-sample-byjw
- **클래스:** Nearline

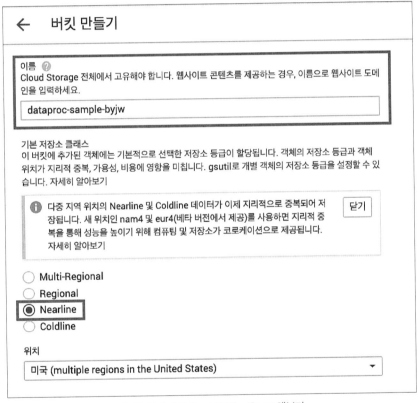

[그림 14-2-4] PySpark로 WordCount 해보기

5. 미리 준비해둔 input.txt 파일과 WordCount.py 파일을 생성한 버킷에 업로드합니다.

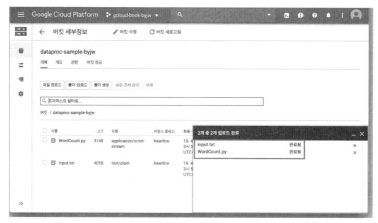

[그림 14-2-5] PySpark로 WordCount 해보기

6. input.txt 파일은 Word Count를 하기 위한 예제로 다음과 같은 예제를 담고 있습니다.

In Spark, a DataFrame is a distributed collection of data organized into named columns. Users can use DataFrame API to perform various relational operations on both external data sources and Spark's built-in distributed collections without providing specific procedures for processing data. Also, programs based on DataFrame API will be automatically optimized by Spark's built-in optimizer, Catalyst.

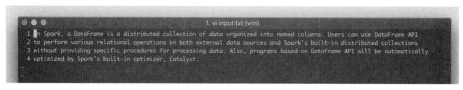

[그림 14-2-6] PySpark로 WordCount 해보기

7. Word Count를 위한 WordCount.py 파일은 다음과 같습니다. 간단히 설명을 드리면 공백을 기준으로 나누어서 (단어, 1) 형태로 만든뒤에 단어 기준으로 개수를 합쳐서 개별 단어에 대한 Word Count를 하는 코드입니다(여기서는 pyspark에 대한 자세한 설명은 하지 않겠습니다).

```python
from pyspark import SparkContext

sc = SparkContext()

text_file = sc.textFile("gs://dataproc-sample-byjw/input.txt")

counts = text_file.flatMap(lambda line: line.split(" ")) \
            .map(lambda word: (word, 1)) \
            .reduceByKey(lambda a, b: a + b)

for data in counts.collect():
    print(data)
```

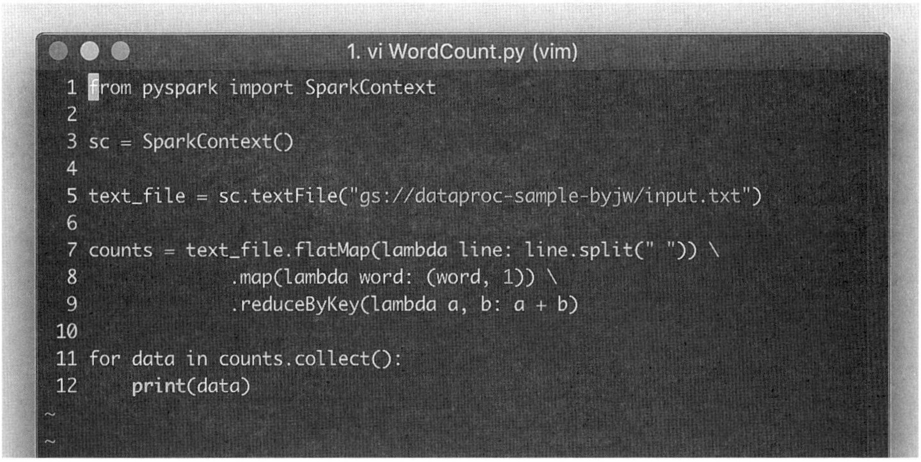

[그림 14-2-7] PySpark로 WordCount 해보기

8. 데이터프록에 작업을 만들기 위해 '메뉴-Dataproc-작업'으로 가겠습니다.

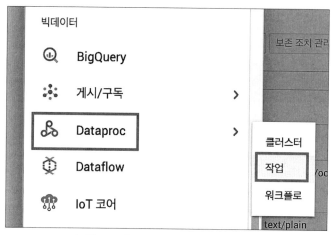

[그림 14-2-8] PySpark로 WordCount 해보기

9. [그림 14-2-9] 같은 화면을 볼 수 있습니다. 작업을 생성하기 위해 상단에 '작업 제출'을 클릭합니다.

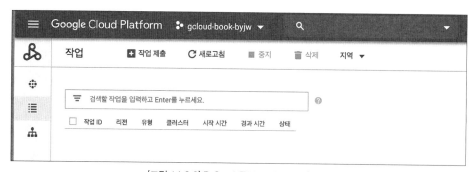

[그림 14-2-9] PySpark로 WordCount 해보기

10. [그림 14-2-10] 같이 나타나면 다음과 같이 설정을 합니다.

- **작업 ID:** job-word-count
- **클러스터:** 14.1 에서 생성한 클러스터를 선택합니다. 여기서는 my-cluster
- **작업 유형:** PySpark(Hadoop, Spark, SparkR, PySpark, Hive, SparkSql, Pig도 지원합니다.)
- **기본 Python 파일:** 위에서 업로드한 WordCount.py의 경로를 지정합니다(gs:// 뿐만 아니라 hdfs:// 도 지원합니다).

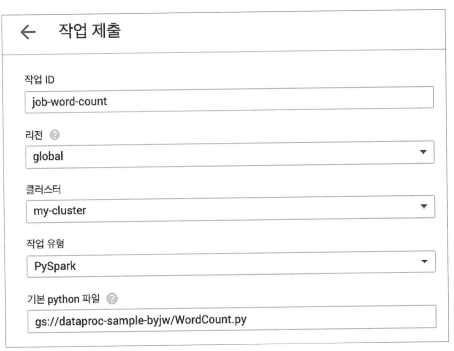

[그림 14-2-10] PySpark로 WordCount 해보기

11. 스크롤을 내려서 '제출'을 누릅니다.

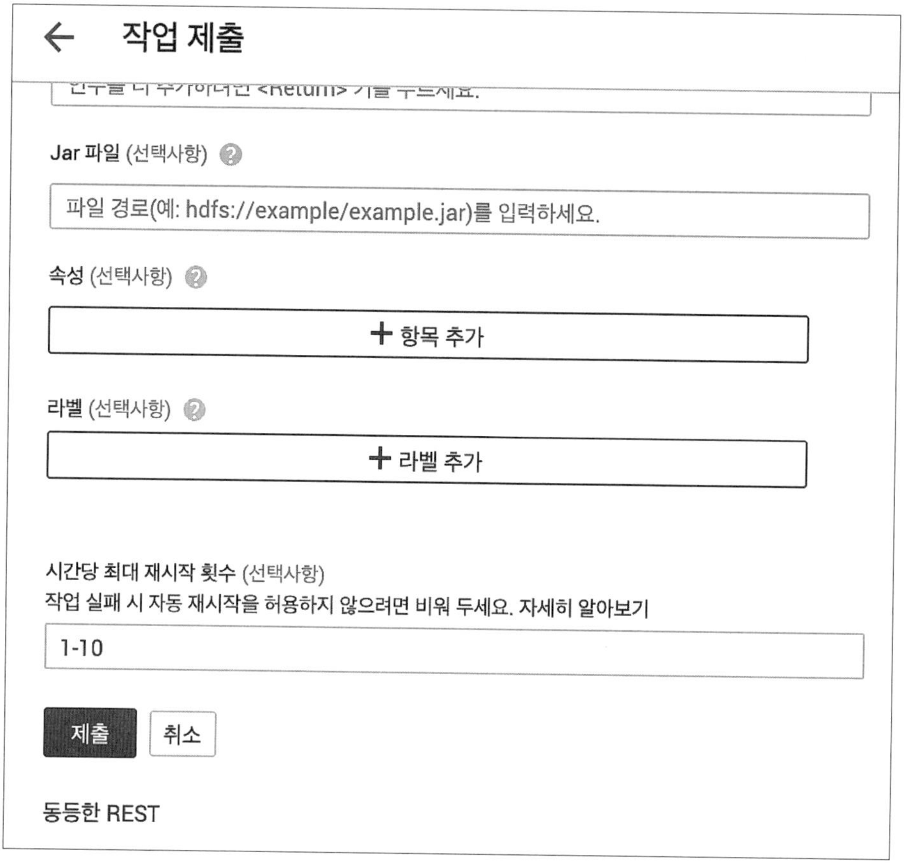

작업 제출

←

건수를 더 추가하려면 <Return> 키를 누르세요.

Jar 파일 (선택사항) ❓

파일 경로(예: hdfs://example/example.jar)를 입력하세요.

속성 (선택사항) ❓

➕ 항목 추가

라벨 (선택사항) ❓

➕ 라벨 추가

시간당 최대 재시작 횟수 (선택사항)
작업 실패 시 자동 재시작을 허용하지 않으려면 비워 두세요. 자세히 알아보기

1-10

제출   취소

동등한 REST

[그림 14-2-11] PySpark로 WordCount 해보기

12. [그림 14-2-12] 같은 화면이 나타나며 상태에 '실행 중'을 확인할 수 있습니다.

[그림 14-2-12] PySpark로 WordCount 해보기

13. 작업이 끝나면 상태에 '성공'을 확인할 수 있습니다. 해당 작업을 클릭합니다.

[그림 14-2-13] PySpark로 WordCount 해보기

14. [그림 14-2-14] 같이 WordCount된 내용을 확인할 수 있습니다(에러가 났으면 이 부분에서
에러 내용을 확인할 수 있습니다).

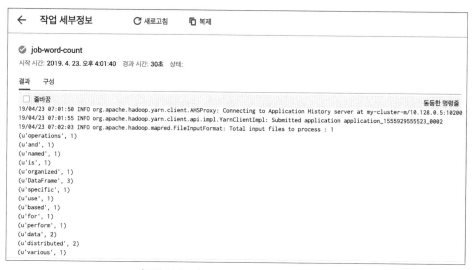

[그림 14-2-14] PySpark로 WordCount 해보기

15장

Cloud Dataflow

15.1 Cloud Dataflow란?

Cloud Dataflow는 배치 및 스트림 모드로 데이터를 변환하고 처리할 수 있는 완전 관리형 서비스입니다. 아파치 빔(Apache Beam)과 같은 프로젝트로 리소스 프로비저닝 및 관리에 대한 서버리스 접근 방식 덕분에 무제한에 가까운 용량을 이용해 대규모 데이터 처리 과제를 해결할 수 있습니다. Apache Beam SDK를 통한 자바 및 Python API를 제공하기 때문에 간단하고 빠르게 파이프라인을 개발할 수 있습니다.

서버리스 환경이기 때문에 성능, 확장, 가용성, 보안 등 사용자가 직접 클러스터를 관리할 필요 없이 GCP에서 관련된 모든 관리를 자동으로 해주기 때문에 서비스를 위한 프로그래밍에 전념할 수 있어 간접 운영비가 사라집니다. 또 GCP의 통합 로그 기록 및 모니터링 솔루션인 Stackdriver를 통해 파이프라인에 대한 모니터링 및 문제 해결에 도움을 받을 수 있습니다.

파이프라인에 탠서플로(TensorFlow) 기반의 머신 러닝 모델 및 API를 추가할 수 있기 때문에 사기 행위 감지, 실시간 추천 등 다양한 예측 분석을 기능도 이용할 수 있습니다. Cloud Dataflow는 아파치 빔과 달리 GCP 내부의 서비스이기 때문에 다른 GCP 시스템들과 쉽고 빠르게 통합할 수 있습니다.

15.2 지원하는 프로그래밍 언어

현재 지원하는 Apache Beam 언어로는 다음과 같습니다.

- Java
- Python
- Go

15.3 Dataflow vs Dataproc

데이터플로와 데이터플록 모두 동일하게 데이터 처리에 사용할 수 있습니다. 두 제품의 차이에 대해서 간단히 살펴보도록 하겠습니다.

Dataflow	Dataproc
Apache Beam 기반	Apache Hadoop / Spark 기반
Serverless	DevOps
기존에 레거시 없이 새로 접근할 때 적합	Apache 빅데이터 생태계(=Hadoop Eco System)에 적합

[표 15-3] Dataflow vs Dataproc

15.4 Dafaflow 흐름 및 구성 요소

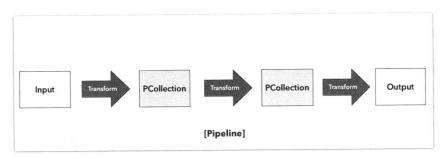

[그림 15-4-1] Dataflow 흐름도

- **Pipeline:** 데이터 처리를 위한 큰 흐름
- **Pipeline I/O:** 데이터의 Input과 Output을 위한 부분
- **Transform:** 데이터의 변환 및 가공, 변경한 데이터는 PCollection에 저장
- **PCollection:** 데이터 저장을 위한 데이터 타입 (Input과 Output)

15.4.1 Pipeline

파이프라인(Pipeline)은 처음부터 끝까지 전체 데이터 처리 작업을 캡슐화합니다. 여기에는 입력 데이터 읽기, 해당 데이터 변환 및 출력 데이터 쓰기가 포함됩니다. 모든 dataflow 프로그램은 파이프라인을 생성해야 합니다. 파이프라인을 생성할 때 파이프라인에 실행할 위치와 방법을 알려주는 실행 옵션도 지정해야 합니다.

15.4.2 Pipeline I/O

언어와 배치인지 스트리밍인지에 따라 지원하는 Pipeline I/O의 종류가 달라집니다.

File-based	Messaging	Database
Apache HDFS	Amazon Kinesis	Apache Cassandra

File-based	Messaging	Database
Amazon S3	AMQP	Apache Hadoop Input/Output Format
Google Cloud Storage	Apache Kafka	Apache HBase
Local Filesystems	Google Cloud Pub/Sub	Apache Hive
File I/O	JMS	Apache Kudu
Avro I/O	MQTT	Apache Solr
Text I/O		ElasticSearch
TFRecord I/O		Google BigQuery
Xml I/O		Google Cloud Bigtable
Tika I/O		Google Cloud Datastore
Parquet I/O		Google Cloud Datastore
RabbitMQ I/O		Google Cloud Spanner
Sqls I/O		JDBC
		MongoDB
		Redis

[표 15-4-2-1] Pipeline I/O

다음은 Python / Batch일 때 지원되는 목록입니다.

File-based	Messaging	Database
Apache HDFS	Google Cloud Pub/Sub	Google BigQuery
Amazon S3		Google Cloud Datastore
Google Cloud Storage		
Local filesystems		
Avro I/O		
parquet I/O		
vcf I/O		

[표 15-4-2-2] Python / Batch

다음은 Python / Streaming일 때 지원되는 목록입니다.

Messaging	Database
Google Cloud Pub/Sub	Google BigQuery (Sink Only)

[표 15-4-2-3] Python / Streaming

15.4.3 PCollection

피콜렉션(Pcollection)은 Dataflow pipeline이 작동하는 분산 데이터세트를 나타냅니다. 일반적으로 파이프라인은 외부 데이터 원본에서 데이터를 읽어서 초기 PCollection을 생성하지만, 드라이버 프로그램 내의 메모리 내 데이터에서 PCollection을 만들 수도 있습니다. 거기에서 PCollections는 파이프라인의 각 단계에 대한 입력과 출력입니다.

PCollection은 데이터 플로 파이프라인 내에서 데이터를 저장하는 개념으로 한 번 생성되면, 그 데이터는 수정이 불가능합니다. 따라서 데이터를 변경하거나 수정하기 위해서는 PCollection을 새로 생성해야 합니다. PCollection은 다음과 같은 특징을 가집니다.

- **요소 유형(Element type):** PCollection의 요소는 모든 유형이 될 수 있지만, 모두 동일한 유형이어야 합니다. 그러나 분산 처리를 위해서는 각 개별 요소를 바이트 문자열로 인코딩할 수 있어야 합니다.
- **불변성(Immutability):** PCollection은 변경이 불가능하기 때문에 변경을 위해서는 새로운 PCollection을 생성해야 합니다.
- **무작위 접근(Random access):** PCollection은 개별 요소에 대한 무작위 액세스를 지원하지 않습니다.
- **크기와 경계(Size and boundedness):** PCollection의 크기는 제한을 할 수도 있고 제한하지 않을수도 있습니다. 제한된 PCollection은 고정 크기의 데이터세트를 나타내지만, 제한되지 않은 PCollection은 무제한 크기의 데이터세트를 나타냅니다. 보통 파일이나 데이터베이스 같은 배치 데이터 소스는 제한된 PCollection으로 만들고, Pub/Sub이나 Kafka 같은 스트리밍 데이터 소스는 제한되지 않는 PCollection으로 만듭니다.
- **요소 타임 스탬프(Element timestamps):** PCollectino 각 요소에는 고유한 타임 스탬프가 있습니다. 각 요소의 타임스탬프는 소스에 의해 결정이 됩니다. Unbounded PCollection은 개별 요소가 읽히거나 추가될 때 타임 스탬프를 할당합니다.

15.4.4 Transforms

피트랜스폼(Ptransform)은 파이프라인에서 데이터 처리 작업 또는 단계를 나타냅니다. 모든 PTransform은 하나 이상의 PCollection 객체를 입력으로 가져와 해당 PCollection의 요소에 제공하는 처리 기능을 수행하고 0개 이상의 출력 PCollection 객체를 생성합니다. 데이터를 변경할 때 사용하는 부분으로 아래 형태를 지원합니다.

지원 함수	설명
ParDo	데이터를 변환하거나 추출 또는 연산때 사용합니다
GroupByKey	Key-Value 형태의 컬렉션을 Key 기준으로 Value를 묶어줍니다.
CoGroupByKey	동일한 Key의 데이터세트가 여러개 있을 때 Key별로 묶어줍니다.
Combine	데이터의 요소 및 값의 컬렉션을 결합하기 위해 사용합니다.
Flatten	여러 종류의 PCollection을 하나의 PCollection으로 합칩니다.
Partion	큰 PCollection을 분할할 때 사용합니다.

[표 15-4-4] Transforms

15.4.5 Dataflow Runners

Cloud Dataflow는 사용 목적에 따라 Runner를 다르게 설정할 수 있습니다.

Runner 종류	설명
DirectRunner	로컬에서 돌릴 때 사용
ApexRunner	Apache Apex 돌릴 때 사용
FlinkRunner	Apache Flink 돌릴 때 사용
SparkRunner	Apache Spark 돌릴 때 사용
DataflowRunner	Cloud Dataflow 이용시 사용 (GCP가 전체 서비스 매니징)
GearpumpRunner	Apache Gearpump를 돌릴 때 사용

[표 15-4-5] Dataflow Runners

15.5 Unbounded Data(스트리밍 데이터) 처리

Unbounded Data(스트리밍 데이터)와 같은 경우에는 데이터가 끊이지 않고 들어오기 때문에 결과를 내보내야 하는 타이밍을 잡기 애매합니다. 이를 위해서 시간을 기준으로 작업을 끊어서 처리하는데 이를 '윈도잉(Windowing)'이라고 합니다.

15.5.1 Window 개념

스트리밍 데이터는 계속 들어오기 때문에 특정 시간기간 단위로 지속적으로 처리를 하고 저장을 해주어야 합니다. 이때 사용하는 개념이 'Window'인데 크게 Fixed Window와 Sliding Window, 그리고 Session Window라는 개념을 사용합니다. 이 외에도 더 다양한 Window 개념들이 있는데 여기서는 아래 3가지 종류의 Window 개념만 살펴보도록 하겠습니다.

◆15.5.1.1 Fixed Window◆

고정된 크기의 시간을 가지는 윈도우입니다. 여기서는 10분이 윈도우 길이가 됩니다.

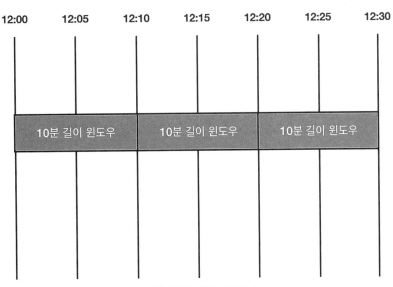

[그림 15-5-1-1] Fixed Window

◆15.5.1.2 Sliding Window◆

다른 윈도우들과 중첩이 되는 윈도우입니다.

- **윈도우 길이:** 10분 (한 윈도우의 시간 길이)
- **윈도우 간격:** 5분 (새로운 윈도우가 생기는 시간 간격)

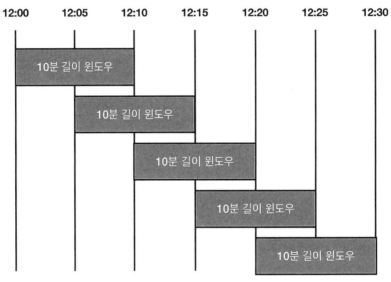

[그림 15-5-1-2] Sliding Window

◆15.5.1.3 Session Window◆

Session Window는 데이터가 들어오면 윈도우가 시작이 되고 세션 종료 시간(5분)까지 데이터가 들어오지 않으면, 그때 윈도우를 종료되고 새로운 데이터가 들어올때 다시 새로운 윈도우를 생성합니다.

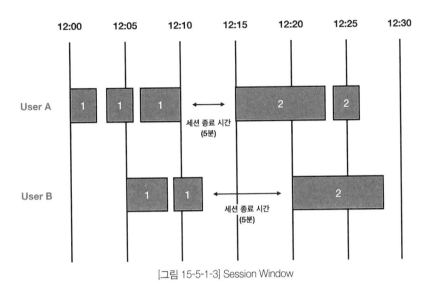

[그림 15-5-1-3] Session Window

15.5.2 지연 데이터와 Water Mark

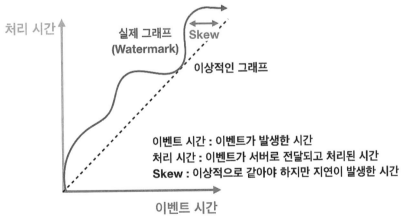

[그림 15-5-2] 지연 데이터와 Water Mark

실제 데이터들이 발생한 시간과 서버에 도착하는 시간에는 차이가 발생할 수 있기 때문에 어느 시점까지 데이터를 기다렸다가 처리해야 하는지에 대한 고민이 생길 수 있습니다. 이때 실제 데이터가 도착하는 시간을 예측해야 하는데 이를 워터마크(Watermark)라고 합니다. Watermark를 기반으로 윈도우의 시스템상의 시작 시간과 종료 시간을 예측하게 됩니다.

15.5.3 Trigger

트리거(Trigger)는 처리 중인 데이터를 언제 다음 단계로 넘길지를 결정하는 개념입니다. 만약 윈도우 길이가 1시간이라면 실제 결과를 1시간 뒤에나 볼 수 있는데, 이 경우에는 실시간 데이터 분석이라고 보기 애매한 상황이 발생합니다. 이때 윈도우가 끝나기 전에 중간 계산한 값들을 보여줄 수 있는데, 이때 이용하는 것이 Trigger입니다. Trigger의 종류에는 다음과 같은 것들이 있습니다.

- **Time trigger:** 특정 이벤트 시간에 작동(예를 들면, 5분 단위, 윈도우 시작 후 1번, 윈도우 종료 후 1번 등)
- **Element count trigger:** 데이터의 개수를 기반으로 작동(예를 들면, 데이터 100개마다)
- **Punctuations trigger:** 특정 데이터가 들어오는 순간에 작동(예를 들면, flagA가 들어왔을 때)
- **Composite trigger:** 여러 가지 trigger를 조합한 형태

트리거링이 될때마다 전달되는 데이터는 과연 이전 데이터를 처리할까, 처리하지 않을까 하는 의문이 있을 수 있는데 이때 'Accumulating mode' 옵션을 이용하여 누적 여부를 선택할 수 있습니다.

Window 0

[그림 15-5-3] Triggering

- **Accumulating Mode:** True
  - 첫번째 트리거링: 1, 5

- 두번째 트리거링: 1, 5, 3, 4
- 세번째 트리거링: 1, 5, 3, 4, 6, 2
- **Accumulating Mode:** False
  - 첫번째 트리거링: 1, 5
  - 두번째 트리거링: 3, 4
  - 세번째 트리거링: 6, 2

15.6 Cloud Dataflow(Apache Beam) 간단 문법(Python)

이번에는 Python 기준 Cloud Dataflow 간단 문법을 설명하도록 하겠습니다. 만약 Python 이외에 다른 언어(Java, Go) 문법을 알고 싶다면 https://beam.apache.org/documentation/programming-guide/에서 확인할 수 있습니다.

데이터플로는 아파치 빔을 기반으로 하고 있기 때문에 import 역시 'apache_beam'을 import 에서 사용하도록 하겠습니다. 기본적으로는 다음과 같은 형태로 코드 작성이 됩니다.

```
[Output PCollection] = [Input PCollection] | [Label] >> [Transform]
```

15.6.1 Pipeline 만들기

이번에는 Pipeline을 만들어 보도록 하겠습니다. 파이프라인은 처음부터 끝까지 전체 데이터 처리 작업을 캡슐화합니다. 여기에는 입력 데이터 읽기, 해당 데이터 변환 및 출력 데이터 쓰기가 포함됩니다. 모든 데이터플로 프로그램은 파이프라인을 생성해야 합니다. 파이프라인을 생성할 때 파이프라인에 실행할 위치와 방법을 알려주는 실행 옵션도 지정해야합니다.

먼저 Pipeline Option 설정 없이 생성하는 방법은 다음과 같습니다.

```
import apache_beam as beam
pipeline = beam.Pipeline()
```

Pipeline Option 설정과 함께 생성하는 방법은 다음과 같습니다.

```
import apache_beam as beam
from apache_beam.options.pipeline_options import PipelineOptions
pipeline = beam.Pipeline(options=PipelineOptions())
```

15.6.2 PCollection 만들기

PCollection은 Pipeline으로 데이터를 읽거나 내보낼때 사용합니다. Python에서는 apache-beam에서 제공하는 I/O 어댑터는 PCollection으로 반환을 합니다.

```
import apache_beam as beam
pipeline = beam.Pipeline()
# 'ReadMyFile'은 PCollection 이름
pcollection = pipeline | 'ReadMyFile' >> beam.io.ReadFromText('gs://dataflow-byjw/inputData.txt')
```

그리고 Python 자체의 list 등을 PCollection으로 만들려면 다음과 같이 beam.Create( )를 사용할 수도 있습니다.

```
import apache_beam as beam
test_list = [0, 1, 2, 3, 4, 5, 6, 7, 8, 9]
test_pcollection = beam.Create(test_list)
```

15.6.3 Transform 이용하기

Transform은 입력받은 데이터를 변환하는 과정으로 하나 이상의 PCollection으로부터 받은 데이터를 Transform을 이용하여 처리하게 됩니다. 처리된 결과도 PCollection으로 출력해야 합니다. 아래는 하나의 Input PCollection에 1개의 Tranform을 이용하여 Output PCollection을 만드는 방법입니다.

```
[Output PCollection] = [Input PCollection] | [Transform]
```

아래는 하나의 Input PCollection에 여러개의 Transform을 이용하여 Output PCollection을 만드는 방법입니다.

```
[Output PCollection] = [Input PCollection] | [Transform #1] | [Transform #2]
```

이제 실질적으로 Transform을 만드는 방법에 대해서 이야기하겠습니다. 먼저 Beam에서 기본적으로 제공하는 Transform에 대해서 이야기하겠습니다. 크게 다음과 같은 종류가 있습니다.

◆15.6.3.1 ParDo◆

파두(ParDo)는 사용자가 원하는 코드를 ParDo를 통해서 작성을 하면 거기에 맞춰서 데이터가 변환하여 하나 이상의 출력 PCollection을 반환할 수 있습니다. ParDo를 이용하면 다음과 같은 처리를 할 수 있습니다.

- 필터링
- 다른 자료형으로 변환
- 데이터세트에서 각 요소 추출
- 데이터세트의 개별 연산

ParDo는 파이프라인에서 일반적인 중간 단계로 데이터를 변환할 때 사용합니다. ParDo 변환을 적용할 때는 DoFn 객체의 형태로 사용자 코드를 제공해야 합니다. 아래 코드에서 ComputeWordLengthFn은 beam.DoFn을 상속받아서 process( ) 함수 부분에 처리할 코드를 이용하여 데이터를 변환할 수 있습니다. 이렇게 하면 beam.ParDo( ) 부분에서 위에서 만들어 놓은 beam.DoFn 객체를 사용할 수 있습니다.

```
import apache_beam as beam
pipeline = beam.Pipeline()
# GCS 로부터 데이터를 읽어옴
input_pcollection = pipeline | 'ReadMyFile' >> beam.io.ReadFromText('gs://dataflow-byjw/inputData.txt')
# ParDo를 사용하기 위해 사용자가 직접 DoFn의 상속을 받아 코드를 작성하여야 합니다.
class ComputeWordLengthFn(beam.DoFn):
    def process(self, element):
        return [len(element)]
word_length = input_pcollection | beam.ParDo(ComputeWordLengthFn())
```

람다를 사용하면 다음과 코드를 좀 더 단순화할 수 있습니다(여기서는 Map을 사용하였습니다).

```
import apache_beam as beam
pipeline = beam.Pipeline()
input_pcollection = pipeline | 'ReadMyFile' >> beam.io.ReadFromText('gs://dataflow-byjw/inputData.txt')
word_length = input_pcollection | beam.Map(lambda word: [len(word)])
```

◈15.6.3.2 GroupByKey◈

GroupByKey는 Key-Value 형태로 되어있는 컬렉션을 처리하기 위한 Transform입니다. Key 기준으로 Value를 하나로 묶는데 사용됩니다.

```
import apache_beam as beam
sample_text = [
    ('cat', 1),
    ('dog', 5),
    ('and', 1),
    ('jump', 3),
    ('tree', 2),
    ('cat', 5),
    ('dog', 2),
    ('and', 2),
    ('cat', 9),
    ('and', 6)
]
grouping = sample_text | beam.GroupByKey()
```

```
print(grouping)
결과)
[('and', [1, 2, 6]), ('jump', [3]), ('tree', [2]), ('dog', [5, 2]), ('cat', [1, 5, 9])]
```

◈15.6.3.3 CoGroupByKey◈

CoGroupByKey도 역시 Key를 기반으로 값을 합쳐주는데, 동일한 Key의 데이터세트가 여러 개 있을 때 사용하는 것이 좋습니다.

```
import apache_beam as beam
emails_list = [
    ('amy', 'amy@example.com'),
    ('carl', 'carl@example.com'),
    ('julia', 'julia@example.com'),
    ('carl', 'carl@email.com'),
]
phones_list = [
    ('amy', '111-222-3333'),
    ('james', '222-333-4444'),
    ('amy', '333-444-5555'),
    ('carl', '444-555-6666'),
]
location_list = [
    ('amy', 'Seoul'),
    ('james', 'Busan'),
    ('james', 'Goyang'),
    ('carl', 'Suwon'),
]
results = ({'emails': emails_list, 'phones': phones_list, 'location': location_list} | beam.CoGroupByKey())
for result in results:
    print(result)
결과)
('amy', {'phones': ['111-222-3333', '333-444-5555'], 'emails': ['amy@example.com'], 'location': ['Seoul']})
('james', {'phones': ['222-333-4444'], 'emails': [], 'location': ['Busan', 'Goyang']})
('julia', {'phones': [], 'emails': ['julia@example.com'], 'location': []})
('carl', {'phones': ['444-555-6666'], 'emails': ['carl@example.com', 'carl@email.com'], 'location': ['Suwon']})
```

◈15.6.3.4 Combine◈

컴바인(Combine)은 데이터의 요소 및 값의 컬렉션을 결합하기 위해 사용하는 Transform 입니다. 안에는 작동할 함수를 만들어서 전달해주어야 합니다.

```
import apache_beam as beam
sample_data = [1, 10, 100, 1000]
def sum_list(values):
    return sum(values)
result = sample_data | beam.CombineGlobally(sum_list)
print(result)
결과)
[1111]
```

◆15.6.3.6 Flatten◆

Flatten은 여러 종류의 PCollection 객체를 하나의 PCollection으로 합칩니다.

```
import apache_beam as beam
pcollection1 = [1, 2, 3]
pcollection2 = [4, 5, 6]
pcollection3 = ['gcp', 'hello', 'world']
flattend = ((pcollection1, pcollection2, pcollection3) | beam.Flatten())
print(flattend)
결과)
[4, 5, 6, 1, 2, 3, 'gcp', 'hello', 'world']
```

◆15.6.3.7 Partition◆

파티션(Partition)은 큰 PCollection을 고정된 숫자의 PCollection으로 분할할 때 사용합니다.
Partition은 PCollection 내부의 요소를 지정해둔 함수를 이용하여 분할하게 됩니다.

```
import apache_beam as beam
from apache_beam.options.pipeline_options import PipelineOptions
data = [
    'a',
    'c',
    'b',
    'd',
    'e',
    'f',
```

```
    'g',
    'h',
    'i'
]
with beam.Pipeline(options=PipelineOptions()) as pipeline:
    sample_data = pipeline | beam.Create(data)
    def partition_fn(student, num_partitions):
        return ord(student[0]) % num_partitions
    partitioned = sample_data | beam.Partition(partition_fn, 6)
    for partition in partitioned:
        print(partition)
결과)
PCollection[Partition(CallableWrapperPartitionFn)/ParDo(ApplyPartitionFnFn)/ParDo(ApplyPartitionFnFn).0]
PCollection[Partition(CallableWrapperPartitionFn)/ParDo(ApplyPartitionFnFn)/ParDo(ApplyPartitionFnFn).1]
PCollection[Partition(CallableWrapperPartitionFn)/ParDo(ApplyPartitionFnFn)/ParDo(ApplyPartitionFnFn).2]
PCollection[Partition(CallableWrapperPartitionFn)/ParDo(ApplyPartitionFnFn)/ParDo(ApplyPartitionFnFn).3]
PCollection[Partition(CallableWrapperPartitionFn)/ParDo(ApplyPartitionFnFn)/ParDo(ApplyPartitionFnFn).4]
PCollection[Partition(CallableWrapperPartitionFn)/ParDo(ApplyPartitionFnFn)/ParDo(ApplyPartitionFnFn).5]
```

15.6.4 Pipeline I/O

파이프라인을 생성할 때 외부 소스(파일이나, 데이터베이스 등)로부터 데이터를 읽어오거나, 처리한 데이터를 외부로 저장할 때, Pipeline I/O를 이용하여 저장할 수 있습니다.

아래는 GCS에서 텍스트 파일을 읽어오는 예제입니다.

```
lines = pipeline | beam.io.ReadFromText('gs://some/inputData.txt')
```

텍스트 파일을 저장하는 것도 다음과 같습니다. 아래 코드를 실행하면 GCS의 'some'이라는 디렉터리 내에 outputData.txt로 저장됩니다.

```
output | beam.io.WriteToText('gs://some/outputData.txt')
```

이 외에도 다양한 Pipeline I/O를 지원하는데, 자세한 내용은 15.7.2 Pipeline I/O 부분을 참고하십시오.

15.6.5 Windowing

Windowing에 대한 설명은 앞에서 설명했기 때문에 여기서는 어떻게 Window를 만드는지에 대해서 설명하도록 하겠습니다.

먼저 fixed-time window를 만드는 방법은 다음과 같습니다. 여기서 60은 Window 길이가 60초임을 의미합니다.

```
import apache_beam as beam
from apache_beam.transforms import window
fixed_window = items | 'fixed_window' >> beam.WindowInto(window.FixedWindows(60)
```

그 다음은 sliding window를 만들도록 하겠습니다. window 길이는 30초이고 5초마다 윈도우가 발생하도록 설정했습니다.

```
import apache_beam as beam
from apache_beam.transforms import window
sliding_window = items | 'sliding_window' >> beam.WindowInto(window.SlidingWindows(30, 5)
```

그 다음은 session window를 만들겠습니다. 여기서는 세션 시간을 600초(10분)로 설정했습니다.

```
import apache_beam as beam
from apache_beam.transforms import window
session_window = items | 'session_window' >> beam.WindowInto(window.SessionWindows(10*60)
```

15.6.6 Trigger

트리거는 윈도우의 중간 집계를 위해서 사용합니다.

AfterWatermark( )는 워터마크가 윈도우의 끝을 통과할 때 트리거링 되는 트리거입니다.

```
from apache_beam.transforms.trigger import AfterWatermark
AfterWatermark()
```

다음은 AfterProcessingTime( )으로 데이터가 수신된 후 일정한 처리 시간이 지난 후에 트리거링 되는 트리거입니다.

```
from apache_beam.transforms.trigger import AfterProcessingTime
AfterProcessingTime(delay=1*60) # 1분
```

다음은 AfterCount( )로 데이터의 개수를 가지고 트리거링 하는 트리거입니다.

```
from apache_beam.transforms.trigger import AfterCount
AfterCount(32) # 32개
```

데이터 누적에 대한 설정을 같이 할 수 있는데 간단히 말하면 새로 들어온 데이터만 처리를 할건지, 아니면 이전에 있던 데이터까지 누적해서 처리를 할건지에 대한 설정 부분으로 WindowInto( ) 안에 'accumulation_mode'에서 설정할 수 있습니다.

Accumulation_mode는 다음과 같은 옵션을 가지고 있습니다.

매개변수	설명
AccumulationMode.ACCUMULATING	누적 O
AccumulationMode.DISCARDING	누적 X

아래에서는 Fixed Window와 AfterProcessingTime( ) 트리거링과 함께 누적하지 않는 설정을 하는 예제입니다.

```
import apache_beam as beam
from apache_beam import WindowInto
from apache_beam.transforms.trigger import AfterProcessingTime, AccumulationMode
from apache_beam.transforms.window import FixedWindows
pcollection | WindowInto(
    FixedWindows(1 * 60),
    trigger=AfterProcessingTime(10 * 60),
    accumulation_mode=AccumulationMode.DISCARDING)
```

Dataflow(beam)은 다음과 같은 복합 트리거도 지원합니다. 아래에서 설명한 복합 트리거 외에도 다양한 복합 트리거들이 있습니다. 자세한 내용은 아래 링크를 참고하시기 바랍니다. (https://beam.apache.org/releases/pydoc/2.12.0/apache_beam.transforms.trigger.html)

복합 트리거	설명
Repeatedly.forever	영원히 실행되는 트리거
AfterEach.inOrder	특정 순서대로 여러 트리거를 결합할 때 사용합니다.
AfterFirst	특정 트리거를 받고 처음에 트리거링 할 때 사용하며 다중 트리거에 대해서는 OR 연산을 합니다.
AfterAll	여러 개의 트리거를 취하고 모든 트리거가 만족되면 트리거링 하며 AND 연산과 동일합니다.
orFinally	최종 조건으로 사용하며 특정 트리거 이후에 끝을 냅니다.
AfterAny	어떤 서브 트리거든 실행이 되면 트리거링 합니다.

복합 트리거를 사용하면 아래 예제와 같이 만들 수 있습니다. Window는 1분 마다 만들고, 트리거에 복합 트리거로 AfterCount(100)이나 AfterProcessingtime(60)이 만족하면 집계를 반복하는 복합 트리거입니다.

```
import apache_beam as beam
from apache_beam import WindowInto
from apache_beam.transforms.trigger import AfterProcessingTime, AccumulationMode, Repeatedly, AfterAny, AfterCount
```

```
from apache_beam.transforms.window import FixedWindows
pcollection | WindowInto(
    FixedWindows(1 * 60),
    trigger=Repeatedly(
        AfterAny(
            AfterCount(100),
            AfterProcessingTime(1 * 60))),
    accumulation_mode=AccumulationMode.DISCARDING)
```

실습

15.1 Dataflow API 설정하기

기본적으로 Dataflow API는 설정이 비활성화 되어있기 때문에 우선 Dataflow API 설정을 허용해주어야 합니다.

1. 먼저 GCP 콘솔로 갑니다. 그리고 상단 검색창에 'dataflow api'를 검색하여 [그림 15-1-1]과 같이 결과가 나오면 해당 메뉴를 선택합니다.

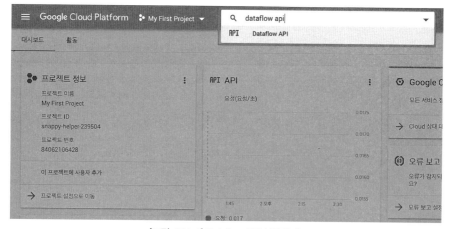

[그림 15-1-1] Dataflow API 설정하기

2. [그림 15-1-2] 같이 나타나는데, '사용 설정'을 누릅니다.

[그림 15-1-2] Dataflow API 설정하기

3. 설정이 완료가 되면 [그림 15-1-3] 같은 화면이 나타납니다. 그럼 Dataflow API를 사용할
   준비가 끝납니다.

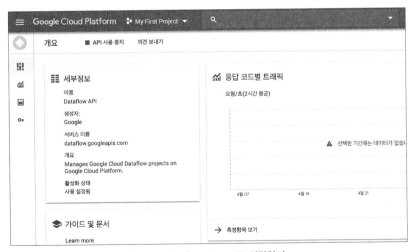

[그림 15-1-3] Dataflow API 설정하기

4. Python에서 apache-beam(dataflow)를 사용하기 위해 명령어('$ pip install apache-beam')
를 설치해야 합니다.

[그림 15-1-4] Dataflow API 설정하기

5. apache-beam에는 여러 가지 버전이 있습니다.

- **GCP용 Apache Beam(Dataflow):** $ pip install apache-beam[gcp]
- **유닛 테스트를 위한 버전:** $ pip install apache-beam[test]
- **Sphinx용 API 문서:** $ pip install apache-beam[docs]

저희는 Dataflow용을 사용하기 때문에 아래 명령어를 입력하여 설치하도록 하겠습
니다(만약 쉘을 zsh로 사용하면 다음과 같이 따옴표로 감싸줘야 합니다(pip install
'apachebeam[gcp]').

```
$ pip install apache-beam[gcp]
```

15.2 Dataflow로 Word Count하기

이번에는 Dataflow를 이용하여 Word Count를 해보도록 하겠습니다. 우선 Word Count를 위
한 샘플 파일을 넣기 위해 버킷부터 만들어보도록 하겠습니다.

1. '메뉴-Storage-브라우저' 로 들어갑니다.

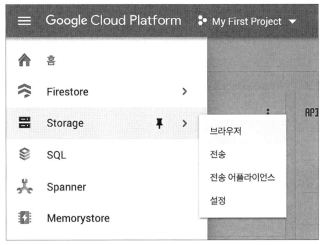

[그림 15.2.1] Dataflow로 Word Count하기

2. 그 다음 '버킷 만들기'를 눌러서 새로운 버킷을 만들도록 합니다(이미 버킷을 만들어본 적 있다면 화면이 다를 수 있습니다).

[그림 15-2-2] Dataflow로 Word Count하기

3. 그 다음 데이터를 넣을 버킷을 만듭니다. 이름은 임의로 주고, 클래스는 'Regional'로 사용하도록 하겠습니다.

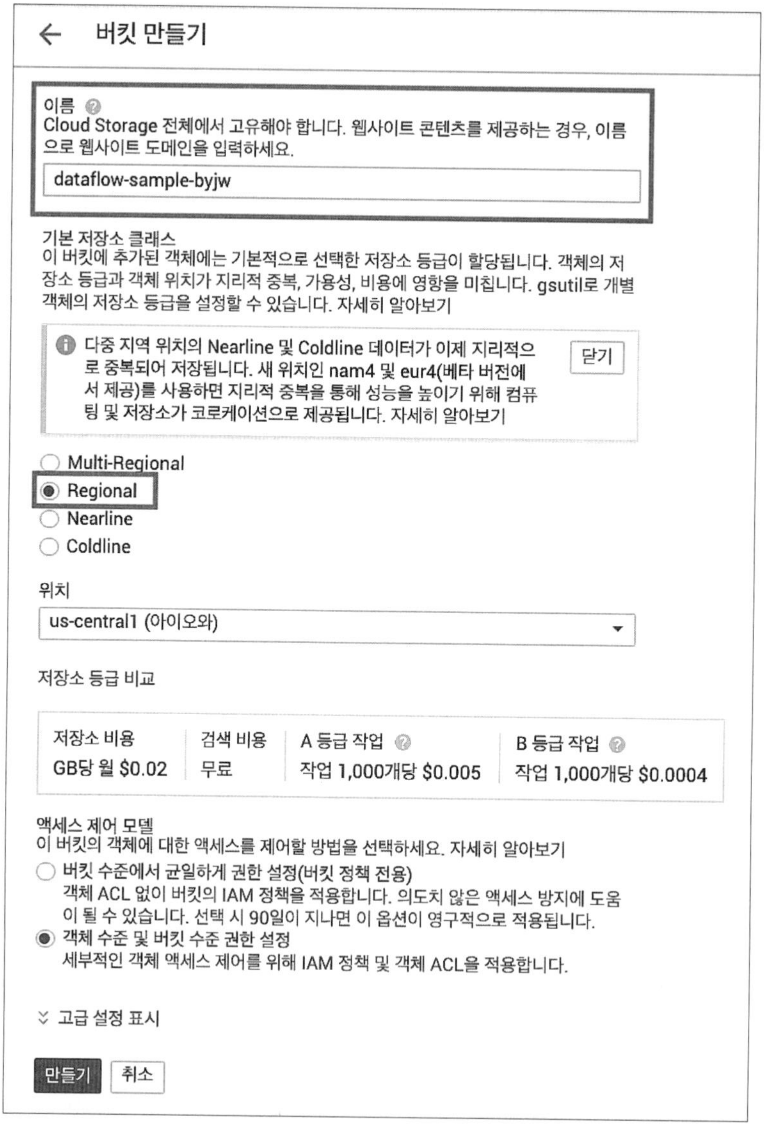

← 버킷 만들기

이름 ⓘ
Cloud Storage 전체에서 고유해야 합니다. 웹사이트 콘텐츠를 제공하는 경우, 이름으로 웹사이트 도메인을 입력하세요.

dataflow-sample-byjw

기본 저장소 클래스
이 버킷에 추가된 객체에는 기본적으로 선택한 저장소 등급이 할당됩니다. 객체의 저장소 등급과 객체 위치가 지리적 중복, 가용성, 비용에 영향을 미칩니다. gsutil로 개별 객체의 저장소 등급을 설정할 수 있습니다. 자세히 알아보기

> ⓘ 다중 지역 위치의 Nearline 및 Coldline 데이터가 이제 지리적으로 중복되어 저장됩니다. 새 위치인 nam4 및 eur4(베타 버전에서 제공)를 사용하면 지리적 중복을 통해 성능을 높이기 위해 컴퓨팅 및 저장소가 코로케이션으로 제공됩니다. 자세히 알아보기   닫기

- ○ Multi-Regional
- ● Regional
- ○ Nearline
- ○ Coldline

위치
us-central1 (아이오와)   ▼

저장소 등급 비교

저장소 비용	검색 비용	A 등급 작업 ⓘ	B 등급 작업 ⓘ
GB당 월 $0.02	무료	작업 1,000개당 $0.005	작업 1,000개당 $0.0004

액세스 제어 모델
이 버킷의 객체에 대한 액세스를 제어할 방법을 선택하세요. 자세히 알아보기

- ○ 버킷 수준에서 균일하게 권한 설정(버킷 정책 전용)
  객체 ACL 없이 버킷의 IAM 정책을 적용합니다. 의도치 않은 액세스 방지에 도움이 될 수 있습니다. 선택 시 90일이 지나면 이 옵션이 영구적으로 적용됩니다.
- ● 객체 수준 및 버킷 수준 권한 설정
  세부적인 객체 액세스 제어를 위해 IAM 정책 및 객체 ACL을 적용합니다.

⌄ 고급 설정 표시

만들기 취소

[그림 15-2-3] Dataflow로 Word Count하기

4. 그 다음, 분석을 위한 샘플로 마크 론슨의 'Uptown Funk'의 가사를 넣었습니다.

[그림 15-2-4] Dataflow로 Word Count하기

5. 돌아가는 소스는 다음과 같습니다. 여기서 주의할 점은 GCP의 Dataflow에서 돌려야 해서 runner에서 'dataflow'를 설정해야 합니다. 그 다음 아래 Python 소스를 실행합니다.

```
from __future__ import print_function
import re
import apache_beam as beam
from apache_beam.options.pipeline_options import PipelineOptions

pipeline_options = PipelineOptions(
    project='snappy-helper-239504', # Project ID
    runner='dataflow',              # GCP Dataflow에서 돌리기 위함
    temp_location='gs://dataflow-sample-byjw/temp'
)
```

```
with beam.Pipeline(options=pipeline_options) as p:
  p | 'Read' >> beam.io.ReadFromText("gs://dataflow-sample-byjw/uptownfunk.txt") \
    | 'Extract' >> beam.FlatMap(lambda s: re.split("\\W+", s)) \
    | 'Count' >> beam.combiners.Count.PerElement() \
    | 'Map' >> beam.Map(lambda (w, c): "%s: %d" % (w, c)) \
    | 'Save' >> beam.io.textio.WriteToText("gs://dataflow-sample-byjw/output.txt")
```

Pipeline Options는 다음과 같습니다.

- **runner:** 파이프라인을 어디서 돌릴지 결정(GCP: dataflow, Local: direct)
- **project:** 구글 GCP의 Project ID(설정하지 않으면 기본 gcloud에 설정된 프로젝트로 정함)
- **streaming:** 만약 스트리밍 데이터를 사용하면 True로 세팅(False가 Default)
- **temp_location(Required):** 임시 파일들을 저장하기 위한 GCS의 버킷 URI(gs://)
- **staging_location(Optional):** 스테이징을 위한 임시 파일을 저장하기 위한 GCS의버킷 URI (gs://)

6. Python 코드를 실행시키고, '메뉴-Dataflow'를 선택합니다.

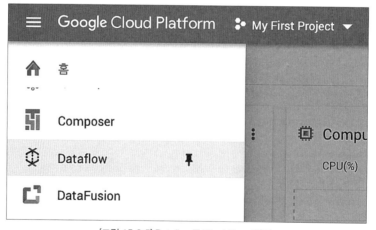

[그림 15-2-5] Dataflow로 Word Count하기

7. 처음에는 없었던 작업이 보입니다. 해당 작업을 실행해보겠습니다.

[그림 15-2-6] Dataflow로 Word Count하기

8. 앞서 소스에서 만들어 놓은 파이프라인이 보입니다. 현재는 '실행 중'이라고 확인됩니다.

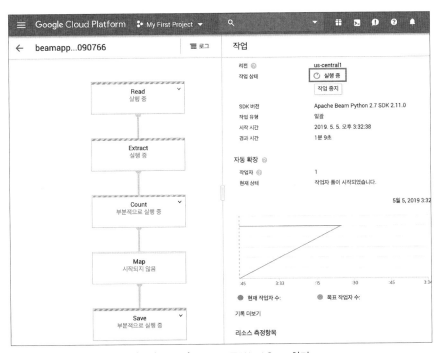

[그림 15-2-7] Dataflow로 Word Count하기

9. 작업이 끝나면 다음과 같이 나타납니다.

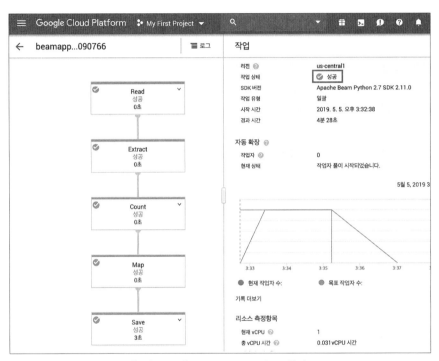

[그림 15-2-8] Dataflow로 Word Count하기

10. 결과를 받기로 한 GCS 버킷에 들어가 보면 output을 확인할 수 있습니다.

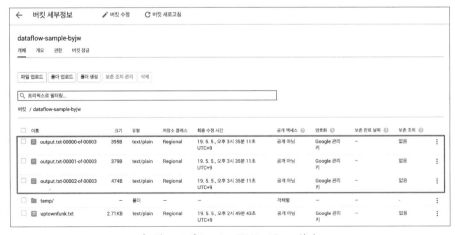

[그림 15-2-9] Dataflow로 Word Count하기

11. 다음과 같이 WordCount를 확인할 수 있습니다.

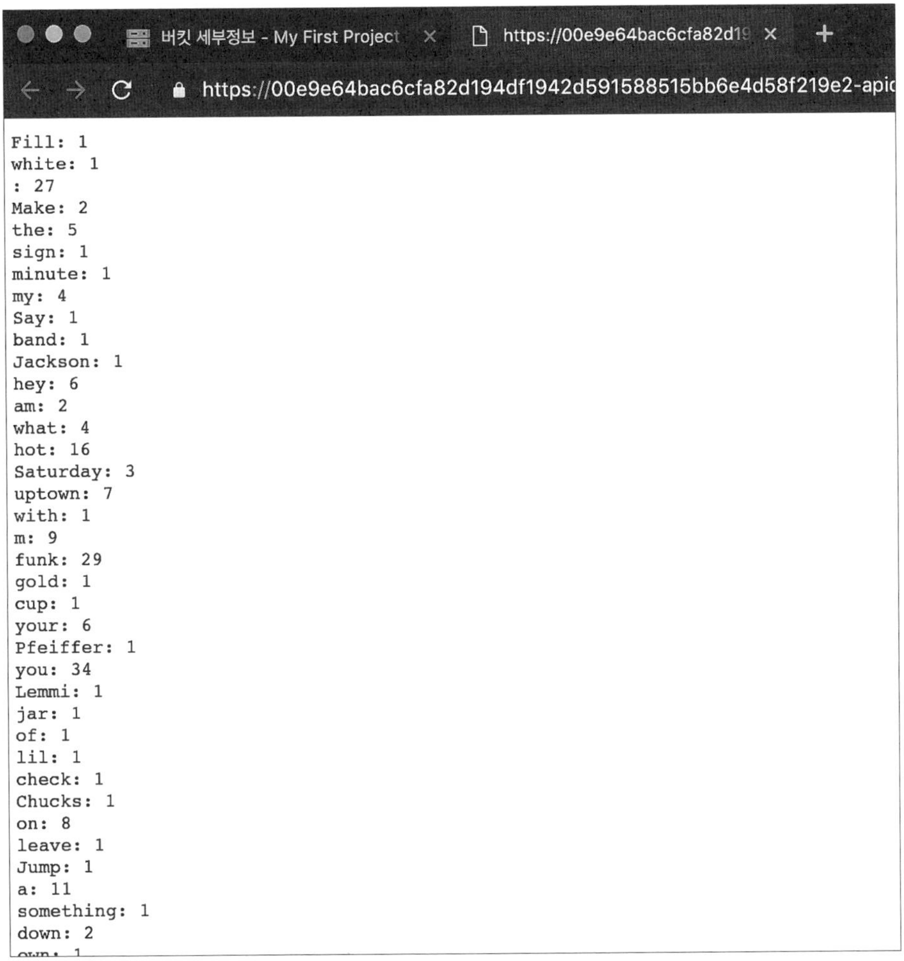

```
Fill: 1
white: 1
: 27
Make: 2
the: 5
sign: 1
minute: 1
my: 4
Say: 1
band: 1
Jackson: 1
hey: 6
am: 2
what: 4
hot: 16
Saturday: 3
uptown: 7
with: 1
m: 9
funk: 29
gold: 1
cup: 1
your: 6
Pfeiffer: 1
you: 34
Lemmi: 1
jar: 1
of: 1
lil: 1
check: 1
Chucks: 1
on: 8
leave: 1
Jump: 1
a: 11
something: 1
down: 2
own: 1
```

[그림 15-2-10] Dataflow로 Word Count하기

16장

Stackdriver

16.1 Stackdriver란?

Stackdriver는 Google Cloud Platform의 대표적인 모니터링/로깅 서비스입니다. 2014년 5월 Stackdriver를 구글에서 인수했고, 내부 서비스로 추가해 측정 항목, 로그, 이벤트를 인프라에서 집계하고 개발자와 운영자에게 제공하여 문제 발생 시 원인 분석에 도움을 줍니다. Stackdriver는 GCP뿐만 아니라 AWS, 온프레미스, 하이브리드 클라우드 등 실행 환경에 관계없이 모든 클라우드 계정 및 프로젝트 측정 항목, 로그, 메타 데이터를 포괄적으로 볼 수 있습니다. 또한 다양한 시각화 및 알림 기능을 제공하기 때문에 진단하기 어려운 문제도 신속하게 파악할 수 있도록 도와줍니다.

GCP 내에서는 기본적으로 별다른 설정 없이도 기본적인 로그 및 모니터링 기능을 수집하여 사용자에게 제공합니다. 좀 더 자세한 정보를 알고 싶다면, 로깅 에이전트(Logging Agent) 및 모니터링 에이전트(Monitoring Agent)를 설치해 확인할 수 있습니다.

16.2 Stackdriver 기능

Stackdriver는 다음 표와 같은 기능들을 제공합니다.

기능	설명
디버거	요청 중단이나 속도 저하 없이 모든 코드 위치에서 애플리케이션 상태를 검사합니다.
오류 보고	오류를 분석하고 집계하며 새로운 오류가 감지되면 알림을 제공합니다.
신속한 발견	GCP 및 AWS 와 긴밀한 통합을 바탕으로 클라우드 리소스 및 애플리케이션 서비스를 자동으로 발견하여 주요 애플리케이션 간의 관계를 발견하고 유지 관리합니다.
가동시간 모니터링	클라우드 환경에서 실행되는 웹 애플리케이션 및 인터넷 액세스가 가능한 기타 서비스의 엔드 포인트를 검사합니다. 그 외에도 URL, 그룹, 또는 리소스와 관련하여 가동시간 확인을 설정할 수 있습니다.
스마트 기본값	스마트 기본값 덕분에 2분 내에 클라우드 플랫폼을 가동하고 핵심 정보를 파악하여 실행할 수 있습니다. 오픈소스 에이전트를 배포하면 추가 측정 항목 및 로그가 자동으로 서비스에 통합됩니다.
알림	커스텀 알림 정책을 만들 수 있습니다
Trace	Stackdriver Trace는 URL 별 통계 및 지연 시간 분포 등 Google App Engine에 지연 시간 샘플링과 보고를 제공합니다
Logging	클라우드 오픈소스 애플리케이션 서비스의 로그를 필터링하고 검색하며 볼 수 있는 기능을 제공합니다. 로그 콘텐츠를 바탕으로 대시보드 및 알림에 포함시킬 측정 항목을 정의할 수 있으며, BigQuery, GCS, Pub/Sub에 로그를 보낼 수도 있습니다
대시보드	클라우드 및 오픈소스 애플리케이션 서비스용 기본 대시보드를 제공합니다. 사용자 요구에 맞는 강력한 시각화 도구를 갖춘 커스텀 대시보드를 정의할 수 있습니다
프로파일링	프로덕션 애플리케이션에서 리소스 소비에 관한 지속적인 프로파일링을 제공하므로 잠재적인 성능 문제를 식별하고 제거할 수 있습니다

[표 16-2] Stackdriver 기능

16.3 Stackdriver Monitoring

Stackdriver는 크게 모니터링(Monitoring)과 로깅(Logging)이 있는데, 여기서는 Monitoring에 대해서 살펴보도록 하겠습니다.

Stackdrvier Monitoring은 클라우드 기반의 서비스들의 전반적인 상태에 대한 정보를 제공합니다. GCP 뿐만 아니라 AWS, 온프레미스 등 여러 환경에서도 지원하며, 호스트 정보뿐만 아니라 카산드라(Cassandra), 엔진엑스(Nginx), 아파치 웹 서버(Apache Web Server)등 여러 애플리케이션의 구성 요소에서 측정 항목, 이벤트 및 메타 데이터를 수집합니다.

이렇게 수집된 데이터는 Stackdriver의 대시보드에서 카드 뷰 형태로 확인이 가능하며 그 이외에도 알림 등 유용한 기능들을 제공합니다. 알림은 단순 이메일 알림뿐만 아니라 슬랙(Slack), SMS, 페이저듀티(PagerDuty) 등 채널로 알림 서비스를 제공하기 때문에 협업 시 더욱 유용하게 사용할 수 있습니다.

16.3.1 권한

Monitoring을 사용하려면 Cloud IAM 권한을 필요합니다. Stackdriver Monitoring에서 필요로 하는 권한에 대해서 알아보도록 하겠습니다. 일반적으로 API의 REST 메소드 마다 연결된 권한이 하나씩 있는데, 특정 메소드를 사용하려면 해당하는 권한이 있어야 합니다. 권한은 직접 부여되지 않고, 역할을 통해 간접적으로 부여합니다. 기본적으로 Monitoring, 쓰기, 알림 등 필요로 하는 권한은 사전에 미리 정의되어 있고 이러한 역할(여러 권한을 가진 모음을 뜻합니다)은 아래표를 통해서 다뤄보도록 하겠습니다.

◆Monitoring 역할◆

역할 ID (역할 이름)	설명
roles/monitoring.viewer (모니터링 뷰어)	Stackdriver Monitoring 콘솔 및 API에 대한 읽기 전용 액세스 권한을 제공합니다.

| roles/monitoring.editor (모니터링 편집자) | Stackdriver Monitoring 콘솔 및 API에 대한 읽기 전용 액세스 권한을 제공하며 작업 공간에 모니터링 데이터를 기록할 수 있습니다. |
| roles/monitoring.admin (모니터링 관리자) | 모든 Monitoring 기능에 대한 전체 액세스 권한을 제공합니다. |

◆쓰기 역할◆

역할 ID (역할 이름)	설명
roles/monitoring.metricWriter (모니터링 측정 항목 작성자)	작업 공간에 모니터링 데이터를 기록할 수 있습니다. Stackdriver Monitoring 콘솔에는 액세스할 수 없습니다. 서비스 계정용입니다.

◆알림 정책◆

역할 ID (역할 이름)	설명
roles/monitoring.alertPolicyViewer (모니터링 경고 정책 뷰어)	알림 정책에 대한 읽기 전용 액세스 권한을 제공합니다.
roles/monitoring.alertPolicyEditor (모니터링 경고 정책 편집자)	알림 정책에 대한 쓰기 액세스 권한을 제공합니다.

◆알림 채널◆

역할 ID (역할 이름)	설명
roles/monitoring.notificationChannelViewer (모니터링 알림 채널 뷰어)	알림 채널에 대한 읽기 전용 액세스 권한을 제공합니다.
roles/monitoring.notificationChannelEditor (모니터링 알림 채널 편집자)	알림 채널에 대한 쓰기 액세스 권한을 제공합니다.

◆Google Cloud Platform의 여러 서비스 및 리소스에 대한 권한 부여◆

역할 ID (역할 이름)	설명
roles/viewer (프로젝트 뷰어)	Stackdriver Monitoring 콘솔 및 API에 대한 읽기 전용 액세스 권한을 제공합니다.
roles/editor (프로젝트 편집자)	Stackdriver Monitoring 콘솔 및 API에 대한 읽기-쓰기 액세스 권한을 제공합니다.
roles/owner (프로젝트 소유자)	Stackdriver Monitoring 콘솔 및 API에 대한 전체 액세스 권한을 제공합니다.

이렇게 사전 정의된 권한 이외에도 직접 커스텀 역할을 만들 수도 있습니다. 추가적인 권한 및 역할의 대한 정보를 알고 싶다면 https://cloud.google.com/monitoring/access-control에서 확인할 수 있습니다.

16.3.2 측정 항목(Metric)

측정 항목은 애플리케이션 및 시스템 서비스의 성능을 이해하는 데 도움을 줄 수 있습니다. Stackdriver는 GCP, AWS 및 타사 소프트웨어를 모니터링하는 데 도움이 되는 여러 유형의 측정 항목을 제공합니다. 개별 측정 항목은 시계열로 수집이 되며, 각 시계열에는 측정 항목 이름이 포함이 되고, timestamp-value 형태, key-value 형태로 표현됩니다. 지원하는 측정 항목은 서비스마다 개별적인 측정 항목들을 제공하고 각각 수백에서 수천 개의 항목을 제공하기 때문에 이 책에서는 직접 다루지 않습니다. 서비스별 측정 항목을 알고 싶다면 https://cloud.google.com/monitoring/api/metrics에서 확인할 수 있습니다.

16.3.3 시계열(Time Series)

Stackdriver와 GCP는 각 측정 항목 유형에 대해 정기적으로 측정 값을 저장합니다. 이때 측정 값은 시계열로 수집이 되며 다음과 같은 특징을 가집니다. 각각의 측정 항목은 시계열을 가지게 되는데, 이러한 측정 항목은 (타임 스탬프, 값) 형태의 Key(=Timestamp)-Value(=Data) 형태로 저장이 되며 타임 스탬프는 측정 시간, 값은 측정 값을 의미합니다. 시계열의 모든 지점은 측정 항목 이름, 모니터링 되는 자원의 이름 및 각 레이블의 값에 대해 동일한 값을 가집니다. 또 'Aggregation'을 사용하면 여러 개별 시계열을 하나의 시계열로 결합할 수 있습니다.

16.4 Stackdriver Logging

Stackdriver Logging은 GCP의 Stackdriver 제품군의 일부로 로그 데이터 및 이벤트를 저장, 검색, 분석, 모니터링하고 알림을 받을 수 있습니다. API를 통해 소스에 상관없이 커스텀 로그 데이터 수집도 가능합니다. 또한 수천 개의 VM에서 실시간으로 애플리케이션 및 시스템 로그 데이터 수집을 할 수 있는 완전 관리형 서비스로 Stackdriver Logging을 사용하면 로그 항목을 읽고, 쓰고, 로그를 검색하고 필터링하고, 로그를 내보내고 로그 기반 측정 항목을 만들 수 있습니다.

멀티 클라우드 환경을 지원하기 때문에 GCP 뿐 아니라 AWS의 로그도 하나의 대시보드에서 관리하고 분석할 수 있습니다. 또 다른 GCP 제품들과 통합이 쉽게 되기 때문에 수집된 로그 데이터를 BigQuery로 보내 실시간 분석도 가능하고, 수집된 로그 데이터는 클랑드 스토리지에 보관하면 장기간의 큰 데이터를 저렴하게 저장할 수도 있습니다. Stackdriver Logging은 크게 다음과 같은 주요 개념을 가집니다.

- **프로젝트:** Stackdriver Logging은 주로 GCP 프로젝트와 연결이 되어 한 프로젝트의 로그만 표시하지만 API를 사용하면 여러 리소스 간의 로그 항목을 통합할 수 있습니다.
- **로그 항목:** 로그 항목은 상태나 이벤트를 기록하는데 이러한 항목은 GCP 뿐만 아니라 AWS 및 타사 애플리케이션에서도 생성이 될 수 있습니다. 로그 항목이 전달하는 '메시지'를 페이로드라고 하는데, 이는 간단한 문자열일 수도 있고 구조화된 데이터일 수도 있습니다.
- **로그:** 로그는 GCP 내의 여러 항목을 수집하여 이름을 붙인 것으로 각 로그 항목마다 로그의 이름이 포함되어 있습니다. 로그 이름은 syslog처럼 간단한 식별자 이거나 compute.googleapis.com/activity 같이 로그 작성자를 포함하는 구조화된 이름일 수 있습니다. 로그는 로그 항목이 있는 경우에만 존재합니다.
- **보관 기간:** 로그 항목은 보관기간이라는 제한된 기간 동안 보관되며, 보관기간이 지난 항목은 삭제됩니다. 만약 더 오래 로그를 보관하고 싶다면 내보내기를 통해 Cloud Storage 와 같은 Repository에 저장할 수 있습니다.
- **모니터링 리소스:** 각 로그 항목은 모니터링 리소스의 이름으로 그 출처를 표시합니다.
- **필터:** 고급 로그 필터는 Logging 필터 언어의 표현식입니다. 이 필터는 로그 뷰어와 Stackdriver Logging API에서 로그 항목을 선택하는 데 사용합니다.
- **로그 싱크:** Stackdriver Logging이 수신하는 로그 항목을 GCS의 버킷, BigQuery의 데이터세트, Pub/Sub의 주제로 보낼 수 있습니다. 로그 싱크를 구성하여 로그를 보내면 Stackdriver Logging에 로그 항목이 도착할 때마다 로그 싱크가 계속해서 로그 항목을 연

결된 서비스로 전달합니다. 로그 싱크에는 내보낼 로그 항목을 선택하는 대상과 필터가 포함되어 있습니다.
- **로그 기반 측정 항목:** 로그 기반 측정 항목은 사용자가 지정하는 필터와 일치하는 로그 항목 개수 값을 가진 측정 항목입니다.
- **감사 로그:** 감사 로그는 관리자 활동, 시스템 이벤트, 데이터 액세스에 대한 정보를 로깅 합니다. 이는 GCP 프로젝트 내에서 '누가 언제 어디서 무엇을 했는가?'란 질문에 답하는 데 도움을 줍니다.
- **액세스 제어:** Cloud IAM을 이용하여 제어할 수 있습니다.

16.4.1 권한

Strackdriver Logging을 통해 로그 데이터를 만들거나 사용하려면 적절한 권한들을 가지고 있 는 역할을 가지고 있어야 하는데 관련 역할은 다음 표와 같습니다.

역할 ID (역할 이름)	설명
roles/loggin.viewer (로그 뷰어)	구성원에게 비공개 로그를 읽을 수 있는 권한을 제외하고 Logging의 모든 기 능에 대한 읽기 전용 액세스 권한을 제공합니다.
roles/logging.privateLogViewer (비공개 로그 뷰어)	구성원에게 roles/loggin.viewer에 잇는 권한과 비공개 로그를 읽을 수 있는 권한을 제공합니다.
roles/loggin.logWriter (로그 작성자)	서비스 계정인 구성원에게 부여될 수 있으며 구성원에게 로그를 작성하는 권 한만 제공합니다. 이 역할은 로그 뷰어에 대한 액세스 권한을 부여하지 않습 니다.
roles/logging.configWriter (로그 구성 작성자)	구성원에게 로그 기반 측정 항목과 내보내기 싱크를 만들 수 있는 권한을 제 공합니다. 로그 뷰어를 사용하려면 roles/loggin.viewer 역할을 추가해야 합 니다.
roles/logging.admin (로그 관리자)	구성원에게 Logging과 관련한 모든 권한을 제공합니다.
roles/viewer (프로젝트 뷰어)	구성원에게 프로젝트 수준에서 roles/logging.viewer와 동일한 권한을 제공 합니다. 이 역할을 부여하면 Logging 뿐 아니라 프로젝트 수준에서 대부분의 GCP 서비스에 대해 권한이 적용됩니다.

roles/editor (프로젝트 편집자)	구성원에게 프로젝트 수준에서 roles/logging.viewer와 동일한 권한과 함께 로그 항목 작성, 로그 삭제, 로그 기반 측정 항목 생성 권한을 제공합니다. 이 역할로는 내보내기 싱크를 만들거나 비공개 로그를 읽을 수 없고, 이 역할을 부여하면 Logging 뿐 아니라 프로젝트 수준에서 대부분의 GCP 서비스에 대해 권한이 적용됩니다.
roles/owner (프로젝트 소유자)	비공개 로그를 포함하여 Logging에 대한 전체 권한을 제공합니다. 이 역할을 부여하면 Logging 뿐 아니라 프로젝트 수준에서 대부분의 GCP 서비스에 대해 권한이 적용됩니다.

[표 16-4-1] 권한

이 이외의 API 관련 권한도 있는데, 해당 권한에 대해서는 이 책에서는 직접 다루지 않겠습니다. 좀 더 자세한 내용을 알고 싶다면 https://cloud.google.com/logging/docs/access-control 에서 확인할 수 있습니다.

실 습

16장

16.1 Stackdriver Agent 설치

이번에는 Stackdriver Agent를 설치하면 기존에 제공되던 측정 항목 외에 더 많은 측정 항목들을 볼 수가 있습니다. 그러기 위해서 먼저, Compute Engine에서 인스턴스를 하나 만들어보겠습니다.

1. '메뉴-Compute Engine-VM 인스턴스'에 들어갑니다.

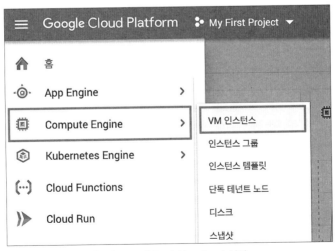

[그림 16-1-1] Stackdriver Agent 설치

2. '만들기' 버튼을 눌러서 새로운 VM 인스턴스를 생성합니다.

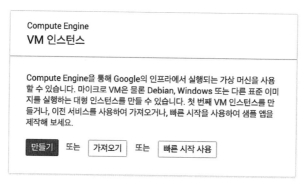

[그림 16-1-2] Stackdriver Agent 설치

3. 아래 설정으로 된 인스턴스를 생성합니다(설정은 임의로 하셔도 좋습니다).

- **이름:** instance-1
- **머신 유형:** vCPU 1개, 3.75GB 메모리
- **이미지:** Ubuntu 18.04 LTS
- **액세스 범위:** '모든 Cloud API에 대한 전체 액세스 허용'
- **방화벽:** HTTP 트래픽 허용, HTTPS 트래픽 허용

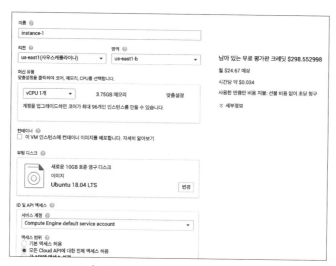

[그림 16-1-3] Stackdriver Agent 설치

4. 설정을 하고 '만들기' 버튼을 눌러서 인스턴스를 생성하도록 합니다.

[그림 16-1-4] Stackdriver Agent 설치

5. 인스턴스가 생성되면 [그림 16-1-5] 같은 화면을 보실 수 있습니다.

[그림 16-1-5] Stackdriver Agent 설치

6. 이번에는 Stackdriver Agent 설치 전에 어떤 정보들을 제공하는지 살펴보기 위해 '메뉴-모니터링' 메뉴에 들어가보도록 하겠습니다.

[그림 16-1-6] Stackdriver Agent 설치

7. [그림 16-1-7] 같은 Stackdriver Dashboard 화면을 확인할 수 있습니다.

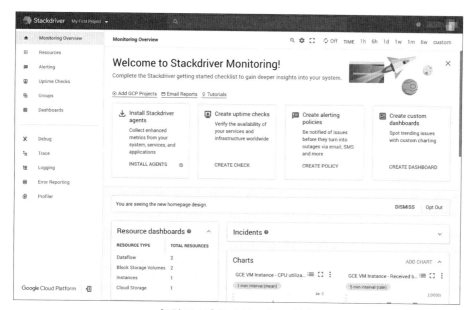

[그림 16-1-7] Stackdriver Agent 설치

8. 방금 만든 instance-1에 대한 정보를 보기 위해 '메뉴-Resources-Instances'를 선택합니다.

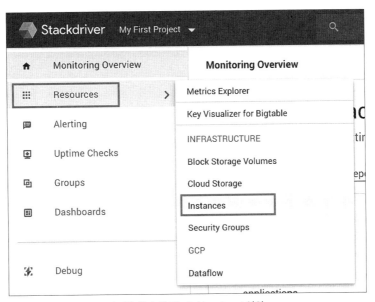

[그림 16-1-8] Stackdriver Agent 설치

9. 앞서 만들었던 인스턴스가 보입니다. 해당 인스턴스를 선택해보겠습니다.

[그림 16-1-9] Stackdriver Agent 설치

10. instance-1에 대한 기본적인 정보들을 확인할 수 있는데, 아무 설정을 하지 않아도 Disk I/O, Network Traffic, CPU Usage 등의 대한 정보를 확인할 수 있습니다.

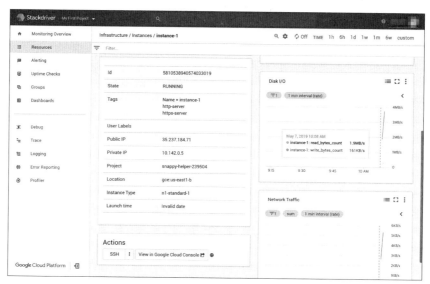

[그림 16-1-10] Stackdriver Agent 설치

11. 이번에는 로깅 기록도 확인하기 위해서 '메뉴-로그 기록-로그'에 들어가보도록 하겠습니다.

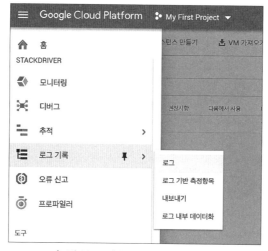

[그림 16-1-11] Stackdriver Agent 설치

12. [그림 16-1-12] 같은 화면이 나타나는데, 좀 전에 만든 instance-1에 대한 정보를 알고 싶다면 '메뉴-GCE VM 인스턴스-instance-1'을 선택합니다.

[그림 16-1-12] Stackdriver Agent 설치

13. 여기서도 별다른 설정이 없었는데도 기본적인 로그 정보들을 확인할 수 있습니다.

[그림 16-1-13] Stackdriver Agent 설치

14. 인스턴스에 Agent 설치를 위해서 '메뉴-Compute Envint-VM 인스턴스'에 들어가서 instance-1에 'SSH 버튼'을 클릭합니다.

[그림 16-1-14] Stackdriver Agent 설치

15. 다음과 같은 터미널 환경을 확인할 수 있습니다.

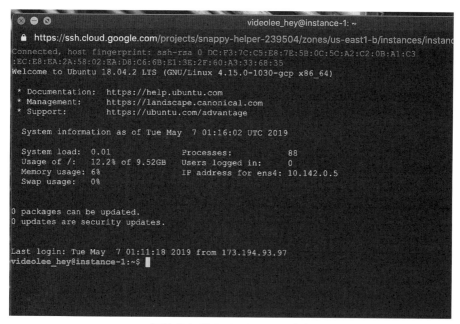

[그림 16-1-15] Stackdriver Agent 설치

16. Stackdriver Monitoring Agent 설치를 진행하도록 하겠습니다. 명령어('$ curl -sSO https://dl.google.com/cloudagents/install-monitoring-agent.sh')를 이용하여 설치 스크립트를 다운로드 받습니다.

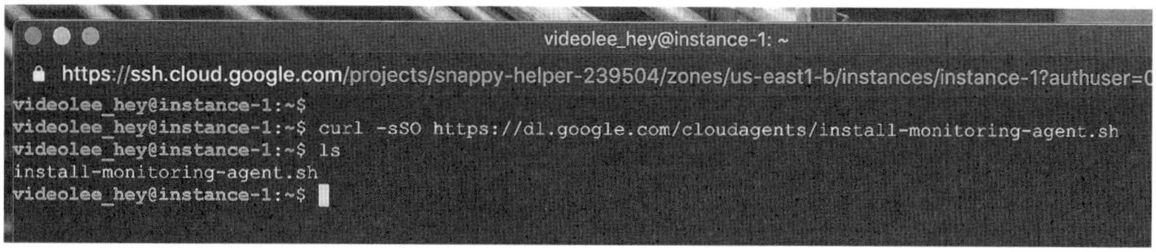

[그림 16-1-16] Stackdriver Agent 설치

17. 명령어('$ sudo bash install-monitoring-agent.sh')를 이용하여 설치합니다.

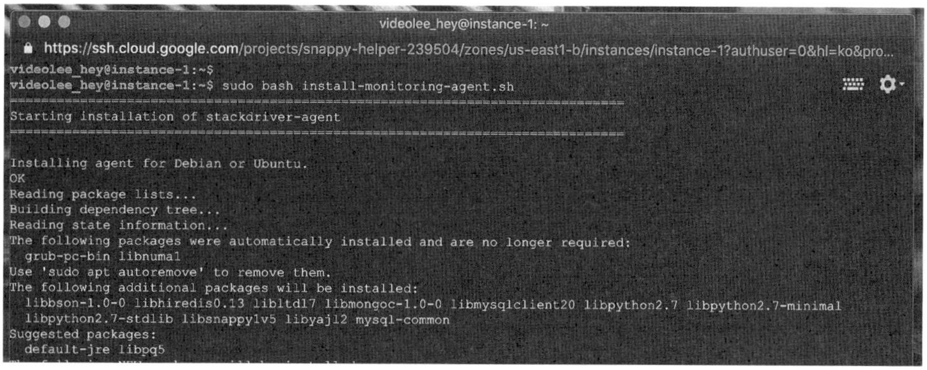

[그림 16-1-17] Stackdriver Agent 설치

18. 설치 완료가 되면 [그림 16-1-18] 같은 메시지를 확인할 수 있습니다.

```
================================================================
Installation of stackdriver-agent-5.5.2-384 completed successfully.

Please consult the documentation for troubleshooting advice:
 https://cloud.google.com/monitoring/agent

You can monitor the monitoring agent's logfile at:
 /var/log/syslog
================================================================
videolee_hey@instance-1:~$
```

[그림 16-1-18] Stackdriver Agent 설치

19. 설치가 잘 되었는지 확인을 하려면 명령어('$ sudo service stackdriver-agent restart')를 통해서 재시작을 한 번 해보겠습니다. 별 다른 에러가 나타나지 않으면 설치가 잘 되었다고 생각하면 됩니다.

[그림 16-1-19] Stackdriver Agent 설치

20. Stackdriver Logging Agent 설치를 진행해겠습니다. 명령어('$ curl -sSO https://dl.google.com/cloudagents/install-logging-agent.sh')를 이용하여 설치 스크립트를 다운로드 받습니다.

```
videolee_hey@instance-1: ~
🔒 https://ssh.cloud.google.com/projects/snappy-helper-239504/zones/us-east1-b/instances/instance-1?authu
videolee_hey@instance-1:~$
videolee_hey@instance-1:~$ curl -sSO https://dl.google.com/cloudagents/install-logging-agent.sh
videolee_hey@instance-1:~$ ls
install-logging-agent.sh  install-monitoring-agent.sh
videolee_hey@instance-1:~$
```

[그림 16-1-20] Stackdriver Agent 설치

21. 명령어('$ sudo bash install-logging-agent.sh')를 이용하여 설치합니다.

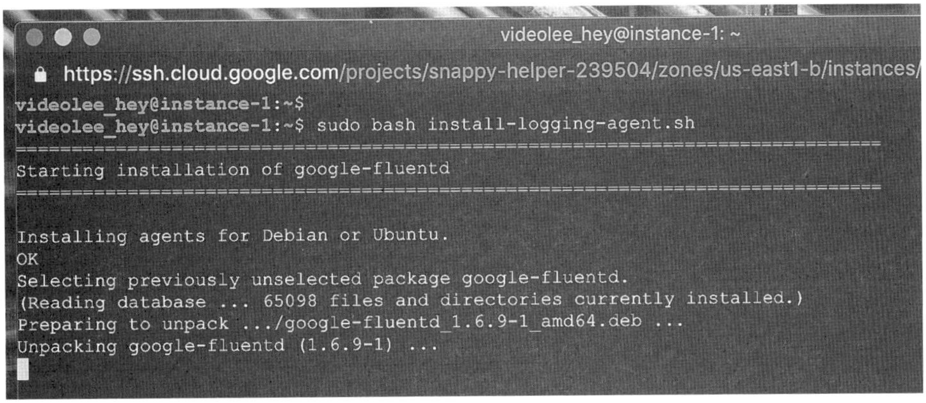

[그림 16-1-21] Stackdriver Agent 설치

22. 설치가 완료되면 [그림 16-1-22] 같은 화면을 확인할 수 있습니다.

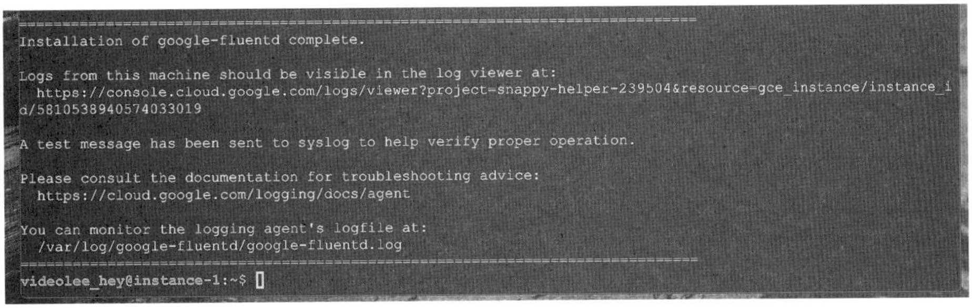

[그림 16-1-22] Stackdriver Agent 설치

23. Agent 설치 후에 어떤 메뉴들이 생겼는지 보기 위해 Stackdriver 모니터링 대시보드로 갑니다. 아까는 없었던 'Agent 탭'이 생긴 것을 확인할 수 있습니다. 해당 탭을 누르면 더 많은 정보를 확인할 수 있습니다.

[그림 16-1-23] Stackdriver Agent 설치

24. 스크롤을 조금 더 내리면 아까는 없었던 CPI Steel, CPU Load, Swap Usage 등이 추가된 것을 확인할 수 있습니다.

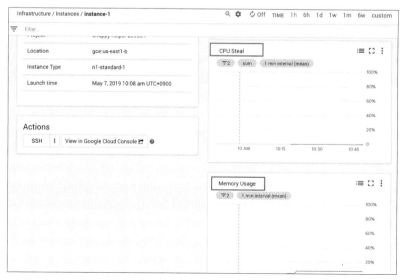

[그림 16-1-24] Stackdriver Agent 설치

25. 'Details' 탭 옆에 'Processes' 탭이 생겨서, 프로세스에 리스트도 확인할 수 있습니다.

	Details		Processes	

Processes ∧

PID ∧	USERNAME	CPU(%)	MEMORY	PROCESS DET
1	root	0.02	163.8MB	/sbin/init
389	root	0.00	114.0MB	/lib/systemd
408	root	0.00	100.1MB	/sbin/lvmeta
417	root	0.00	44.20MB	/lib/systemd
668	systemd-netʋ	0.00	81.96MB	/lib/systemd
699	systemd-resɔ	0.00	72.45MB	/lib/systemd
879	root	0.00	294.9MB	/usr/lib/accɔ
907	root	0.00	72.29MB	/lib/systemd
908	root	0.00	174.9MB	/usr/bin/pytʰ
909	syslog	0.00	273.7MB	/usr/sbin/rsy
919	root	0.00	164.9MB	/usr/bin/lxcf
922	root	0.00	29.01MB	/usr/sbin/atɔ
926	messagebus	0.00	51.29MB	/usr/bin/dbu
958	root	0.00	192.2MB	/usr/bin/pytʰ
964	root	0.00	32.51MB	/usr/sbin/crɔ

[그림 16-1-25] Stackdriver Agent 설치

26. 이번에는 로깅으로 가보도록 하겠습니다. 아까와 달리 좀 더 많은 로그들을 확인할 수 있습니다. syslog나 error log도 별도의 설정 없이도 확인할 수 있습니다.

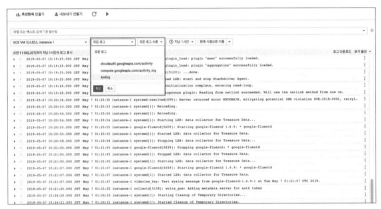

[그림 16-1-26] Stackdriver Agent 설치

27. Stackdriver Logging Agent 설치 후 아래 경로로 가면 이미 준비된 다양한 오픈소스의 로그 설정 파일들을 확인할 수 있습니다. 별도의 작업 없이도 바로 Stackdriver에서 아래 오픈소스들의 로그를 확인할 수 있습니다.

```
$ cd /etc/google-fluentd/config.d/
```

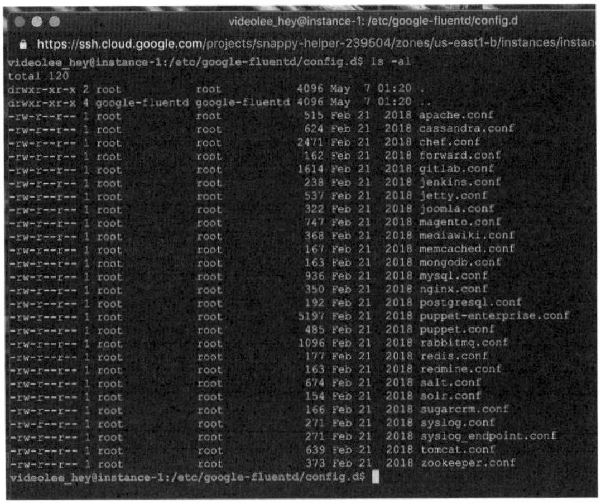

[그림 16-1-27] Stackdriver Agent 설치

16.2 커스텀 측정 항목 만들어서 알람 설정

Stackdriver는 기본적으로 제공하는 측정 항목들을 이용하여 특정 조건이 만족할 때 알람 기능을 제공합니다.

1. 먼저 'GCP 콘솔'에서 '메뉴-모니터링'에 들어갑니다.

[그림 16-2-1] 커스텀 측정 항목 만들어서 알람 설정

2. '메뉴-Alert-Create a Policy'를 클릭한 다음 새로운 Alert 정책을 만듭니다.

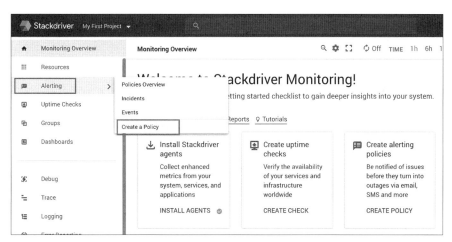

[그림 16-2-2] 커스텀 측정 항목 만들어서 알람 설정

3. [그림 16-2-3] 같은 화면을 볼 수 있는데, 우선 '알람 상태'를 만들기 위해 'Conditions 카드'의 'Add Condition' 버튼을 누릅니다.

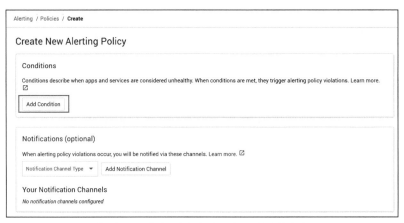

[그림 16-2-3] 커스텀 측정 항목 만들어서 알람 설정

4. 새로운 창이 나타나면서 설정을 할 수 있는데, 우선 여기서는 CPU 사용률이 80%가 넘으면 알람이 오게 만들기 위해 정책 이름을 'Above CPU Usage 80%'로 주었습니다.

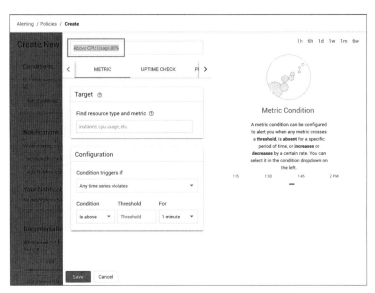

[그림 16-2-4] 커스텀 측정 항목 만들어서 알람 설정

5. 먼저 'Target'에 마우스 커서를 놓으면 선택할 수 있는 옵션들을 볼 수 있습니다. 여기서는
   VM 인스턴스의 CPU 사용률을 가지고 조건을 줄 것이기 때문에 'GCE VM Instance'를 선택
   합니다.

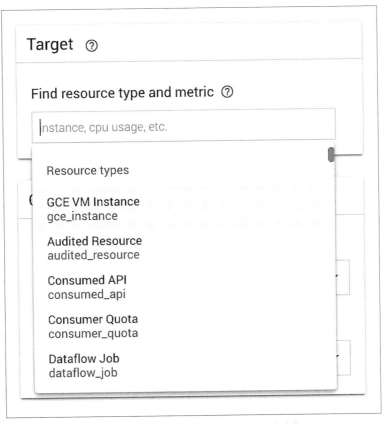

[그림 16-2-5] 커스텀 측정 항목 만들어서 알람 설정

6. 지원하는 다음 측정 항목(Metric)을 선택하도록 나오는데 여기서는 'CPU Usage'를 선택하도록 하겠습니다.

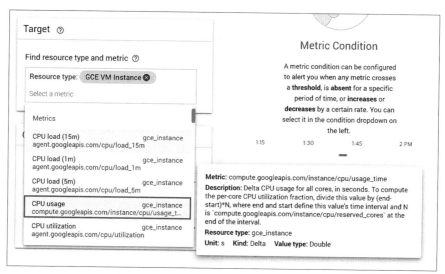

[그림 16-2-6] 커스텀 측정 항목 만들어서 알람 설정

7. 'Filter' 조건을 주겠습니다. 여기서는 '16.1'에서 만든 인스턴스에만 적용할 것이라 'instance_id'를 선택합니다.

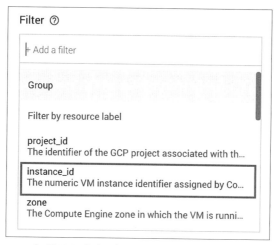

[그림 16-2-7] 커스텀 측정 항목 만들어서 알람 설정

8. 그 다음 해당하는 'VM 인스턴스 ID'를 넣어서 'APPLY' 버튼을 누르도록 합니다(이미 만들어진 VM 있다면 자동 완성으로 보여줍니다).

[그림 16-2-8] 커스텀 측정 항목 만들어서 알람 설정

9. VM 인스턴스 ID는 '메뉴-Compute Engine-해당 VM 선택' 하면 세부 정보에서 확인할 수 있습니다.

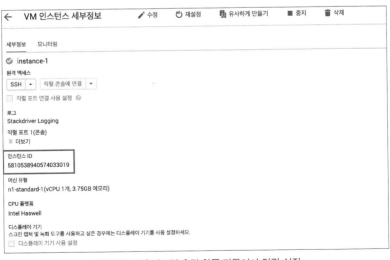

[그림 16-2-9] 커스텀 측정 항목 만들어서 알람 설정

10. 이제 마지막으로 Configuration에서 마지막 조건을 설정하고 'Save' 버튼을 누릅니다.

- **Condition:** in above
- **Threshold:** 80 (%)
- **For:** 1 minute

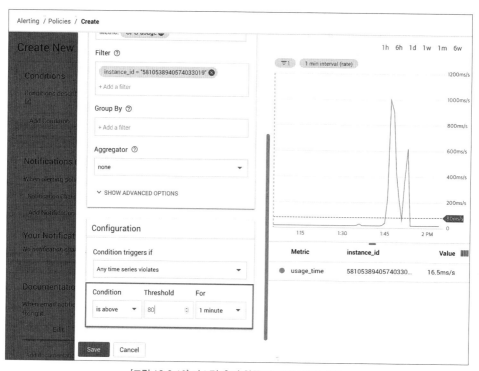

[그림 16-2-10] 커스텀 측정 항목 만들어서 알람 설정

11. 그럼 Condition 부분은 다음과 같이 설정이 완료가 된걸 확인할 수 있습니다.

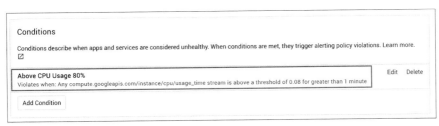

[그림 16-2-11] 커스텀 측정 항목 만들어서 알람 설정

12. 이제 알람 채널을 선택하고 위해 'Notifications'에 들어가 'Notificatoin Channel Type'을 클릭합니다.

[그림 16-2-12] 커스텀 측정 항목 만들어서 알람 설정

13. 선택 가능한 여러 옵션이 나오는데, 'Email'을 선택하도록 하겠습니다.

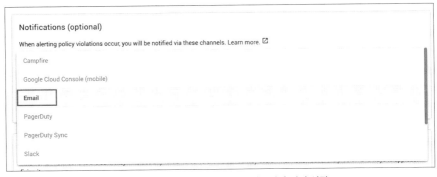

[그림 16-2-13] 커스텀 측정 항목 만들어서 알람 설정

14. 받고자 하는 이메일 주소를 적고, 'Add Notification Channel'을 선택합니다.

[그림 16-2-14] 커스텀 측정 항목 만들어서 알람 설정

15. [그림 16-2-15] 같이 추가된 것을 확인할 수 있습니다.

[그림 16-2-15] 커스텀 측정 항목 만들어서 알람 설정

16. 마지막으로 Policy 이름으로 'Above CPU Usage 80%'를 주고 'Save' 버튼을 누릅니다.

[그림 16-2-16] 커스텀 측정 항목 만들어서 알람 설정

17. [그림 16-2-17] 같이 추가된 화면을 확인할 수 있습니다.

[그림 16-2-17] 커스텀 측정 항목 만들어서 알람 설정

18. 이제 강제로 CPU 사용률을 올려보겠습니다. '메뉴-Compute Engine-VM 인스턴스'로 들어갑니다.

[그림 16-2-18] 커스텀 측정 항목 만들어서 알람 설정

19. 접속하고자 하는 인스턴스의 'SSH' 버튼을 눌러서 터미널 환경으로 들어갑니다.

[그림 16-2-19] 커스텀 측정 항목 만들어서 알람 설정

20. 여기서는 테스트 툴로 'stress'란 명령어를 사용하겠습니다. 명령어('$ sudo apt-get install stress')로 해당 패키지를 설치하겠습니다.

[그림 16-2-20] 커스텀 측정 항목 만들어서 알람 설정

21. 명령어('$ stress --vm 3 --vm-bytes 1024m --timeout 60s')를 통해서 CPU의 사용량을 순간적으로 올려보도록 하겠습니다(3개의 프로세스와 1024M의 메모리로 Memory Load, 60초 뒤에 종료).

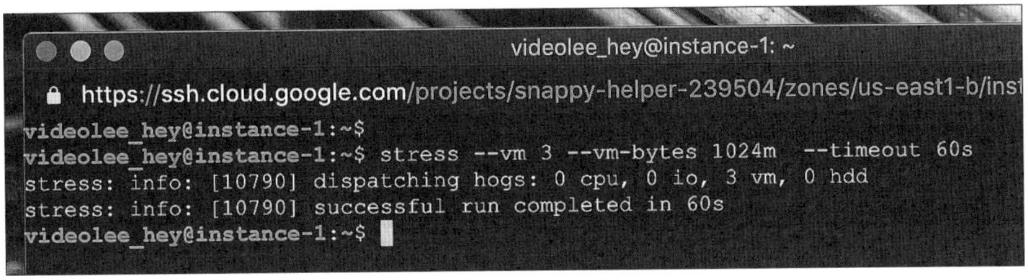

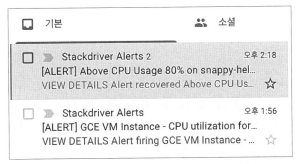

[그림 16-2-21] 커스텀 측정 항목 만들어서 알람 설정

22. 곧 메일을 확인할 수 있습니다.

[그림 16-2-22] 커스텀 측정 항목 만들어서 알람 설정

23. 하나는 CPU 사용률 80%가 넘었다는 경고 메일입니다.

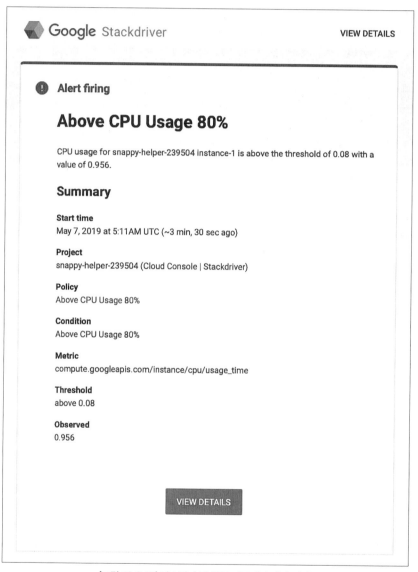

[그림 16-2-23] 커스텀 측정 항목 만들어서 알람 설정

24. 그 다음은 명령이 60초 후에 종료되고, CPU 사용률이 80% 아래로 내려갔다는 메일을 확인할 수 있습니다.

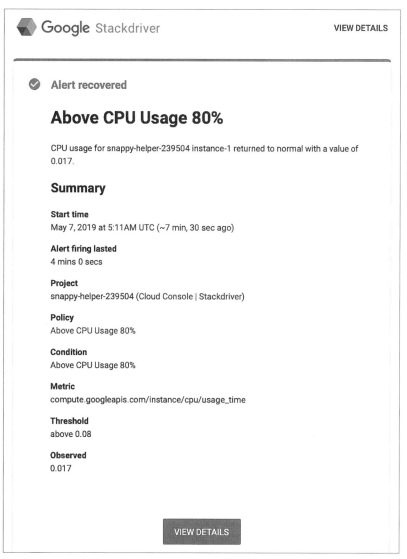

[그림 16-2-24] 커스텀 측정 항목 만들어서 알람 설정

17장

Cloud Translation

17.1 Cloud Translation이란?

우리가 가장 잘 알고 있는 구글의 서비스 중 하나인 구글 번역기의 기술인 Cloud Translation은 최첨단 기술인 인공 신경망 기계 번역을 이용하여 임의 문자열을 지원되는 언어로 번역할 수 있습니다. 지원되는 언어도 아프리칸스어에서 줄루어에 이르기까지, 100개가 넘는 언어를 지원합니다.

Cloud Translation은 응답성이 높아서 웹 사이트와 애플리케이션을 Translation API와 통합해 출발어(번역하고자 하는 본래 언어)의 원본 텍스트를 빠르게 도착어(번역하고자 하는 언어)로 동적으로 번역할 수 있습니다. 만약 출발어를 모르는 경우에 언어 감지 기능도 제공이 됩니다. API를 지원하는 언어는 C#, Java, Node.js, Python Ruby 등이 있으며 그 이외에도 REST API를 지원하기 때문에 손쉽게 개발을 통해 Cloud Translation의 기능을 이용할 수 있습니다. 만약 개별적으로 커스텀된 모델을 만들고 싶다면 AutoML Translation을 이용하여 만들 수 있습니다.

17.2 언어 지원

현재 Translation API는 다음과 같이 104개의 언어를 지원합니다(2019년 03월 26일 기준).

언어	ISO-639-1 코드
아프리칸스어	af
알바니아어	sq
암하라어	am
아랍어	ar
아르메니아어	hy
아제르바이잔어	az
바스크어	eu
벨라루스어	be
벵골어	bn
보스니아어	bs
불가리아어	bg
카탈루냐어	ca
세부아노어	ceb(ISO-639-2)
중국어(간체)	zh-CN(BCP-47)
중국어(번체)	zh-TW(BCP-47)
코르시카어	co
크로아티아어	hr
체코어	cs
덴마크어	da
네덜란드어	nl
영어	en
에스페란토	eo
에스토니아어	et
핀란드어	fi

언어	ISO-639-1 코드
프랑스어	fr
프리지아어	fy
갈리시아어	gl
조지아어	ka
독일어	de
그리스어	el
구자라트어	gu
아이티 크리올어	ht
하우사어	ha
하와이어	haw(ISO-639-2)
히브리어	iw
힌디어	hi
몽어	hmn(ISO-639-2)
헝가리어	hu
아이슬란드어	is
이그보어	ig
인도네시아어	id
아일랜드어	ga
이탈리아어	it
일본어	ja
자바어	jw
칸나다어	kn
카자흐어	kk
크메르어	km
한국어	ko
쿠르드어	ku
키르기스어	ky
라오어	lo

언어	ISO-639-1 코드
라틴어	la
라트비아어	lv
리투아니아어	lt
룩셈부르크어	lb
마케도니아어	mk
마다가스카르어	mg
말레이어	ms
말라얄람어	ml
몰타어	mt
마오리어	mi
마라타어	mr
몽골어	mn
미얀마어(버마어)	my
네팔어	ne
노르웨이어	no
니안자어(치츄어)	ny
파슈토어	ps
페르시아어	fa
폴란드어	pl
포르투갈어(포르투갈, 브라질)	pt
펀자브어	pa
루마니아어	ro
러시아어	ru
사모아어	sm
스코틀랜드 게일어	gd
세르비아어	sr
세소토어	st
쇼나어	sn

언어	ISO-639-1 코드
신드어	sd
스리랑카어(싱할라어)	si
슬로바키아어	sk
슬로베니아어	sl
소말리어	so
스페인어	es
순다어	su
스와힐리어	sw
스웨덴어	sv
타갈로그어(필리핀어)	tl
타지크어	tg
타밀어	ta
텔루구어	te
태국어	th
터키어	tr
우크라이나어	uk
우르두어	ur
우즈베크어	uz
베트남어	vi
웨일즈어	cy
코사어	xh
이디시어	yi
요루바어	yo
줄루어	zu

[표 17-2] 언어 지원

17.3 저작자 표시 및 HTML 마크업 요구사항

Cloud Translation API는 자신의 사이트나 애플리케이션에서 모든 사람이 사용할 수 있지만 서비스 약관이 적용됩니다. 이 약관에서는 사이트에서 레이아웃, 구글 저작자 표시, 브랜드를 어떻게 다뤄야 하는지에 대한 가이드라인 준수를 규정합니다. Cloud Translation API 사용에 적용되는 기본 원칙은 다음과 같습니다.

- 웹 사이트 또는 애플리케이션에서 Cloud Translation API를 사용하기 위해서는 가이드라인을 준수해야 합니다.
- 구글 번역의 번역 결과를 사용자에게 직접 표시하는 경우에는 반드시 적절한 안내 문구나 브랜드 요소를 사용하여 구글 번역의 자동 번역을 보고 있음을 사용자에게 분명히 알려야 합니다.
- 애플리케이션에서 Cloud Translation API를 사용하는 경우, 애플리케이션 설명 및 도움말 문서에 구글 번역을 사용하여 번역을 제공함을 명시하고, 구글 번역 사이트로 연결되는 링크를 넣어야 합니다.
- 검색 엔진에 의해 번역된 웹 페이지가 수정없이 나오는 경우 HTML 마크업 참조를 사용하여 번역된 텍스트를 기계 번역 콘텐츠라고 명시해야 합니다.

자세한 내용은 https://cloud.google.com/translate/docs/concepts에서 확인할 수 있습니다.

17.4 언어 번역

Cloud Translation API는 JSON 형태로 응답합니다.

```
{
        'translatedText': 'Cuando solicita una traducción de la API de
traducción en la nube, el texto se traduce de forma predeterminada mediante
el modelo de traducción automática en red neuronal artificial (NMT). Si
la combinación de idiomas de traducción solicitada no es compatible con
el modelo NMT, se utiliza un modelo de traducción automática basada en la
sintaxis (PBMT).',
        'detectedSourceLanguage': 'ko',
        'input': 'Cloud Translation API에 번역을 요청하면 기본적으로 인공신경망
기계 번역(NMT) 모델을 사용하여 텍스트가 번역됩니다. 요청한 번역 언어 조합에 NMT 모
델이 지원되지 않는 경우에는 구문 기반 기계 번역(PBMT) 모델이 사용됩니다. '
}
```

기본적으로 Cloud Translation API를 통해서 번역을 요청하면 다음 3가지 항목으로 보여줍니다.

- **translatedText**: 번역된 텍스트
- **detectedSourceLanguage**: 직접 원본 텍스트의 언어 코드를 설정하지 않으면 자동으로 인식된 언어 코드를 찾아서 보여줍니다(지원하는 언어 코드는 '17.2 언어 지원'을 통해서 확인하실 수 있습니다).
- **input**: 번역하고자 하는 텍스트

자세한 내용은 실습을 통해서 직접 해보겠습니다.

실 습

17.1 Translation API 사용하기(Python)

Translation API는 별도의 웹 콘솔이 있지 않고 Library 형태로 사용하기 때문에 여기서는 Library 사용 방법에 대해서 다뤄보겠습니다. 여기서는 Python으로 다룹니다.

1. 기본적으로 Translation API를 활성화를 해야합니다. '클라우드 콘솔' 화면을 가서 상단 검색창에 'translation'을 검색하면 [그림 17-1-1] 같이 나오는데 여기서 'Cloud Translation API'를 선택합니다.

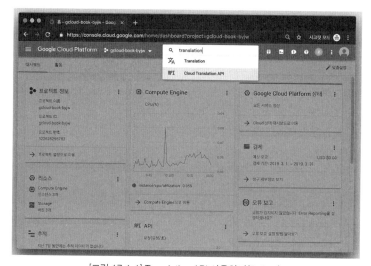

[그림 17-1-1] Translation API 사용하기(Python)

2. [그림 17-1-2] 같이 나타나는데, 여기서 '사용 설정'을 눌러줍니다.

[그림 17-1-2] Translation API 사용하기(Python)

3. 사용 설정이 완료가 되면 [그림 17-1-3] 같이 나타납니다. API를 사용하기 위한 준비가 한 단계 끝났습니다.

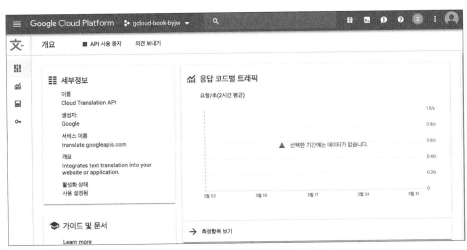

[그림 17-1-3] Translation API 사용하기(Python)

4. 로컬에서 Library를 사용하기 위해서는 우선 구글 클라우드 계정과 연결이 된 서비스 계정
키를 로컬 PC에 연동을 해야 합니다. 만약 설정이 안 되어 있다면 '3.3 gcloud 설치하기'와
'3.4 서비스 계정 설정하기' 부분을 다시 한 번 확인하여 설정합니다. 설정이 되었다는 가정
하에, 그 다음으로 Translation API를 설치하도록 하겠습니다. 명령어('$ pip install google-
cloud-translate')를 사용하여 설치를 진행합니다.

[그림 17-1-4] Translation API 사용하기(Python)

5. 이제 해당 패키지가 설치가 다 되면 바로 Python으로 Translation API를 사용하실 수 있습니
다. Python Translation 라이브러리까지 설치되었으면 가장 기본적인 내용부터 다뤄보도록
하겠습니다. 아래 명령어를 통해서 translate를 사용할 수 있는 인스턴스를 만들 수 있습니다.

```python
from google.cloud import translate
# target_language를 생략하면 영어가 기본입니다.
client = translate.Client()

# 인스턴스 생성시 target_language 설정을 할 수 있습니다.
client = translate.Client(target_language='es')
```

만들어진 client로는 크게 3 가지 메소드를 이용할 수 있습니다.

함수	설명
get_language( )	Google Cloud Translation API가 지원하는 언어목록을 볼수 있습니다.
detect_language(['텍스트'])	텍스트의 언어가 어느 언어인지 반환합니다.
translate(['텍스트'], source_language=' 바꾸려는 언어 코드', target_lanuage=' 바꾸고자 하는 언어 코드')	텍스트를 source_language를 target_language로 바꿔주는데, 만약 source_language 설정을 하지 않으면 자동으로 감지합니다.

[표 17-1-1] 3가지 메소드

이제 위의 소스들 예제를 다뤄보도록 하겠습니다.

```python
from google.cloud import translate
# 인스턴스를 만듭니다.
client = translate.Client()
# get_languages()를 이용하면 리스트 형태로 반환이 되기 때문에 for 문으로 출력하겠습니다.
for language in client.get_languages():
    print(language)
```

위와 같이 하면 다음과 같이 지원하는 언어 코드와 이름이 나타납니다.

파라미터	설명
language	언어코드
name	언어

```
{'language': 'af', 'name': 'Afrikaans'}
{'language': 'sq', 'name': 'Albanian'}
{'language': 'am', 'name': 'Amharic'}
{'language': 'ar', 'name': 'Arabic'}
{'language': 'hy', 'name': 'Armenian'}
{'language': 'az', 'name': 'Azerbaijani'}
{'language': 'eu', 'name': 'Basque'}
...
```

다음은 detect_language( )에 대해서 다뤄보도록 하겠습니다.

```python
from google.cloud import translate
client = translate.Client()
results = client.detect_language(['안녕하세요. GCP 입니다.'])
print(results)
```

다음과 같은 결과가 나타납니다.

파라미터	설명
confidence	신뢰성을 나타냅니다 (0.0(낮음)~1.0(높음))
language	감지한 언어 코드
input	입력된 텍스트

```
[{'confidence': 1, 'language': 'ko', 'input': '안녕하세요. GCP 입니다.'}]
```

translate( )에 대해서 다뤄보도록 하겠습니다.

```
from google.cloud import translate
client = translate.Client()
text = 'Cloud Translation API에 번역을 요청하면 기본적으로 인공신경망 기계 번역(NMT) 모델을 사용하여 텍스트가 번역됩니다. 요청한 번역 언어 조합에 NMT 모델이 지원되지 않는 경우에는 구문 기반 기계 번역(PBMT) 모델이 사용됩니다.'
result = client.translate(text, target_language='es')
print('원본 텍스트: {input_text}'.format(input_text=result['input']))
print('번역 텍스트: {translate_text}'.format(translate_text=result['translatedText']))
print('감지 언어 코드: {detect_language}'.format(detect_language=result['detectedSourceLanguage']))
```

결과는 다음과 같습니다.

파라미터	설명
input	원본 텍스트
translatedText	번역 텍스트
detectedSourceLanguage	감지 언어 코드

원본 텍스트: Cloud Translation API에 번역을 요청하면 기본적으로 인공신경망 기계 번역(NMT) 모델을 사용하여 텍스트가 번역됩니다. 요청한 번역 언어 조합에 NMT 모델이 지원되지 않는 경우에는 구문 기반 기계 번역(PBMT) 모델이 사용됩니다.

번역 텍스트: Cuando solicita una traducción de la API de traducción en la nube, el texto se traduce de forma predeterminada mediante el modelo de traducción automática en red neuronal artificial (NMT). Si la combinación de idiomas de traducción solicitada no es compatible con el modelo NMT, se utiliza un modelo de traducción automática basada en la sintaxis (PBMT).

감지 언어 코드: ko

18장

Cloud Natural Language

18.1 Cloud Natural Language란?

Cloud Natural Language는 간단히 말해서 GCP에서 제공하는 자연어 분석기입니다. 사전에 학습된 강력한 머신 러닝 모델을 이용하여 텍스트의 구조와 의미를 파악할 수 있습니다.

텍스트 문서, 뉴스 기사, 블로그 등에 언급된 인물, 장소, 이벤트 등의 정보를 추출할 수 있습니다. 또한 항목 감지 및 감정 분석을 이용하면 이메일, 채팅, 소셜 미디어 등에서 제품에 대한 반응이나 사용자 경험과 관련된 분석 정보도 얻을 수 있고, 텍스트를 이용하여 700개 이상의 카테고리로 분류할 수 있습니다. 또한 다국어를 지원하기 때문에 여러 언어의 대한 분석 정보도 얻을 수 있습니다. GCP 내부의 다른 서비스들과 쉽게 통합하여 사용할 수 있습니다. Cloud Vision API와 같이 이미지 분석 솔루션과 함께 통합하여 사용하면, 스캔한 이미지로부터 OCR(광학 문자 인식)을 통해 글자로 가져와서 이를 Natural Language로 분석할 수도 있으며, Cloud Speech-to-Text API와 결합하여 오디오 대화에서 유용한 정보를 추출할 수도 있습니다.

18.2 Natural Language의 기능

Natural Language API에는 텍스트 분석을 위한 다양한 기능들이 있습니다.

- **감정 분석:** 텍스트 내에서 작성자가 긍정적인지 부정적인지 중립적인지 판단합니다.
  API Method: analyzeSentiment( )
- **항목 분석:** 텍스트에서 알려진 항목을 조사하고 해당 정보를 반환합니다.
  API Method: analyzeEntities( )
- **항목 감정 분석:** 주어진 텍스트에서 알려진 항목(고유 명사, 보통 명사)을 조사하고, 항목에 대한 정보를 번환하고 텍스트 내의 감정을 식별하여 작성자가 긍정적인지, 부정적인지, 중립적으로 판단합니다.
  API Method: analyzeEntitySentiment( )
- **구문 분석:** 언어 정보를 추출하여 텍스트를 일련의 구문과 토큰으로 분해하고 분석합니다.
  API Method: analyzeSyntax( )
- **콘텐츠 분류:** 텍스트 콘텐츠를 분석하고 콘텐츠에 대한 콘텐츠 카테고리를 반환합니다.
  API Method: classifyText( )

18.3 Natural Language 요청

Natural Language API는 JSON 형태로 요청 및 응답합니다.

- **document:** 요청 데이터가 포함되어 있으며 아래의 하위 필드로 구성
- **type:** 문서 유형 (HTML or PLAIN_TEXT)
- **language(선택):** 요청 텍스트의 언어로, 지정하지 않으면 자동으로 감지됩니다.
- **content / getContentUri:** 분석할 텍스트(content) 또는 분석할 GCS 내의 문서 (getContentUri)

- **encodingType(필수):** 텍스트에 대한 반환된 문자 오프셋을 계산하는 인코딩 스키마로 전달된 텍스트의 인코딩과 일치해야 합니다.

```
{
  "document":{
    "type":"PLAIN_TEXT",
    "language": "EN",
    "content":"Lorem Ipsum has been the industry's standard dummy text ever since the 1500s,
when an unknown printer took a galley of type and scrambled it to make a type specimen book."
  },
  "encodingType":"UTF8"
}
```

18.4 감정 분석 응답

감정 분석은 텍스트 내의 태도를 판단할 때 사용하며 감정은 score와 magnitude로 표시됩니다.

```
{
  "documentSentiment": {
    "score": 0.2,
    "magnitude": 3.6
  },
  "language": "en",
  "sentences": [
    {
      "text": {
        "content": "Four score and seven years ago our fathers brought forth on this continent a new
nation, conceived in liberty and dedicated to the proposition that all men are created equal.",
        "beginOffset": 0
      },
      "sentiment": {
                    "score": 0.8,
        "magnitude": 0.8
```

```
     }
   },
   ...
}
```

- **documentSentiment:** 문서의 전체적인 감정을 포함
- **score:** 감정을 표시하는 점수로 -1.0 (부정)~1.0 (긍정) 사이로 전체적인 감정을 나타냅니다.
- **magnitude:** 얼마나 많은 감정이 담겨 있는지를 나타냅니다. (긍정~부정), 0.0~무한대입니다. score와 달리 정규화 되지 않으며 텍스트 내의 각 감정 표현이 텍스트 magnitude에 반영되며, 긴 텍스트 블록일수록 값이 커집니다.
- **language** 문서의 언어를 포함하며, 설정이 없는 경우에는 자동으로 감지됩니다.
- **sentense:** 문서에서 추출된 문장 목록
- **text:** 분석하고자 하는 텍스트
- **sentiment:** 감정 분석
- **score:** 감정을 표시하는 점수로 -1.0 (부정)~1.0 (긍정) 사이로 전체적인 감정을 나타냅니다.
- **magnitude:** 전반적인 감정 강도(긍정~부정), 0.0~무한대입니다. score와 달리 정규화되지 않으며 텍스트 내의 각 감정 표현이 텍스트 magnitude에 반영되며, 긴 텍스트 블록일수록 값이 커집니다.

Natural Language API는 긍정적 감정과 부정적 감정을 구분하는데, 구체적으로 어떤 감정인지는 식별하지 않습니다. 예를 들어, '화가 난다'와 '슬프다'는 모두 부정적 감정으로 간주됩니다. 중립적 점수(0.0 근처)의 텍스트는 긍정적 값과 부정적 값이 상쇄될 수도 있기 때문에 이때에는 magnitude 값을 이용합니다. agnitude 값이 높으면 상쇄되었을 가능성이 높습니다.

18.5 항목 분석 응답

항목 분석은 텍스트에 있는 항목에 대한 정보를 제공합니다. 여기서 항목이란 일반적으로 유명 인사, 장소, 물체 등의 '사물'을 의미합니다. 항목은 크게 2가지 카테고리로 분류됩니다. 특정 인물, 특정 장소 등의 고유 항목에 연결되는 것이 고유 명사이고, 또 다른 하나는 보통 명사입니다.

```json
{
  "entities": [
  {
      "name": "British",
      "type": "LOCATION",
      "metadata": {
        "mid": "/m/07ssc",
        "wikipedia_url": "http://en.wikipedia.org/wiki/United_Kingdom"
      },
      "salience": 0.078094982,
      "mentions": [
        {
          "text": {
            "content": "British",
            "beginOffset": 75
          },
          "type": "PROPER"
        }
      ]
    },
    {
      "name": "film",
      "type": "WORK_OF_ART",
      "metadata": {},
      "salience": 0.033808723,
      "mentions": [
        {
          "text": {
            "content": "film",
            "beginOffset": 161
          },
        },
```

```
        "type": "COMMON"
      }
    ]
  },
 ],
 "language": "en"
}
```

- **name:** 분석하고자 하는 단어
- **type:** 사람인지, 위치인지, 사물인지에 대한 항목 유형을 나타냅니다.
- **metadata:** 항목의 추가적인 정보가 있는경우 포함이 되며 세부적으로는 다음과 같은 항목이 있습니다
- **wikipedia_url:** 해당 항목에 대한 위키피디아 URL
- **mid:** Google의 지식 정보(https://www.google.com/intl/bn/search/about/)에 해당하는 식별자인 MTD가 포함이됩니다.
- **salience:** 전체 문서에서 이 항목의 중요성이나 관련성을 나타냅니다. 0.0 (덜 중요)~1.0 (중요)
- **mentions:** 텍스트 내에서 해당 항목이 언급된 위치를 나타냅니다.

18.6 항목 감정 분석 응답

항목 감정 분석은 항목 분석과 감정 분석을 결합하여 텍스트 내에서 항목에 대해 표현하는 감정을 판단하려고 할 때 이용합니다. 항목 감정은 score와 magnitude의 숫자값으로 표현됩니다.

```
{
  "entities": [
    {
      "name": "R&B music",
      "type": "WORK_OF_ART",
```

```
      "metadata": {},
      "salience": 0.5306305,
      "mentions": [
        {
          "text": {
            "content": "R&B music",
            "beginOffset": 7
          },
          "type": "COMMON",
          "sentiment": {
            "magnitude": 0.9,
            "score": 0.9
          }
        }
      ],
      "sentiment": {
        "magnitude": 0.9,
        "score": 0.9
      }
    }
    ],
    "sentiment": {
      "magnitude": 0.6,
      "score": 0.1
    }
  },
  ...
  ],
  "language": "en"
}
```

- **name:** 분석하고자 하는 단어
- **type:** 사람인지, 위치인지, 사물인지에 대한 항목 유형을 나타냅니다.
- **metadata:** 항목의 추가적인 정보가 있는경우 포함이 되며 세부적으로는 다음과 같은 항목이 있습니다
- **wikipedia_url:** 해당 항목에 대한 위키피디아 URL
- **mid:** Google의 지식 정보(https://www.google.com/intl/bn/search/about/)에 해당하는 식별자인 MTD가 포함이됩니다.

- **salience:** 전체 문서에서 이 항목의 중요성이나 관련성을 나타냅니다. 0.0 (덜 중요)~1.0 (중요)
- **mentions:** 텍스트 내에서 해당 항목이 언급된 위치를 나타냅니다.
- **sentiment:** 감정 분석
- **score:** 감정을 표시하는 점수로 -1.0 (부정)~1.0 (긍정) 사이로 전체적인 감정을 나타냅니다.
- **magnitude:** 얼마나 많은 감정이 담겨 있는지를 나타냅니다. (긍정~부정), 0.0~무한대입니다. score와 달리 정규화되지 않으며 텍스트 내의 각 감정 표현이 텍스트 magnitude에 반영되며, 긴 텍스트 블록일수록 값이 커집니다.

18.7 구문 분석 응답

구문 분석은 텍스트의 분석 및 파싱을 돕습니다. Natural Language API는 주어진 텍스트를 처리하여 문장과 토큰을 추출합니다. 구문 분석은 크게 다음과 같이 나뉩니다.

- **구문 추출:** 텍스트를 문장으로 나눕니다.
- **토큰화:** 텍스트를 토큰으로 나눕니다. 각 토큰은 단어 하나에 해당됩니다.

18.7.1 구문 추출 응답

```json
{
  "sentences": [
    {
      "text": {
        "content": "Four score and seven years ago our fathers broughtforth on this continent a new nation, conceived in liberty and dedicated to the proposition that all men are created equal.",
        "beginOffset": 0
      }
```

```
    },
    {
      "text": {
        "content": "Now we are engaged in a great civil war, testing whether that nation or any
nation so conceived and so dedicated can long endure.",
        "beginOffset": 175
      }
    },
...
...
    {
      "text": {
        "content": "It is rather for us to be here dedicated to the great task remaining before us-
-that from these honored dead we take increased devotion to that cause for which they gave the last
full measure of devotion--that we here highly resolve that these dead shall not have died in vain,
that this nation under God shall have a new birth of freedom, and that government of the people, by
the people, for the people shall not perish from the earth.",
        "beginOffset": 1002
      }
    }
  ],
  "language": "en"
}
```

- **beginOffset**: 주어진 텍스트 내에서 문장이 시작하는 문자 오프셋을 나타냅니다.
- **content**: 추출된 문장의 전체 텍스트를 포함합니다.

18.7.2 토큰화 응답

```
"tokens": [
  {
    "text": {
      "content": "only",
      "beginOffset": 8
    },
    "partOfSpeech": {
      "tag": "ADJ",
```

```
    },
      "dependencyEdge": {
      "headTokenIndex": 2,
      "label": "AMOD"
    },
    "lemma": "only"
  },
  {
    "text": {
      "content": "is",
      "beginOffset": 35
    },
    "partOfSpeech": {
      "tag": "VERB",
      "mood": "INDICATIVE",
      "number": "SINGULAR",
      "person": "THIRD",
      "tense": "PRESENT",
    },
    "dependencyEdge": {
      "headTokenIndex": 7,
      "label": "ROOT"
    },
    "lemma": "be"
  },
  {
    "text": {
      "content": "fear",
      "beginOffset": 38
    },
    "partOfSpeech": {
      "tag": "NOUN",
      "number": "SINGULAR",
    },
    "dependencyEdge": {
      "headTokenIndex": 7,
      "label": "ATTR"
    },
    "lemma": "fear"
  },
      "dependencyEdge": {
      "headTokenIndex": 7,
```

```
      "label": "P"
    },
    "lemma": "."
  }
],
```

- **text:** 토큰과 연관된 텍스트 데이터 하위 필드를 포함합니다.
- **beginOffset:** 제공된 텍스트 내의 문장 오프셋을 포함합니다(0기준).
- **content:** 실제 텍스트 콘텐츠
- **partOfSpeech:** 토큰의 시제, 인칭, 단수/복수, 성별 등 토큰에 대한 정보를 제공합니다.
- **lemma:** 텍스트 내에서 단어를 변형하여 사용할 수 있도록 이 단어의 뿌리가 되는 기본형 단어를 포함합니다(write, writing, wrote, written은 모두 기본형이 'write'입니다).
- **ldependencyEdge:** 필드는 방향 트리의 가장자리를 통해 토큰의 관계를 식별합니다.
- **lheadTokenIndex:** 토큰의 요약 문장 내에서 '상위 토큰'에 대한 색인값을 제공합니다.
- **llabel:** 헤드 토큰에 대한 이 토큰의 종속성 유형을 제공합니다.

18.8 콘텐츠 분류 응답

콘텐츠 분류는 문서를 분석하고 문서에서 발견된 텍스트에 적용할 카테고리를 반환할 수 있습니다. 아래 표는 전체 리스트 중 일부를 가져온 내용입니다. 콘텐츠 카테고리의 좀 더 자세한 내용을 알고 싶다면 https://cloud.google.com/natural-language/docs/categories?hl=ko에서 확인할 수 있습니다.

콘텐츠 카테고리				
/Adult	/Business & Industrial/ Business Services	/Games/ Computer & Video Games	/Home & Garden/ Yard & Patio/Lawn Mowers	/Reference/ Geographic Reference/Maps
/Arts & Entertainment	/Business & Industrial/ Business Services/ Consulting	/Games/ Computer & Video Games/Casual Games	/Internet & Telecom	/Reference/ Humanities
/Arts & Entertainment/ Celebrities & Entertainment News	/Business & Industrial/ Business Services/ Corporate Events	/Games/ Computer & Video Games/Driving & Racing Games	/Internet & Telecom/ Communications Equipment	/Reference/ Humanities/ History

[표 18-8] 콘텐츠 분류 응답

Natural Language API를 통해 요청하면 다음과 같은 형태의 응답을 받을 수 있습니다.

```
categories {
  name: "/People & Society/Religion & Belief"
  confidence: 0.9700000286102295
}
```

- **name**: 구글 지식 사전에 있는 카테고리
- **confidence**: 정확도(0.0~1.0)

실습

18.1 Cloud Natural Language 설정

해당 API를 로컬에서 사용하려면 gcloud 설치와 서비스 계정 설정이 필요합니다. 해당 설정은 '3.3 gcloud 설치하기'와 '3.4 서비스 계정 설정하기'를 참고하시기 바랍니다.

1. 'GCP 콘솔'에서 Natural Language를 검색하여 'Cloud Natural Language API'를 선택합니다.

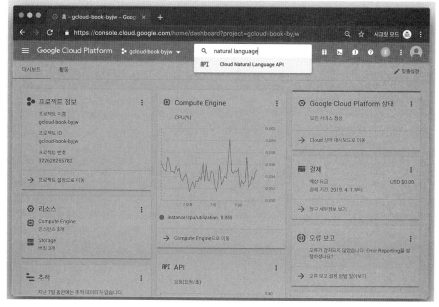

[그림 18-1-1] Cloud Natural Language API 설정

2. [그림 18-1-2] 같은 화면이 나타나는데, 여기서 '사용 설정'을 누릅니다.

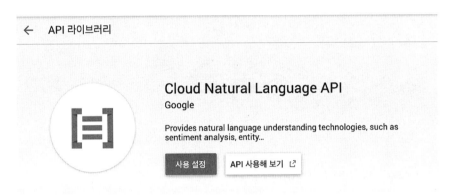

[그림 18-1-2] Cloud Natural Language API 설정

3. 설정 완료가 되면 [그림 18-1-3] 같은 화면이 나타납니다.

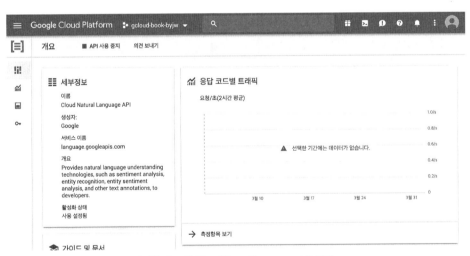

[그림 18-1-3] Cloud Natural Language API 설정

4. API를 사용하려면 Python Library를 설치해야 합니다. 명령어('$ pip install google-cloud-language')를 입력하여 설치합니다.

google-cloud-language 1.1.1

```
pip install google-cloud-language
```

[그림 18-1-4] Cloud Natural Language API 설정

18.2 항목 분석

이번 실습에서는 Python을 이용해보겠습니다. 항목 분석은 텍스트에 있는 항목에 대한 정보를 제공합니다. 여기서 항목이란 일반적으로 유명 인사, 장소, 물체 등의 '사물'을 의미합니다. 항목은 크게 2가지 카테고리로 분류가 되는데, 고유 항목(특정 인물, 특정 장소 등)에 연결되는 고유 명사가 있고, 보통 명사가 입습니다. 항목 분석은 아래 소스를 통해서 이용할 수 있습니다.

```python
from google.cloud import language_v1
from google.cloud.language_v1 import enums
# 구문 분석을 위한 text
content = '''When I was young, there was an amazing publication called The
Whole Earth Catalog, which was one of the bibles of my generation. It was
created by a fellow named Stewart Brand not far from here in Menlo Park,
and he brought it to life with his poetic touch. This was in the late 1960s,
before personal computers and desktop publishing, so it was all made with
typewriters, scissors and Polaroid cameras. It was sort of like Google in
paperback form, 35 years before Google came along: It was idealistic, and
overflowing with neat tools and great notions. '''
# Natural Language API를 위한 인스턴스 생성
client = language_v1.LanguageServiceClient()
# content에 분석을 위한 document를 만듭니다.
document = {'type': enums.Document.Type.PLAIN_TEXT, 'content': content}

# document를 analyze_entities()에 넣어 호출하면 결과를 받아볼 수 있습니다.
```

```
entities = client.analyze_entities(document)
print(entities)
```

다음과 같은 결과를 받아볼 수 있습니다.

항목	세부 항목	설명
entities	name	분석하고자 하는 단어
	type	사람인지, 위치인지, 사물인지 항목 유형을 나타냅니다
	metadata	항목의 추가적인 정보가 있는 경우 포함이 되며 세부적으로는 다음과 같은 항목이 있습니다. wikipedia_url: 해당 항목에 대한 위키피디아 URL mid:Google의 지식 정보(https://www.google.com/intl/bn/search/about/)에 해당하는 식별자인 MTD가 포함이됩니다.
	mentions	텍스트 내에서 해당 항목이 언급된 위치를 나타냅니다.
	salience	전체 문서에서 이 항목의 중요성이나 관련성을 나타냅니다. 0.0 (덜 중요)~1.0 (중요)
language		언어 코드

```
entities {
  name: "publication"
  type: WORK_OF_ART
  salience: 0.5173402428627014
  mentions {
    text {
      content: "publication"
      begin_offset: -1
    }
    type: COMMON
  }
}
entities {
  name: "fellow"
  type: PERSON
  salience: 0.07278355211019516
  mentions {
    text {
      content: "fellow"
```

```
    begin_offset: -1
  }
  type: COMMON
}
}
...
entities {
  name: "The Whole Earth Catalog"
  type: WORK_OF_ART
  metadata {
    key: "mid"
    value: "/m/02kx2d"
  }
  metadata {
    key: "wikipedia_url"
    value: "https://en.wikipedia.org/wiki/Whole_Earth_Catalog"
  }
  salience: 0.03906041383743286
  mentions {
    text {
      content: "The Whole Earth Catalog"
      begin_offset: -1
    }
    type: PROPER
  }
}
...
language: "en"
```

이번에는 문서를 GCS에 올려놓고 GCS에서 직접 연결을 통해서 가져와보겠습니다.

```python
from google.cloud import language_v1
from google.cloud.language_v1 import enums, types
# Natural Language API를 위한 인스턴스 생성
client = language_v1.LanguageServiceClient()
# 이 부분에서 gcs_content_url 부분에 GCS URI를 입력합니다.
document = types.module.Document(gcs_content_uri="gs://document-byjw/Uptown-
Funk.txt", type=enums.Document.Type.PLAIN_TEXT)
# analyze_entities()에 위에서 만들어진 document를 호출합니다.
response = client.analyze_entities(document)
print(response)
```

다음과 같은 결과를 확인할 수 있습니다.

```
entities {
  name: "funk"
  type: OTHER
  salience: 0.18955065310001373
  mentions {
    text {
      content: "funk"
      begin_offset: -1
    }
    type: COMMON
  }
  mentions {
    text {
      content: "funk"
      begin_offset: -1
    }
    type: COMMON
  }
}
entities {
  name: "whoo"
  type: OTHER
  salience: 0.05774753913283348
  mentions {
    text {
      content: "whoo"
      begin_offset: -1
    }
    type: COMMON
  }
  mentions {
    text {
      content: "whoo"
      begin_offset: -1
    }
    type: COMMON
  }
}
entities {
 name: "hood girls"
  type: PERSON
```

```
    salience: 0.04613034054636955
  mentions {
    text {
      content: "hood girls"
      begin_offset: -1
    }
    type: COMMON
  }
}
...
language: "en"
```

18.3 감정 분석

감정 분석을 해보도록 하겠습니다. 감정 분석은 문장 내에서 텍스트가 의미하는 전체적인 감정 및 얼마나 많은 감정이 포함되어 있는지를 점수를 통해 알 수 있도록 해줍니다.

```python
from google.cloud import language_v1
from google.cloud.language_v1 import enums
# Natural Language API를 위한 인턴스를 생성합니다.
client = language_v1.LanguageServiceClient()
content = '''When I was young, there was an amazing publication called The
Whole Earth Catalog, which was one of the bibles of my generation. It was
created by a fellow named Stewart Brand not far from here in Menlo Park,
and he brought it to life with his poetic touch. This was in the late 1960s,
before personal computers and desktop publishing, so it was all made with
typewriters, scissors and Polaroid cameras. It was sort of like Google in
paperback form, 35 years before Google came along: It was idealistic, and
overflowing with neat tools and great notions. '''
# 분석해야 할 텍스트를 다음과 같은 형식으로 생성합니다.
document = {'type': enums.Document.Type.PLAIN_TEXT, 'content': content}
# analyze_sentiment() 메서드에 위에서 만든 document를 전달하면 해당 document에
대한 감정 분석 결과를 확인할 수 있습니다.
response = client.analyze_sentiment(document=document)
print(response)
```

다음과 같은 결과를 확인할 수 있습니다.

항목	세부 항목	설명
documentSentiment		문서의 전체적인 감정을 포함
	score	감정을 표시하는 점수 -1.0(부정)~1.0 (긍정)
	magnitude	얼마나 많은 감정이 담겨 있는지를 나타냅니다. (긍정~부정), 0.0~무한대 입니다. score와 달리 정규화되지 않으며 텍스트 내의 각 감정 표현이 텍스트 magnitude에 반영되며, 긴 텍스트 블록일수록 값이 커집니다.
language		문서의언어를 포함하며, 설정이 없는 경우에는 자동으로 감지됩니다.
sentense		문서에서 추출된 문장 목록입니다.
	text	분석하고자 하는 텍스트
	sentiment	score: 감정을 표시하는 점수 (-1.0:부정~1.0:긍정) magnitude: 전반적인 감정 강도(긍정~부정), 0.0~무한대 입니다. score와 달리 정규화되지 않으며 텍스트 내의 각 감정 표현이 텍스트 magnitude에 반영되며, 긴 텍스트 블록일수록 값이 커집니다.

```
document_sentiment {
  magnitude: 1.5
  score: 0.30000001192092896
}
language: "en"
sentences {
  text {
    content: "When I was young, there was an amazing publication called The
Whole Earth Catalog, which was one of the \nbibles of my generation."
    begin_offset: -1
  }
  sentiment {
    magnitude: 0.699999988079071
    score: 0.699999988079071
  }
}
sentences {
  text {
    content: "It was created by a fellow named Stewart Brand not far from
here in Menlo Park, \nand he brought it to life with his poetic touch."
```

```
    begin_offset: -1
  }
  sentiment {
  }
}
sentences {
  text {
      content: "This was in the late 1960s, before personal computers and
desktop \npublishing, so it was all made with typewriters, scissors and
Polaroid cameras."
      begin_offset: -1
  }
  sentiment {
  }
}
sentences {
  text {
      content: "It was sort of like Google in \npaperback form, 35 years
before Google came along: It was idealistic, and overflowing with neat tools
and great \nnotions."
      begin_offset: -1
  }
  sentiment {
    magnitude: 0.699999988079071
    score: 0.699999988079071
  }
}
```

이번에는 GCS에 있는 문서로부터 감정 분석을 해보겠습니다.

```
from google.cloud import language_v1
from google.cloud.language_v1 import enums, types
# Natural Language를 위한 인스턴스를 생성합니다.
client = language_v1.LanguageServiceClient()
# Document를 생성하는데 이번에는 gcs_content_uri 부분에 GCS URI를 넣어서 생성을 합니다.
document = types.module.Document(gcs_content_uri="gs://document-byjw/UptownFunk.txt", type=enums.Document.Type.PLAIN_TEXT)
# analyze_sentiment()에 위에서 생성한 document를 넣어서 호출하면 해당 감정 분석 결과를 얻을 수 있습니다.
response = client.analyze_sentiment(document=document)
print(response)
```

다음과 같은 결과를 확인할 수 있습니다.

```
document_sentiment {
  magnitude: 1.7999999523162842
}
language: "en"
sentences {
  text {
    content: "This hit, that ice cold\nMichelle Pfeiffer, that white gold\nThis
one for them hood girls\nThem good girls straight masterpieces\nStylin\',
wilin\', livin\' it up in the city\nGot Chucks on with Saint Laurent\nGot
kiss myself, I\'m so pretty\nI\'m too hot (hot damn)\nCalled a police and a
fireman\nI\'m too hot (hot damn)\nMake a dragon wanna retire man\nI\'m too
hot (hot damn)\nSay my name you know who I am\nI\'m too hot (hot damn)\nAm I
bad \'bout that money, break it down\nGirls hit your hallelujah (whoo)\nGirls
hit your hallelujah (whoo)\nGirls hit your hallelujah (whoo)\n\'Cause uptown
funk gon\' give it to you\n\'Cause uptown funk gon\' give it to you\n\'Cause

uptown funk gon\' give it to you\nSaturday night and we in the spot\nDon\'t
believe me just watch (come on)\nDon\'t believe me just watch uh\nDon\'t
believe me just watch\nDon\'t believe me just watch\nDon\'t believe me
just watch\nDon\'t believe me just watch\nHey, hey, hey, oh\nStop, wait a
minute\nFill my cup, put some liquor in it\nTake a sip, sign a check\nJulio,
get the stretch\nRide to Harlem,"
    begin_offset: -1
  }
  sentiment {
    magnitude: 0.20000000298023224
    score: -0.20000000298023224
  }
}
...
```

18.4 항목 감정 분석

이번에는 항목 감정 분석을 해보도록 하겠습니다. 항목 감정 분석은 개별 항목을 식별하고 라벨을 지정해주면서 감정 분석을 통해 텍스트 블록에 표현된 전반적인 의견, 느낌, 태도 감정을 파악할 수 있습니다.

```
from google.cloud import language_v1
from google.cloud.language_v1 import enums
# Natural Language API를 위한 인스턴스를 생성합니다.
client = language_v1.LanguageServiceClient()
content = '''When I was young, there was an amazing publication called The Whole Earth
Catalog, which was one of the bibles of my generation. It was created by a fellow
named Stewart Brand not far from here in Menlo Park, and he brought it to life with
his poetic touch. This was in the late 1960s, before personal computers and desktop
publishing, so it was all made with typewriters, scissors and Polaroid cameras. It was
sort of like Google in paperback form, 35 years before Google came along: It was ide-
alistic, and overflowing with neat tools and great notions. '''
# 분석해야할 텍스트를 다음과 같은 형식으로 생성합니다.
document = {'type': enums.Document.Type.PLAIN_TEXT, 'content': content}
# analyze_entity_sentiment() 메서드에 위에서 만든 document를 전달하면 결과를 반환합니다.
entities = client.analyze_entity_sentiment(document)
print(entities)
```

다음과 같은 결과를 받을 수 있습니다.

항목	세부 항목	설명
name		분석하고자 하는 단어
type		사람인지, 위치인지, 사물인지 항목 유형을 나타냅니다.
metadata		항목의 추가적인 정보가 있는경우 포함이 되며 세부적으로는 다음과 같은 항목이 있습니다
	wikipedia_url	해당 항목에 대한 위키피디아 URL
	mid	Google의 지식 정보(https://www.google.com/intl/bn/search/about/)에 해당하는 식별자인 MTD가 포함이됩니다.
salience		전체 문서에서 이 항목의 중요성이나 관련성을 나타냅니다. 0.0 (덜 중요)~1.0 (중요)
mentions		텍스트 내에서 해당 항목이 언급된 위치를 나타냅니다.
sentiment		감정 분석
	score	감정을 표시하는 점수로 -1.0 (부정)~1.0 (긍정) 사이로 전체적인 감정을 나타냅니다.
	magnitude	얼마나 많은 감정이 담겨 있는지를 나타냅니다. (긍정~부정), 0.0~무한대 입니다. score와 달리 정규화되지 않으며 텍스트 내의 각 감정 표현이 텍스트 magnitude에 반영되며, 긴 텍스트 블록일수록 값이 커집니다.

```
entities {
  name: "publication"
  type: WORK_OF_ART
  salience: 0.5173402428627014
  mentions {
    text {
      content: "publication"
      begin_offset: -1
    }
    type: COMMON
    sentiment {
      magnitude: 0.5
      score: 0.5
    }
  }
  sentiment {
    magnitude: 0.5
    score: 0.20000000298023224
  }
}
...
language: "en"
```

이번에는 텍스트를 직접 입력하지 않고 GCS에 있는 문서로부터 텍스트를 읽어와 감정 분석을 해보겠습니다.

```
from google.cloud import language_v1
from google.cloud.language_v1 import enums, types
# Natural Language API를 위한 인스턴스를 생성합니다.
client = language_v1.LanguageServiceClient()
# Document()에 gcs_content_uri 파라미터에 GCS URI를 넣어서 document를 생성합니다.
document = types.module.Document(gcs_content_uri="gs://document-byjw/UptownFunk.
txt", type=enums.Document.Type.PLAIN_TEXT)
# 위에서 생성한 document를 analyze_entity_sentiment() 메서드에 넣어서 호출하면 결과를
받을 수 있습니다.
result = client.analyze_entity_sentiment(document).entities
print(result)
```

다음과 같은 결과를 확인할 수 있습니다.

```
entities {
  name: "funk"
  type: OTHER
  salience: 0.18955065310001373
  mentions {
    text {
      content: "funk"
      begin_offset: -1
    }
    type: COMMON
    sentiment {
      magnitude: 0.4000000059604645
      score: -0.4000000059604645
    }
  }
  mentions {
    text {
      content: "funk"
      begin_offset: -1
    }
    type: COMMON
    sentiment {
      magnitude: 0.4000000059604645
      score: -0.4000000059604645
    }
  }
  mentions {
    text {
      content: "funk"
      begin_offset: -1
      begin_offset: -1
    }
    type: COMMON
    sentiment {
      magnitude: 0.4000000059604645
      score: -0.4000000059604645
    }
  }
  sentiment {
```

```
    magnitude: 0.4000000059604645
    score: -0.4000000059604645
  }
}
...
language: "en"
```

18.5 구문 분석

여기서는 Natural Language의 구문 분석 기능을 이용해보도록 하겠습니다. 구문 분석을 이용하면 문장 내 토큰과 문장을 추출하고 품사를 식별할 수 있습니다. 구문 분석을 위한 소스는 다음과 같습니다.

```python
from google.cloud import language_v1
from google.cloud.language_v1 import enums
# Natural Language API를 위한 인스턴스를 생성합니다.
client = language_v1.LanguageServiceClient()
content = '''When I was young, there was an amazing publication called The Whole
Earth Catalog, which was one of the bibles of my generation. It was created by a
fellow named Stewart Brand not far from here in Menlo Park, and he brought it to
life with his poetic touch. This was in the late 1960s, before personal computers
and desktop publishing, so it was all made with typewriters, scissors and Polaroid
cameras. It was sort of like Google in paperback form, 35 years before Google came
along: It was idealistic, and overflowing with neat tools and great notions. '''
# 위의 문장을 분석하 document를 만듭니다.
document = {'type': enums.Document.Type.PLAIN_TEXT, 'content': content}
# analyze_syntax()에 위에서 만든 document를 호출하면 구문 분석 결과를 확인할 수 있습니다.
result = client.analyze_syntax(document)
print(result)
```

다음과 같은 결과를 확인할 수 있습니다.

```
sentences {
  text {
    content: "When I was young, there was an amazing publication called The Whole
Earth Catalog, which was one of the \nbibles of my generation."
    begin_offset: -1
  }
}
sentences {
  text {
    content: "It was created by a fellow named Stewart Brand not far from here in
Menlo Park, \nand he brought it to life with his poetic touch."
    begin_offset: -1
  }
}
sentences {
  text {
    content: "This was in the late 1960s, before personal computers and desktop
\npublishing, so it was all made with typewriters, scissors and Polaroid cameras."
    begin_offset: -1
  }
}
...
tokens {
  text {
    content: "When"
    begin_offset: -1
  }
  part_of_speech {
    tag: ADV
  }
  dependency_edge {
    head_token_index: 2
    label: ADVMOD
  }
  lemma: "When"
}
tokens {
  text {
    content: "I"
    begin_offset: -1
  }
  part_of_speech {
```

```
    tag: PRON
    case: NOMINATIVE
    number: SINGULAR
    person: FIRST
  }
  dependency_edge {
    head_token_index: 2
    label: NSUBJ
  }
  lemma: "I"
}
tokens {
  text {
    content: "was"
    begin_offset: -1
  }
  part_of_speech {
    tag: VERB
    mood: INDICATIVE
    number: SINGULAR
    person: THIRD
    tense: PAST
  }
  dependency_edge {
    head_token_index: 6
    label: ADVCL
  }
  lemma: "be"
}
...

language: "en"
```

이번에는 GCS에 올라와 있는 문서로부터 구문 분석을 해보겠습니다.

```
from google.cloud import language_v1
from google.cloud.language_v1 import enums, types
# Natural Languae API를 위한 인스턴스를 생성합니다.
client = language_v1.LanguageServiceClient()
```

```
# Document 부분에 있는 gcs_content_uri 부분에 GCS URI를 넣습니다.
document = types.module.Document(gcs_content_uri="gs://document-byjw/UptownFunk.
txt", type=enums.Document.Type.PLAIN_TEXT)
# 위에서 생성한 document를 analyze_syntax에 넣어주면 분석 결과를 확인할 수 있습니다.
tokens = client.analyze_syntax(document).tokens
print(tokens)
```

다음과 같은 결과를 확인할 수 있습니다.

```
sentences {
  text {
    content: "This hit, that ice cold\nMichelle Pfeiffer, that white gold\nThis
one for them hood girls\nThem good girls straight masterpieces\nStylin\',
wilin\', livin\' it up in the city\nGot Chucks on with Saint Laurent\nGot
kiss myself, I\'m so pretty\nI\'m too hot (hot damn)\nCalled a police and a
fireman\nI\'m too hot (hot damn)\nMake a dragon wanna retire man\nI\'m too
hot (hot damn)\nSay my name you know who I am\nI\'m too hot (hot damn)\nAm I
bad \'bout that money, break it down\nGirls hit your hallelujah (whoo)\nGirls
hit your hallelujah (whoo)\nGirls hit your hallelujah (whoo)\n\'Cause uptown
funk gon\' give it to you\n\'Cause uptown funk gon\' give it to you\n\'Cause
uptown funk gon\' give it to you\nSaturday night and we in the spot\nDon\'t
believe me just watch (come on)\nDon\'t believe me just watch uh\nDon\'t
believe me just watch\nDon\'t believe me just watch\nDon\'t believe me just
watch\nDon\'t believe me just watch\nHey, hey, hey, oh\nStop, wait a minute\
nFill my cup, put some liquor in it\nTake a sip, sign a check\nJulio, get
the stretch\nRide to Harlem,"
    begin_offset: -1
  }
}
...
tokens {
  text {
    content: "This"
    begin_offset: -1
  }
  part_of_speech {
    tag: DET
    number: SINGULAR
  }
```

```
  dependency_edge {
    head_token_index: 1
    label: DET
  }
  lemma: "This"
}
tokens {
  text {
    content: "hit"
    begin_offset: -1
  }
  part_of_speech {
    tag: NOUN
    number: SINGULAR
  }
  dependency_edge {
    head_token_index: 36
    label: NSUBJ
  }
  lemma: "hit"
}
tokens {
  text {
    content: ","
    begin_offset: -1
  }
  part_of_speech {
    tag: PUNCT
  }
  dependency_edge {
    head_token_index: 1
    label: P
  }
  lemma: ","
}
...
language: "en"
```

18.6 카테고리 분석

Natural Language API를 사용하면 문장 내의 글자들이 어떤 카테고리에 속해 있는지 확인할 수 있습니다.

```python
from google.cloud import language_v1
from google.cloud.language_v1 import enums
# Natural Language API를 위한 인스턴스
client = language_v1.LanguageServiceClient()
content = '''When I was young, there was an amazing publication called The Whole
Earth Catalog, which was one of the bibles of my generation. It was created by a
fellow named Stewart Brand not far from here in Menlo Park, and he brought it to
life with his poetic touch. This was in the late 1960s, before personal computers
and desktop publishing, so it was all made with typewriters, scissors and Polaroid
cameras. It was sort of like Google in paperback form, 35 years before Google came
along: It was idealistic, and overflowing with neat tools and great notions. '''
# 분석하고자 하는 위의 문장을 이용하여 document로 만듭니다.
document = {'type': enums.Document.Type.PLAIN_TEXT, 'content': content}
# classify_text()에 위에서 생성한 document를 넣어서 호출하면 결과를 볼 수 있습니다.
categories = client.classify_text(document)
print(categories)
```

다음과 같은 결과를 확인할 수 있습니다.

항목	설명
name	카테고리
confidence	신뢰도를 나타내는데 범위 0.0 (신뢰도 낮음) ~1.0 (신뢰도 높음)

```
categories {
  name: "/People & Society/Religion & Belief"
  confidence: 0.9700000286102295
}
```

GCS에 있는 문서를 이용하여 카테고리 분류를 해보겠습니다.

GCS에 있는 문서를 이용하여 카테고리 분류를 해보겠습니다.
```python
from google.cloud import language_v1
from google.cloud.language_v1 import enums, types
# Natural Languae API 인스턴스를 생성합니다.
client = language_v1.LanguageServiceClient()
# 위하고 다르게 gcs_content_uri 파라미터에 GCS URI를 입력합니다.
document = types.module.Document(gcs_content_uri="gs://document-byjw/
UptownFunk.txt", type=enums.Document.Type.PLAIN_TEXT)
# classify_text()에 위에서 만든 document를 넣어서 호출합니다.
categories = client.classify_text(document)
print(categories)
```

다음과 같은 결과를 확인할 수 있습니다.

```
categories {
  name: "/Arts & Entertainment/Movies"
  confidence: 0.5299999713897705
}
categories {
  name: "/Arts & Entertainment/Music & Audio/Urban & Hip-Hop"
  confidence: 0.5099999904632568
```

19장

Cloud Speech to Text

19.1 Cloud Speech to Text란?

Cloud Speech to Text는 간단히 말하면 구글의 최첨단 딥 러닝 신경망을 이용하여 오디오를 텍스트로 변환할 수 있는 API입니다. 해당 API는 120 개 이상의 언어와 방언을 지원합니다. 음성 명령 및 제어 기능을 구현하고 콜센터의 오디오를 텍스트로 변환하는 등의 작업을 할 수 있고, 구글의 머신 러닝 기술을 사용하여 실시간 스트리밍 또는 사전 녹음 오디오를 처리할 수 있습니다.

스트리밍 오디오를 인식하거나 사용자가 말하고 있는 동안 Speech-to-Text를 통해 즉시 텍스트로 변환하여 텍스트 결과를 스트리밍할 수 있으며, 파일로 저장된 오디오를 텍스트로 반환할 수도 있습니다. Speech-to-Text는 일상 대화를 잘 인식하도록 설계되었기 때문에 고유 명사를 정확하게 텍스트로 변환하고 날짜나 전화번호 같은 언어의 형식을 적절하게 지정할 수 있습니다. 구글은 옥스퍼드 영어사전의 10배 이상의 고유 명사를 지원합니다.

Cloud Speech-to-Text는 사전에 빌드된 다양한 음성 인식 모델을 함께 제공하기 때문에 목적에 맞게 적절히 사용할 수 있습니다. 지원하는 모델은 다음과 같습니다.

- **command_and_search:** 음성 명령이나 음성 검색과 같은 짧은 쿼리에 최적화된 모델
- **phone_call:** 전화 통화 오디오에 가장 적합합니다(8kHz의 샘플링 된 녹음 오디오).
- **video:** 동영상 오디오에 가장 적합합니다(16kHz 이상으로 샘플링된 오디오, 프리미엄 모델이라 상대적으로 가격이 높습니다).
- **default:** 위에서 언급한 모델들 외에 사용하기 좋은 모델입니다.

19.2 음성 요청

Speech to Text는 음성 인식을 다음과 같은 3가지 방식으로 지원합니다.

- **동기 인식(REST, gRPC):** 오디오 데이터를 Speech-to-Text API로 보내고, 해당 데이터에서 인식을 수행하고, 모든 오디오가 처리된 후 결과를 확인합니다(길이가 1분 이하인 오디오).
- **비동기 인식(REST, gRPC):** 오디오 데이터를 Speech-to-Text API로 보내고, 장기 실행작업을 시작합니다. 이 작업을 사용하면 주기적으로 인식 결과를 폴링할 수 있습니다(최대 길이 180 이하인 오디오).
- **스트리밍 인식(gRPC):** 스트리밍 인식은 오디오 캡처 중에 중간 결과를 제공합니다. 예를 들어, 사용자가 말하는 중간에 결과를 표시할 수 있습니다.

Speech to Text 인식

Speech to Text는 다양한 방식으로 요청이 되는데, 각 인식 부분에 대해서 살펴보겠습니다.

19.3.1 동기식 음성 인식 요청

```
{
    "config": {
        "encoding": "LINEAR16",
        "sampleRateHertz": 16000,
        "languageCode": "en-US",
    },
    "audio": {
        "uri": "gs://bucket-name/path_to_audio_file"
    }
}
```

- **encoding(필수):** AudioEncoding 형식의 제공된 오디오 인코딩 방식을 지정해야 합니다. 좋은 성능을 위해서는 FLAC이나 LINEAR16과 같은 무손실 인코딩을 선택하는 것이 좋습니다.
- **sampleRateHertz(필수):** 제공된 오디오의 샘플링 레이트(Hz)를 지정합니다.
- **languageCode(필수):** 제공된 오디오에서 사용하는 언어 및 지역을 지정합니다. 언어코드는 언어를 나타내기 위해서 기본 언어 태그와 보조 지역 하위 태그로 구성됩니다(예를 들면, 'en'(언어 태그)은 영어를, 'US'(지역 하위 태그)는 미국을 나타냄).
- **maxAlternatives(선택):** 응답에서 제공할 대체 텍스트 변화 수를 나타냅니다.
- **profanityFilter(선택):** 모욕적인 단어 또는 구문 필터링 여부를 나타냅니다. 필터링된 단어는 첫 번째 문자와 별표로 표시됩니다(예를 들면, f***).
- **speechContext(선택):** 오디오를 처리하기 위한 추가 상황별 정보를 포함합니다.
- **phrases:** 음성 인식 작업에 대한 힌트를 제공하는 단어와 구문의 목록을 포함합니다.
- **audio 필드:** 다음 필드 중 하나가 포함이 되어야 하며 오디오 소스의 위치를 나타냅니다.
- **content:** 요청에 삽입하고 평가할 오디오가 포함됩니다.
- **uri:** 이 필드에는 오디오의 위치가 담긴 GCS URI가 포함됩니다.

19.3.2 샘플링 레이트

요청 구성의 샘플레이트헤르츠(sampleRateHertz) 필드에서 오디오의 샘플링 레이트를 지정합니다. 이 샘플링 레이트는 오디오 콘텐츠 또는 스트림의 샘플링 레이트와 일치해야 합니다. Speech to Text는 8000Hz~48000Hz 사이의 샘플링 레이트를 지원하며, FLAC 또는 WAV 파일의 샘플링 레이트는 sampleRateHertz 필드가 아닌 파일 헤더에서 결정될 수 있습니다.

소스 자료를 인코딩할 때 선택할 수 있으면 16000Hz 샘플링 레이트를 사용하여 오디오를 캡처하는 것이 좋습니다. 만약 값이 이 값보다 작으면 음성 인식 정확도가 손상될 수 있습니다. 레벨이 높으면 음성 인식 품질이 큰 영향을 받지 않습니다.

대신 오디오 데이터가 16000Hz가 아닌 기존 샘플링 레이트로 이미 녹음이 된 경우에는 오디오를 다시 16000Hz로 샘플링하지 않습니다. 예를 들어, 대부분의 전화 통신 오디오는 8000Hz 샘플링 레이트를 사용하기 때문에 결과 정확도가 떨어질 수 있습니다. 이러한 경우에는 Speech API에 기본 샘플링 레이트로 오디오를 제공합니다.

19.3.3 타임 스탬프

Speech to Text에서 제공된 오디오에서 인식된 각 말의 시작과 끝에 타임 스탬프가 포함될 수 있습니다. 시차값은 오디오 시작 부분에서 경과된 시간을 100ms 단위로 나타냅니다.

시차는 긴 오디오 파일을 분석하는 경우에, 인식된 텍스트에서 특정 단어를 검색하고 원본 오디오에서 찾아야 하는 경우에 유용합니다. 시차는 recognize, streamingrecognize, longrunningrecognize 등 모든 인식 방법에서 지원됩니다. 시차값은 인식 응답에 제공된 첫 번째 대체 텍스트 변환에 대해서만 포함됩니다

요청 결과에 시차를 포함하려면 요청 구성에서 'enableWordTimeOffsets: true'로 설정합니다.

```
{
"config": {
  "languageCode": "en-US",
  "enableWordTimeOffsets": true
  },
"audio":{
  "uri":"gs://gcs-test-data/gettysburg.flac"
  }
}
```

다음과 같이 인식된 각 단어에 'startTime'과 'endTime'으로 타임 스탬프가 포함됩니다.

```
{
  "name": "6212202767953098955",
  "metadata": {
    "@type": "type.googleapis.com/google.cloud.speech.v1.LongRunningRecognizeMetadata",
    "progressPercent": 100,
    "startTime": "2017-07-24T10:21:22.013650Z",
    "lastUpdateTime": "2017-07-24T10:21:45.278630Z"
  },
  "done": true,
  "response": {
    "@type": "type.googleapis.com/google.cloud.speech.v1.LongRunningRecognizeResponse",
    "results": [
      {
        "alternatives": [
          {
            "transcript": "Four score and twenty...(etc)...",
            "confidence": 0.97186122,
            "words": [
              {
                "startTime": "1.300s",
                "endTime": "1.400s",
                "word": "Four"
              },
              {
                "startTime": "1.400s",
                "endTime": "1.600s",
                "word": "score"
```

```
            },
            {
                "startTime": "1.600s",
                "endTime": "1.600s",
                "word": "and"
            },
            {
                "startTime": "1.600s",
                "endTime": "1.900s",
                "word": "twenty"
            },
            ...
            ]
        }
      ]
    },
    {
        "alternatives": [
          {
            "transcript": "for score and plenty...(etc)...",
            "confidence": 0.9041967,
          }
        ]
    }
  ]
 }
}
```

19.3.4 모델 선택

Speech to Text는 여러 머신 러닝 모델 중 하나를 사용하여 오디오 파일 스크립트를 작성할 수 있습니다. 지원되는 모델은 다음과 같습니다.

유형	열거형 상수	설명	지원 언어
동영상	video	여러 명의 화자를 포함하거나 동영상 클립의 오디오 스크립트를 작성하려면 이 모델을 사용합니다. 최상의 결과를 얻기 위해 16,000Hz 이상의 샘플링 레이트로 녹음된 오디오를 제공합니다. 참고: 표준 요금보다 비싼 프리미엄 모델입니다.	en-US 전용
전화 통화	phone_call	전화 통화 오디오 스크립트를 작성하려면 이 모델을 사용합니다. 일반적으로 전화 오디오는 8,000Hz 샘플링 레이트로 녹음됩니다.	en-US 전용
명령어 및 검색	command_and_search	짧은 오디오 클립 스크립트를 작성하려면 이 모델을 사용합니다. 일부 예로 음성 명령이나 음성 검색 등이 있습니다.	아래 링크 참조
기본	default	오디오가 이전에 설명한 모델 중 하나와 맞지 않는 경우에 이 모델을 사용합니다. 예를 들어, 화자가 1명뿐인 긴 형태의 오디오 녹음에 이 유형을 사용할 수 있습니다. 16,000Hz 이상의 샘플링 레이트로 녹음된 Hi-Fi 오디오가 좋습니다.	아래 링크 참조

(언어 지원-https://cloud.google.com/speech-to-text/docs/languages)

19.3.5 구문 힌트

특정 인식 작업에 대해 오디오 처리에 유용한 정보를 제공하는 speechContext를 전달할 수도 있습니다. 현재 컨텍스트는 인식자에 '힌트'로 작용할 phrases 목록을 보유할 수 있습니다. 다음과 같은 방법으로 구문 힌트를 사용할 수 있습니다.

- 오디오 데이터에서 과도하게 표현되는 경향이 있는 특정 단어와 구문의 정확도를 향상시킵니다. 이럴 경우, 오디오에 노이즈가 있거나 포함된 음성이 명확하지 않은 상황에 유용할 수 있습니다.
- 인식 작업의 어휘에 단어를 추가합니다. 특정 고유명사나 도메인 관련 단어가 Speech to Text에 없는 경우 추가할 수 있습니다.

문구는 작은 단어 그룹 또는 단일 단어로 제공될 수 있습니다. 다중 단어 구문으로 제공되는 경우 힌트는 해당 단어가 순서대로 인식될 수 있는 가능성을 높일 뿐만 아니라, 개별 단어를 포함하여 구문의 일부분이 인식될 수 있는 가능성을 높입니다.

예를 들어, 이 shwazil_hoful.flac 파일에는 일부 만들어진 단어가 포함되어 있습니다. 이러한 어휘에 없는 단어를 제공하지 않고 인식을 수행하면 인식자는 원하는 텍스트 변환을 반환하지 않고 'it's a swallow whole day'와 같이 어휘에 있는 단어를 반환합니다.

```
{
  "config": {
    "encoding":"FLAC",
    "sampleRateHertz": 16000,
    "languageCode":"en-US"
  },
  "audio":{
    "uri":"gs://speech-demo/shwazil_hoful.flac"
  }
}
```

이러한 어휘에 없는 단어를 speechContexts에 설정을 하면 인식자는 원하는 텍스트('it's a shwazil hoful day') 변환을 반환합니다.

```
{
  "config": {
    "encoding":"FLAC",
    "sampleRateHertz": 16000,
    "languageCode":"en-US",
    "speechContexts": [{
      "phrases": ["hoful","shwazil"]
    }]
  },
  "audio":{
    "uri":"gs://speech-demo/shwazil_hoful.flac"
  }
}
```

특정 단어들을 일반적으로 한 구문에 함께 말하는 경우에 그룹화하여 인식 신뢰도를 더욱 높일 수 있습니다.

```
{
  "config": {
    "encoding":"FLAC",
    "sampleRateHertz": 16000,
    "languageCode":"en-US",
    "speechContexts": [{
      "phrases": ["shwazil hoful day"]
    }]
  },
  "audio":{
    "uri":"gs://speech-demo/shwazil_hoful.flac"
  }
}
```

19.3.6 Speech to Text API 응답

Speech to Text API의 응답은 제공된 오디오 길이에 비례하여 결과를 확인하는 데 다소간 시간을 걸릴 수 있습니다. 처리가 완료되면 API는 다음과 같이 응답합니다.

```
{
  "results": [
    {
      "alternatives": [
        {
          "confidence": 0.98267895,
          "transcript": "how old is the Brooklyn Bridge"
        }
      ]
    }
  ]
}
```

- **results:** 결과 목록이 포함됩니다.
- **alternative:** SpeechRecognitionAlternatives 형식의 가능한 텍스트 변환 목록이 포함됩니다.

• **transcript**: 변환된 텍스트가 포함됩니다.
• **confidence**: 신뢰도를 나타내는데 범위는 0(신뢰도 낮음)~1(신뢰도 높음)입니다.

19.4 비동기 요청 및 응답

비동기 요청은 장기 실행 작업을 실행합니다. 작업 완료 전에 metadata로 중간 결과에 대해서 알려줍니다.

```
{
  "name": "1268386125834704889",
  "metadata": {
    "lastUpdateTime": "2016-08-31T00:16:32.169Z",
    "@type": "type.googleapis.com/google.cloud.speech.v1.LongrunningRecognizeMetadata",
    "startTime": "2016-08-31T00:16:29.539820Z",
    "progressPercent": 100
  }
  "response": {
    "@type": "type.googleapis.com/google.cloud.speech.v1.LongRunningRecognizeResponse",
    "results": [{
      "alternatives": [{
        "confidence": 0.98267895,
        "transcript": "how old is the Brooklyn Bridge"
      }]}]
  },
  "done": True,
}
```

• **response**: 최종 결과가 나오면 이 부분에 표시됩니다.

스트리밍 요청 및 응답

스트리밍 Speech to Text API는 양방향 스트림 내에서 오디오의 실시간 캡처 및 인식을 위해 설계되었습니다. 애플리케이션은 요청 스트림에서 오디오를 보내고 응답 스트림에서 중간 및 최종 결과를 실시간으로 받을 수 있습니다. 중간 결과는 현재 인식 결과이며, 최종 인식 결과는 해당 오디오 섹션의 가장 높은 최종 추측을 나타냅니다.

19.5.1 스트리밍 요청

스트리밍 Speech API를 호출하려면 요청을 여러 개 전송해야 합니다. 첫 번째 'Streaming RecognizeRequest'에는 오디오 없이 'StreamingRecognitionConfig' 유형의 구성이 포함되어야 합니다. 그런 다음 동일한 스트림을 통해 전속되는 후속 StreamingRecognizeRequest는 원시 오디오 바이트의 연속 프레임으로 구성됩니다.

StreamingRecognitionConfig는 다음과 같은 필드로 구성됩니다.

- **config(필수)**: 오디오 구성 정보를 포함하며, 동기식 및 비동기식 요청과 동일합니다.
- **single_utterance(선택, 기본값은 false)**: 음성이 더 이상 감지되지 않으면 이 요청을 자동으로 종료할지 여부를 나타냅니다. 설정되지 않으면 스트림이 직접 닫히거나 스트림 길이 제한을 초과할 때까지 처리합니다.
- **interim_results(선택, 기본값은 false)**: 이 스트림 요청이 나중에 추가 오디오 처리 후 세분화할 수 있는 임시 결과를 반환해야 함을 나타냅니다.

19.5.2 스트리밍 응답

스트리밍 인식 결과는 StreamingRecognitionResponse 형식의 일련의 응답 내에서 반환됩니다.

- speechEventType
- SPEECH_EVENT_UNSPECIFIED
- END_OF_SINGLE_UTTERANCE
- **result:** 중간 결과 또는 최종 결과 목록을 포함합니다.
- **alternatives:** 대체 텍스트 변환 목록을 포함합니다.
- **isFinal:** 항목에서 얻은 결과가 중간 또는 최종 결과인지 나타냅니다.
- **stability:** 지금까지 얻은 결과의 변동성을 나타내며 0.0 (불안정성)~1.0 (안정성)을 나타냅니다. 신뢰도와 달리 stability는 주어진 부분 결과의 변경 여부를 추정합니다. isFInal을 true로 설정하면 stability가 설정되지 않습니다.

19.6 권장 사항

여기서는 Speech to Text에 정확성을 높이기 위한 권장 사항입니다.

최적의 결과를 얻는 방법	가능하면 피해야 할 사항
16,000Hz 이상의 샘플링 레이트로 오디오	샘플링 레이트가 낮으면 정확도가 떨어질 수 있습니다. 예를 들어, 전화 통신에서 기본 속도는 일반적으로 서비스에 전송해야 하는 속도인 8,000Hz입니다.
무손실 코덱으로 녹음된 오디오 (FLAC, LINEAR16...)	녹음 또는 전송 중에 mp3, mp4, m4a, mu-law, a-law 또는 기타 손실 코덱을 사용하면 정확도가 떨어질 수 있습니다. 이미 인코딩된 오디오가 API에서 지원되지 않는 경우, 무손실 FLAC 또는 LINEAR16으로 트랜스코딩합니다. 애플리케이션이 대역폭 보존을 위해 손실 코덱을 사용해야 하는 경우, AMR_WB, OGG_OPUS 또는 SPEEX_WITH_HEADER_BYTE 코덱 순서로 사용하는 것이 좋습니다.

최적의 결과를 얻는 방법	가능하면 피해야 할 사항
기본적으로 주변 소음을 무시하도록 설계되었지만 최적의 결과를 얻기 서는 마이크를 통해 명확한 오디오를 녹음하는것이 좋습니다.	특히 손실 코덱을 사용하는 경우, 과도한 백그라운드 노이즈와 에코는 정확도를 떨어뜨릴 수 있습니다.
여러 명이 녹음을 할 때 개별 채널로 녹음을 한다면 개별적으로 최상의 인식 결과를 가져올 수 있지만 단일 채널로 녹음을 하는 경우에는 최상의 결과를 가져오기 힘들 수 있습니다.	여러 사람이 동시에 또는 다양한 음량으로 대화하는 경우, 대화는 백그라운드 노이즈로 해석되어 무시될 수 있습니다.
단어와 구문 힌트를 사용하여 이름과 용어를 어휘에 추가하면 특정 단어와 구문의 정확도를 높일 수 있습니다.	인식기에는 많은 수의 어휘가 있지만 어휘에 없는 용어와 고유 명사는 인식되지 않습니다.
간단한 쿼리 또는 명령어의 경우, single_utterance를 true로 설정한 채로 StreamingRecognize를 사용합니다. 이렇게 하면 짧은 발화에 대한 인식이 최적화되고 지연 시간이 최소화됩니다.	Recognize 또는 LongRunningRecognize를 사용하여 간단 쿼리 또는 명령어를 사용합니다.

실 습

19.1 Speech to Text 활성화하기

먼저 Speech to Text API 활성화를 하고 Python에서 사용할 수 있는 라이브러리를 설치해보 겠습니다. 그리고 실제 Cloud Speech-to-Text 라이브러리를 사용하기 위해서는 gcloud와 서 비스 계정 키를 설정해야 하는데, 이 부분은 '3.3 gcloud 설치하기'와 '3.4 서비스 계정 설정하 기' 부분을 참고하시기 바랍니다.

1. 우선 GCP 콘솔로 가서 상단에 'speech'를 검색하면 'Cloud Speech-to-Text API'가 나타납니 다. 이를 클릭하도록 하겠습니다.

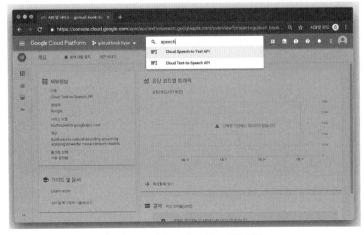

[그림 19-1-1] Speech to Text API 설정

2. [그림 19-1-2] 같이 나타나는데, 여기서 '사용 설정'을 선택합니다.

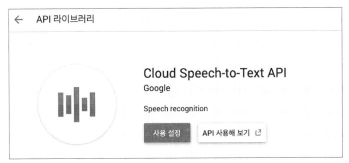

[그림 19-1-2] Speech to Text API 설정

3. [그림 19-1-3] 같은 화면이 나타납니다. 이제 Cloud Speech-toText API 사용 설정은 끝났습니다.

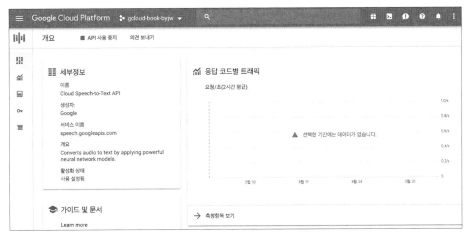

[그림 19-1-3] Speech to Text API 설정

4. 이제 Python 라이브러리를 설치하도록 하겠습니다. 명령어('$ pip install google-cloud-speech')를 이용하여 Python 라이브러리를 설치합니다.

[그림 19-1-4] Speech to Text API 설정

19.2 음성 파일(mp3)을 이용하여 텍스트 받아적기

이번에는 Speech to Text를 이용하여 음성 파일(mp3)로부터 텍스트를 추출해보도록 하겠습니다.

```python
import io
from google.cloud import speech
from google.cloud.speech import enums, types
# Speech-to-Text API를 위한 인스턴스를 생성합니다.
client = speech.SpeechClient()
# mp3로 text로 받을 음성 파일을 열어서 content에 담습니다.
audio_file = io.open("output.mp3", 'rb')
content = audio_file.read()
# RecongnitionAudio()에 위에서 생성한 audio file을 전달흡니다.
audio = types.RecognitionAudio(content=content)
# 음성 관련 설정도 RecognitionConfig를 통해서 설정합니다.
# 여기서는 인코딩은 LINEAR16으로 하고 sample_rate는 16,000 헤르쯔
# 그리고 언어는 영어로 설정하겠습니다.
config = types.RecognitionConfig(
    encoding=enums.RecognitionConfig.AudioEncoding.LINEAR16,
    sample_rate_hertz=16000,
    language_code='en-US')
# 그 다음 위에서 만들 설정과 audio를 전달하면 dictation한 텍스트를 받을 수 있습니다.
response = client.recognize(config, audio)
print(response)
```

다음과 같이 음성으로부터 분석된 결과를 확인할 수 있습니다.

```
Hello World
```

20장

Cloud Text to Speech

Cloud Text to Speech는 말 그대로 Text를 음성으로 변경해주는 API입니다. 구글에서 지원하는 30가지의 여러 언어 및 방언으로 음성을 만들 수 있습니다. 딥마인드(DeepMind)의 웨이브넷(WaveNet)과 같은 구글의 강력한 신경망은 최상의 음질을 제공합니다. 이를 이용하여 실제로 대화하듯이 상호작용이 가능하며 스마트폰, PC, 태블릿, IoT기기 등 여러 기기들과 손쉽게 통합할 수 있습니다.

Cloud Text to Speech API는 텍스트 또는 SSML(Speech Synthesis markup Language) 입력을 MP3 또는 LINEAR16과 같은 오디오 데이터로 변환해줍니다.

20.2 음성 합성

텍스트 입력을 오디오 데이터로 변환하는 프로세스를 합성이라고 하며, 합성 출력을 음성 합성이라고 합니다. Cloud Text to Speech API는 텍스트 및 SSML 형식의 데이터를 이용하여 오디오를 만드는데, 이를 위해서는 'synthesize 메소드'를 이용합니다.

20.3 목소리

Cloud Text to Speech API에는 다양한 목소리가 지원이 됩니다. 언어별, 성별, 악센트에 따라 달라질 수 있습니다. 지원되는 보이스는 다음과 같습니다. 만약 직접 음성을 듣고 싶다면 https://cloud.google.com/text-to-speech/docs/voices에서 확인할 수 있습니다.

언어	음성 유형	언어 코드	음성 이름	SSML 성별
덴마크어 (덴마크)	Standard	da-DK	da-DK-Standard-A	여자
덴마크어 (덴마크)	WaveNet	da-DK	da-DK-Wavenet-A	여자
네덜란드어 (네덜란드)	Standard	nl-NL	nl-NL-Standard-A	여자
네덜란드어 (네덜란드)	WaveNet	nl-NL	nl-NL-Wavenet-A	여자
영어 (호주)	Standard	en-AU	en-AU-Standard-A	여자
영어 (호주)	Standard	en-AU	en-AU-Standard-B	남성
영어 (호주)	Standard	en-AU	en-AU-Standard-C	여자
영어 (호주)	Standard	en-AU	en-AU-Standard-D	남성
영어 (호주)	WaveNet	en-AU	en-AU-Wavenet-A	여자
영어 (호주)	WaveNet	en-AU	en-AU-Wavenet-B	남성
영어 (호주)	WaveNet	en-AU	en-AU-Wavenet-C	여자
영어 (호주)	WaveNet	en-AU	en-AU-Wavenet-D	남성
영어 (영국)	Standard	en-GB	en-GB-Standard-A	여자

언어	음성 유형	언어 코드	음성 이름	SSML 성별
영어 (영국)	Standard	en-GB	en-GB-Standard-B	남성
영어 (영국)	Standard	en-GB	en-GB-Standard-C	여자
영어 (영국)	Standard	en-GB	en-GB-Standard-D	남성
영어 (영국)	WaveNet	en-GB	en-GB-Wavenet-A	여자
영어 (영국)	WaveNet	en-GB	en-GB-Wavenet-B	남성
영어 (영국)	WaveNet	en-GB	en-GB-Wavenet-C	여자
영어 (영국)	WaveNet	en-GB	en-GB-Wavenet-D	남성
영어 (미국)	Standard	en-US	en-US-Standard-B	남성
영어 (미국)	Standard	en-US	en-US-Standard-C	여자
영어 (미국)	Standard	en-US	en-US-Standard-D	남성
영어 (미국)	Standard	en-US	en-US-Standard-E	여자
영어 (미국)	WaveNet	en-US	en-US-Wavenet-A	남성
영어 (미국)	WaveNet	en-US	en-US-Wavenet-B	남성
영어 (미국)	WaveNet	en-US	en-US-Wavenet-C	여자
영어 (미국)	WaveNet	en-US	en-US-Wavenet-D	남성
영어 (미국)	WaveNet	en-US	en-US-Wavenet-E	여자
영어 (미국)	WaveNet	en-US	en-US-Wavenet-F	여자
프랑스어 (캐나다)	Standard	fr-CA	fr-CA-Standard-A	여자
프랑스어 (캐나다)	Standard	fr-CA	fr-CA-Standard-B	남성
프랑스어 (캐나다)	Standard	fr-CA	fr-CA-Standard-C	여자
프랑스어 (캐나다)	Standard	fr-CA	fr-CA-Standard-D	남성
프랑스어 (캐나다)	WaveNet	fr-CA	fr-CA-Wavenet-A	여자
프랑스어 (캐나다)	WaveNet	fr-CA	fr-CA-Wavenet-B	남성
프랑스어 (캐나다)	WaveNet	fr-CA	fr-CA-Wavenet-C	여자
프랑스어 (캐나다)	WaveNet	fr-CA	fr-CA-Wavenet-D	남성
프랑스어 (프랑스)	Standard	fr-FR	fr-FR-Standard-A	여자
프랑스어 (프랑스)	Standard	fr-FR	fr-FR-Standard-B	남성
프랑스어 (프랑스)	Standard	fr-FR	fr-FR-Standard-C	여자
프랑스어 (프랑스)	Standard	fr-FR	fr-FR-Standard-D	남성

언어	음성 유형	언어 코드	음성 이름	SSML 성별
프랑스어 (프랑스)	WaveNet	fr-FR	fr-FR-Wavenet-A	여자
프랑스어 (프랑스)	WaveNet	fr-FR	fr-FR-Wavenet-B	남성
프랑스어 (프랑스)	WaveNet	fr-FR	fr-FR-Wavenet-C	여자
프랑스어 (프랑스)	WaveNet	fr-FR	fr-FR-Wavenet-D	남성
독일어 (독일)	Standard	de-DE	de-DE-Standard-A	여자
독일어 (독일)	Standard	de-DE	de-DE-Standard-B	남성
독일어 (독일)	WaveNet	de-DE	de-DE-Wavenet-A	여자
독일어 (독일)	WaveNet	de-DE	de-DE-Wavenet-B	남성
독일어 (독일)	WaveNet	de-DE	de-DE-Wavenet-C	여자
독일어 (독일)	WaveNet	de-DE	de-DE-Wavenet-D	남성
이탈리아어 (이탈리아)	Standard	it-IT	it-IT-Standard-A	여자
이탈리아어 (이탈리아)	WaveNet	it-IT	it-IT-Wavenet-A	여자
일본어 (일본)	Standard	ja-JP	ja-JP-Standard-A	여자
일본어 (일본)	WaveNet	ja-JP	ja-JP-Wavenet-A	여자
한국어 (한국)	Standard	ko-KR	ko-KR-Standard-A	여자
한국어 (한국)	Standard	ko-KR	ko-KR-Standard-B	여자
한국어 (한국)	Standard	ko-KR	ko-KR-Standard-C	남성
한국어 (한국)	Standard	ko-KR	ko-KR-Standard-D	남성
한국어 (한국)	WaveNet	ko-KR	ko-KR-Wavenet-A	여자
한국어 (한국)	WaveNet	ko-KR	ko-KR-Wavenet-B	여자
한국어 (한국)	WaveNet	ko-KR	ko-KR-Wavenet-C	남성
한국어 (한국)	WaveNet	ko-KR	ko-KR-Wavenet-D	남성
노르웨이 (노르웨이)	Standard	nb-NO	nb-no-Standard-E	여자
노르웨이 (노르웨이)	WaveNet	nb-NO	nb-no-Wavenet-E	여자
폴란드어 (폴란드)	Standard	pl-PL	pl-PL-Standard-A	여자
폴란드어 (폴란드)	Standard	pl-PL	pl-PL-Standard-B	남성
폴란드어 (폴란드)	Standard	pl-PL	pl-PL-Standard-C	남성
폴란드어 (폴란드)	Standard	pl-PL	pl-PL-Standard-D	여자
폴란드어 (폴란드)	Standard	pl-PL	pl-PL-Standard-E	여자

언어	음성 유형	언어 코드	음성 이름	SSML 성별
폴란드어 (폴란드)	WaveNet	pl-PL	pl-PL-Wavenet-A	여자
폴란드어 (폴란드)	WaveNet	pl-PL	pl-PL-Wavenet-B	남성
폴란드어 (폴란드)	WaveNet	pl-PL	pl-PL-Wavenet-C	남성
폴란드어 (폴란드)	WaveNet	pl-PL	pl-PL-Wavenet-D	여자
폴란드어 (폴란드)	WaveNet	pl-PL	pl-PL-Wavenet-E	여자
포르투갈어 (브라질)	Standard	pt-BR	pt-BR-Standard-A	여자
포르투갈어 (브라질)	WaveNet	pt-BR	pt-BR-Wavenet-A	여자
포르투갈어 (포르투갈)	Standard	pt-PT	pt-PT-Standard-A	여자
포르투갈어 (포르투갈)	Standard	pt-PT	pt-PT-Standard-B	남성
포르투갈어 (포르투갈)	Standard	pt-PT	pt-PT-Standard-C	남성
포르투갈어 (포르투갈)	Standard	pt-PT	pt-PT-Standard-D	여자
포르투갈어 (포르투갈)	WaveNet	pt-PT	pt-PT-Wavenet-A	여자
포르투갈어 (포르투갈)	WaveNet	pt-PT	pt-PT-Wavenet-B	남성
포르투갈어 (포르투갈)	WaveNet	pt-PT	pt-PT-Wavenet-C	남성
포르투갈어 (포르투갈)	WaveNet	pt-PT	pt-PT-Wavenet-D	여자
러시아어 (러시아)	Standard	ru-RU	ru-RU-Standard-A	여자
러시아어 (러시아)	Standard	ru-RU	ru-RU-Standard-B	남성
러시아어 (러시아)	Standard	ru-RU	ru-RU-Standard-C	여자
러시아어 (러시아)	Standard	ru-RU	ru-RU-Standard-D	남성
러시아어 (러시아)	WaveNet	ru-RU	ru-RU-Wavenet-A	여자
러시아어 (러시아)	WaveNet	ru-RU	ru-RU-Wavenet-B	남성
러시아어 (러시아)	WaveNet	ru-RU	ru-RU-Wavenet-C	여자
러시아어 (러시아)	WaveNet	ru-RU	ru-RU-Wavenet-D	남성
슬로바키아어 (슬로바키아)	Standard	sk-SK	sk-SK-Standard-A	여자
슬로바키아어 (슬로바키아)	WaveNet	sk-SK	sk-SK-Wavenet-A	여자
스페인어 (스페인)	Standard	es-ES	es-ES-Standard-A	여자
스웨덴어 (스웨덴)	Standard	sv-SE	sv-SE-Standard-A	여자
스웨덴어 (스웨덴)	WaveNet	sv-SE	sv-SE-Wavenet-A	여자
터키어 (터키)	Standard	tr-TR	tr-TR-Standard-A	여자

언어	음성 유형	언어 코드	음성 이름	SSML 성별
터키어 (터키)	Standard	tr-TR	tr-TR-Standard-B	남성
터키어 (터키)	Standard	tr-TR	tr-TR-Standard-C	여자
터키어 (터키)	Standard	tr-TR	tr-TR-Standard-D	여자
터키어 (터키)	Standard	tr-TR	tr-TR-Standard-E	남성
터키어 (터키)	WaveNet	tr-TR	tr-TR-Wavenet-A	여자
터키어 (터키)	WaveNet	tr-TR	tr-TR-Wavenet-B	남성
터키어 (터키)	WaveNet	tr-TR	tr-TR-Wavenet-C	여자
터키어 (터키)	WaveNet	tr-TR	tr-TR-Wavenet-D	여자
터키어 (터키)	WaveNet	tr-TR	tr-TR-Wavenet-E	남성
우크라이나어 (우크라이나)	Standard	uk-UA	uk-UA-Standard-A	여자
우크라이나어 (우크라이나)	WaveNet	uk-UA	uk-UA-Wavenet-A	여자

[표 20-3] 음성 언어 - 목소리

20.4 WaveNet 음성

Cloud Text to Speech API는 기존의 Basic 음성과 함께 WaveNet에서 생성된 프리미엄 Voice를 지원합니다. WaveNet에서 지원되는 음성을 들어보시면 더욱 사람과 비슷한 음성을 사용할 수 있습니다. Basic과 WaveNet 음성의 주요 차이점은, 음성을 생성하는 데 사용되는 WaveNet 모델입니다. WaveNet 모델은 실제 인간이 말한 생생한 오디오 샘플을 사용하여 훈련이 되었기 때문에 더욱 인간과 비슷한 음성을 제공합니다.

SSML(Speech Synthesis Markup Language) 지원

SSML(Speech Synthesis markup Language)는 음성 합성 애플리케이션을 위한 XML 기반의 마크업 언어입니다. XML로 문장을 만들면 음성에 높낮이나 빠르기 등 다양한 효과를 설정할 수 있습니다. SSML은 다음과 같은 기능들을 제공하여 마크업 언어에 지정할 수 있습니다.

- Pitch
- Contour(음조 곡선)
- Pitch range
- Rate
- Duration
- Volume

예제는 다음와 같습니다.

```xml
<!-- ?xml version="1.0"? -→
<speak xmlns="http://www.w3.org/2001/10/synthesis"
       xmlns:dc="http://purl.org/dc/elements/1.1/"
       version="1.0">
  <metadata>
    <dc:title xml:lang="en">Telephone Menu: Level 1</dc:title>
  </metadata>

  <p>
    <s xml:lang="en-US">
      <voice name="David" gender="male" age="25">
        For English, press <emphasis>one</emphasis>.
      </voice>
    </s>

    <s xml:lang="es-MX">
      <voice name="Miguel" gender="male" age="25">
        Para español, oprima el <emphasis>dos</emphasis>.
      </voice>
    </s>
  </p>
</speak>
```

실습

20.1 Cloud Text-to-Speech API 설정

이번 실습에서는 Cloud Text-to-Speech API를 사용하기 위한 준비를 하겠습니다. 라이브러리를 사용하기 위해서는 gcloud와 서비스 계정 키를 설정해야 하는데, 이 부분은 '3.3. gcloud 설치하기'와 '3.4 서비스 계정 설정하기' 부분을 참고하시기 바랍니다.

1. Text-to-Speech API를 이용하려면, GCP 콘솔에서 상단에 검색창에서 'text'를 입력합니다. [그림 20-1-1] 같이 'Cloud Text-to-Speech API'가 나타납니다. 해당 메뉴를 선택합니다.

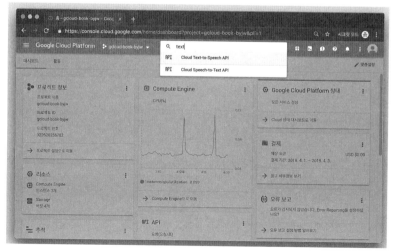

[그림 20-1-1] Cloud Text-to-Speech API 설정

2. [그림 20-1-2] 같이 나타나는데, 여기서 '사용 설정' 버튼을 누릅니다.

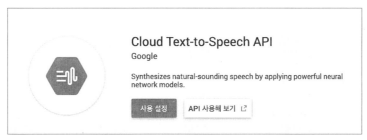

[그림 20-1-2] Cloud Text-to-Speech API 설정

3. 정상적으로 활성화가 되면 [그림 20-1-3] 같은 화면이 나타납니다.

[그림 20-1-3] Cloud Text-to-Speech API 설정

4. 이제 Python에서 이용할 수 있도록 명령어('$ pip install google-cloud-texttospeech')를 이용하여 Python 라이브러리를 설치합니다.

[그림 20-1-4] Cloud Text-to-Speech API 설정

20.2 text로 음성 파일 생성

이번에는 Cloud Text-to-Speech API를 이용하여 음성 파일을 생성해보도록 하겠습니다.

```python
from google.cloud import texttospeech
# Text-to-Speech 인스턴스를 생성합니다.
client = texttospeech.TextToSpeechClient()
# 만들고자 하는 텍스트를 SynthesisInput에 넣습니다.
input_text = texttospeech.types.SynthesisInput(text="Hi how are you my name is jungwoon")
# Voice 타입을 설정합니다. 여기서는 영어로 하고 여성의 음성으로 했습니다.
voice = texttospeech.types.VoiceSelectionParams(
    language_code='en-US',
    ssml_gender=texttospeech.enums.SsmlVoiceGender.FEMALE)
# mp3로 생성하기 위해서 다음과 같이 생성을 합니다.
audio_config = texttospeech.types.AudioConfig(
    audio_encoding=texttospeech.enums.AudioEncoding.MP3)
# 그 다음 synthesize_speech()에 input_text와 voice 및 audio 설정을 넣어서 결과를 받습니다.
response = client.synthesize_speech(input_text, voice, audio_config)
# 그 다음 'output.mp3'란 파일을 만들어서 위에서 만들어진 음성의 결과를 씁니다.
# 그럼 텍스트로부터 만들어진 음성 파일이 생성이 됩니다.
with open('output.mp3', 'wb') as out:
    out.write(response.audio_content)
    print('Audio content written to file "output.mp3"')
```

다음과 같이 음성으로 만들어진 파일이 생성되고, 재생시키면 위에서 설정한 여성의 목소리로 "Hi how are you my name is jungwoon"이라 말하는 것을 들을 수 있습니다.

[그림 20-2] 생성된 음성 파일

21장

Cloud Vision

21.1 Cloud Vision이란?

Cloud Vision은 구글의 강력한 이미지 분석 API입니다. 개발자는 Cloud Vision을 사용하여 손쉽게 이미지 내부의 객체들을 자동으로 감지하며, 수천 가지의 카테고리로 빠르게 이미지를 분석할 수 있습니다.

이미지 안에서 개별 객체와 얼굴을 감지하고 이미지에 인쇄된 단어를 판독하여 텍스트를 추출할 수 있습니다. 또 이미지 내에서 불쾌감을 주는 컨텐츠를 검토하거나, 감정 분석 및 로고 감지까지 다양한 기능을 REST 및 RPC API를 통해서 제공합니다. 다양한 클라이언트 라이브러리를 지원하며 지원하는 언어로는 다음과 같습니다.

- C#
- Go
- Java
- Node. JS

- PHP
- Python
- Ruby

만약 커스텀된 이미지 분석 모델을 사용하고 싶다면 AutoML Vision을 통해서 나만의 커스텀된 이미지 분석 모델을 만들 수도 있습니다.

21.2 Cloud Vision 기능

Cloud Vision은 다음과 같은 기능들을 제공합니다.

- **라벨 감지:** 이미지 내의 다양한 객체 및 카테고리를 감지합니다.
- **웹 감지:** 웹에서 유사한 이미지를 검색합니다.
- **광학 문자 인식(OCR):** 이미지 내에서 텍스트를 감지하고 추출합니다.
- **로고 감지:** 이미지 내에서 유명한 제품 로고를 감지합니다.
- **랜드마크 감지:** 이미지 내에서 유명한 자연 및 인공 구조물을 감지합니다.
- **얼굴 감지:** 이미지 내에서 얼굴을 감지하여 감정 상태나 얼굴 속성을 감지합니다(안면 인식은 지원하지 않습니다).
- **콘텐츠 검토:** 이미지 내의 성인 콘텐츠나 폭력적인 콘텐츠를 감지합니다.

21.3 OCR(광학 문자 인식)

OCR은 이미지 내에서 텍스트를 감지하고 추출할 수 있습니다. Cloud Vision의 OCR은 크게 TEXT_DETECTION과 DOCUMENT_TEXT_DETECTION을 제공합니다.

항목	세부 항목	설명
fullTextAnnotation		이미지에서 추출한 텍스트에 대한 결과를 가집니다.
	Page	블록의 모임이며, 크기, 해상도 같은 페이지에 메타 정보가 추가됩니다.
	Block	페이지의 하나의 '논리적' 요소를 나타나며, 텍스트로 덮인 영역, 그림, 열 사이의 구분선 등을 나타냅니다.
	Paragraph	순서가 있는 단어 시퀀스를 나타내는 텍스트의 구조적 단위입니다. 기본적으로 각 단어는 단어 구분 기호로 분리되어 있다고 가정합니다.
	Word	가장 작은 텍스트 단위를 나타냅니다. ex) 단어, 구둣점
	Symbol	Word를 나타내는 개별 글자를 나타냅니다.

21.3.1 TEXT_DETECTION

이미지 내에서 텍스트를 감지하고 추출합니다.

[그림 21-3-1] 텍스트 감지

21.3.2 DOCUMENT_TEXT_DETECTION

이미지에서 텍스트를 추출하지만, 응답이 밀집된 텍스트와 문서에서 최적화합니다.

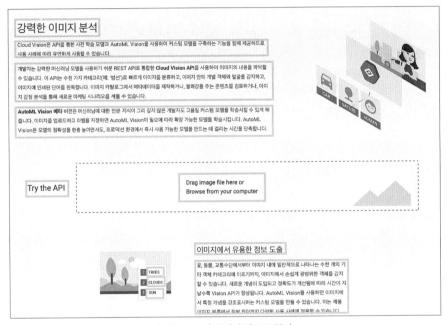

[그림 21-3-2] 이미지 텍스트 감지

21.4 라벨 감지

Vision API는 이미지에서 물체를 감지할 수 있습니다. 라벨을 통해 식별할 수 있는 것은 물체, 장소, 활동, 동물 종, 상품 등이 있으며, 영어로 반환됩니다.

[그림 21-4] 라벨 감지

21.5 PDF/TIFF 문서 텍스트 감지

Vision API는 Google Cloud Storage에 저장된 PDF 및 TIFF 파일의 텍스트를 감지하고, 일반 텍스트로 변환할 수 있습니다. PDF 및 TIFF 문서의 텍스트를 감지하려면 asyncBatchAnnotate 함수를 사용해야 하고, 비동기 요청을 수행한 다음 operations 리소스를 사용하여 상태를 제공합니다. 대신, 최대 2,000페이지까지의 파일만 허용하고 이보다 커지면 오류가 반환됩니다.

21.6 얼굴 감지

얼굴 감지는 이미지에 포함되어 있는 얼굴을 감지하고 주요 얼굴 특징의 좌표를 제공하는 기능입니다. 감정 상태 예측 및 머리 장식 등의 여부도 반환됩니다.

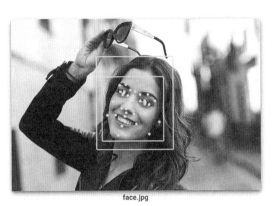

face.jpg

Joy	Very Likely
Sorrow	Very Unlikely
Anger	Very Unlikely
Surprise	Very Unlikely
Exposed	Very Unlikely
Blurred	Very Unlikely
Headwear	Very Unlikely

Roll: 23° Tilt: 0° Pan: -15°

Confidence   100%

[그림 21-6] 얼굴 감지

얼굴 분석을 통해서 가져올 수 있는 결과는 다음과 같습니다.

항목	세부 항목	설명
bounding_poly		얼굴 주변 경계의 좌표를 지정합니다.
	vertices	좌표 정보
fd_bounding_poly		bounding_poly 보다 더 엄격하게 얼굴의 좌표를 지정합니다.
	vertices	좌표 정보
landmarks		얼굴의 각 항목을 인지합니다. ex) 왼쪽 눈, 오른쪽 눈, 코, 입...
	type	다음과 같은 얼굴 표식 정보를 나타냅니다. UNKNOWN_LANDMARK: 알 수 없는 얼굴 표식 LEFT_EYE: 왼쪽 눈 RIGHT_EYE: 오른쪽 눈

항목	세부 항목	설명
		LEFT_OF_LEFT_EYEBROW: 왼쪽 눈썹 왼쪽
		RIGHT_OF_LEFT_EYEBROW: 왼쪽 눈썹 오른쪽
		LEFT_OF_RIGHT_EYEBROW: 왼쪽 눈썹
		RIGHT_OF_RIGHT_EYEBROW: 오른쪽 눈썹 오른쪽
		MIDPOINT_BETWEEN_EYES: 눈 중간 지점
		NOSE_TIP: 코 끝
		UPPER_LIP: 윗입술
		LOWER_LIP: 아랫 입술
		MOUTH_LEFT: 입 왼쪽
		MOUTH_RIGHT: 입 오른쪽
		MOUTH_CENTER: 입 중심부
		NOSE_BOTTOM_RIGHT: 코, 오른쪽 하단
		NOSE_BOTTOM_LEFT: 코, 왼쪽 아래
		NOSE_BOTTOM_CENTER: 코, 하단 중앙
		LEFT_EYE_TOP_BOUNDARY: 왼쪽 눈, 위쪽 경계
		LEFT_EYE_RIGHT_CORNER: 왼쪽 눈, 오른쪽 구석
		LFFT_EYE_BOTTOM_BOUNDARY: 왼쪽 눈, 아래쪽 경계
		LEFT_EYE_LEFT_CORNER: 왼쪽 눈, 왼쪽 구석
		RIGHT_EYE_TOP_BOUNDARY: 오른쪽 눈, 상단 경계
		RIGHT_EYE_RIGHT_CORNER: 오른쪽 눈, 오른쪽 구석
		RIGHT_EYE_BOTTOM_BOUNDARY: 오른쪽 눈, 아래쪽 경계
		RIGHT_EYE_LEFT_CORNER: 오른쪽 눈, 왼쪽 구석
		LEFT_EYEBROW_UPPER_MIDPOINT: 왼쪽 눈썹, 위 중간 지점
		RIGHT_EYEBROW_UPPER_MIDPOINT: 오른쪽 눈썹, 위 중간 지점
		LEFT_EAR_TRAGION: 왼쪽 귀에 흉터.
		RIGHT_EAR_TRAGION: 오른쪽 귀 귀구슬점
		LEFT_EYE_PUPIL: 왼쪽 눈동자
		RIGHT_EYE_PUPIL: 오른쪽 눈동자
		FOREHEAD_GLABELLA: 이마 미간
		CHIN_GNATHION: 턱 하악점
		CHIN_LEFT_GONION: 왼쪽 턱 모서리점
		CHIN_RIGHT_GONION: 오른쪽 턱 모서리점
	position	위치
roll_angle		얼굴의 수직 축을 중심으로 얼굴의 각도를 나타냅니다. 범위: -180~180
pan_angle		이미지에 수직면을 기준으로 얼굴이 가리키는 왼쪽 오른쪽 각도를 나타냅니다. 범위: -180~180
tilt_angle		이미지의 수평면을 기준으로 얼굴이 가리키는 상하 각도를 나타냅니다. 범위: -180~180

항목	세부 항목	설명
detection_confidence		신뢰도 범위 0.0~1.0
landmarking_confidence		얼굴 요소의 신뢰도 범위 0.0~1.0
joy_likelihood		기쁨 가능성 • UNKNOWN: 알수 없음 • VERY_UNLIKELY: 가능성 매우 적음 • UNLIKELY: 가능성 적음 • POSSIBLE: 가능성 있음 • LIKELY: 가능성 높음 • VERY_LIKELY: 가능성 매우 높음
sorrow_likelyhood		슬픔 가능성 • UNKNOWN: 알수 없음 • VERY_UNLIKELY: 가능성 매우 적음 • UNLIKELY: 가능성 적음 • POSSIBLE: 가능성 있음 • LIKELY: 가능성 높음 • VERY_LIKELY: 가능성 매우 높음
angler_likelihood		분노 가능성 • UNKNOWN: 알수 없음 • VERY_UNLIKELY: 가능성 매우 적음 • UNLIKELY: 가능성 적음 • POSSIBLE: 가능성 있음 • LIKELY: 가능성 높음 • VERY_LIKELY: 가능성 매우 높음
surprise_likelihood		놀람 가능성 • UNKNOWN: 알수 없음 • VERY_UNLIKELY: 가능성 매우 적음 • UNLIKELY: 가능성 적음 • POSSIBLE: 가능성 있음 • LIKELY: 가능성 높음 • VERY_LIKELY: 가능성 매우 높음
under_exposed_likelyihood		과소 노출 가능성 • UNKNOWN: 알수 없음 • VERY_UNLIKELY: 가능성 매우 적음 • UNLIKELY: 가능성 적음 • POSSIBLE: 가능성 있음 • LIKELY: 가능성 높음 • VERY_LIKELY: 가능성 매우 높음

항목	세부 항목	설명
blurred_likelyihood		흐릿 가능성 • UNKNOWN: 알수 없음 • VERY_UNLIKELY: 가능성 매우 적음 • UNLIKELY: 가능성 적음 • POSSIBLE: 가능성 있음 • LIKELY: 가능성 높음 • VERY_LIKELY: 가능성 매우 높음
headwear_likelihood		머리 장식 가능성 • UNKNOWN: 알수 없음 • VERY_UNLIKELY: 가능성 매우 적음 • UNLIKELY: 가능성 적음 • POSSIBLE: 가능성 있음 • LIKELY: 가능성 높음 • VERY_LIKELY: 가능성 매우 높음

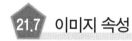 21.7 이미지 속성

이미지 속성은 이미지의 주요 색상을 RGB 값 및 총 픽셀 수의 백분율로 반환합니다.

항목	세부 항목	설명
image_properties_annotation		이미지를 표현하는 주요 색의 대한 정보를 가져옵니다.
	dominant_colors	이미지를 표현하는 주요 색의 대한 정보를 가져옵니다.
crop_hiints_annotation		이미지 분석 시 사용된 자르기에 대한 힌트를 제공합니다.
	crop_hints	개별 자르기 힌트
	confidence	신뢰도 범위: 0.0~1.0
	importance_fraction	원본 이미지와 관련하여 두드러진 영역의 중요도입니다.

21.8 랜드마크

랜드마크 요청은 유명한 자연 및 인공 랜드마크를 감지하여, 랜드마크의 이름 및 장소에 대한
정보를 반환합니다.

[그림 21-8] 랜드마크 감지

항목	세부 항목	설명
mid		Google 지식 사전 ID
description		위치 정보
score		결과에 대한 신뢰도 범위 0.0~1.0
bounding_poly		분석 결과 경계에 대한 정보
	vertices	좌표
location		landmark
	lat_lng	위도, 경도 latitude: 위도 longitude: 경도

21.9 로고

로고 감지 요청은 이미지에 포함된 유명 기업의 로고를 감지합니다. 응답에는 로고 이름 및 구글 지식 정보에서 참조할 수 있는 항목 ID를 반환합니다.

logo.jpg

guinness   87%

[그림 21-9] 로고 감지

항목	세부 항목	설명
mid		구글 지식 정보 ID
description		Logo 정보
score		신뢰도 범위 0.0~1.0
bounding_poly		분석 결과에 대한 경계 정보
	vertices	좌표

21.10 웹 항목

웹 항목은 이미지 내용을 구글 지식 정보와 연계하여 관련 정보를 반환하고, 이미지와 웹의 다른 페이지 및 이미지의 관계를 반환합니다. 이를 통해 유사한 이미지를 가진 URL을 알 수 있습니다.

web_detection.jpeg

[그림 21-10] 웹 항목 감지

항목	세부 항목	설명
web_detection		인터넷 상의 유사한 이미지들에 대한 정보들을 가져옵니다.
	web_entities	인터넷 상의 유사한 이미지에 대한 정보를 가져옵니다.
	full_maching_images	인터넷 상의 동일한 이미지 정보를 반환합니다 (사이즈가 다른 동일한 이미지를 찾을 수도 있습니다.)
	partial_matching_images	부분적으로 일치하는 이미지 정보를 반환합니다.
	pages_with_matching_images	인터넷에서 일치하는 이미지가 포함된 웹 페이지를 반환합니다.
	visually_simillar_images	유사한 이미지 정보를 반환합니다.
	best_guess_labels	

실습

21.1 Cloud Vision API 설정

Cloud Vision API는 GCP의 대표적인 이미지 분석 서비스입니다. 클라이언트 라이브러리로 다양한 언어들이 제공되지만 여기서는 Python으로 진행하도록 하겠습니다. Cloud Vision API를 사용하기 위해서는 먼저 활성화가 되어있고 PIP를 통해서 관련 라이브러리를 설치해야 합니다. 아래 실습을 통해서 해당 부분을 진행해보겠습니다. 또한 라이브러리를 사용하려면 gcloud와 서비스 계정 키를 설정해야 하는데, 이 부분은 '3.3 gcloud 설치하기'와 '3.4 서비스 계정 설정하기' 부분을 참고하시기 바랍니다.

1. Cloud Vision API 활성화를 하려면, GCP 콘솔에서 상단의 검색창에 'vision api'를 입력합니다. [그림 21-1-1]과 같이 'Cloud Vision API' 메뉴가 나타나는데, 이를 클릭합니다.

[그림 21-1-1] Cloud Vision API 설정

2. [그림 21-1-2] 같은 화면이 나타나는데, 여기서 '사용 설정'을 클릭합니다.

[그림 21-1-2] Cloud Vision API 설정

3. 여기까지 제대로 설정했으면 [그림 21-1-3] 같은 화면을 확인할 수 있습니다.

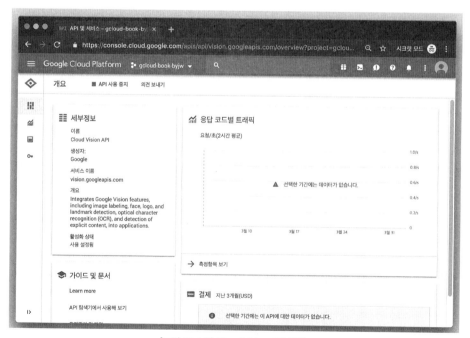

[그림 21-1-3] Cloud Vision API 설정

4. Python 라이브러리 설치를 위해 명령어('$ pip isntall google-cloud-vision')를 입력합니다.

[그림 21-1-4] Cloud Vision API 설정

21.2 Document Detection

Document Detection은 문서 안에 있는 밀집되어 있는 작은 글씨들을 인식하여 글자로 반환합니다. 이번 실습에서는 Document Detection 기능을 이용하여 문서 내 글자들을 인식해보겠습니다. 분석하고자 하는 이미지는 다음과 같습니다.

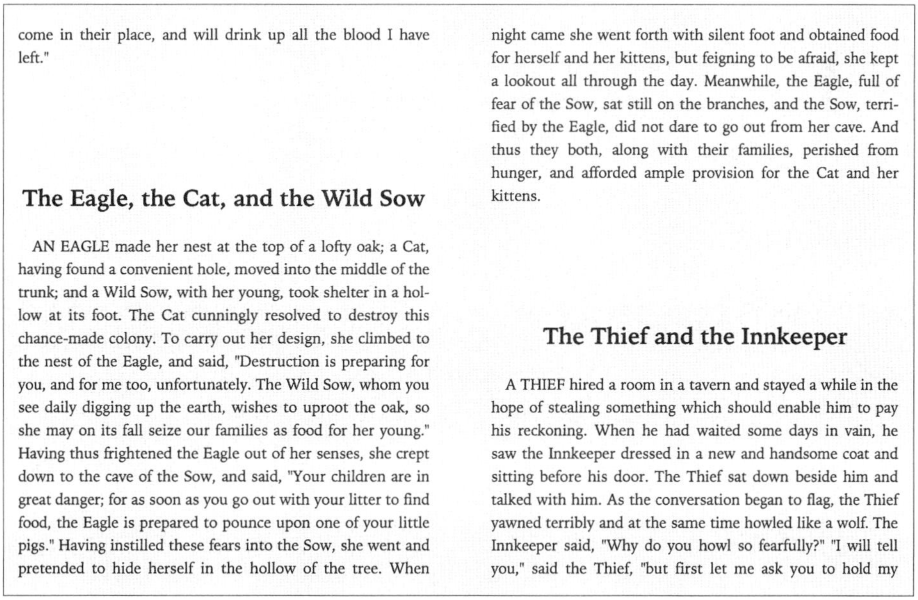

come in their place, and will drink up all the blood I have left."

The Eagle, the Cat, and the Wild Sow

AN EAGLE made her nest at the top of a lofty oak; a Cat, having found a convenient hole, moved into the middle of the trunk; and a Wild Sow, with her young, took shelter in a hollow at its foot. The Cat cunningly resolved to destroy this chance-made colony. To carry out her design, she climbed to the nest of the Eagle, and said, "Destruction is preparing for you, and for me too, unfortunately. The Wild Sow, whom you see daily digging up the earth, wishes to uproot the oak, so she may on its fall seize our families as food for her young." Having thus frightened the Eagle out of her senses, she crept down to the cave of the Sow, and said, "Your children are in great danger; for as soon as you go out with your litter to find food, the Eagle is prepared to pounce upon one of your little pigs." Having instilled these fears into the Sow, she went and pretended to hide herself in the hollow of the tree. When

night came she went forth with silent foot and obtained food for herself and her kittens, but feigning to be afraid, she kept a lookout all through the day. Meanwhile, the Eagle, full of fear of the Sow, sat still on the branches, and the Sow, terrified by the Eagle, did not dare to go out from her cave. And thus they both, along with their families, perished from hunger, and afforded ample provision for the Cat and her kittens.

The Thief and the Innkeeper

A THIEF hired a room in a tavern and stayed a while in the hope of stealing something which should enable him to pay his reckoning. When he had waited some days in vain, he saw the Innkeeper dressed in a new and handsome coat and sitting before his door. The Thief sat down beside him and talked with him. As the conversation began to flag, the Thief yawned terribly and at the same time howled like a wolf. The Innkeeper said, "Why do you howl so fearfully?" "I will tell you," said the Thief, "but first let me ask you to hold my

[그림 21-2] Document Detection - 예제 이미지

```python
import io
from google.cloud import vision_v1p3beta1 as vision
# vision api 인스턴스를 생성합니다.
client = vision.ImageAnnotatorClient()
# 분석하고자 하는 그림 파일을 불러옵니다.
content = io.open('/Users/jungwoon/Desktop/document.png', 'rb').read()
# types.Image에 위에서 열어온 그림 파일을 지정합니다.
image = vision.types.Image(content=content)
# document_text_detection을 호출하면 해당 분석 결과를 불러옵니다.
response = client.document_text_detection(image=image)
for page in response.full_text_annotation.pages:
    for block in page.blocks:
        print('\nBlock confidence: {}\n'.format(block.confidence))
        for paragraph in block.paragraphs:
            print('Paragraph confidence: {}'.format(
                paragraph.confidence))
            for word in paragraph.words:
                word_text = ''.join([
                    symbol.text for symbol in word.symbols
                ])
                print('Word text: {} (confidence: {})'.format(
                    word_text, word.confidence))
                for symbol in word.symbols:
                    print('\tSymbol: {} (confidence: {})'.format(
                        symbol.text, symbol.confidence))
```

결과는 다음과 같습니다.

항목	세부 항목	설명
fullTextAnnotation		이미지에서 추출한 텍스트에 대한 결과를 가집니다.
	Page	블록의 모임이며, 크기, 해상도 같은 페이지에 메타 정보가 추가됩니다.
	Block	페이지의 하나의 '논리적' 요소를 나타나고, 텍스트로 덮인 영역, 그림, 열 사이의 구분선 등을 나타냅니다.
	Paragraph	순서가 있는 단어 시퀀스를 나타내는 텍스트의 구조적 단위입니다. 기본적으로 각 단어는 단어 구분 기호로 분리되어 있다고 가정합니다.
	Word	가장 작은 텍스트 단위를 나타냅니다. ex) 단어, 구둣점
	Symbol	Word를 나타내는 개별 글자를 나타냅니다.

```
text_annotations {
  locale: "en"
  description: "come in their place, and will drink up all the blood I have\
nleft.\"\nnight came she went forth with silent foot and obtained food\nfor
herself and her kittens, but feigning to be afraid, she kept\na lookout all
through the day. Meanwhile, the Eagle, full of\nfear of the Sow, sat still
on the branches, and the Sow, terri-\nfied by the Eagle, did not dare to go
out from her cave. And\nthus they both, along with their families, perished
from\nhunger, and afforded ample provision for the Cat and her\nThe Eagle,
the Cat, and the Wild Sow\nkittens.\nThe Thief and the Innkeeper\nAN EAGLE
made her nest at the top of a lofty oak; a Cat,\nhaving found a convenient
hole, moved into the middle of the\ntrunk; and a Wild Sow, with her young,
took shelter in a hol-\nlow at its foot. The Cat cunningly resolved to
destroy this\nchance-made colony. To carry out her design, she climbed to\
nthe nest of the Eagle, and said, \"Destruction is preparing for\nyou, and
for me too, unfortunately. The Wild Sow, whom you\nsee daily digging up the
earth, wishes to uproot the oak, so\nshe may on its fall seize our families
as food for her young.\"\nHaving thus frightened the Eagle out of her senses, she
crept\ndown to the cave of the Sow, and said, \"Your children are in\ngreat
danger; for as soon as you go out with your litter to find\nfood, the Eagle is
prepared to pounce upon one of your little\npigs.\" Having instilled these
fears into the Sow, she went and\npretended to hide herself in the hollow of
the tree. When\nA THIEF hired a room in a tavern and stayed a while in the\
nhope of stealing something which should enable him to pay\nhis reckoning.
When he had waited some days in vain, he\nsaw the Innkeeper dressed in a new
and handsome coat and\nsitting before his door. The Thief sat down beside him
and\ntalked with him. As the conversation began to flag, the Thief\nyawned
terribly and at the same time howled like a wolf. The\nInnkeeper said, \"Why
do you howl so fearfully?\" \"I will tell\nyou,\" said the Thief, \"but
first let me ask you to hold my\n"
  bounding_poly {
    vertices {
      x: 32
      y: 40
    }
    vertices {
      x: 1929
      y: 40
    }
    vertices {
      x: 1929
```

```
          y: 1198
        }
        vertices {
          x: 32
          y: 1198
        }
      }
    }
  text_annotations {
    description: "come"
    bounding_poly {
      vertices {
        x: 38
        y: 40
      }
      vertices {
        x: 112
        y: 40
      }
      vertices {
        x: 112
        y: 87
      }
      vertices {
        x: 38
        y: 87
      }
    }
  }
  ...
  full_text_annotation {
    pages {
      property {
        detected_languages {
          language_code: "en"
          confidence: 1.0
        }
      }
      width: 1958
      height: 1234
      blocks {
```

```
bounding_box {
  vertices {
    x: 33
    y: 40
  }
  vertices {
    x: 915
    y: 40
  }
  vertices {
    x: 915
    y: 128
  }
  vertices {
    x: 33
    y: 128
  }
}
paragraphs {
  bounding_box {
    vertices {
      x: 33
      y: 40
    }
    vertices {
      x: 915
      y: 40
    }
    vertices {
      x: 915
      y: 128
    }
    vertices {
      x: 33
      y: 128
    }
  }
  words {
    property {
      detected_languages {
        language_code: "en"
```

```
      }
    }
    bounding_box {
      vertices {
        x: 38
        y: 40
      }
      vertices {
        x: 112
        y: 40
      }
      vertices {
        x: 112
        y: 87
      }
      vertices {
        x: 38
        y: 87
      }
    }
    symbols {
      property {
        detected_languages {
          language_code: "en"
        }
      }
      bounding_box {
        vertices {
          x: 38
          y: 40
        }
        vertices {
          x: 49
          y: 40
        }
        vertices {
          x: 49
          y: 87
        }
        vertices {
          x: 38
```

```
      y: 87
    }
  }
  text: "c"
  confidence: 0.9900000095367432
}
symbols {
  property {
    detected_languages {
      language_code: "en"
    }
  }
  bounding_box {
    vertices {
      x: 52
      y: 40
    }
    vertices {
      x: 64
      y: 40
    }
    vertices {
      x: 64
      y: 87
    }
    vertices {
      x: 52
      y: 87
    }
  }
  text: "o"
  confidence: 0.9900000095367432
}
```

21.3 Face Detection

이번에 해볼 실습은 Face Detection(얼굴 감지)으로, 이미지 속 사람들의 얼굴과 얼굴 속성을 감지해주는 API입니다(얼굴 인식은 제공하지 않습니다). 이를 이용하면 얼굴과 얼굴 안에 있는 '눈', '귀', '코', '눈썹' 등을 감지하여 좌표로 가져올 수 있습니다. 분석하고자 하는 이미지는 다음과 같습니다.

[그림 21-3] Face Detection - 예제 이미지

소스는 다음과 같습니다.

```python
import io
from google.cloud import vision_v1p3beta1 as vision
client = vision.ImageAnnotatorClient()
content = io.open('/Users/jungwoon/Desktop/face.jpg', 'rb').read()
image = vision.types.Image(content=content)
response = client.face_detection(image=image)
faces = response.face_annotations
for face in faces:
    print(face)
```

결과는 다음과 같습니다.

항목	세부 항목	설명
bounding_poly		얼굴 주변 경계의 좌표를 지정합니다.
	vertices	좌표 정보
fd_bounding_poly		bounding_poly 보다 더 엄격하게 얼굴의 좌표를 지정합니다.
	vertices	좌표 정보
landmarks		얼굴의 각 항목을 인지합니다. ex) 왼쪽 눈, 오른쪽 눈, 코, 입...
	type	다음과 같은 얼굴 표식 정보를 나타냅니다. UNKNOWN_LANDMARK: 알 수 없는 얼굴 표식 LEFT_EYE: 왼쪽 눈 RIGHT_EYE: 오른쪽 눈 LEFT_OF_LEFT_EYEBROW: 왼쪽 눈썹 왼쪽 RIGHT_OF_LEFT_EYEBROW: 왼쪽 눈썹 오른쪽 LEFT_OF_RIGHT_EYEBROW: 왼쪽 눈썹 RIGHT_OF_RIGHT_EYEBROW: 오른쪽 눈썹 오른쪽 MIDPOINT_BETWEEN_EYES: 눈 중간 지점 NOSE_TIP: 코 끝 UPPER_LIP: 윗입술 LOWER_LIP: 아랫 입술 MOUTH_LEFT: 입 왼쪽 MOUTH_RIGHT: 입 오른쪽 MOUTH_CENTER: 입 중심부 NOSE_BOTTOM_RIGHT: 코, 오른쪽 하단 NOSE_BOTTOM_LEFT: 코, 왼쪽 아래 NOSE_BOTTOM_CENTER: 코, 하단 중앙 LEFT_EYE_TOP_BOUNDARY: 왼쪽 눈, 위쪽 경계 LEFT_EYE_RIGHT_CORNER: 왼쪽 눈, 오른쪽 구석 LEFT_EYE_BOTTOM_BOUNDARY: 왼쪽 눈, 아래쪽 경계 LEFT_EYE_LEFT_CORNER: 왼쪽 눈, 왼쪽 구석 RIGHT_EYE_TOP_BOUNDARY: 오른쪽 눈, 상단 경계 RIGHT_EYE_RIGHT_CORNER: 오른쪽 눈, 오른쪽 구석 RIGHT_EYE_BOTTOM_BOUNDARY: 오른쪽 눈, 아래쪽 경계 RIGHT_EYE_LEFT_CORNER: 오른쪽 눈, 왼쪽 구석 LEFT_EYEBROW_UPPER_MIDPOINT: 왼쪽 눈썹, 위 중간 지점 RIGHT_EYEBROW_UPPER_MIDPOINT: 오른쪽 눈썹, 위 중간 지점 LEFT_EAR_TRAGION: 왼쪽 귀에 흉터.

항목	세부 항목	설명
		RIGHT_EAR_TRAGION: 오른쪽 귀 귀구슬점 LEFT_EYE_PUPIL: 왼쪽 눈동자 RIGHT_EYE_PUPIL: 오른쪽 눈동자 FOREHEAD_GLABELLA: 이마 미간 CHIN_GNATHION: 턱 하악점 CHIN_LEFT_GONION: 왼쪽 턱 모서리점 CHIN_RIGHT_GONION: 오른쪽 턱 모서리점
	position	위치
roll_angle		얼굴의 수직 축을 중심으로 얼굴의 각도를 나타냅니다. 범위: -180~180
pan_angle		이미지에 수직면을 기준으로 얼굴이 가리키는 왼쪽 오른쪽 각도를 나타냅니다. 범위: -180~180
tilt_angle		이미지의 수평면을 기준으로 얼굴이 가리키는 상하 각도를 나타냅니다. 범위: -180~180
detection_ confidence		신뢰도 범위 0.0~1.0
landmarking_ confidence		얼굴 요소의 신뢰도 범위 0.0~1.0
joy_likelihood		기쁨 가능성 • UNKNOWN: 알수 없음 • VERY_UNLIKELY: 가능성 매우 적음 • UNLIKELY: 가능성 적음 • POSSIBLE: 가능성 있음 • LIKELY: 가능성 높음 • VERY_LIKELY: 가능성 매우 높음
sorrow_likelyhood		슬픔 가능성 • UNKNOWN: 알수 없음 • VERY_UNLIKELY: 가능성 매우 적음 • UNLIKELY: 가능성 적음 • POSSIBLE: 가능성 있음 • LIKELY: 가능성 높음 • VERY_LIKELY: 가능성 매우 높음
angler_likelihood		분노 가능성 • UNKNOWN: 알수 없음 • VERY_UNLIKELY: 가능성 매우 적음 • UNLIKELY: 가능성 적음 • POSSIBLE: 가능성 있음

항목	세부 항목	설명
		• LIKELY: 가능성 높음
		• VERY_LIKELY: 가능성 매우 높음
surprise_likelihood		놀람 가능성
		• UNKNOWN: 알수 없음
		• VERY_UNLIKELY: 가능성 매우 적음
		• UNLIKELY: 가능성 적음
		• POSSIBLE: 가능성 있음
		• LIKELY: 가능성 높음
		• VERY_LIKELY: 가능성 매우 높음
under_exposed_likelyihood		과소 노출 가능성
		• UNKNOWN: 알수 없음
		• VERY_UNLIKELY: 가능성 매우 적음
		• UNLIKELY: 가능성 적음
		• POSSIBLE: 가능성 있음
		• LIKELY: 가능성 높음
		• VERY_LIKELY: 가능성 매우 높음
blurred_likelyihood		흐릿 가능성
		• UNKNOWN: 알수 없음
		• VERY_UNLIKELY: 가능성 매우 적음
		• UNLIKELY: 가능성 적음
		• POSSIBLE: 가능성 있음
		• LIKELY: 가능성 높음
		• VERY_LIKELY: 가능성 매우 높음
headwear_likelihood		머리 장식 가능성
		• UNKNOWN: 알수 없음
		• VERY_UNLIKELY: 가능성 매우 적음
		• UNLIKELY: 가능성 적음
		• POSSIBLE: 가능성 있음
		• LIKELY: 가능성 높음
		• VERY_LIKELY: 가능성 매우 높음

```
bounding_poly { vertices {
    x: 345
    y: 148
  }
,...
fd_bounding_poly {
  vertices {
    x: 367
    y: 226
  }
}
landmarks {
  type: LEFT_EYE
  position {
    x: 454.0621337890625
    y: 287.7645568847656
    z: -0.00030833404161967337
  }
}
landmarks {
  type: RIGHT_EYE
  position {
    x: 542.1187744140625
    y: 324.27587890625
    z: -24.30698013305664
  }
}
...
roll_angle: 23.293245315551758
pan_angle: -14.547141075134277
tilt_angle: 0.46758508682250977
detection_confidence: 0.999834418296814
landmarking_confidence: 0.7676027417182922
joy_likelihood: VERY_LIKELY
sorrow_likelihood: VERY_UNLIKELY
anger_likelihood: VERY_UNLIKELY
surprise_likelihood: VERY_UNLIKELY
under_exposed_likelihood: VERY_UNLIKELY
blurred_likelihood: VERY_UNLIKELY
headwear_likelihood: VERY_UNLIKELY
```

21.4 Label Detection

Label Detection은 이미지 속 객체를 식별해주는 API입니다. 이를 이용하면 하늘이나 빌딩 자전거 등 사물을 인식하여 그 결과를 반환해줍니다. 분석하고자 하는 이미지는 다음과 같 습니다.

[그림 21-4] Label Detection - 예제 이미지

소스는 다음과 같습니다.

```python
import io
from google.cloud import vision_v1p3beta1 as vision
client = vision.ImageAnnotatorClient()
content = io.open('/Users/jungwoon/Desktop/label.jpeg', 'rb').read()
image = vision.types.Image(content=content)
response = client.label_detection(image=image)
labels = response.label_annotations
for label in labels:
    print(label)
```

결과는 다음과 같습니다.

항목	설명
mid	Google 지식 사전 ID
description	Label 카테고리
score	점수 범위: 0.0~1.0
topicality	ICA(Image Content Annotation) 레이블과 이미지의 관련성 범위: 0.0~1.0

```
mid: "/m/03nfmq"description: "Architecture"
score: 0.9266760349273682
topicality: 0.9266760349273682
mid: "/m/01bqvp"
description: "Sky"
score: 0.9213254451751709
topicality: 0.9213254451751709
mid: "/m/05_5t0l"
description: "Landmark"
score: 0.9013980627059937
topicality: 0.9013980627059937
mid: "/m/0cgh4"
description: "Building"
score: 0.894274115562439
topicality: 0.894274115562439
mid: "/m/02q7ylj"
description: "Daytime"
score: 0.8634399771690369
topicality: 0.8634399771690369
mid: "/m/01n32"
description: "City"
score: 0.8402981758117676
topicality: 0.8402981758117676
mid: "/m/0csby"
description: "Cloud"
score: 0.8381239175796509
topicality: 0.8381239175796509
```

```
mid: "/m/0fpdgl"
description: "Human settlement"
score: 0.8287564516067505
topicality: 0.8287564516067505
mid: "/m/07bxq"
description: "Tourism"
score: 0.802714467048645
topicality: 0.802714467048645
mid: "/m/07j7r"
description: "Tree"
score: 0.7783679962158203
topicality: 0.7783679962158203
```

21.5 Landmark Detection

Landmark Detection은 이미지에서 유명한 자연 경관과 인공 구조물을 감지하는 API입니다. 이번 실습에서는 이를 이용하여 사진 속 위치를 알아보도록 하겠습니다. 분석하고자 하는 이미지는 다음과 같습니다.

[그림 21-5] Landmark Detection - 예제 이미지

소스는 다음과 같습니다.

```python
import io
from google.cloud import vision_v1p3beta1 as vision
client = vision.ImageAnnotatorClient()
content = io.open('/Users/jungwoon/Desktop/landmark.png', 'rb').read()
image = vision.types.Image(content=content)
response = client.landmark_detection(image=image)
landmarks = response.landmark_annotations
for landmark in landmarks:
    print(landmark)
```

결과는 다음과 같습니다.

항목	세부 항목	설명
mid		Google 지식 사전 ID
description		위치 정보
score		결과에 대한 신뢰도 범위 0.0~1.0
bounding_poly		분석 결과 경계에 대한 정보
	vertices	좌표
location		landmark
	lat_lng	위도, 경도 latitude: 위도 longitude: 경도

```
mid: "/m/06_7k"
description: "Chicago"
score: 0.566655158996582
bounding_poly {
  vertices {
    x: 36
    y: 564
  }
  vertices {
```

```
     x: 1299
     y: 564
   }
   vertices {
     x: 1299
     y: 1071
   }
   vertices {
     x: 36
     y: 1071
   }
 }
locations {
  lat_lng {
      latitude: 41.889232
      longitude: -87.62312299999999
   }
}
```

21.6 Localize Object Detection

Label Detection과 유사하며, 이미지의 위치도 좌표로 보여줍니다. 분석하고자 하는 이미지는 다음과 같습니다.

[그림 21-6] Localize Object Detection - 예제 이미지

소스는 다음과 같습니다.

```
import io
from google.cloud import vision_v1p3beta1 as vision
client = vision.ImageAnnotatorClient()
```

```
content = io.open('/Users/jungwoon/Desktop/localize_object.jpeg', 'rb').
read()
image = vision.types.Image(content=content)
response = client.object_localization(image=image)
objects = response.localized_object_annotations
for object_ in objects:
    print(object_)
```

결과는 다음과 같습니다.

항목	세부 항목	설명
mid		구글 지식 정보 ID
name		항목 이름
score		신뢰도 범위 0.0~1.0
bounding_poly		분석 경계에 대한 정보
	normalized_vertices	좌표

```
mid: "/m/0199g"name: "Bicycle"
score: 0.8224572539329529
bounding_poly {
  normalized_vertices {
    x: 0.45983943343162537
    y: 0.7142210006713867
  }
  normalized_vertices {
    x: 0.9912193417549133
    y: 0.7142210006713867
  }
  normalized_vertices {
    x: 0.9912193417549133
    y: 0.9918967485427856
  }
  normalized_vertices {
    x: 0.45983943343162537
    y: 0.9918967485427856
  }
```

```
}
mid: "/m/0199g"
name: "Bicycle"
score: 0.7701572775840759
bounding_poly {
  normalized_vertices {
    x: 0.2613943815231323
    y: 0.6757615804672241
  }
  normalized_vertices {
    x: 0.42563965916633606
    y: 0.6757615804672241
  }
  normalized_vertices {
    x: 0.42563965916633606
    y: 0.980758547782898
  }
  normalized_vertices {
    x: 0.2613943815231323
    y: 0.980758547782898
  }
}
mid: "/m/01bqk0"
name: "Bicycle wheel"
score: 0.5933690667152405
bounding_poly {
  normalized_vertices {
    x: 0.46413832902908325
    y: 0.8244902491569519
  }
  normalized_vertices {
    x: 0.7101527452468872
    y: 0.8244902491569519
  }
  normalized_vertices {
    x: 0.7101527452468872
    y: 0.9959679841995239
  }
  normalized_vertices {
    x: 0.46413832902908325
    y: 0.9959679841995239
  }
}
```

21.7 Logo Detection

유명한 제품 브랜드의 로고를 인식하여 결과를 알려줍니다. 분석하고자 하는 이미지는 다음과 같습니다.

[그림 21-7] Logo Detection - 예제 이미지

소스는 다음과 같습니다.

```
import io
from google.cloud import vision_v1p3beta1 as vision
client = vision.ImageAnnotatorClient()
content = io.open('/Users/jungwoon/Desktop/logo.jpg', 'rb').read()
image = vision.types.Image(content=content)
response = client.logo_detection(image=image)
logos = response.logo_annotations
for logo in logos:
    print(logo)
```

결과는 다음과 같습니다.

항목	세부 항목	설명
mid		구글 지식 정보 ID
description		Logo 정보
score		신뢰도 범위 0.0~1.0
bounding_poly		분석 결과에 대한 경계 정보
	vertices	좌표

```
mid: "/m/0f2nzn"
description: "guinness"
score: 0.8736000061035156
bounding_poly {
  vertices {
    x: 1547
    y: 1343
  }
  vertices {
    x: 1968
    y: 1343
  }
  vertices {
    x: 1968
    y: 1971
  }
  vertices {
    x: 1547
    y: 1971
  }
}
```

21.8 OCR Detection

Document Detection과 동일한 OCR 기능을 가진 API로, 사진 속 이미지를 감지하여 보여줍니다. 비교하고자 하는 이미지는 다음과 같습니다.

[그림 21-8] OCR Detection - 예제 이미지

소스는 다음과 같습니다.

```
import io
from google.cloud import vision_v1p3beta1 as vision
client = vision.ImageAnnotatorClient()
content = io.open('/Users/jungwoon/Desktop/ocr.jpeg', 'rb').read()
image = vision.types.Image(content=content)
response = client.text_detection(image=image)
for page in response.full_text_annotation.pages:
    for block in page.blocks:
        print('\nBlock confidence: {}\n'.format(block.confidence))
        for paragraph in block.paragraphs:
```

```
print('Paragraph confidence: {}'.format(
    paragraph.confidence))
for word in paragraph.words:
    word_text = ''.join([
        symbol.text for symbol in word.symbols
    ])
    print('Word text: {} (confidence: {})'.format(
        word_text, word.confidence))
    for symbol in word.symbols:
        print('\tSymbol: {} (confidence: {})'.format(
            symbol.text, symbol.confidence))
```

결과는 다음과 같습니다.

항목	세부 항목	설명
fullTextAnnotation		이미지에서 추출한 텍스트에 대한 결과를 가집니다.
	Page	블록의 모임이며, 크기, 해상도 같은 페이지에 메타 정보가 추가됩니다.
	Block	페이지의 하나의 '논리적' 요소를 나타내며, 텍스트로 덮인 영역, 그림, 열 사이의 구분선 등을 나타냅니다.
	Paragraph	순서가 있는 단어 시퀀스를 나타내는 텍스트의 구조적 단위입니다. 기본적으로 각 단어는 단어 구분 기호로 분리되어 있다고 가정합니다.
	Word	가장 작은 텍스트 단위를 나타냅니다. ex) 단어, 구둣점
	Symbol	Word를 나타내는 개별 글자를 나타냅니다.

```
Block confidence: 0.0
Paragraph confidence: 0.0
Word text: WELCOME (confidence: 0.0)
        Symbol: W (confidence: 0.0)
        Symbol: E (confidence: 0.0)
        Symbol: L (confidence: 0.0)
        Symbol: C (confidence: 0.0)
        Symbol: O (confidence: 0.0)
        Symbol: M (confidence: 0.0)
        Symbol: E (confidence: 0.0)
```

```
Word text: TO (confidence: 0.0)
     Symbol: T (confidence: 0.0)
     Symbol: O (confidence: 0.0)
Word text: BANZAI (confidence: 0.0)
     Symbol: B (confidence: 0.0)
     Symbol: A (confidence: 0.0)
     Symbol: N (confidence: 0.0)
     Symbol: Z (confidence: 0.0)
     Symbol: A (confidence: 0.0)
     Symbol: I (confidence: 0.0)
Word text: CLIFF (confidence: 0.0)
     Symbol: C (confidence: 0.0)
     Symbol: L (confidence: 0.0)
     Symbol: I (confidence: 0.0)
     Symbol: F (confidence: 0.0)
     Symbol: F (confidence: 0.0)
```

21.9 Properties Detection

이미지의 일반적인 특징들을 가져오는데, 예를 들어서 가장 많이 쓰이는 색의 정보나 두드러지게 나타나는 영역 등의 정보를 가져옵니다. 분석하고자 하는 이미지는 다음과 같습니다.

[그림 21-9] Properties Detection - 예제 이미지

구글 클라우드 플랫폼 뽀개기

소스는 다음과 같습니다.

```
import io
from google.cloud import vision_v1p3beta1 as vision
client = vision.ImageAnnotatorClient()
content = io.open('/Users/jungwoon/Desktop/properties.jpeg', 'rb').read()
image = vision.types.Image(content=content)
response = client.image_properties(image=image)
print(response)
```

결과는 다음과 같습니다.

항목	세부 항목	설명
image_properties_annotation		이미지를 표현하는 주요 색의 대한 정보를 가져옵니다.
	dominant_colors	이미지를 표현하는 주요 색의 대한 정보를 가져옵니다.
crop_hiints_annotation		이미지 분석 시 사용된 자르기에 대한 힌트를 제공합니다.
	crop_hints	개별 자르기 힌트
	confidence	신뢰도 범위: 0.0~1.0
	importance_fraction	원본 이미지와 관련하여 두드러진 영역의 중요도입니다.

```
image_properties_annotation {  dominant_colors {
    colors {
      color {
        red: 74.0
        green: 88.0
        blue: 124.0
      }
      score: 0.07409334182739258
      pixel_fraction: 0.11172536015510559
    }
    ...
  }
}
crop_hints_annotation {
  crop_hints {
```

```
    bounding_poly {
      vertices {
      }
      vertices {
        x: 959
      }
      vertices {
        x: 959
        y: 638
      }
      vertices {
        y: 638
      }
    }
    confidence: 0.7999999523162842
    importance_fraction: 1.0
  }
}
```

21.10 Web Detection

Web Detection은 비교하고자 하는 이미지와 유사한 또는 동일한 이미지를 가지고 있는 웹의 정보를 가져와 보여줍니다. 비교하고자 하는 이미지는 다음과 같습니다.

[그림 21-10] Web Detection - 예제 이미지

소스는 다음과 같습니다.

```
import io
from google.cloud import vision_v1p3beta1 as vision
client = vision.ImageAnnotatorClient()
content = io.open('/Users/jungwoon/Desktop/web_detection.jpeg', 'rb').read()
image = vision.types.Image(content=content)
response = client.web_detection(image=image)
print(response)
```

결과는 다음과 같습니다.

항목	세부 항목	설명
web_detection		인터넷 상의 유사한 이미지들에 대한 정보들을 가져옵니다.
	web_entities	인터넷 상의 유사한 이미지에 대한 정보를 가져옵니다.
	full_maching_images	인터넷 상의 동일한 이미지 정보를 반환합니다 (사이즈가 다른 동일한 이미지를 찾을 수도 있습니다.)
	partial_matching_images	부분적으로 일치하는 이미지 정보를 반환합니다.
	pages_with_matching_images	인터넷에서 일치하는 이미지가 포함된 웹 페이지를 반환합니다.
	visually_simillar_images	유사한 이미지 정보를 반환합니다.
	best_guess_labels	

```
web_detection {
  web_entities {
    entity_id: "/m/03zfrv"
    score: 0.5554000013923645
    description: "stock.xchng"
  }
  web_entities {
    entity_id: "/m/0jg24"
    score: 0.5066999793052673
    description: "Image"
  }
  ...
  full_matching_images {
    url: "https://images.unsplash.com/photo-1553531768-4ce3fb0b07fe?ixlib=rb-1.2.1&ixid=eyJhcHBfaWQiOjEyMDd9&w=1000&q=80"
  }
  partial_matching_images {
    url: "http://images.unsplash.com/photo-1553531768-4ce3fb0b07fe?ixlib=rb-1.2.1&q=80&fm=jpg&crop=entropy&cs=tinysrgb&w=1080&fit=max&ixid=eyJhcHBfaWQiOjEyMDd9"
  }
  pages_with_matching_images {
    url: "https://unsplash.com/photos/7mr6Yx-8WLc"
    page_title: "<b>Boxed water is Better</b> carton with waves drawn on it with ...-Unsplash"
    full_matching_images {
      url: "https://images.unsplash.com/photo-1553531768-4ce3fb0b07fe?ixlib=rb-1.2.1&ixid=eyJhcHBfaWQiOjEyMDd9&w=1000&q=80"
    }
  }
}
```

```
...
visually_similar_images {
  url: "https://images.unsplash.com/photo-1553531768-4ce3fb0b07fe?ixlib=rb-1.2.1&ixid=eyJhcHBfaWQiOjEyMDd9&w=1000&q=80"
}
visually_similar_images {
  url: "https://nuvomagazine.com/wp-content/uploads/2013/05/15-3-NUVO-Magazine-Autumn-2012-PETTEGOLEZZI_36-39_PAGE_1_IMAGE_0003.jpg"
}
...
best_guess_labels {
  label: "boxed water is better"
  language_code: "en"
}
}
```

22장

Cloud AutoML(Beta)

22.1 Cloud AutoML이란?

Cloud AutoML은 최소한의 머신 러닝 지식을 보유한 개발자도 손쉽게 Vision API, Translation API, Natural Language API를 통해서 비즈니스 요구사항에 맞도록 고품질의 모델을 커스터마이징할 수 있도록 도와줍니다.

Cloud AutoML은 자체 데이터를 기반으로 모델을 학습, 평가, 개선, 배포할 수 있는 GUI 환경을 제공하기 때문에 웹 콘솔을 통해서 커스텀 머신 러닝 모델을 만들 수 있습니다. 다른 구글 클라우드 서비스와 완전히 통합되기 때문에 고객이 구글 클라우드 서비스 제품군 전체에서 일관된 액세스 방법을 이용할 수 있습니다(2019년 03월 31일 현재, Beta 서비스로 기능이 바뀔 수 있으며 SLA 지원하지 않습니다).

22.2 Cloud AutoML 작동 방식

Cloud AutoML은 라벨링된 데이터세트를 AutoML에 넣으면, AutoML 내부에서 Train, Deploy, Serve 전부를 처리해줍니다. 또한 만들어진 모델을 사용할 수 있는 REST API 코드와 Python 코드도 지원하기 때문에 이를 이용하여 응용 프로그램을 만들 수도 있습니다.

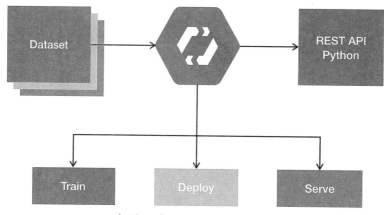

[그림 22-2] Cloud AutoML 작동 방식

22.3 AutoML 기본 가이드

이번에는 어떤 과정을 통해서 모델이 만들어지는지 각 과정 및 기본 개념에 대해서 알아보도록 하겠습니다. 머신 러닝은 데이터를 사용하여 알고리즘을 학습하고, 원하는 결과를 얻습니다. 물론 데이터에 따라서 세부적인 알고리즘과 학습 방법은 달라집니다. 기본적으로 데이터에서 간단하게 텍스트 감지, 얼굴인식 또는 자연어 분석, 번역 등의 경우에는 GCP에서 기본적으로 제공하는 Cloud Vision, Cloud Natural Language, Cloud Translation을 사용해보는 것이 좋습니다. 그렇지만 원하는 결과를 얻지 못해 커스터마이징이 필요한 경우에는 AutoML을 통해서 특정한 요구사항을 만족시킬 수도 있습니다.

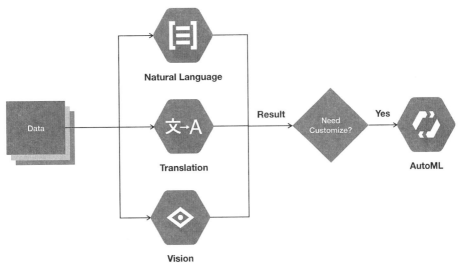

[그림 22-3] AutoML 개념도

22.3.1 데이터 준비

데이터를 준비할 때에는 아래 옵션을 고려하여 준비를 하는 것이 좋습니다.

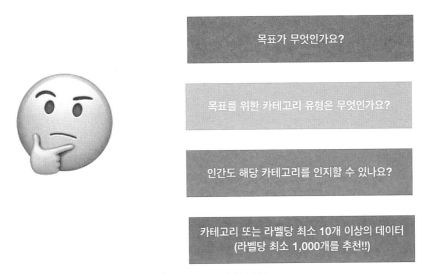

[그림 22-3-1] 데이터 준비

22.3.2 데이터세트 만들기

데이터를 다 모았다면, 이것으로 데이터세트를 만들어야 하는데, 총 데이터의 80%는 학습에, 10%는 검증에 나머지 10%는 테스트에 사용합니다.

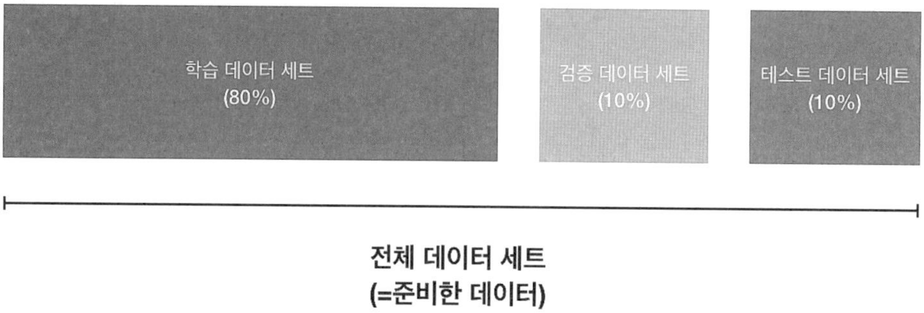

전체 데이터 세트
(=준비한 데이터)

[그림 22-3-2] 데이터세트 만들기

- **학습 데이터세트:** 대부분의 데이터는 학습 데이터세트에 있어야 하는데, 이를 이용하여 커스터마이징하고자 하는 데이터를 시스템에 학습시킬 수 있습니다.
- **검증 데이터세트:** 검증 세트는 학습 데이터세트로 학습을 하는 프로세스가 반복되는 동안 검증 세트를 이용하여 검증할 때 사용합니다.
- **테스트 데이터세트:** 테스트 데이터세트는 학습이 완료가 되고 나서 성능을 평가할 때 사용합니다. 이를 이용하여 학습이 잘 되었는지 확인할 수 있습니다.

22.3.3 평가

모델 학습이 끝나면 모델 성능에 대한 요약을 받는데, 이때 아래 개념들을 통해서 모델 성능
평가를 할 수 있습니다.

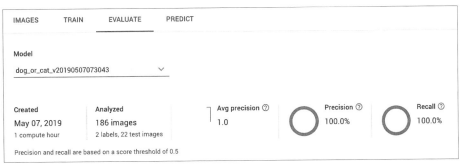

[그림 22-3-3-1] AutoML 평가

[그림 22-3-3-2] 모델 출력

- **모델 출력:** AutoML Vision에서 데이터와 라벨이 얼마나 연관성이 있는지 정확도를 출
  력해줍니다. 숫자가 높을수록 높은 확률로 모델에 맞다는 의미입니다(범위: 0.0(부
  정)~1.0(긍정)).

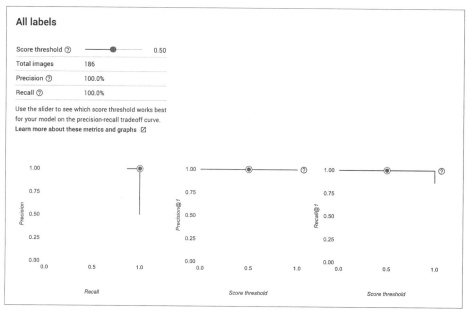

[그림 22-3-3-3] 점수 임계값

- **점수 임계값:** 평가된 점수에서 어느 점수까지 인정을 해주는지에 대한 설정을 할 수 있는
  값을 말합니다. 다시 말해, 커트라인이라고 생각하면 무리가 없습니다. 점수 임계값이
  낮으면 모델이 분류하는 이미지의 수가 더 많지만, 일부 이미지를 잘못 분류할 위험이 있
  습니다. 반대로 점수 임계값이 높으면 모델이 분류하는 이미지의 수는 더 적지만, 이미지
  를 잘못 분류할 위험이 적습니다.

평가	이미지	설명
참양성(True Positive)		매우 잘 맞음

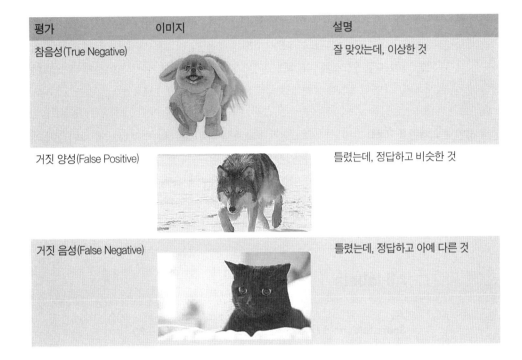

평가	이미지	설명
참음성(True Negative)		잘 맞았는데, 이상한 것
거짓 양성(False Positive)		틀렸는데, 정답하고 비슷한 것
거짓 음성(False Negative)		틀렸는데, 정답하고 아예 다른 것

- **참양성(True Positive) / 참음성(True Negative) / 거짓 양성(False Positive) / 거짓 음성 (False Negative):** 점수 임계값을 적용한 수에 모델의 예측은 다음 4가지 카테고리 중 하나에 해당합니다. True/False는 정답인지 아닌지를 의미하고, Positive/Negative는 정답과 비슷한지 아닌지를 의미합니다.

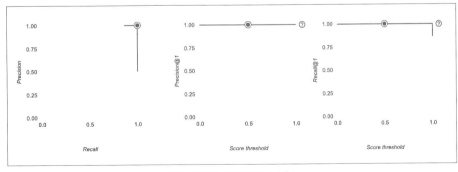

[그림 22-3-3-4] 정밀도 / 재현율

- **정밀도 및 재현율:** 모델이 얼마나 잘 포착하고 있는지 정보를 얼마나 빠뜨리고 있는지 이해하는 데 도움을 줍니다. 정밀도는 라벨이 지정된 전체 테스트 예제 중 실제 해당 라벨로 분류되는 예제 수를 알려줍니다. 재현율은 라벨이 지정되었어야 하는 전체 테스트 예제 중 실제 해당 라벨이 할당된 예제 수를 알려줍니다.

- **정밀도 / 재현율 곡선:** 정밀도 / 재현율 곡선을 이용하면 임계값이 정밀도와 재현율에 개별적으로 미치는 영향을 확인할 수 있습니다. 이 그래프의 정밀도와 재현율은 반환되는 라벨 집합에서 점수가 가장 높은 라벨이 정밀도 및 재현율 측정 항목 계산에 유일하게 사용되는 라벨임을 말해줍니다.

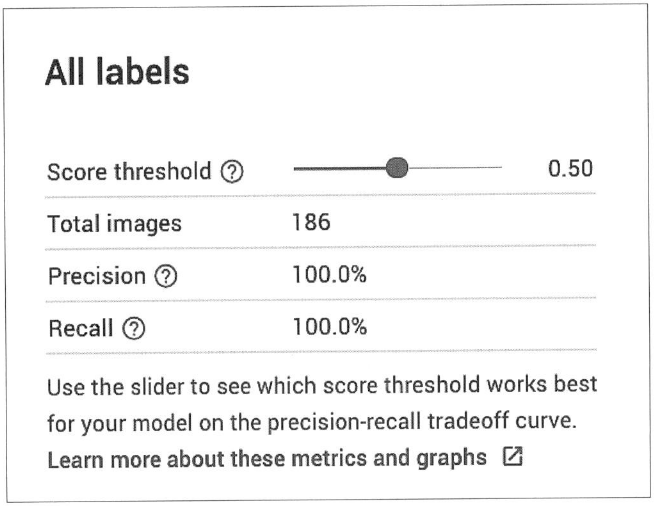

All labels

Score threshold ⑦	0.50
Total images	186
Precision ⑦	100.0%
Recall ⑦	100.0%

Use the slider to see which score threshold works best for your model on the precision-recall tradeoff curve.
Learn more about these metrics and graphs ☑

[그림 22-3-3-5] 평균 정밀도

- **평균 정밀도:** 모델 정확도를 측정하는 유용한 항목은 정밀도 / 재현율 곡선 아래에 있는 면적으로, 점수 임계값 전체에 대비한 모델 성능을 나타냅니다. 1.0에 가까울수록 테스트 세트에 대한 모델의 성능이 높습니다. 각 라벨에 대해 무작위로 추측하는 모델의 평균 정밀도는 0.5 수준입니다.

실 습

22.1 AutoML Vision으로 간단한 모델 만들기

AutoML 제품에는 Natural Language, Vision, Translate 등 다양한 제품이 있습니다. 이번에는 이 가운데 Vision을 이용하여 개와 고양이를 구분하는 모델을 만들어보도록 하겠습니다.

1. 'GCP 콘솔'에서 검색창에 'automl api'를 검색합니다. 검색결과로 나온 'Cloud AutoML API' 를 선택합니다.

[그림 22-1-1] AutoML Vision으로 간단한 모델 만들기

2. '사용 설정' 버튼을 선택해서 Enable 시켜줍니다.

[그림 22-1-2] AutoML Vision으로 간단한 모델 만들기

3. 설정이 완료되면 [그림 22-1-3] 같은 화면을 확인할 수 있습니다.

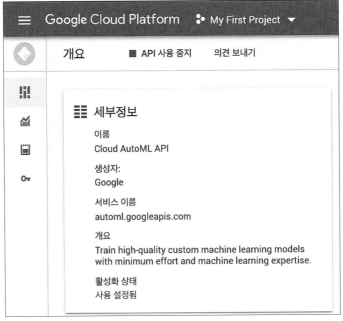

[그림 22-1-3] AutoML Vision으로 간단한 모델 만들기

4. 이제 '메뉴-Vision'을 선택하도록 하겠습니다.

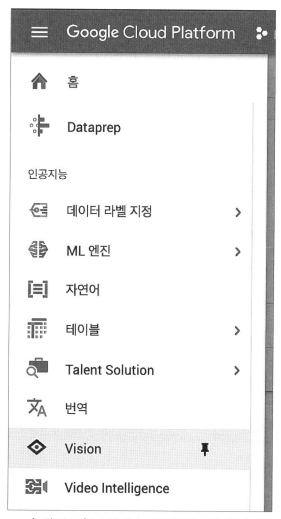

[그림 22-1-4] AutoML Vision으로 간단한 모델 만들기

5. 최근 추가된 여러 옵션들을 볼 수 있는데, 구분을 할 것이니 'Image Classification'을 선택하
   겠습니다.

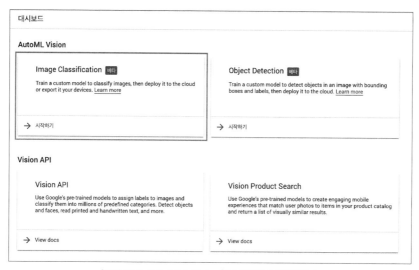

[그림 22-1-5] AutoML Vision으로 간단한 모델 만들기

6. AutoML Vision 대시보드는 다음과 같습니다. 아직 데이터세트를 만들지 않았기 때문에 현
   재는 빈 화면입니다.

[그림 22-1-6] AutoML Vision으로 간단한 모델 만들기

7. 이제 큰 준비는 끝났으니, 트레이닝시킬 강아지 사진과 고양이 사진을 다운받도록 하겠습니다. 직접 검색해서 다운로드를 해도 좋지만, 번거로우니 좋은 오픈 소스를 이용해서 받도록 하겠습니다.

google-images-download(https://github.com/hardikvasa/google-images-download)로 들어가면 pip 명령어로 설치할 수 있습니다. 명령어('$ pip install google_images_download')로 설치하겠습니다.

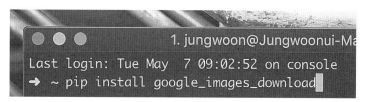

[그림 22-1-7] AutoML Vision으로 간단한 모델 만들기

8. 이제 설치한 google_iamges_download로, 'dog' 키워드를 던져서 이미지 100개를 다운받아 보도록 하겠습니다.

$ googleimagesdownload --keywords [검색 키워드] --limit [개수]

```
1. googleimagesdownload --keywords "dog" --limit 100 (Python)
→ ~
→ ~ googleimagesdownload --keywords "dog" --limit 100

Item no.: 1 --> Item name = dog
Evaluating...
Starting Download...
Completed Image ====> 1. collage_of_nine_dogs.jpg
Completed Image ====> 2. golden-retriever-puppy.jpg
Completed Image ====> 3. welcome.jpg
Completed Image ====> 4. mobile.jpg
Completed Image ====> 5. tmp-name-2-11810-1556647869-5_dblbig.jpg
Completed Image ====> 6. sneag3zxipkzoy25ifoy.jpg
Completed Image ====> 7. bailey-1-600x600.png
Completed Image ====> 8. acute-dog-diarrhea-47066074.jpg
```

[그림 22-1-8] AutoML Vision으로 간단한 모델 만들기

9. 다운로드가 다 되었으면, 동일하게 'cat' 키워드로 이미지 100개를 다운로드받도록 하겠습니다.

```
1. googleimagesdownload --keywords "cat" --limit 100 (Python)
→ ~
→ ~ googleimagesdownload --keywords "cat" --limit 100

Item no.: 1 --> Item name = cat
Evaluating...
Starting Download...
Completed Image ====> 1. june_odd-eyed-cat_cropped.jpg
Completed Image ====> 2. 02-cat-training-nationalgeographic_1484324.ngs
526587209178.adapt.1900.1.jpg
Completed Image ====> 3. photo-1518791841217-8f162f1e1131?ixlib=rb-1.2.
jhchbfawqiojeymdd9&w=1000&q=80.jpg
Completed Image ====> 4. cat.jpg
Completed Image ====> 5. ahr0cdovl3d3dy5saxzlc2npzw5jzs5jb20vaw1hz2vzl2
wnc84mtkvb3jpz2luywwvy3v0zs1raxr0zw4uanbn.jpg
Completed Image ====> 6. 5acb63d83493f__700-png.jpg
Completed Image ====> 7. 1200px-cat03.jpg
Completed Image ====> 8. istock_000044061370_medium-fa5f8aa.jpg
```

[그림 22-1-9] AutoML Vision으로 간단한 모델 만들기

10. '다운로드 폴더'에 던진 키워드의 이름으로 폴더가 생기고 그 안에 이미지들이 다운로드된 것을 확인할 수 있습니다.

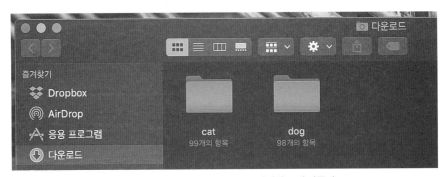

[그림 22-1-10] AutoML Vision으로 간단한 모델 만들기

11. 폴더 내부를 보면 잘 이미지가 잘 다운로드가 된 것을 확인할 수 있습니다.

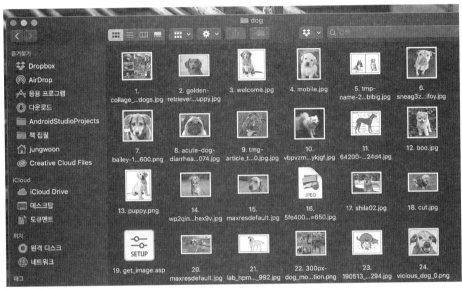

[그림 22-1-11] AutoML Vision으로 간단한 모델 만들기

12. 이미지를 살펴보면 [그림 22-1-12] 같이 맞지 않는 이미지가 다운로드될 수도 있기 때문에 노이즈를 줄이기 위해 확인하여 지워주겠습니다.

[그림 22-1-12] AutoML Vision으로 간단한 모델 만들기

13. 이제 AutoML Vision Console로 돌아옵니다. 'NEW DATASET'을 누르고 'dog_or_cat' 이름
으로 데이터세트를 만들어줍니다. 이미지는 다음과 같이 미리 GCS에 올려놓고, 라벨링된
형태의 *.csv 파일을 사용할 수 있습니다.

'gs://.../???1.jpg', dog
'gs://.../???2.jpg', dog
'gs://.../???3.jpg', cat

또한 직접 이미지를 올려서 라벨링을 할 수도 있는데, 여기서는 나중에 직접 이미지를 올
려서 라벨링을 하도록 하겠습니다. 'Import images later'를 선택합니다.

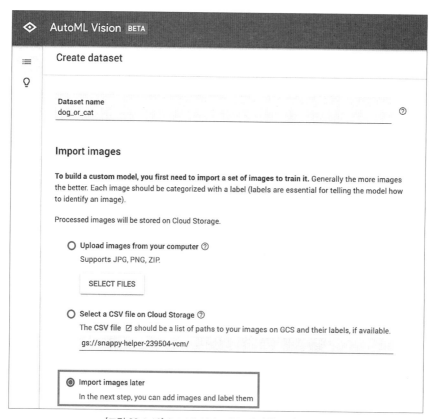

[그림 22-1-13] AutoML Vision으로 간단한 모델 만들기

14. 지금은 '개'인지 '고양이'인지만 결정하기 때문에 여기서는 'multi-label'(2개 이상의 라벨) 옵션은 해제하고, 'CREATE DATASET'을 눌러서 데이터세트를 만들도록 하겠습니다.

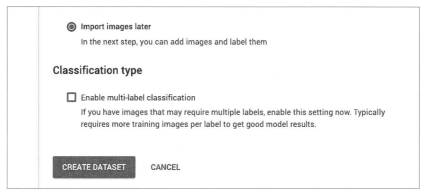

[그림 22-1-14] AutoML Vision으로 간단한 모델 만들기

15. [그림 22-1-15]와 같이 데이터세트가 설정된 화면을 확인할 수 있습니다.

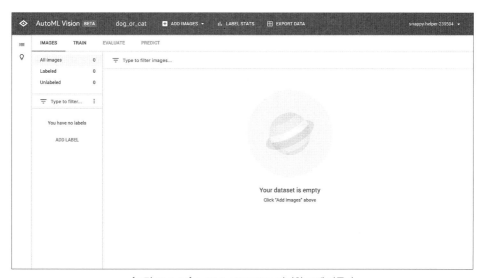

[그림 22-1-15] AutoML Vision으로 간단한 모델 만들기

16. 상단에 'ADD IMAGES'를 클릭하고, 'Upload from your computer'를 눌러서 이미지를 업로드하겠습니다.

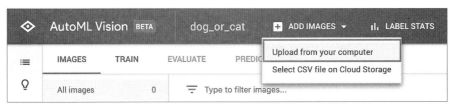

[그림 22-1-16] AutoML Vision으로 간단한 모델 만들기

17. '개' 사진을 선택하여 업로드합니다.

[그림 22-1-17] AutoML Vision으로 간단한 모델 만들기

18. 업로드가 되는 동안 [그림 22-1-18] 같은 화면을 보실 수 있습니다.

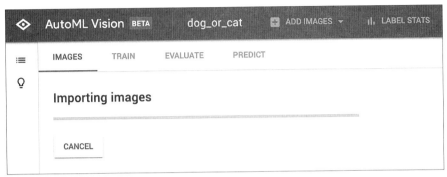

[그림 22-1-18] AutoML Vision으로 간단한 모델 만들기

19. 우선 'dog'와 'cat'이란 라벨(답)을 추가하기 위해 'ADD LABEL'을 눌러서 'dog'와 'cat'을 추가합니다.

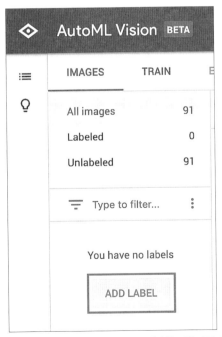

[그림 22-1-19] AutoML Vision으로 간단한 모델 만들기

20. 추가를 하면 [그림 22-1-20] 같이 라벨이 추가된 모습을 볼 수 있습니다(이미지에 라벨링을 하기 위해 라벨이 먼저 등록이 되어 있어야 합니다).

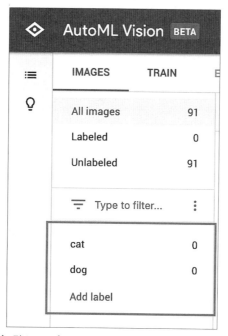

[그림 22-1-20] AutoML Vision으로 간단한 모델 만들기

21. 이제 'Select all images-상단 Label-dog'를 차례대로 눌러, 개 이미지에 dog라는 라벨링합니다.

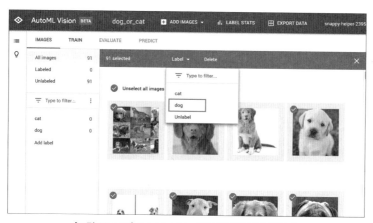

[그림 22-1-21] AutoML Vision으로 간단한 모델 만들기

22. 그 다음 다시 'ADD IMAGES-Upload from your computer'를 클릭하여 고양이 이미지를 올리겠습니다.

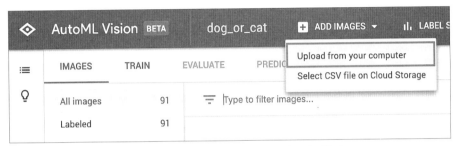

[그림 22-1-22] AutoML Vision으로 간단한 모델 만들기

23. 고양이 사진을 업로드합니다.

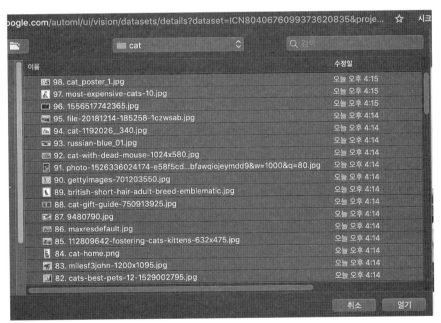

[그림 22-1-23] AutoML Vision으로 간단한 모델 만들기

24. 이미지를 올려도 앞에서 '개' 사진은 'dog'라고 라벨링되었기 때문에 'Unlabled'를 선택하고, 라벨링이 아직 되지 않은 '고양이' 사진만 선택할 수 있습니다(수동으로 올릴때는 이렇게 차례로 업로드하고 라벨링을 해야 이미지가 섞이지 않습니다).

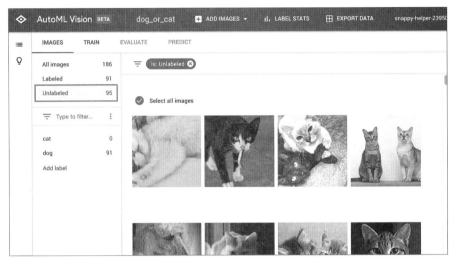

[그림 22-1-24] AutoML Vision으로 간단한 모델 만들기

25. 이번에도 'Select all images-Label-cat'을 차례로 눌러, 고양이 사진들에 'cat'으로 라벨링합니다.

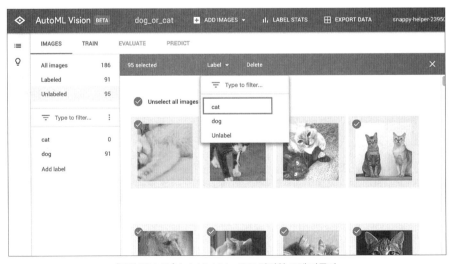

[그림 22-1-25] AutoML Vision으로 간단한 모델 만들기

26. 이제 고양이 사진도 'cat' 라벨이 붙은 것을 확인할 수 있습니다. 또한 좌측에, 'cat 95', 'dog 91'개의 라벨이 달린 것을 확인할 수 있습니다.

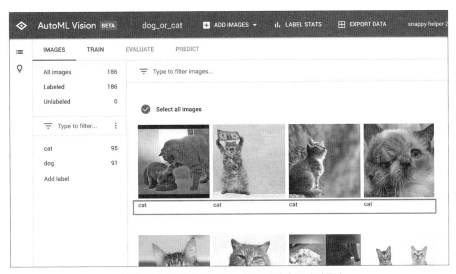

[그림 22-1-26] AutoML Vision으로 간단한 모델 만들기

27. 이제 라벨링도 끝났으니 트레이닝을 돌리기 위해 상단에 'TRAN' 탭을 누르고, 'START TRAINING' 버튼을 눌러서 트레이닝을 시작합니다.

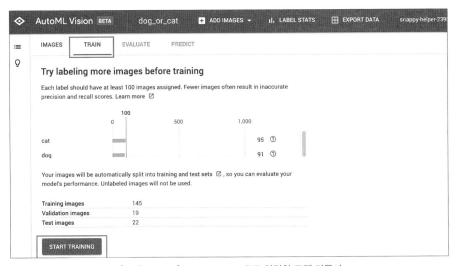

[그림 22-1-27] AutoML Vision으로 간단한 모델 만들기

28. 트레이닝 모델의 이름과 설정들이 나옵니다. 전부 default 값으로 하고, 'START TRAINING'
을 클릭합니다.

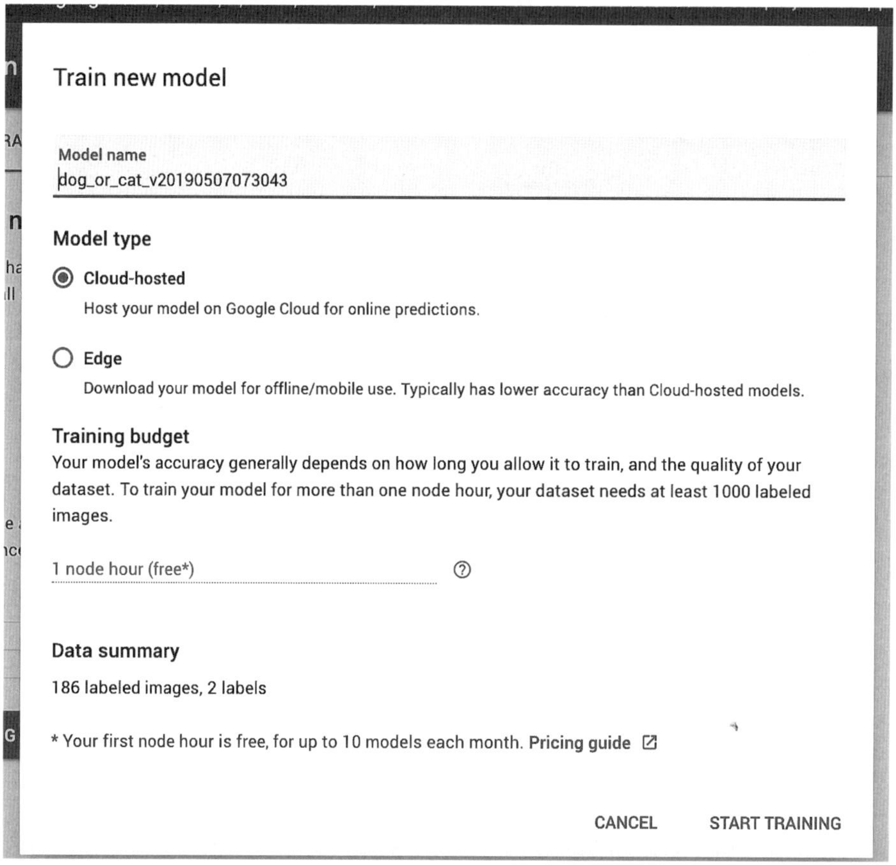

Train new model

Model name
dog_or_cat_v20190507073043

Model type

◉ **Cloud-hosted**
Host your model on Google Cloud for online predictions.

○ **Edge**
Download your model for offline/mobile use. Typically has lower accuracy than Cloud-hosted models.

Training budget

Your model's accuracy generally depends on how long you allow it to train, and the quality of your dataset. To train your model for more than one node hour, your dataset needs at least 1000 labeled images.

1 node hour (free*)　　　　　　　　　　　⊘

Data summary

186 labeled images, 2 labels

* Your first node hour is free, for up to 10 models each month. **Pricing guide** ⧉

CANCEL　　　　START TRAINING

[그림 22-1-28] AutoML Vision으로 간단한 모델 만들기

29. [그림 22-1-29] 같이 트레이닝되기 시작합니다.

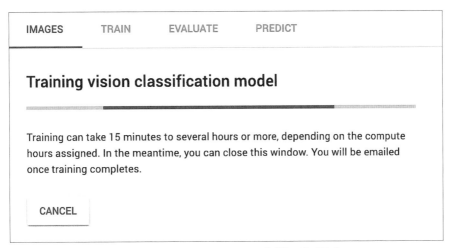

[그림 22-1-29] AutoML Vision으로 간단한 모델 만들기

30. 트레이닝이 끝나면 다음과 같이 모델이 만들어집니다.

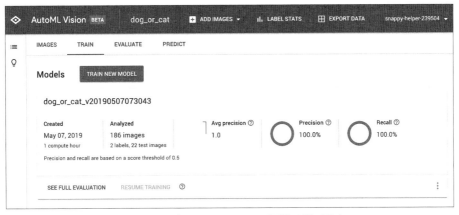

[그림 22-1-30] AutoML Vision으로 간단한 모델 만들기

31. 'EVALUATE' 탭에 들어가보면, 만들어진 모델에 대한 정보들을 확인할 수 있습니다.

[그림 22-1-31] AutoML Vision으로 간단한 모델 만들기

32. 이제 모델이 잘 만들어졌는지 확인해보겠습니다. 'PREDICT'을 가서 임의의 개와 고양이 사진을 넣었을 때 잘 예측하는지 확인해보도록 하겠습니다.

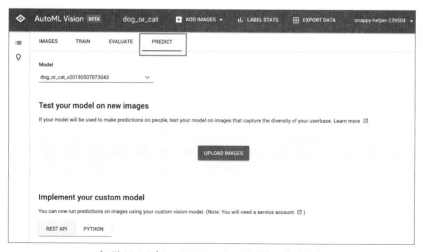

[그림 22-1-32] AutoML Vision으로 간단한 모델 만들기

33. 임의의 개 사진을 업로드해보니 'dog 1.000'로 잘 예측한 것을 확인할 수 있습니다.

[그림 22-1-33] AutoML Vision으로 간단한 모델 만들기

34. 이번에는 고양이 사진을 넣어서 확인해보겠습니다. 이번에도 역시 'cat 1.000'으로 잘 예측했습니다.

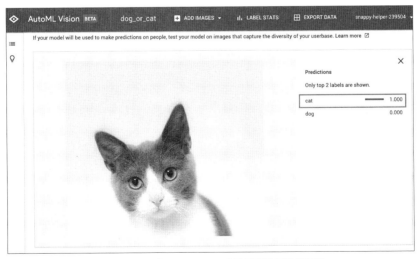

[그림 22-1-34] AutoML Vision으로 간단한 모델 만들기

35. 이것을 통해 이미지를 확인하고 '개'인지 '고양이'인지 판단하는 머신 러닝 모델이 만들어
    졌습니다. 스크롤을 조금만 내리면 만들어진 모델로 'REST API'와 'PYTHON'에서 사용할
    수 있음을 확인할 수도 있습니다.

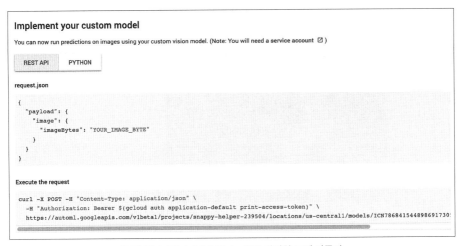

[그림 22-1-35] AutoML Vision으로 간단한 모델 만들기

23장

Cloud Functions

23.1 Cloud Functions이란?

Cloud Functions은 이벤트 기반 서버리스 컴퓨팅 서비스로, 비슷한 서비스로 AWS의 Lambda가 있습니다. Cloud Functions를 이용하면 클라우드 인프라 및 서비스에서 발생하는 이벤트에 연결되는 간단한 함수를 작성할 수 있습니다.

Cloud Functions은 감시 중인 이벤트가 발생하면 트리거되며, 코드는 완전 관리형 환경에서 실행되므로 인프라를 프로비저닝 하거나 서버를 관리할 필요가 없습니다.

Cloud Functions 특징

Cloud Functions는 다음과 같은 특징들을 가지고 있습니다.

- **클라우드 서비스 연결 및 확장:** 클라우드 서비스의 연결 및 확장을 위한 코드를 작성할 수 있도록 돕습니다. GCS의 파일 업로드, Pub/Sub 메시지 확인 및 응답 등 기존의 GCP 서비스들을 이용할 수 있습니다.
- **이벤트 및 트리거:** Cloud 이벤트란 클라우드 환경에서 발생하는 모든 상황을 의미합니다. 예를 들어, 데이터베이스의 데이터 변경, Repository 시스템에 파일 추가, 새로운 VM 생성 등이 될 수 있고, 이벤트는 응답 여부와 관계없이 발생합니다.
- **서버리스:** Cloud Functions는 서버 관리, 소프트웨어 구성, 프레임워크 업데이트, 운영 체제 패치 등 신경 쓸 필요가 없습니다. 소프트웨어와 인프라를 구글에서 모두 관리하므로 사용자는 코드만 추가하면 됩니다. 개별 리소스들은 이벤트 발생 시 자동으로 프로비저 닝됩니다.

23.3 Cloud Functions 사례

비동기식 워크로드나, 애플리케이션 빌드 트리거 같은 클라우드 자동화 작업은 더 이상 자체적인 서버나 개발자의 연결 작업이 필요하지 않습니다. 특히 Cloud Functions의 특성상 경량형 API 및 웹훅(Webhook)에 가장 적합합니다. 또한 HTTP 함수 배포 시 HTTP 엔드 포인트를 자동으로 프로비저닝하기 때문에 복잡한 구성이 필요하지 않습니다.

사용 사례	설명
데이터 처리/ETL	파일 생성 및 변경 또는 삭제 등 Cloud Storage 이벤트를 확인하고 응답하세요. Cloud Functions를 사용하면 이미지 처리, 동영상 트랜스코딩, 데이터 검증 및 변환, 인터넷 서비스 호출이 가능합니다.
Webhook	간단한 HTTP 트리거를 통해 GitHub, Slack, Stripe와 같은 타사 시스템 또는 HTTP 요청을 보낼 수 있는 모든 곳에서 발생한 이벤트에 응답하세요.
간단한 API	신속하게 구축하고 즉시 확장되는 느슨하게 연결된 경량의 로직 비트로 애플리케이션을 만드세요. 함수는 이벤트 기반으로 작동하거나 HTTP/S를 통해 직접 호출됩니다.
모바일 백엔드	Google의 앱 개발자용 모바일 플랫폼인 Firebase를 사용하여 Cloud Functions에서 모바일 백엔드를 작성하세요. Firebase 애널리틱스, 실시간 데이터베이스, 인증, Repository에서 이벤트를 확인하고 응답하세요.
IoT	무수히 많은 기기에서 Cloud Pub/Sub으로 데이터를 스트리밍하여 Cloud Functions를 실행하고 데이터를 처리하고 변환하고 저장한다고 상상해 보세요. Cloud Functions는 완전한 서버리스 방식으로 이러한 상상을 현실로 만듭니다.

23.1 Cloud Functions 살펴보기

1. 'GCP 콘솔'에서 '메뉴–Cloud Functions'에 들어갑니다.

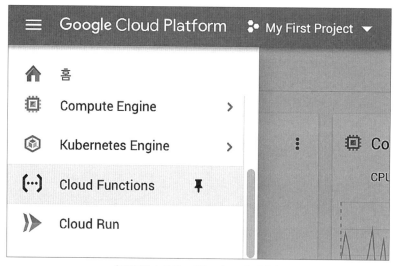

[그림 23-1-1] Cloud Functions 살펴보기

2. 처음 사용한다면 API 사용 설정을 하라고 [그림 23-1-2] 같이 나타납니다. 'API 사용 설정'을
   선택합니다.

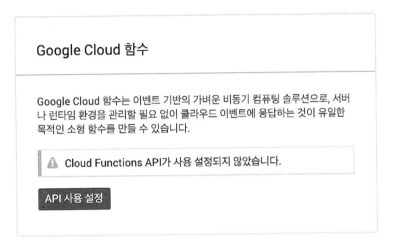

[그림 23-1-2] Cloud Functions 살펴보기

3. API 사용 설정을 하면 [그림 23-1-3] 같이 나타나는데, '함수 만들기' 버튼을 누릅니다.

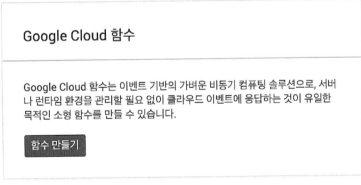

[그림 23-1-3] Cloud Functions 살펴보기

4. [그림 23-1-4] 같이 실제 크라우드 함수를 만들 수 있는 설정 화면이 나타납니다.

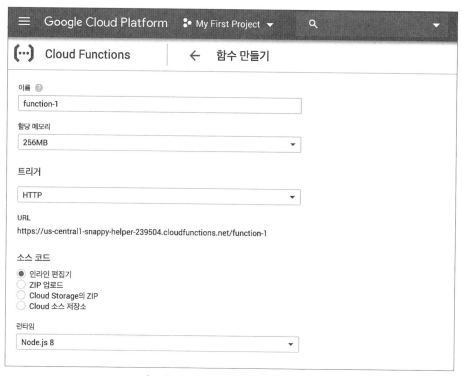

[그림 23-1-4] Cloud Functions 살펴보기

5. 내부의 옵션을 조금 살펴보면 현재 지원하는 언어를 알 수 있습니다. 처음에는 Node.js와 지원했었는데, 어느덧 Python과 Go도 지원하게 하고 있습니다.

Cloud Storage의 ZIP

Go 1.11

Node.js 6(지원 중단됨)

Node.js 8

Node.js 10(베타)

Python 3.7

[그림 23-1-5] Cloud Functions 살펴보기

6. 다음으로, 트리거 종류는 [그림 23-1-6] 같고 아직 (베타) 서비스가 많습니다. HTTP외에는 구글 클라우드 내부의 서비스들에 대한 이벤트를 확인하고 있다가 해당 이벤트가 발생했을 때 실행하는 형태입니다(19년 5월 8일 기준).

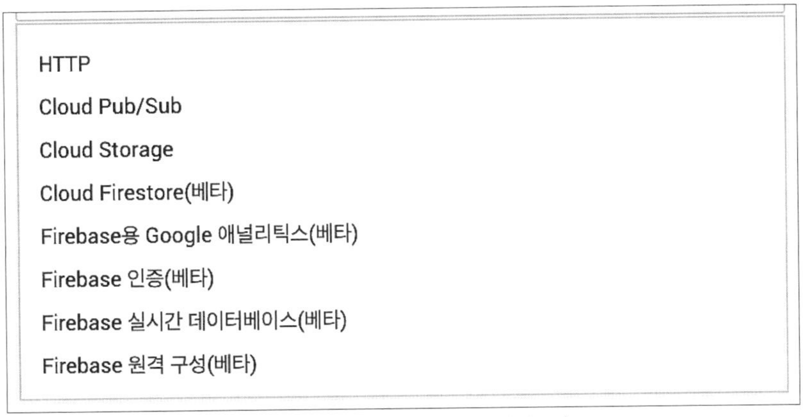

HTTP

Cloud Pub/Sub

Cloud Storage

Cloud Firestore(베타)

Firebase용 Google 애널리틱스(베타)

Firebase 인증(베타)

Firebase 실시간 데이터베이스(베타)

Firebase 원격 구성(베타)

[그림 23-1-6] Cloud Functions 살펴보기

7. 소스를 올리는 방법은 다음과 같습니다.

- **인라인 편집기**: 브라우저에서 '인라인 편집기' 내에 간단한 코드를 작성하여 함수를 만드는 형태
- **ZIP 업로드**: 미리 작성된 소스를 Zip으로 압축해서 업로드를 하는 형태(업로드 하면 GCS에 저장됩니다.)
- **Cloud Storage의 ZIP**: GCS내부에 업로드 되어 있는 소스 압축파일을 사용합니다.
- **Cloud Source Repositories**: GCP 내부의 Source Repositories의 소스를 이용하여 함수를 작성합니다.

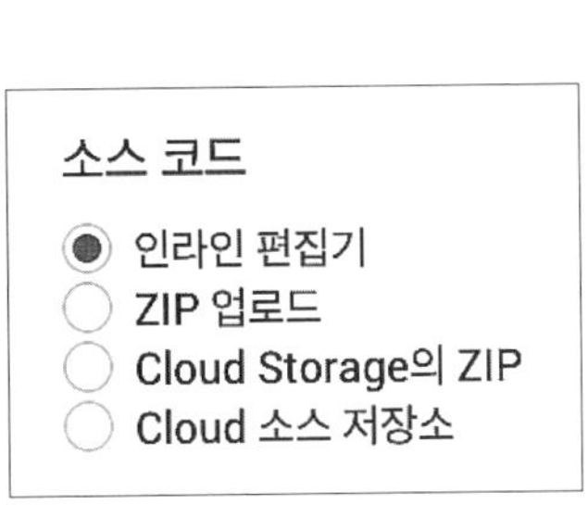

소스 코드

◉ 인라인 편집기
○ ZIP 업로드
○ Cloud Storage의 ZIP
○ Cloud 소스 저장소

[그림 23-1-7] Cloud Functions 살펴보기

8. 여기서는 살펴보기 위한 용도로 Node.js로 '인라인 편집기' 내에 HTTP Function을 만들어 보겠습니다. 소스는 기본적으로 작성되어 있는 소스를 사용하도록 하겠습니다. 소스는 다음과 같은데, 간단한 응답으로 'Hello World'를 화면에 불러주는 소스입니다.

```javascript
exports.helloWorld = (req, res) => {
  let message = req.query.message || req.body.message || 'Hello World!';
  res.status(200).send(message);
```

```
index.js    package.json

 1  /**
 2   * Responds to any HTTP request.
 3   *
 4   * @param {!express:Request} req HTTP request context.
 5   * @param {!express:Response} res HTTP response context.
 6   */
 7  exports.helloWorld = (req, res) => {
 8    let message = req.query.message || req.body.message || 'Hello World!';
 9    res.status(200).send(message);
10  };
11
```

[확인] [취소]

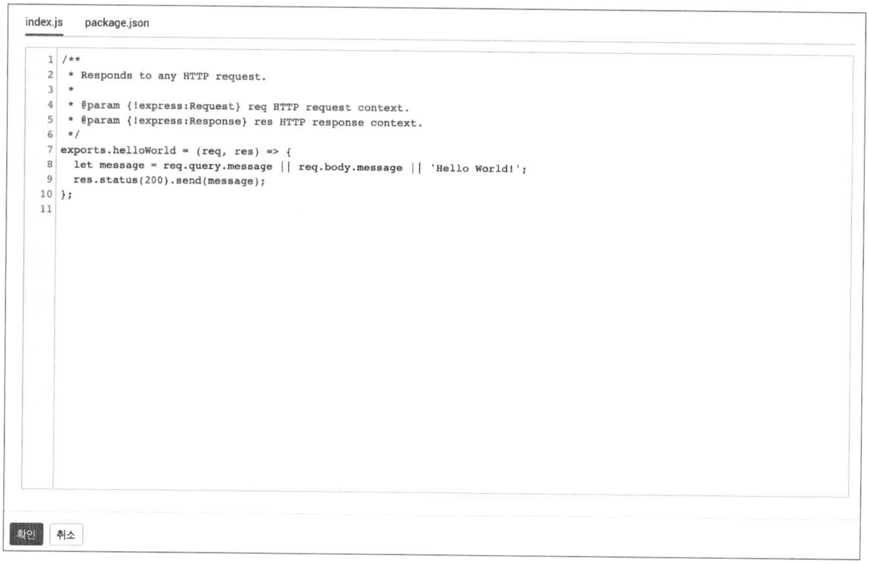

[그림 23-1-8] Cloud Functions 살펴보기

656

9. Node 관련된 의존성은 package.json에 Json 형태로 작성해야 하는데, Cloud Function도 손쉽게 의존성을 작성할 수 있는 package.json을 제공합니다. 다 되었으면 '확인'을 클릭합니다.

```
{

  "name": "sample-http",
  "version": "0.0.1"
}
```

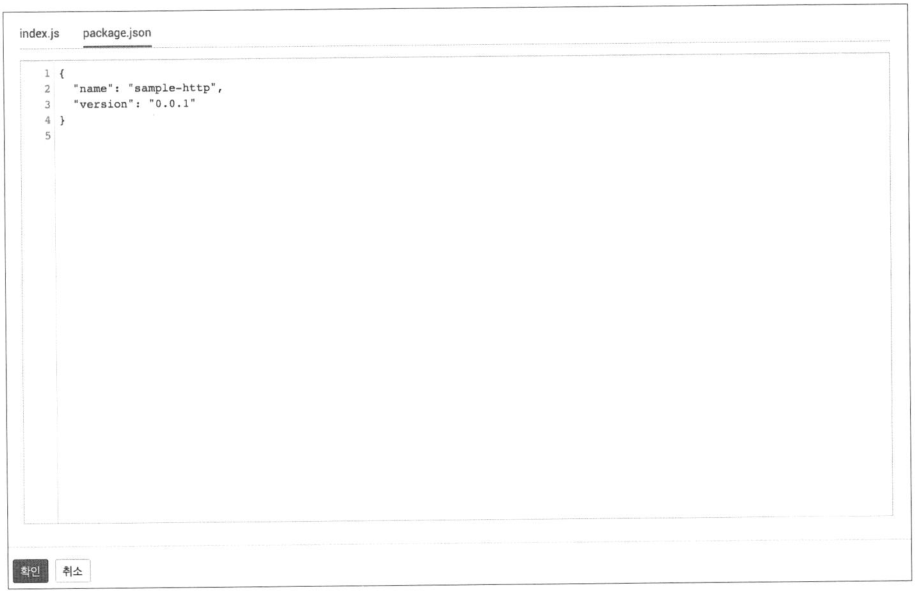

[그림 23-1-9] Cloud Functions 살펴보기

10. '실행할 함수'에 위에서 작성한 '함수명'을 입력하고 '만들기'를 누릅니다.

실행할 함수 ②

helloWorld

≫ 더보기

만들기   취소

[그림 23-1-10] Cloud Functions 살펴보기

11. 함수가 만들어지면 [그림 23-1-11] 같은 화면을 확인할 수 있습니다.

[그림 23-1-11] Cloud Functions 살펴보기

12. 또 해당 함수의 메뉴를 보면, 다양한 옵션도 확인할 수 있습니다.

[그림 23-1-12] Cloud Functions 살펴보기

13. 함수는 URL을 통해서 호출할 수 있는데, 함수 세부 정보로 들어가서 '트리거'를 보면 주소를 확인할 수 있습니다.

URL 형태: https://[리전 이름]-[프로젝트 ID].cloudfunctions.net/[함수 이름]
URL: https://us-central1-snappy-helper-239504.cloudfunctions.net/function-1

[그림 23-1-13] Cloud Functions 살펴보기

14. 위의 URL로 접속을 하면, 정상적으로 출력되는 것을 확인할 수 있습니다.

[그림 23-1-14] Cloud Functions 살펴보기

23.2 Cloud Functions로 이미지 업로드하여 글자만 추출해서 BigQuery에 넣기

이번 예제는 Python과 Cloud Functions으로 사진이 GCS내에 업로드가 되면 자동으로 감지하여 Vision API를 사용해 사진에서 텍스트를 추출하여 BigQuery에 업로드시키는 예제입니다.

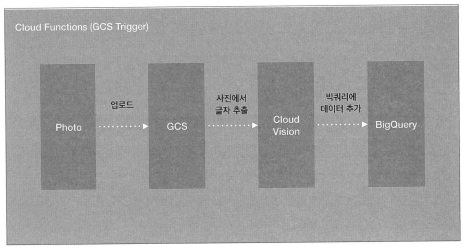

[그림 23-2] Cloud Function로 이미지 업로드하여 글자만 추출해서 BigQuery에 넣기

우선 사전 준비를 위해서 먼저 BigQuery에 데이터세트와 테이블을 만들어주도록 하겠습니다.

1. 우선 '메뉴-BigQuery'로 들어갑니다.

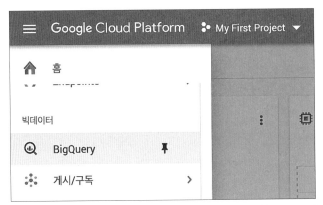

[그림 23-2-1] Cloud Function로 이미지 업로드 되면 글자만 추출해서 BigQuery에 넣기

2. [그림 23-2-2] 같이 BigQuery 대시보드가 나타납니다. 테스트를 위한 데이터세트를 만들기 위해 우측 중간쯤에 있는 '데이터세트 만들기' 버튼을 클릭합니다.

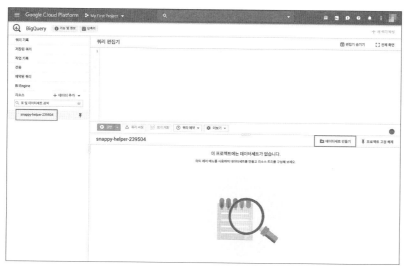

[그림 23-2-2] Cloud Function로 이미지 업로드 되면 글자만 추출해서 BigQuery에 넣기

3. 우측으로 새로운 창이 나타나면서 데이터세트의 속성을 정할 수 있는데 여기서는 '데이터세트 ID'에 'functions'로 이름을 설정하고, '데이터세트 만들기'를 누릅니다.

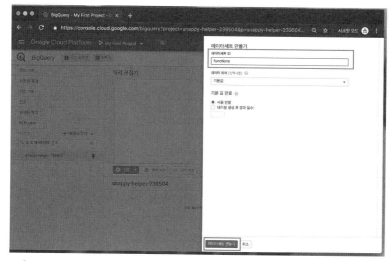

[그림 23-2-3] Cloud Function로 이미지 업로드 되면 글자만 추출해서 BigQuery에 넣기

4. [그림 23-2-4] 같이 좌측 프로젝트명 하단에 앞서 만든 데이터세트인 'functions'가 생겼습니다. 해당 데이터세트를 클릭하면 우측에 '테이블 만들기'를 생성할 수 있습니다. '테이블 만들기'를 클릭하겠습니다.

[그림 23-2-4] Cloud Function로 이미지 업로드 되면 글자만 추출해서 BigQuery에 넣기

5. 테이블 설정을 할 수 있는 화면이 나타납니다. 다음과 같이 설정하고 '테이블 만들기' 버튼을 누릅니다.

- **소스:** 빈 테이블
- **테이블 이름:** ocr
- **스키마:** image_path/STRING/NULLABLE
  detect_text/STRING/NULLABLE

[그림 23-2-5] Cloud Function로 이미지 업로드 되면 글자만 추출해서 BigQuery에 넣기

6. 최종적으로[그림 23-2-6] 같이 데이터가 들어갈 테이블까지 생성이 되었습니다.

[그림 23-2-6] Cloud Function로 이미지 업로드 되면 글자만 추출해서 BigQuery에 넣기

7. BigQuery 설정이 끝났습니다. '메뉴-Cloud Functions'를 눌러서 Cloud Functions로 들어가 도록 하겠습니다.

[그림 23-2-7] Cloud Function로 이미지 업로드 되면 글자만 추출해서 BigQuery에 넣기

8. '함수 만들기' 버튼을 클릭합니다.

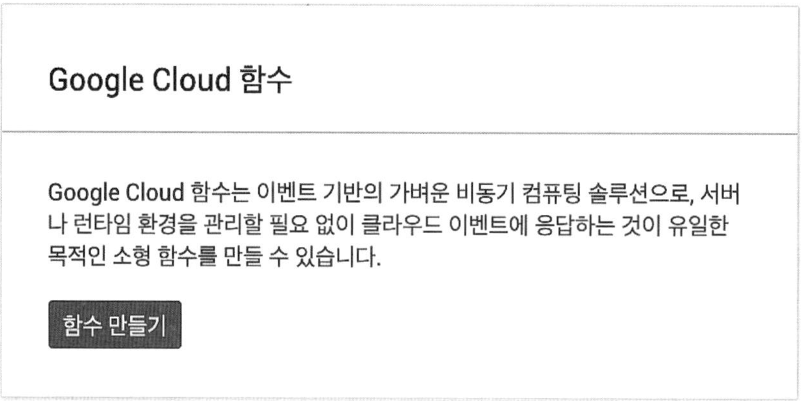

Google Cloud 함수

Google Cloud 함수는 이벤트 기반의 가벼운 비동기 컴퓨팅 솔루션으로, 서버나 런타임 환경을 관리할 필요 없이 클라우드 이벤트에 응답하는 것이 유일한 목적인 소형 함수를 만들 수 있습니다.

함수 만들기

[그림 23-2-8] Cloud Function로 이미지 업로드 되면 글자만 추출해서 BigQuery에 넣기

9. 다음과 같이 설정합니다. 그리고 '버킷' 설정을 위해 '찾아보기'를 누릅니다.

- **이름:** function-text-detect
- **할당** 메모리: 256MB
- **트리거:** Cloud Storage
- **이벤트 유형:** 완료/생성
- **버킷:** [그 다음 스탭에서 설명]
- **소스 코드:** 인라인 편집기
- **런타임:** Python3.7

[그림 23-2-9] Cloud Function로 이미지 업로드 되면 글자만 추출해서 BigQuery에 넣기

구글 클라우드 플랫폼 뽀개기

10. 우측에 새 창이 뜨면서 [그림 23-2-10] 같은 화면이 나타나는데, 상단에 '새 버킷'을 눌러 다음 Cloud Function을 위한 버킷을 만듭니다.

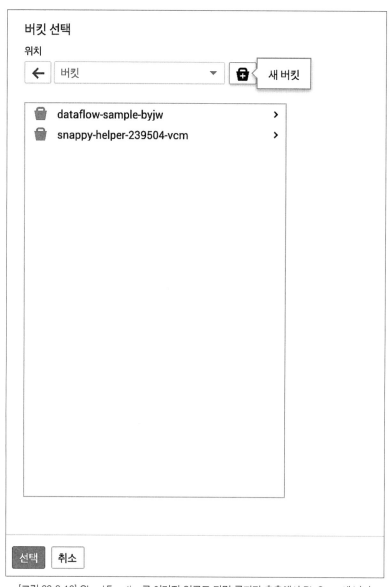

[그림 23-2-10] Cloud Function로 이미지 업로드 되면 글자만 추출해서 BigQuery에 넣기

11. 새로운 버킷을 만들 수 있는 속성 창이 나타나는데, 다음과 같이 설정해줍니다.

- **이름:** ocr-image-bucket-byjw(이 부분은 고유해야 하므로 임의로 주겠습니다.)
- **기본 Repository 클래스:** Regional
- **위치:** us-central1(아이오와)

[그림 23-2-11] Cloud Function로 이미지 업로드 되면 글자만 추출해서 BigQuery에 넣기

12. [그림 23-2-12] 같이 나타나는데, 하단에 '선택' 버튼을 눌러줍니다.

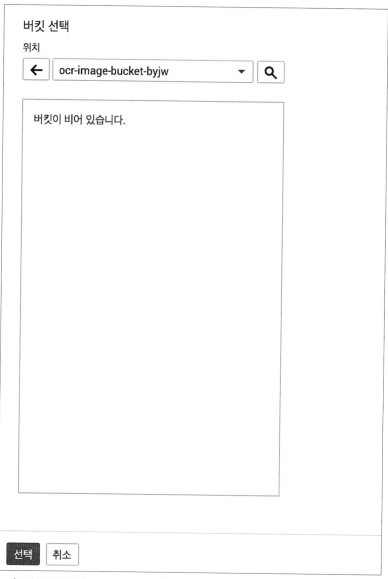

[그림 23-2-12] Cloud Function로 이미지 업로드 되면 글자만 추출해서 BigQuery에 넣기

13. 이제 아래로 내려서 직접 코드를 입력하도록 하겠습니다. 다음과 같이 크게 2개의 파일이 필요합니다.

- **main.py**: 실제 작동하는 함수를 정의한 코드
- **requirements.txt**: main.py에 필요한 의존성을 가진 라이브러리를 지정하는 파일

main.py의 내용은 다음과 같습니다(주의할 점은 코드가 길어질 경우 줄을 내려서 입력하는데, 그렇게 하면 '인라인 편집기'에서는 인식을 못하기 때문에 코드가 수평으로 길어지더라도 반드시 한 줄로 써주어야 합니다).

```
from google.cloud import vision_v1p3beta1 as vision
from google.cloud import bigquery

def detect_text(event, context):
    vision_client = vision.ImageAnnotatorClient()
    bigquery_client = bigquery.Client()

    # GCS 이벤트로부터 전달 받은 버킷 이름과 네임을 이용하여 GCS URI 만드는 부분
    bucket_uri = 'gs://{bucket}/{file}'.format(bucket=event['bucket'], file=event['name'])

    # Vision API에 GCS URI를 넘겨서 TEXT 추출하여 가져오기
    response = vision_client.text_detection({'source': {'image_uri': bucket_uri}}).full_text_annotation.text

    # 위에서 얻은 GCS URI와 텍스트를 BigQuery에 넣어주는 쿼리 작성
    query = """insert into 'snappy-helper-239504.functions.ocr' (image_path, detect_text) values ('{bucket}',
'''{text}''');""".format(bucket=bucket_uri, text=response)

    # 위에서 만든 쿼리로 BigQuery에 실행
    bigquery_client.query(query)

[main.py]
```

14. '실행할 함수' 부분에 실제 해당 이벤트 발생시 실행하는 함수의 이름을 적어줍니다.

```
main.py    requirements.txt

 1  from google.cloud import vision_v1p3beta1 as vision
 2  from google.cloud import bigquery
 3
 4
 5  def detect_text(event, context):
 6      vision_client = vision.ImageAnnotatorClient()
 7      bigquery_client = bigquery.Client()
 8
 9      # GCS 이벤트로부터 전달 받은 버킷 이름과 네임을 이용하여 GCS URI 만드는
10      bucket_uri = 'gs://{bucket}/{file}'.format(bucket=event[
11
12      # Vision API에 GCS URI를 넘겨서 TEXT 추출하여 가져오기
13      response = vision_client.text_detection({'source': {'imag
14
15      # 위에서 얻은 GCS URI와 텍스트를 빅쿼리에 넣어주는 쿼리 작성
16      query = """insert into `snappy-helper-239504.functions.o
17
18      # 위에서 만든 쿼리로 빅쿼리에 실행
19      bigquery_client.query(query)
```

실행할 함수 ❓

```
detect_text
```

[그림 23-2-14] Cloud Function로 이미지 업로드 되면 글자만 추출해서 BigQuery에 넣기

15. requirements.txt 부분에는 main.py에서 사용하는 의존성을 가진 라이브러리의 이름과 버전을 지정해줍니다.

```
google-cloud-vision==0.36.0
google-cloud-bigquery==1.11.2
```

[requirements.txt]

16. 확인하는 방법은 https://pypi.org로 들어가서 의존성이 있는 라이브러리를 검색하고, 거기서 나온 이름과 버전을 적어줍니다.

[라이브러리 이름]==[라이브러리 버전]

아래 같은 경우에는 requirements.txt에 'google-cloud-vision==0.36.0'과 같이 입력하면 됩니다.

[그림 23-2-15] Cloud Function로 이미지 업로드 되면 글자만 추출해서 BigQuery에 넣기

17. 실제로 입력을 완료한 화면은 [그림 23-2-16] 같습니다.

[그림 23-2-16] Cloud Function로 이미지 업로드 되면 글자만 추출해서 BigQuery에 넣기

18. 이제 필요한 것은 전부 끝났습니다. 스크롤을 내려서 하단에 '만들기'를 눌러줍니다.

[그림 23-2-17] Cloud Function로 이미지 업로드 되면 글자만 추출해서 BigQuery에 넣기

19. 함수가 완성이 되면 다음과 같은 화면을 볼 수 있습니다.

[그림 23-2-18] Cloud Function로 이미지 업로드 되면 글자만 추출해서 BigQuery에 넣기

20. 이미지를 넣어보기 위해서 GCS로 돌아갑니다. '메뉴-Storage-브라우저'로 가보겠습니다.

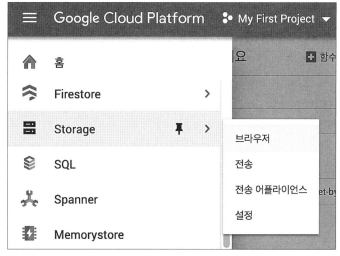

[그림23-2-19] Cloud Function로 이미지 업로드 되면 글자만 추출해서 BigQuery에 넣기

21. 만들어놓은 버킷을 여러 개 볼 수 있는데, 아까 이벤트를 받기 위해 만든 'ocr-image-bucket-byjw'에 들어가보도록 하겠습니다.

[그림 23-2-20] Cloud Function로 이미지 업로드 되면 글자만 추출해서 BigQuery에 넣기

22. 해당 버킷으로 들어가면 다음과 같이 나타나는데, 여기에 분석하고자 하는 이미지를 넣겠습니다.

[그림 23-2-21] Cloud Function로 이미지 업로드 되면 글자만 추출해서 BigQuery에 넣기

23. 사용할 이미지는 다음과 같습니다.

[그림 23-2-22] Cloud Function로 이미지 업로드 되면 글자만 추출해서 BigQuery에 넣기

[그림 23-2-23] Cloud Function로 이미지 업로드 되면 글자만 추출해서 BigQuery에 넣기

24. 이제 위의 두 이미지를 버킷에 업로드해보겠습니다.

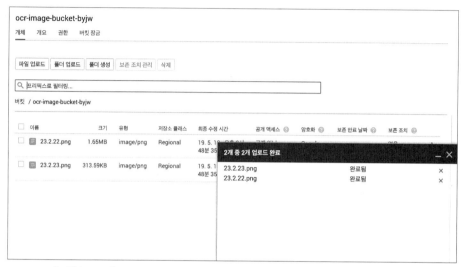

[그림 23-2-24] Cloud Function로 이미지 업로드 되면 글자만 추출해서 BigQuery에 넣기

25. 다시 BigQuery로 가서 아래 쿼리로 조회해보면 이미지별로 텍스트가 잘 추출되어 저장
된 것을 확인할 수 있습니다. 이렇게 구글에서 제공하는 다양한 클라이언트 라이브러리와
Cloud Funtions를 이용하여 여러 가지 응용 프로그램을 만들 수 있습니다.

```
select *
from '[프로젝트 ID].[데이터세트].[테이블명]'
```

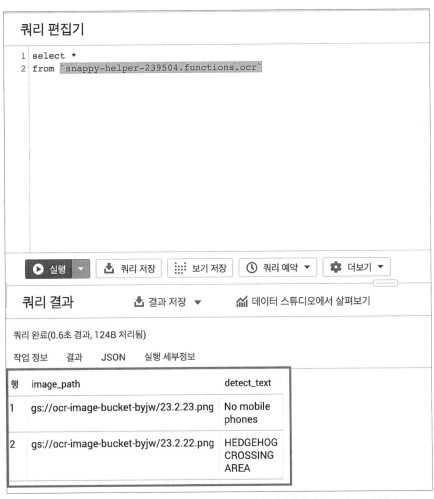

[그림 23-2-25] Cloud Function로 이미지 업로드 되면 글자만 추출해서 BigQuery에 넣기

24장

프로젝트
- GCP로 실시간 처리 시스템 만들기

이번에는 앞에서 배운 내용들을 가지고 실시간 데이터 분석을 실습해보겠습니다. 먼저, 이번 프로젝트에서는 fluentd라는 로그 수집기를 활용하려고 합니다. C와 Ruby로 작성되었으며, 여러 포맷을 가진 데이터를 다양한 대상으로 라우팅할 수 있습니다. fluentd는 크게 Input, Parser, Engine, Filter, Buffer, Output, Formatter의 컴포넌트로 구성되어 있으며, 각 컴포넌트마다 다양한 플러그인을 지원하기 때문에 플러그인을 통해 좀 더 손쉽게 개발을 할 수 있습니다. 자세한 내용은 fluentd 공식 페이지인 https://www.fluentd.org 에서 확인할 수 있습니다.

우선 Compute Engine으로 VM 인스턴스를 생성하여 fluentd를 통해서 트위터의 '특정 키워드'가 언급된 feed를 모두 Pub/Sub에 'twitter'란 토픽으로 전달하도록 할 예정입니다. 이를 Dataflow에서 읽어와서, 파싱하고, 자연어를 분석하여, 실시간으로 BigQuery에 적재하고, 쿼리를 통해 분석할 수 있는 프로젝트를 진행해보겠습니다.

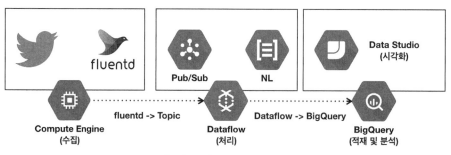

[그림 24-0] 프로젝트 흐름도

1. 먼저 Twitter Feed를 가져오기 위해서는 Twitter의 API key가 있어야 합니다. Twitter의 API 권한을 얻기 위해 developer.twitter.com에 접속하도록 하겠습니다. 좌측 상단의 메뉴를 클릭합니다.

[그림 24-1] GCP로 실시간 처리 시스템 만들기

2. 메뉴가 나타나면 하단에 'Apps'란 메뉴를 누르도록 합니다.

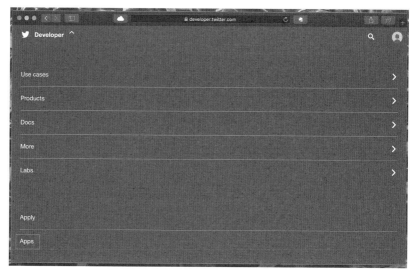

[그림 24-2] GCP로 실시간 처리 시스템 만들기

3. [그림 24-3] 같은 화면이 나타나면, 우측 상단에 'Create an app'을 선택합니다.

[그림 24-3] GCP로 실시간 처리 시스템 만들기

4. '동의' 관련된 내용들이 나오는데, 'Apply'를 눌러서 진행합니다.

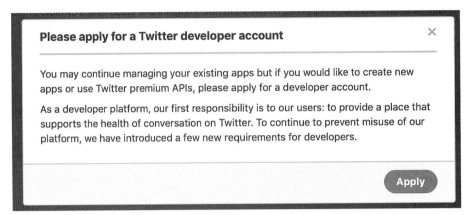

[그림 24-4] GCP로 실시간 처리 시스템 만들기

5. [그림 24-5] 같은 화면이 나타납니다. 맨 처음 Twitter API를 신청하려면 다음 메뉴를 차례
대로 진행해서 권한을 요청하고, 심사를 거쳐서 승인을 받아야 합니다(이 부분은 목적에 따
라 다르기 때문에 개별적으로 진행하도록 하겠습니다).

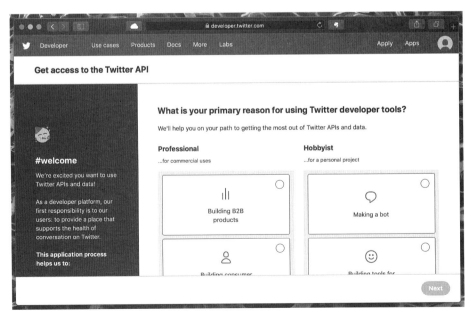

[그림 24-5] GCP로 실시간 처리 시스템 만들기

6. 권한을 획득하고 'Crate an app' 버튼을 눌러 'app'을 만들면 [그림 24-6] 같은 메뉴가 생성됩니다. 만들어진 메뉴의 'Details' 부분을 클릭하도록 하겠습니다.

[그림 24-6] GCP로 실시간 처리 시스템 만들기

7. 해당 'app'에 대한 자세한 정보들이 나타납니다. 지금은 [그림 24-7] 같이 'API keys'와 'token'에 대한 정보만 알면 됩니다. 상단에 'Keys and tokens' 탭을 통해서 자세한 정보를 확인할 수 있으며, 해당 정보는 메모를 해놓고 실습 때 사용할 수 있도록 합니다.

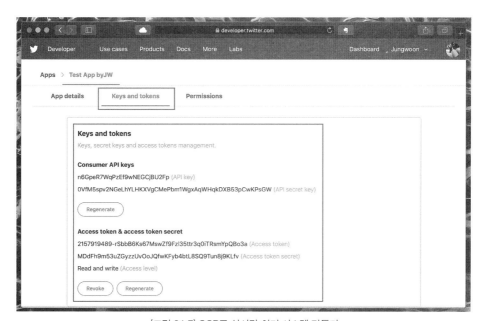

[그림 24-7] GCP로 실시간 처리 시스템 만들기

8. 가장 먼저 해야 하는 일은 VM 인스턴스를 만드는 것입니다. '메뉴-Compute Engine-VM 인스턴스'를 선택합니다.

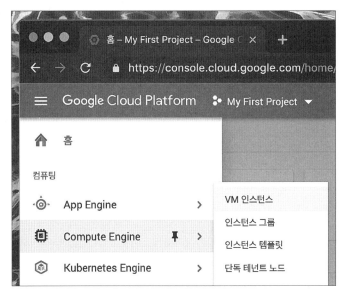

[그림 24-8] GCP로 실시간 처리 시스템 만들기

9. [그림 24-9] 같은 화면이 나타나면 '만들기'를 선택합니다.

[그림 24-9] GCP로 실시간 처리 시스템 만들기

10. VM 인스턴스 설정을 위한 부분을 만들어야 하는데, 아래 설정 부분 이외에는 Default로 진행해도 됩니다. 설정을 마치면 하단에 '만들기'를 눌러서 VM 인스턴스를 생성합니다.

- **이름:** twitter (다른 이름을 사용해도 됩니다.)
- **이미지:** Ubuntu 14.04 LTS
- **액세스 범위:** '모든 Cloud API에 대한 전체 액세스 허용'
- **방화벽:** HTTP / HTTPS 트래픽 허용

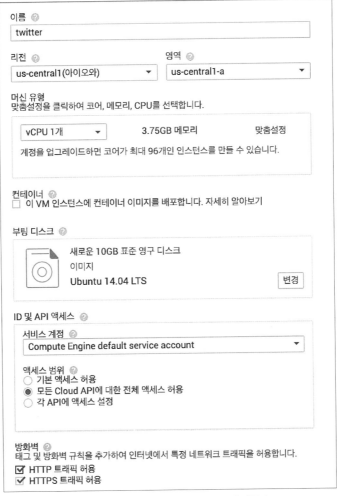

[그림 24-10] GCP로 실시간 처리 시스템 만들기

11. 인스턴스가 생성되면 설정을 위해 'SSH' 버튼을 누릅니다.

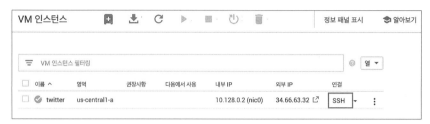

[그림 24-11] GCP로 실시간 처리 시스템 만들기

12. 터미널이 나타나면 명령어('$ sudo apt-get update')를 입력해서, 'apt-get' 명령어를 최신화합니다.

[그림 24-12] GCP로 실시간 처리 시스템 만들기

13. 이제부터 의존성 관련 패키지들을 설치하겠습니다. 명령어('$ sudo apt-get install build-essential -y')를 입력해서 의존성 패키지 설치를 진행합니다.

[그림 24-13] GCP로 실시간 처리 시스템 만들기

14. 명령어('$ sudo apt-get install libssl-dev -y')를 입력해서 의존성 패키지 설치를 진행합니다.

[그림 24-14] GCP로 실시간 처리 시스템 만들기

15. 이번에는 명령어('$ curl -L https://toolbelt.treasuredata.com/sh/install-ubuntu-trusty-td-agent3.sh | sh ')를 통해 fluentd를 설치하겠습니다.

[그림 24-15] GCP로 실시간 처리 시스템 만들기

16. 다음은 fluentd 플러그인의 의존성 관련 패키지들을 설치하겠습니다. 명령어('$ sudo td-agent-gem install eventmachine -v 1.2.5')로 의존성 설치를 합니다. '-v'는 특정 버전을 설치하는 옵션입니다.

[그림 24-16] GCP로 실시간 처리 시스템 만들기

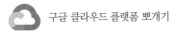

17. 먼저 fluentd에서 pub/sub으로 데이터를 보낼 수 있는 플러그인부터 설치하겠습니다.

```
$ sudo td-agent-gem install fluentd-plugin-gcloud-pubsub-custom
```

[그림 24-17] GCP로 실시간 처리 시스템 만들기

18. twitter api를 통해 데이터를 읽기 위한 플러그인을 설치하겠습니다.

```
$ sudo td-agent-gem install fluent-plugin-twitter
```

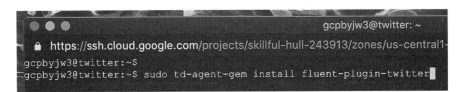

[그림 24-18] GCP로 실시간 처리 시스템 만들기

19. ~/.vimrc 파일을 만들어서 vi editor 사용을 좀 더 쉽게 하겠습니다.

```
$ vi ~/.vimrc
```

[그림 24-19] GCP로 실시간 처리 시스템 만들기

20. 다음의 코드를 넣습니다.

```
set nu                    # 라인 번호
set ts=4                  # 탭 사이즈
set shiftwidth=4    # 자동 인덴트 너비 기본값은 8
set laststatus=2     # 상태바 표시를 항상함
```

[그림 24-20] GCP로 실시간 처리 시스템 만들기

21. bash에 fluentd 명령어 관련 설정을 하겠습니다.

```
$ vi ~/.bashrc
```

[그림 24-21] GCP로 실시간 처리 시스템 만들기

22. 매번 입력하기 귀찮은 명령어를 alias로 별칭을 지정했습니다.

```
## My Fluentd
alias td-agent='sudo /etc/init.d/td-agent'  # td-agent 실행/종료를 위한 명령어
alias td-agent.conf='sudo vi /etc/td-agent/td-agent.conf' # 설정 파일 열어주는 명령어
alias tdmon='tail -f /var/log/td-agent/td-agent.log' # 로그 파일을 보여주는 명령어
alias tdgem='sudo td-agent-gem' # fluentd 플러그인 설치를 위한 명령어
```

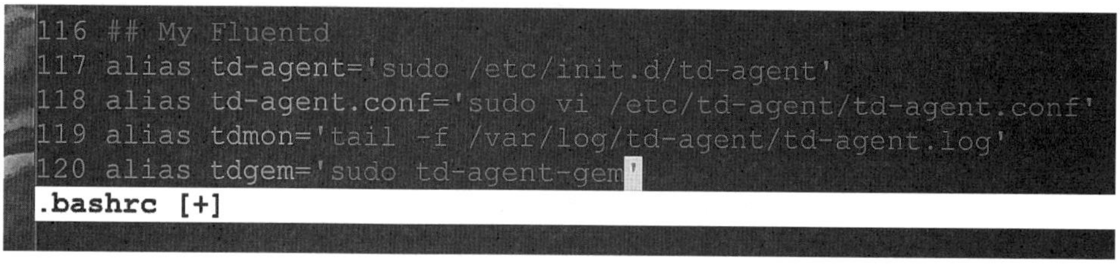

```
116 ## My Fluentd
117 alias td-agent='sudo /etc/init.d/td-agent'
118 alias td-agent.conf='sudo vi /etc/td-agent/td-agent.conf'
119 alias tdmon='tail -f /var/log/td-agent/td-agent.log'
120 alias tdgem='sudo td-agent-gem'
.bashrc [+]
```

[그림 24-22] GCP로 실시간 처리 시스템 만들기

23. 모두 추가하고 저장했으면 변경 내용을 적용하기 위해 아래 명령어를 입력합니다.

```
$ source ~/.bashrc
$ source ~/.vimrc
```

[그림 24-23] GCP로 실시간 처리 시스템 만들기

24. fluentd 설정을 위해 /etc/td-agent로 이동합니다.

```
$ cd /etc/td-agent
```

[그림 24-24] GCP로 실시간 처리 시스템 만들기

25. 기본적으로 설정 파일인 td-agent.conf가 있는데, 새로 설정할 것이니 기존 파일을 td-agent.conf.backup으로 이름을 바꾸고 새로운 파일을 만들도록 하겠습니다.

```
$ sudo mv td-agent.conf td-agent.conf.backup
```

[그림 24-25] GCP로 실시간 처리 시스템 만들기

26. 이제 본격적인 설정을 하기 위해 /etc/td-agent 밑에 td-agent.conf 파일을 새로 만듭니다.

```
$ sudo vi td-agent.conf
```

[그림 24-26] GCP로 실시간 처리 시스템 만들기

27. 트위터에서 얻게 된 Key와 Token([그림 24-27] 참고)으로 다음의 설정을 진행합니다. 찾고자 하는 키워드는 'Holiday'로 하겠습니다. 먼저, 출력이 잘 되는지 확인하기 위해 pub/sub이 아닌 stout으로 출력해보겠습니다.

```
<source>
    @type twitter
    consumer_key    n6GpeR7WqPzEf9wNEGCjBU2Fp # 트위터 API key
    consumer_secret 0VfM5spv2NGeLhYLHKXVgCMePbm1WgxAqWHqkDXB53pCwKPsGW #
트위터 API seret Key
    access_token 2157919489-rSbbB6Ks67MswZf9Fzl35ttr3q0iTRsmYpQBo3a # 트위터 Access
token
    access_token_secret  MDdFh9m53uZGyzzUvOoJQfwKFyb4btL8SQ9Tun8j9KLfv # 트위터
Access token secret
    tag         input.twitter # 입력된 데이터 부분을 나타내는 태그, 출력할 때 이 태그를 이용하여 어떤
소스인지 결정
    timeline    sampling
    keyword     Holiday # 찾고자 하는 키워드 여기서는 "Holiday"로 찾아보도록 하겠습니다.
    output_format    nest
</source>

### for Standout
<match input.twitter>
    @type stdout # 위의 input.twitter로 만들어진 소스를 stout(=로그로 보여줌)으로 설정
</match>
```

```
                                          gcpbyjw3@twitter: /etc/td-agent
   https://ssh.cloud.google.com/projects/skillful-hull-243913/zones/us-central1-a/instan
 1  <source>
 2      @type twitter
 3      consumer_key      n6GpeR7WqPzEf9wNEGCjBU2Fp
 4      consumer_secret 0VfM5spv2NGeLhYLHKXVgCMePbm1WgxAqWHqkDXB53pCwKPsGW
 5      access_token 2157919489-rSbbB6Ks67MswZf9Fzl35ttr3q0iTRsmYpQBo3a
 6      access_token_secret  MDdFh9m53uZGyzzUvOoJQfwKFyb4btL8SQ9Tun8j9KLfv
 7      tag           input.twitter
 8      timeline      sampling
 9      keyword       Holiday
10      output_format    nest
11  </source>
12
13  ### for Standout
14  <match input.twitter>
15      @type stdout
16  </match>
```

[그림 24-27] GCP로 실시간 처리 시스템 만들기

28. 설정 파일을 저장하고 나왔으면, 명령어('$ td-agent restart')를 통해서 fluentd를 재시작합
니다.

```
                                                      gcpby
   https://ssh.cloud.google.com/projects/skillful-hull-243
gcpbyjw3@twitter:/etc/td-agent$
gcpbyjw3@twitter:/etc/td-agent$ td-agent restart
Restarting td-agent:  * td-agent
gcpbyjw3@twitter:/etc/td-agent$ 
```

[그림 24-28] GCP로 실시간 처리 시스템 만들기

29. tdmon이란 명령어를 통해서 잘 들어오는지 확인해보겠습니다.

```
$ tdmon
```

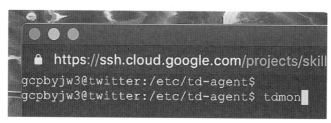

[그림 24-29] GCP로 실시간 처리 시스템 만들기

30. 'holiday'가 포함된 트위터 피드들을 계속 가져오는 것을 확인할 수 있습니다.

[그림 24-30] GCP로 실시간 처리 시스템 만들기

31. 일단 다른 설정들을 해야 하니, 잠시 fluentd를 멈추도록 하겠습니다.

```
$ td-agent stop
```

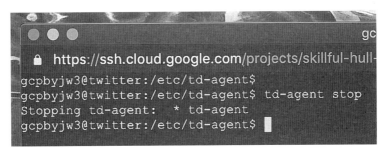

[그림 24-31] GCP로 실시간 처리 시스템 만들기

32. Pub/Sub의 토픽을 만들어야 하기 때문에 '메뉴-게시/구독-주제'를 선택합니다.

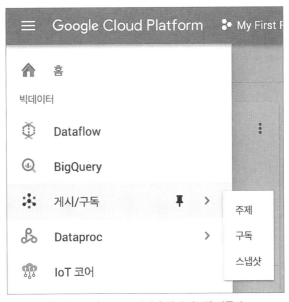

[그림 24-32] GCP로 실시간 처리 시스템 만들기

33. [그림 24-33] 같이 나온다면 'API 사용 설정' 버튼을 눌러서 활성화합니다.

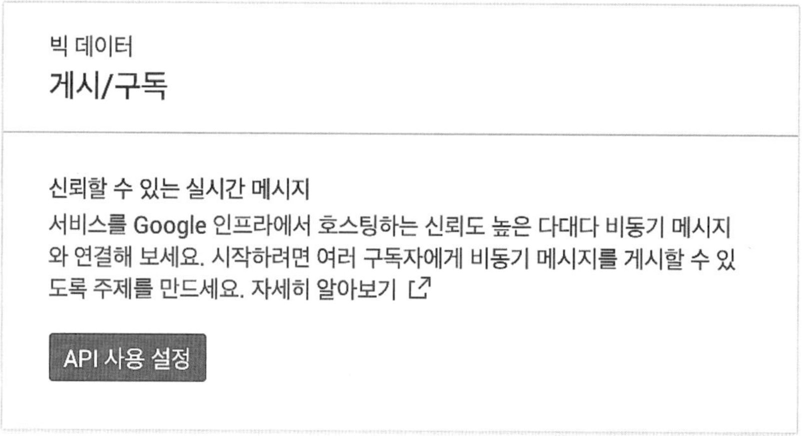

> **빅 데이터**
> ## 게시/구독
>
> **신뢰할 수 있는 실시간 메시지**
> 서비스를 Google 인프라에서 호스팅하는 신뢰도 높은 다대다 비동기 메시지
> 와 연결해 보세요. 시작하려면 여러 구독자에게 비동기 메시지를 게시할 수 있
> 도록 주제를 만드세요. 자세히 알아보기 ⟋
>
> [API 사용 설정]

[그림 24-33] GCP로 실시간 처리 시스템 만들기

34. '주제 만들기' 버튼을 누릅니다.

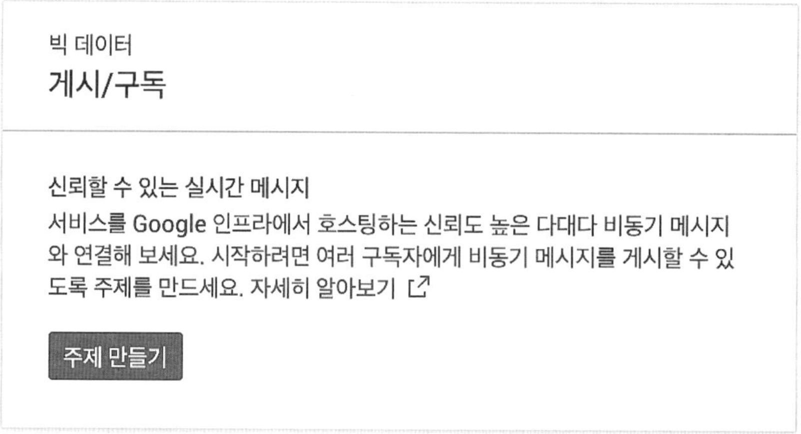

> **빅 데이터**
> ## 게시/구독
>
> **신뢰할 수 있는 실시간 메시지**
> 서비스를 Google 인프라에서 호스팅하는 신뢰도 높은 다대다 비동기 메시지
> 와 연결해 보세요. 시작하려면 여러 구독자에게 비동기 메시지를 게시할 수 있
> 도록 주제를 만드세요. 자세히 알아보기 ⟋
>
> [주제 만들기]

[그림 24-34] GCP로 실시간 처리 시스템 만들기

35. 주제 이름은 'twitter'로 하도록 하겠습니다. 'twitter'를 입력하고 '생성'을 누릅니다.

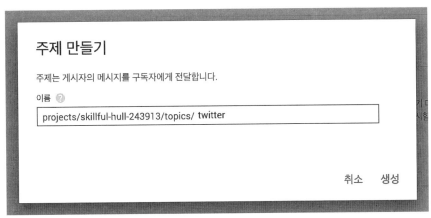

[그림 24-35] GCP로 실시간 처리 시스템 만들기

36. 주제가 잘 만들어지면 [그림 24-36] 같이 나타나는데, 이번에는 구독을 만들기 위해 상단에 '구독 만들기'를 선택합니다.

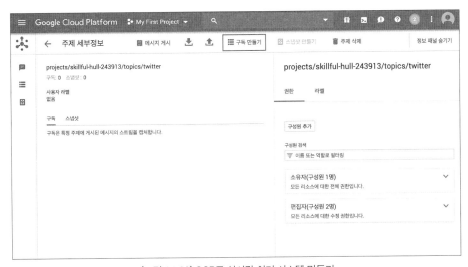

[그림 24-36] GCP로 실시간 처리 시스템 만들기

37. 구독 이름도 'twitter'로 설정하고, 나머지는 기본값으로 그대로 둔 상태에서 '만들기' 버튼
    을 누릅니다.

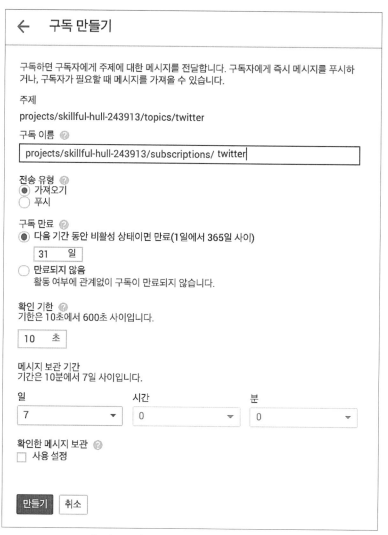

[그림 24-37] GCP로 실시간 처리 시스템 만들기

38. 잘 만들어졌다면, [그림 24-38] 같은 화면이 나타납니다.

[그림 24-38] GCP로 실시간 처리 시스템 만들기

39. Dataflow 설정을 위해 'Project ID'를 알아야 합니다. 이를 위해 상단의 '프로젝트명(My First Project)'을 클릭합니다.

[그림 24-39] GCP로 실시간 처리 시스템 만들기

40. 'Project ID'를 확인할 수 있습니다. 잘 기억해두십시오.

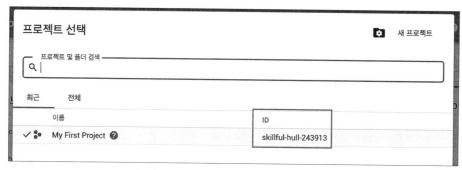

[그림 24-40] GCP로 실시간 처리 시스템 만들기

41. Pub/Sub의 주제 이름도 알아보겠습니다.

[그림 24-41] GCP로 실시간 처리 시스템 만들기

42. 이번에는 기존 트위터의 피드를 stout을 통해서 로그가 아니라, pub/sub으로 보내도록 설정하겠습니다. 프로젝트 ID와 주제는 위의 [그림 24-41]과 아래의 [그림 24-42]를 참고하여, 자신의 프로젝트 ID와 Pub/Sub 주제 정보를 넣습니다.

```
<source>

    @type twitter
    consumer_key     n6GpeR7WqPzEf9wNEGCjBU2Fp # 트위터 API key
    consumer_secret 0VfM5spv2NGeLhYLHKXVgCMePbm1WgxAqWHqkDXB53pCwKPsGW # 트위터 API seret Key
    access_token 2157919489-rSbbB6Ks67MswZf9Fzl35ttr3q0iTRsmYpQBo3a # 트위터 Access token
    access_token_secret  MDdFh9m53uZGyzzUvOoJQfwKFyb4btL8SQ9Tun8j9KLfv # 트위터
Access token secret
    tag         input.twitter  # 입력된 데이터 부분을 나타내는 태그, 출력할때 이 태그를 이용하여 어떤소스인지 결정
    timeline    sampling
    keyword     Holiday  # 찾고자 하는 키워드 여기서는 "Holiday"로 찾아보도록 하겠습니다.
    output_format   nest
</source>

<match input.twitter>
    @type    gcloud_pubsub
    project  skillful-hull-243913 # GCP 프로젝트 ID
    topic    projects/skillful-hull-243913/topics/twitter  # Pub/Sub 주제
    flush_interval   10
</match>
```

[그림 24-42] GCP로 실시간 처리 시스템 만들기

43. 설정이 변경되었으니, 다시 fluentd를 실행합니다.

```
$ td-agent start
```

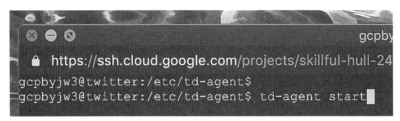

[그림 24-43] GCP로 실시간 처리 시스템 만들기

44. tdmon명령어를 통해서 로그를 확인해보면, 아까와는 다른 로그를 확인할 수 있습니다.
'error'란 로그가 출력되지 않으면 정상적으로 작동하고 있는 것입니다.

```
$ tdmon
```

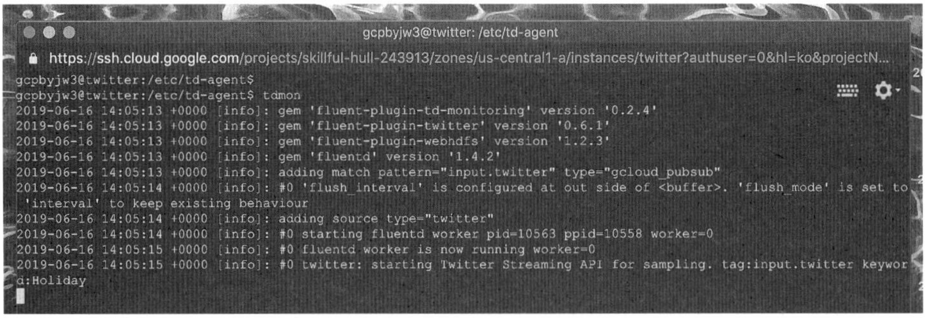

[그림 24-44] GCP로 실시간 처리 시스템 만들기

45. Python에서 Dataflow를 사용하려면 미리 API가 활성화되어 있어야 합니다. 이를 위해서 상단 검색창에서 'dataflow api'를 검색합니다.

[그림 24-45] GCP로 실시간 처리 시스템 만들기

46. [그림 24-46] 같이 나타나면, '사용 설정'을 눌러서 활성화합니다.

[그림 24-46] GCP로 실시간 처리 시스템 만들기

47. 이번에는 Natural Language API를 활성화해보겠습니다. 검색창에서 'Natural Language'를 검색하도록 하겠습니다.

[그림 24-47] GCP로 실시간 처리 시스템 만들기

48. [그림 24-48] 같이 나타나면, '사용 설정'을 눌러서 활성화합니다.

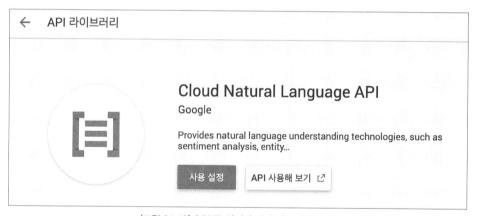

[그림 24-48] GCP로 실시간 처리 시스템 만들기

49. Dataflow의 temp 파일들을 위해 버킷을 만들겠습니다. '메뉴-Storage-브라우저'를 클릭합니다.

[그림 24-49] GCP로 실시간 처리 시스템 만들기

50. '버킷 만들기' 버튼을 누릅니다.

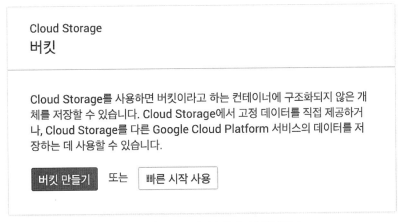

[그림 24-50] GCP로 실시간 처리 시스템 만들기

51. 설정은 크게 이름과 스토리지만 선택하고, 그 이외에는 기본값으로 설정하여 버킷을 만들 겠습니다.

- **이름:** twitter-feed-dataflow-temp (GCP에서 고유해야 하기 때문에 동일한 아이디 사용 X)
- **스토리지 클래스:** Regional

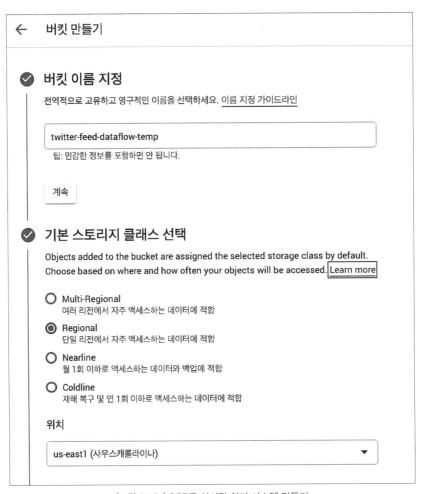

[그림 24-51] GCP로 실시간 처리 시스템 만들기

52. 버킷이 잘 생성되었으면 [그림 24-52] 같이 나타납니다.

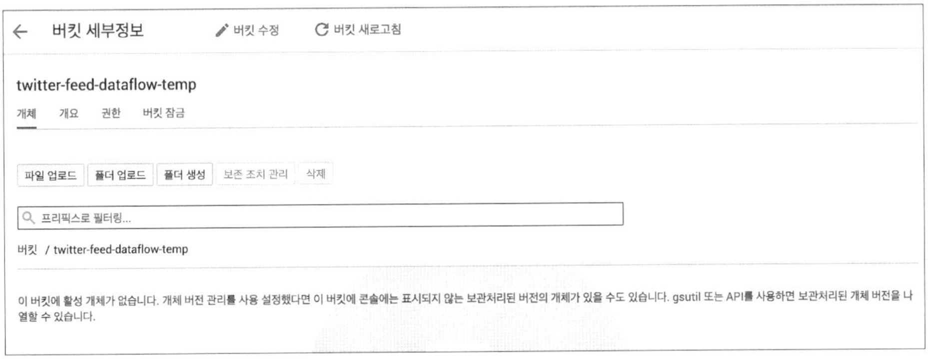

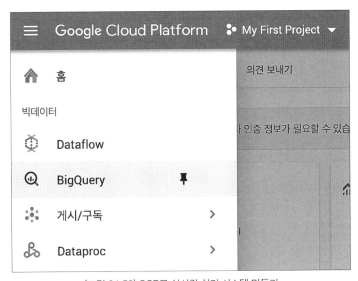

[그림 24-52] GCP로 실시간 처리 시스템 만들기

53. 이번에는 BigQuery 설정을 위해 '메뉴-BigQuery'를 선택합니다.

[그림 24-53] GCP로 실시간 처리 시스템 만들기

54. 데이터세트를 만들기 위해 '프로젝트'를 클릭하고, 오른쪽에 '데이터세트 만들기'를 선택합니다.

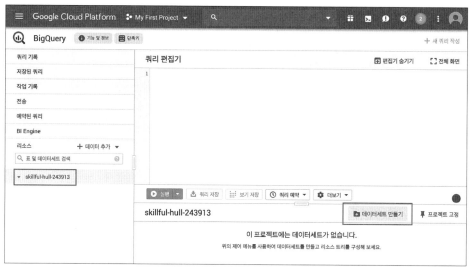

[그림 24-54] GCP로 실시간 처리 시스템 만들기

55. 데이터세트 이름을 'twitter'라고 지정하고, '데이터세트 만들기'를 클릭합니다.

[그림 24-55] GCP로 실시간 처리 시스템 만들기

56. 데이터세트가 잘 생성되었다면, [그림 24-56] 같이 나타납니다.

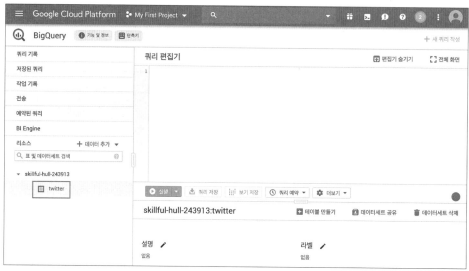

[그림 24-56] GCP로 실시간 처리 시스템 만들기

57. 이제 Python에서 Dataflow를 사용하기 위해 패키지('$ pip install apache-beam[gcp] # 만
    약 zsh를 사용하면 pip install 'apache-beam[gcp]'")를 설치하겠습니다.

[그림 24-57] GCP로 실시간 처리 시스템 만들기

58. 그 다음은 Python에서 Natural Language를 위한 패키지('$ pip install google-cloud-language')를 설치하겠습니다.

```
Terminal:   Local   ×   +
(venv) →  TwitterProject pip install google-cloud-language
```

[그림 24-58] GCP로 실시간 처리 시스템 만들기

59. 전체 소스는 다음과 같습니다. 로컬에서 소스를 돌리려면 '3.3 Cloud SDK (=gcloud) 설치하기'와 '3.4 서비스 계정 키 설정하기' 부분을 참고하여 사전에 설정해야 합니다.

```python
import datetime
import json
import apache_beam as beam
from apache_beam.options.pipeline_options import PipelineOptions
from apache_beam.transforms import window
from google.cloud import language_v1
from google.cloud.language_v1 import enums


project = 'skillful-hull-243913'
topic = 'projects/skillful-hull-243913/topics/twitter'
dataset = 'twitter'
noun_table = 'noun'

pipeline_options = PipelineOptions(
    project=project,  # Project ID
    runner='dataflow',  # GCP Dataflow에서 돌리기 위함
    temp_location='gs://twitter-feed-dataflow-temp/temp/',
    streaming=True
)

# Pub/Sub 으로부터 전달받은 데이터를 파싱해서 Syntax 분석하여 명사만 전달
class TwitterFeedParseAndSyntaxAnalyze(beam.DoFn):
    def process(self, element, *args, **kwargs):
        json_object = json.loads(element.decode('utf-8'))
        text = str(json_object['text'])
        lang = str(json_object['lang'])
```

```python
            print('text: ', text)
            print('lang: ', lang)

            try:
                client = language_v1.LanguageServiceClient()
                document = {'type': enums.Document.Type.PLAIN_TEXT, 'content': text}
                tokens = client.analyze_syntax(document).tokens

                for token in tokens:
                    if token.part_of_speech.tag == 6:  # NOUN
                        word = str(token.text.content)

                        if word != '#' and not word.startswith('http'):
                            print('NOUN:', token.text.content)

                            yield token.text.content
            except Exception as e:
                print('Exception: ', e)

# Timestamp를 추가하여 Dictionary 형태로 만듭니다.
class AddTimestamp(beam.DoFn):
    def process(self, element, *args, **kwargs):
        KST = datetime.timezone(datetime.timedelta(hours=9))
        timestamp = datetime.datetime.now(tz=KST).timestamp()

        yield {'date': timestamp, 'word': element[0], 'count': element[1]}

with beam.Pipeline(options=pipeline_options) as pipeline:
    nl_pipeline = pipeline \
                | 'ReadFromPubSub' >> beam.io.ReadFromPubSub(topic=topic) \
                | 'ParseTwitter' >> beam.ParDo(TwitterFeedParseAndSyntaxAnalyze()) \
                | 'Window' >> beam.WindowInto(window.FixedWindows(30)) \
                | 'Count' >> beam.combiners.Count.PerElement() \
                | 'AddTimestamp' >> beam.ParDo(AddTimestamp()) \
                | 'WriteToBigQuery' >> beam.io.WriteToBigQuery(
                        table=noun_table,
                        dataset=dataset,
                        project=project,
                        schema='date:TIMESTAMP, word:STRING, count:INTEGER',
                        create_disposition=beam.io.BigQueryDisposition.CREATE_IF_NEEDED,
                        write_disposition=beam.io.BigQueryDisposition.WRITE_APPEND)
```

```python
import datetime
import json
import apache_beam as beam
from apache_beam.options.pipeline_options import PipelineOptions
from apache_beam.transforms import window
from google.cloud import language_v1
from google.cloud.language_v1 import enums

project = 'skillful-hull-243913'
topic = 'projects/skillful-hull-243913/topics/twitter'
dataset = 'twitter'
noun_table = 'noun'

pipeline_options = PipelineOptions(
    project=project,     # Project ID
    runner='dataflow',   # GCP Dataflow에서 돌리기 위함
    temp_location='gs://twitter-feed-dataflow-temp/temp/',
    streaming=True
)

# Pub/Sub 으로부터 전달받은 데이터를 파싱하고 Syntax 분석하여 명사만 전달
class TwitterFeedParseAndSyntaxAnalyze(beam.DoFn):
    def process(self, element, *args, **kwargs):
        json_object = json.loads(element.decode('utf-8'))
        text = str(json_object['text'])
        lang = str(json_object['lang'])

        print('text : ', text)
        print('lang : ', lang)

        try:
            client = language_v1.LanguageServiceClient()
            document = { 'type': enums.Document.Type.PLAIN_TEXT, 'content': text}
            tokens = client.analyze_syntax(document).tokens

            for token in tokens:
                if token.part_of_speech.tag == 6:  # NOUN
                    word = str(token.text.content)

                    if word != '#' and not word.startswith('http'):
                        print('NOUN :', token.text.content)

                        yield token.text.content
        except Exception as e:
            print('Exception : ', e)

# Timestamp를 추가하여 Dictionary 형태로 만듭니다.
class AddTimestamp(beam.DoFn):
    def process(self, element, *args, **kwargs):
        KST = datetime.timezone(datetime.timedelta(hours=9))
        timestamp = datetime.datetime.now(tz=KST).timestamp()

        yield {'date': timestamp, 'word': element[0], 'count': element[1]}


with beam.Pipeline(options=pipeline_options) as pipeline:
    nl_pipeline = pipeline \
        | 'ReadFromPubSub' >> beam.io.ReadFromPubSub(topic=topic) \
        | 'ParseTwitter' >> beam.ParDo(TwitterFeedParseAndSyntaxAnalyze()) \
        | 'Window' >> beam.WindowInto(window.FixedWindows(30)) \
        | 'Count' >> beam.combiners.Count.PerElement() \
        | 'AddTimestamp' >> beam.ParDo(AddTimestamp()) \
        | 'WriteToBigQuery' >> beam.io.WriteToBigQuery(
            table=noun_table,
            dataset=dataset,
            project=project,
            schema='date:TIMESTAMP, word:STRING, count:INTEGER',
            create_disposition=beam.io.BigQueryDisposition.CREATE_IF_NEEDED,
            write_disposition=beam.io.BigQueryDisposition.WRITE_APPEND)
```

[그림 24-59] GCP로 실시간 처리 시스템 만들기

60. 설정부터 보도록 하겠습니다. 소스 전체적으로 자주 쓰이게 되는 ID들을 전역 변수로 뺐습니다. pipeline에는 Project ID와 임시 파일 저장을 위한 temp_location을 설정합니다. Pub/Sub은 스트리밍으로 데이터가 들어오기 때문에 streaming=True를 반드시 설정해야 합니다. GCP에서 돌리기 위해 runner는 dataflow로 설정합니다.

```
project = 'skillful-hull-243913'
topic = 'projects/skillful-hull-243913/topics/twitter'
dataset = 'twitter'
noun_table = 'noun'

pipeline_options = PipelineOptions(
    project=project,  # Project ID
    runner='dataflow',  # GCP Dataflow에서 돌리기 위함
    temp_location='gs://twitter-feed-dataflow-temp',
    streaming=True
)
```

[그림 24-60] GCP로 실시간 처리 시스템 만들기

61. 전체적인 흐름은 [그림 24-0]과 같습니다. Pub/Sub으로부터 데이터를 읽어서 파싱하고, 30초 단위로 고정 윈도우 설정을 한 다음, 단어별로 Count를 합니다. 그 다음 딕셔너리 형태로 Timestamp, Word, Count로 만들어서 BigQuery에 저장합니다. schema 부분은 미리 스키마 정보를 설정할 수 있습니다. 그리고 create_dispostion에서 beam.io.BigQueryDisposition.CREATE_IF_NEEDED를 설정하는데, 테이블이 생성되어 있지 않으면 자동으로 위에서 설정한 schema로 테이블을 만듭니다. 그 다음에 write_disposition= beam.io.BigQueryDisposition.WRITE_APPEND를 해주어야 새로운 데이터들이 추가됩니다.

[그림 24-61] GCP로 실시간 처리 시스템 만들기

62. ParDo 인스턴스를 만들려면, TwitterFeedParseAndSyntaxAnalyze는 beam.DoFnd을 상속받아서 process( ) 함수를 오버라이딩해야 합니다. 이 클래스로부터 인스턴스를 만들어서 ParDo를 구현할 수 있습니다. 파이프라인에서 전달받은 데이터는 'element' 변수를 통해서 전달받습니다. 먼저 Pub/Sub로부터 트위터 API의 Feed를 받으면 JSON 형태로 받게 됩니다. 이 가운데 'text 필드(내용)'와 'lang 필드(언어 코드)'의 데이터를 받고, 여기서 받은 text를 Cloud Natural Language로 Syntax 분석을 해서 명사만 가져왔습니다. 각각의 품사는 enum으로 되어 있는데 token.part_of_speech.tag == 6은 명사를 의미합니다. 그 다음 #와 url이 생각보다 많이 들어와서 해당 부분은 필터링하고 데이터를 넘기도록 했습니다. 분석이 안되는 언어들이 있기 때문에 예외처리도 했습니다.

```
class TwitterFeedParseAndSyntaxAnalyze(beam.DoFn):
    def process(self, element, *args, **kwargs):
        json_object = json.loads(element.decode('utf-8'))
        text = str(json_object['text'])
        lang = str(json_object['lang'])

        print('text : ', text)
        print('lang : ', lang)

        try:
            client = language_v1.LanguageServiceClient()
            document = {'type': enums.Document.Type.PLAIN_TEXT, 'content': text}
            tokens = client.analyze_syntax(document).tokens

            for token in tokens:
                if token.part_of_speech.tag == 6:    # NOUN
                    word = str(token.text.content)

                    if word != '#' and not word.startswith('http'):
                        print('NOUN :', token.text.content)

                        yield token.text.content
        except Exception as e:
            print('Exception : ', e)
```

[그림 24-62] GCP로 실시간 처리 시스템 만들기

63. AddTimeStamp는 딕셔너리 형태로 date와 word 그리고 count를 나누는 기능을 합니다.

```
class AddTimestamp(beam.DoFn):
    def process(self, element, *args, **kwargs):
        KST = datetime.timezone(datetime.timedelta(hours=9))
        timestamp = datetime.datetime.now(tz=KST).timestamp()

        yield {'date': timestamp, 'word': element[0], 'count': element[1]}
```

[그림 24-63] GCP로 실시간 처리 시스템 만들기

64. Dataflow에 잘 들어갔는지 확인해보겠습니다. '메뉴-Dataflow'를 선택합니다.

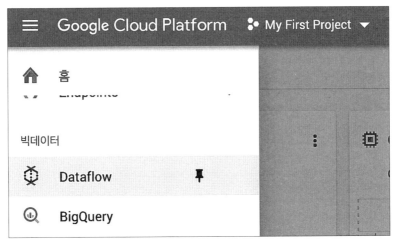

[그림 24-64] GCP로 실시간 처리 시스템 만들기

65. 앞의 Python 코드가 실행되면 자동으로 다음과 같은 작업이 생긴 것을 확인할 수 있습니다. 해당 작업을 클릭해보도록 하겠습니다.

[그림 24-65] GCP로 실시간 처리 시스템 만들기

66. Dataflow 흐름을 다이어그램으로 볼 수 있고, 개별 상태와 로그도 확인할 수 있습니다.

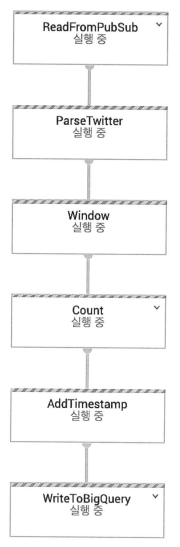

[그림 24-66] GCP로 실시간 처리 시스템 만들기

67. BigQuery에 들어가 보면 'twitter.noun' 테이블이 자동으로 생성된 것을 확인할 수 있습니다.

[그림 24-67] GCP로 실시간 처리 시스템 만들기

68. 간단한 쿼리를 작성하겠습니다. 아래 쿼리로 단어별 빈도수를 확인해보도록 하겠습니다. 그 다음 '데이터 스튜디오에서 살펴보기'를 선택해서 시각화해보겠습니다.

```
select word, sum(count) as total_count
from 'twitter.noun'
group by word
order by total_count desc
```

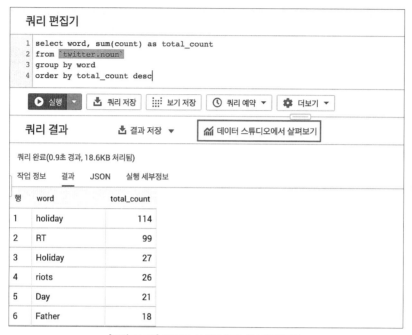

[그림 24-68] GCP로 실시간 처리 시스템 만들기

69. 처음에는 [그림 24-69] 같은 메시지가 나타나는데, '승인'을 누릅니다.

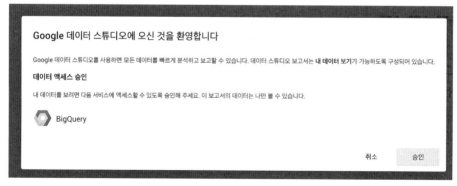

[그림 24-69] GCP로 실시간 처리 시스템 만들기

70. 계정 관련하여 액세스 권한에 대해서 다시 한 번 물어보는데, '허용'을 선택합니다.

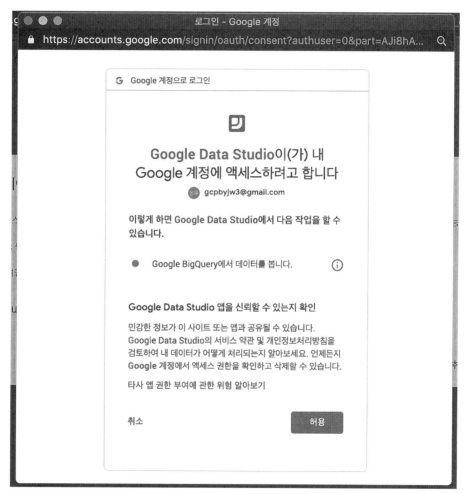

[그림 24-70] GCP로 실시간 처리 시스템 만들기

71. [그림 24-71] 같이 데이터에 맞도록 시각화할 수 있습니다. 여기서는 '히트맵이 입는 표'를 선택했습니다. 시각화를 통해서 좀 더 직관적으로 많이 언급된 단어를 확인할 수 있게 되었습니다.

이렇게 전체 실습을 모두 완료했습니다. 이제 돌아가고 있는 부분들을 종료해서 마무리 하도록 하겠습니다.

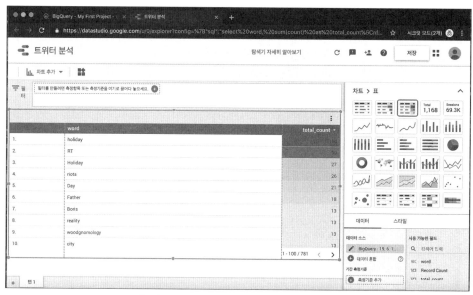

[그림 24-71] GCP로 실시간 처리 시스템 만들기

72. Dataflow 작업이 스트리밍이라 쉬지 않고 계속 돌아가기 때문에 '작업 중지'를 눌러서 직접 종료를 해줘야 합니다.

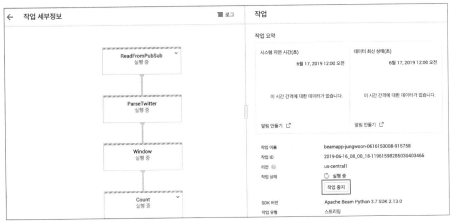

[그림 24-72] GCP로 실시간 처리 시스템 만들기

73. 크게 2가지 중지 방법이 나타납니다. '취소'는 강제 종료의 느낌이고, '드레이닝'은 진행 중인 작업을 마무리하고 종료한다고 이해하면 됩니다.

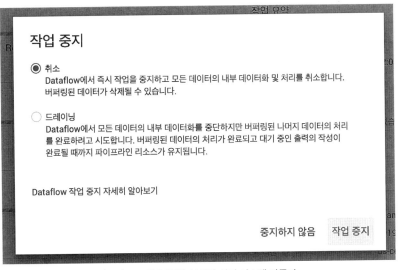

[그림 24-73] GCP로 실시간 처리 시스템 만들기

74. 인스턴스로 돌아가서, 다음과 같이 명령어('$ td-agent stop')로 돌고 있는 fluentd도 종료 하겠습니다.

[그림 24-74] GCP로 실시간 처리 시스템 만들기

찾아보기

구글 클라우드 플랫폼 뽀개기
인프라, 데이터베이스, 머신러닝 개발을 위한 최적 솔루션

초판 1쇄 발행 | 2019년 7월 31일

지은이 | 박정운
펴낸이 | 김범준
기　획 | 김용기
책임편집 | 이동원
교정교열 | 최현숙
편집디자인 | 김옥자
표지디자인 | 유재헌

발행처 | 비제이퍼블릭
출판신고 | 2009년 05월 01일 제300-2009-38호
주 소 | 서울시 종로구 종로1길 50 더케이트윈타워 B동 2층 WeWork 광화문점
주문 · 문의 | 02-739-0739　　　　　　**팩스** | 02-6442-0739
홈페이지 | http://bjpublic.co.kr　　　**이메일** | bjpublic@bjpublic.co.kr

가 격 | 40,000원
ISBN | 979-11-90014-40-3
한국어판 © 2019 비제이퍼블릭

소스코드 다운로드 https://github.com/bjpublic/googlecloud